唐宋之际：
五代十国墓葬研究

Between Tang and Song Dynasties:
A Study of the Tombs in the Period
of the Five Dynasties and Ten States

崔世平 著

上海古籍出版社

2016年度国家社科基金后期资助项目（批准号16FKG004）

国家社科基金后期资助项目
出版说明

　　后期资助项目是国家社科基金设立的一类重要项目,旨在鼓励广大社科研究者潜心治学,支持基础研究多出优秀成果。它是经过严格评审,从接近完成的科研成果中遴选立项的。为扩大后期资助项目的影响,更好地推动学术发展,促进成果转化,全国哲学社会科学工作办公室按照"统一设计、统一标识、统一版式、形成系列"的总体要求,组织出版国家社科基金后期资助项目成果。

全国哲学社会科学工作办公室

目　录

绪　论 ………………………………………………………………… 1

第一章　五代十国帝王陵寝 ……………………………………… 16
　　第一节　五代陵寝概述 ……………………………………… 16
　　第二节　五代陵寝制度的渊源与推测 ……………………… 26
　　第三节　南方十国帝王陵寝 ………………………………… 44
　　第四节　十国陵寝制度的渊源与互动 ……………………… 81

第二章　北方地区五代墓葬 ……………………………………… 93
　　第一节　墓葬形制的类型学分析 …………………………… 93
　　第二节　墓葬文化因素分析 ………………………………… 107

第三章　南方地区十国墓葬 ……………………………………… 119
　　第一节　长江上游地区墓葬 ………………………………… 119
　　第二节　长江中游地区墓葬 ………………………………… 136
　　第三节　长江下游地区墓葬 ………………………………… 140
　　第四节　福建和广东地区墓葬 ……………………………… 162

第四章　唐宋变革期的墓葬装饰、丧葬礼俗与政治 …………… 175
　　第一节　五代十国墓葬装饰 ………………………………… 175
　　第二节　唐宋墓葬中所见的"仪鱼"葬俗 ………………… 197
　　第三节　唐宋墓葬中的腰坑葬俗 …………………………… 209
　　第四节　后周太祖陵墓制度与政治宣传 …………………… 218
　　第五节　南唐二陵玄宫制度与国家正统性表达 …………… 230

第五章 河北因素与唐宋墓葬制度的变革 240
第一节 河北地区唐墓的特征及"河北因素" 240
第二节 圆形墓和仿木构砖雕的渊源 259
第三节 "河北因素"的继承——河北地区五代辽宋墓葬 263
第四节 "河北因素"的传播 270
第五节 从唐制到宋制——墓葬制度演进中"河北因素"的作用 282
第六节 "河北因素"扩展原因探析——隋唐五代核心集团与核心区的变化 287

结语：继承、交流与创新的五代十国墓葬 296

参考文献 300

后　记 323

绪　　论

一、问题的提出

日本史学家内藤湖南在20世纪初提出了唐宋时代观,人们通常称之为"唐宋变革论"或"唐宋变革说"。内藤湖南通览中国历史的全局,着重举出了唐代和宋代的显著差异,强调发生在这一时期的政治制度、社会结构、经济发展、学术文艺等各个方面的变革体现了中国历史上的关键性转变,而唐宋之际正是这一转变的契机。内藤湖南指出"唐和宋在文化的性质上有显著差异:唐代是中世的结束,而宋代则是近世的开始,其间包含了唐末五代这一段过渡期"[1]。唐宋变革说在中国史学界引起了巨大反响,有赞同者也有质疑者。众多学者从不同角度和不同立场围绕这一学术命题展开研究和对话,推动了唐宋历史学研究的进步,"唐宋变革说"成为了一个学术研究的增长点[2]。

张广达先生在其《内藤湖南的唐宋变革说及其影响》一文中系统回顾了唐宋变革说产生和发展的历程,补充了唐宋之际在经济、社会、政治、文化、

---

[1] 内藤湖南著,黄约瑟译:《概括的唐宋时代观》,《日本学者研究中国史论著选译》第一卷,中华书局,1992年。
[2] 代表性的研究有:张其凡:《关于"唐宋变革期"学说的介绍与思考》,《暨南学报》2001年第1期;张国刚:《论"唐宋变革"的时代特征》,《江汉论坛》2006年第3期;严耀中:《唐宋变革中的道德至上倾向》,《江汉论坛》2006年第3期;李庆:《关于内藤湖南的"唐宋变革论"》,《学术月刊》2006年第10期;王化雨:《唐宋变革与政治制度史研究》,《中国史研究》2010年第1期;张邦炜:《"唐宋变革论"的首倡者及其他》,《中国史研究》2010年第1期;李华瑞:《"唐宋变革论"对国内宋史研究的影响》,《中国史研究》2010年第1期;牟发松:《"唐宋变革说"三题——值此说创立一百周年而作》,《华东师范大学(哲学社会科学版)》2010年第1期;林文勋:《唐宋社会变革论纲》,人民出版社,2011年;妥建青:《"唐宋变革论"的历史视野、文化中心史观及其范式意义》,《西安交通大学学报(社会科学版)》2018年第1期;李华瑞:《唐宋史研究应当翻过这一页——从多视角看"宋代近世说(唐宋变革论)"》,《古代文明》2018年第1期;等等。

民间信仰乃至对外关系等诸多方面呈现出的变化,指出这些变化有些虽有地域差别,但是,在时间上,莫不或前或后参差发轫于唐宋之际,或者说,宋代上述领域出现的新事物、新气象,大多可以从唐代中期觅得端绪。如果不涉及宋代是中国的中世还是近世这一时代性格的判断问题,而单就唐宋之际曾发生过重大变革这一点立论,似乎只有个别学者持审慎态度,而没有哪位学者提出异议或相反意见。唐宋变革论经过时代的检验,具体的内容有所改动,一些对史实的诠释得到订正,但是,作为一种范式,仍在持续为人们阐释和研究中国历史提供丰富的启示①。

社会历史的大变革是一场全面的系统性的变革,既然唐宋变革在经济、政治、文化艺术等领域都有体现,那么从考古材料中是否也能看出唐宋变革的端倪?以往学者对唐宋变革考察的重点在历史学领域,虽然也有一些考古学者涉及这一命题②,但系统性的研究依然缺乏。从考古学的角度对"唐宋变革说"进行回应,或者从唐宋变革的视野进行考古学研究,必然涉及五代十国考古,这是本书选择五代十国时期的墓葬作为研究对象的缘起。

五代十国时期是唐、宋两个朝代之间的过渡时期,也是始于8世纪末的藩镇割据局面的延续。从公元907年朱温代唐称帝,建立后梁,到公元960年赵匡胤代周自立,建立北宋政权,54年间,华北地区共存在后梁、后唐、后晋、后汉、后周五个短命王朝,史称为"五代"。与五代王朝大约同时,在南方地区先后出现过前蜀、后蜀、吴、南唐、吴越、楚、南汉、闽、南平九个地方政权,加上山西的北汉,统称"十国"。从公元891年前蜀建立者王建割据成都,到公元979年最后一个十国政权北汉终结,跨越了88年,已到了北宋初期。五代十国时期,中央权威衰落,地方势力增强,各个势力集团重新组合,呈现出新旧交替的特征,这些特征在考古资料上也有所反映。近年来,许多学者致力于打通唐宋、探索社会变革的深层原因,晚唐五代史的研究逐渐成为学术界关注的热点之一。与历史学研究的进展相比,考古学的研究则较为滞后。

在历史时期考古学中,隋唐考古和宋元考古历史文献资料和考古发掘

---

① 张广达:《内藤湖南的唐宋变革说及其影响》,《唐研究》第十一卷,2005年,第8页,注8。
② 齐东方论述了唐代后期墓葬中的一些变化和新因素,指出8世纪中期唐代墓葬的变革甚至可以扩展为中国古代墓葬演变上的大转折(《唐代的丧葬观念习俗与礼仪制度》,《考古学报》2006年第1期);秦大树认为"宋代在政治制度、经济体制、思想意识和文化表征上无不发生了重要的变革。这些变化大多肇始于唐代后期,而完成于北宋时期。……墓葬的方方面面也或多或少地体现出了这些变化。"(《宋代丧葬习俗的变革及其体现的社会意义》,《唐研究》第十一卷,北京大学出版社,2005年)

资料都很丰富,已经取得了丰硕的研究成果;而处于唐宋之间的五代十国考古,由于延续时间较短,考古资料较少等原因,只是附属于唐代考古,尚未引起研究者足够的重视。五代十国时期虽然是传统历史观中的"乱世",但作为唐宋变革的过渡时期,有深入研究的价值。就五代十国时期的墓葬来说,其中既有继承自唐代的因素,又包含了开启宋代新局面的因素,对于研究墓葬制度和丧葬礼俗方面的唐宋变革有重要的意义。从五代十国墓葬的角度去观察唐代和宋代墓葬,有助于我们更深刻地理解唐墓和宋墓各自的特点,以及唐宋墓葬制度的沿与革。五代十国时期的墓葬虽然相对简陋,随葬品不多,但也包含着丰富的历史信息,对五代十国时期政治、经济、地理、文化艺术等方面的研究有着独特的价值。

伴随着田野考古工作的开展,学术界已经对五代十国墓葬的一些问题进行了探讨,也出现了一些综合性研究的成果。在吸收前人研究成果的基础上,本书一方面在唐宋社会变革的宏观视野下,对五代十国的陵墓制度、丧葬礼俗做一些具体的研究,另一方面从考古学角度对陵墓制度和丧葬礼俗体现出来的唐宋之际的社会变革进行观察、分析与探讨。

二、五代十国墓葬的发掘和研究情况

已经发掘的五代十国墓葬约有数百座,但发表的资料较少,其中北方地区墓葬资料尤其少。由于五代十国时期的过渡性特征,没有确切纪年的五代墓和晚唐、宋初的墓葬很难区分,也可能被当作了晚唐或北宋墓。考察五代十国墓葬的特征,也需要参考一些中晚唐和宋初的墓葬以及同时期的辽代墓葬。

五代十国墓葬的分区,大致可以分为北方地区(包括河南、河北、河东、关中等几个地区)、长江上游地区、长江中游地区、长江下游地区、福建岭南地区等。以下分别简要介绍各地区墓葬的发现情况。

五代时期战争频繁,国运短暂,经济凋敝,在这样的背景下,基本没有出现大规模的帝陵。据《五代会要》的记载,梁、唐、晋、汉、周五代的14位帝王的陵墓中,有陵名或埋葬地点可考的只有11座,陵号的有9座,能够明确埋葬地点的只有7座,已经发掘的只有后周恭帝柴宗训的顺陵。顺陵建于北宋初,但作为前朝君主的墓葬,仍然可以视为五代陵墓。

中原地区五代墓主要发现于河南省洛阳地区。20世纪50年代在河南省洛阳市和伊川县分别发现一座五代墓,其中在伊川发现的是后晋开运三年(946)李俊墓①。1985年在洛阳市东郊史家湾村发现一座可能为后唐时期的墓葬，出土的经咒上有"天成二年(927)正月八日徐殷弟子依佛记"的题记②。1990年代在洛阳和巩义发现了一些五代墓葬，其中有后梁高继蟾墓③。在孟县发现了后周显德四年太原夫人王氏墓，墓已被毁，形制不明，仅存墓志④。21世纪以来，在洛阳地区先后发现了十余座五代墓葬⑤，其中纪年墓有后唐石蕴之母墓、后晋孙璠墓和后晋张奉林墓⑥。

河北地区发现的五代墓也不多，主要有曲阳发现的王处直墓、张家口市宣化区发现的一座砖室墓、固安县公主府砖场发现的两座砖室墓、曲阳县涧磁村发现的三座五代圆形砖室墓⑦。2011年河北曲阳县发现了一座共有12个墓室的大型砖室墓，应是唐末五代初某位节度使的墓葬⑧。关中地区发现的五代墓有彬县冯晖墓、宝鸡李茂贞夫妇墓和西安东郊刘氏墓⑨。河东地区发现的五代墓有位于山西省代县的李克用建极陵⑩。1995年山西省榆社县发现了

---

① 高祥发：《洛阳清理后晋墓一座》，《文物参考资料》1957年第11期；侯鸿钧：《伊川县窑底乡发现后晋墓一座》，《文物参考资料》1958年第2期。

② 转引自杨育彬、袁广阔主编：《20世纪河南考古发现与研究》，中州古籍出版社，1997年，第664页。

③ 《洛阳后梁高继蟾墓发掘简报》，《文物》1995年第8期；洛阳市文物工作队：《洛阳发现一座后周墓》，《文物》1995年第8期；河南省文物考古研究所、巩义市文保所：《巩义市北窑湾汉晋唐五代墓葬》，《考古学报》1996年第3期。

④ 邢心田：《河南孟县出土后周太原夫人王氏墓志》，《文物世界》2002年第5期。

⑤ 四川大学历史文化学院考古系、洛阳市第二文物工作队：《洛阳伊川后晋孙璠墓发掘简报》，《文物》2007年第6期；洛阳市文物考古研究院：《洛阳孟津新庄五代壁画墓简报》《洛阳芒山镇营庄村北五代壁画墓》《洛阳龙盛小学五代壁画墓发掘简报》《洛阳苗北村壁画墓发掘简报》，《洛阳考古》2013年第1期；洛阳市文物考古研究院：《洛阳龙盛小区两座小型五代墓葬的清理》，《洛阳考古》2013年第2期；侯秀敏、胡小宝：《洛阳道北五路出土的五代壁画墓》，《文物世界》2013年第1期；洛阳市文物考古研究院：《河南洛阳市苗北村五代、宋金墓葬发掘简报》，《考古》2013年第4期。

⑥ 《洛阳伊川后晋孙璠墓发掘简报》，《文物》2007年第6期；《河南洛阳市苗北村五代、宋金墓葬发掘简报》，《考古》2013年第4期。

⑦ 河北省文物研究所、保定市文物管理处：《五代王处直墓》，文物出版社，1998年；张家口市宣化区文保所：《张家口市宣化区发现一座五代墓葬》，《文物春秋》1989年第3期；廊坊市文物管理处：《廊坊固安县公主府砖厂五代墓》，载《河北省考古文集(三)》，科学出版社，2007年；河北省文化局文物工作队：《河北曲阳涧磁村发掘的唐宋墓葬》，《考古》1965年第10期。

⑧ 张春长：《河北曲阳发现大型唐代砖室墓》，《中国文物报》2013年2月1日第8版；魏曙光：《河北曲阳田庄大墓取得重要新收获》，《中国文物报》2014年3月14日第8版。

⑨ 咸阳市文物考古研究所：《五代冯晖墓》，重庆出版社，2001年；宝鸡市考古研究所：《五代李茂贞夫妇墓》，科学出版社，2008年；《西安发现罕见后晋墓葬》，《中国文物报》1987年4月3日；《西汉发现罕见的后晋墓葬和稀有文物》，《中国历史学年鉴》，人民出版社，1988年。

⑩ 杨继东：《极建陵》，《文物世界》2002年第5期；李有成：《代县李克用墓发掘报告》，载《李有成考古论文集》，中国文史出版社，2009年。

王建立石棺,石棺出自一小型土坑竖穴墓内,推测为二次葬①。2014年发掘了大同西北郊的"燕故河东道横野军副使贾府君"墓②。2005年至2010年,太原市晋源区先后发掘了后晋天福二年王氏小娘子墓和北汉天会十五年齐国太夫人赠太惠妃王氏之墓③。1995年和1996年,太原发现了后汉尚洪迁墓和北汉刘珣(何廷斌)墓,两墓早年被盗,仅存少许壁画和墓志,发表墓志的文章并未提及其墓葬形制④。另有后唐王公墓(927),资料尚未公布⑤。

  南方地区的十国墓葬发现较多。长江上游地区的前、后蜀墓葬主要集中在以成都为中心的地区。20世纪40年代初,冯汉骥先生主持发掘了成都前蜀王建永陵,于1964年发表了正式报告⑥。永陵的发掘拉开了十国墓葬考古的序幕,同时也开启了中国古代帝王陵寝发掘与研究的先河。1971年,成都又发掘了后蜀孟知祥和陵⑦。除了两座陵墓外,四川地区还发掘了一批前、后蜀中、高级官员的墓葬和一些平民墓。官员墓葬有1952年发掘的高晖夫妇墓⑧、1957年清理发掘的李鞞墓⑨和宋琳墓⑩、1974年发掘的晋晖墓⑪、1977年发掘的张虔钊墓⑫、1984年发掘的孙汉韶墓⑬、1985年发现的徐铎及其夫人张氏之墓⑭、1985年成都北郊发现的李茂贞孙女李氏墓⑮、1997年发掘的前蜀魏王王宗侃及其妻张氏合葬墓⑯。1977年蒲江县发现一

---

① 晋华:《五代王建立石棺与秦国太夫人墓志考》,《山西省考古学会论文集(三)》,山西古籍出版社,2000年。
② 大同市考古研究所:《山西大同西北郊五代墓发掘简报》,《文物》2016年第4期。
③ 太原市文物考古研究所:《山西太原晋祠后晋墓发掘简报》,《文物》2018年第2期;太原市文物考古研究所:《山西太原青阳河北汉太惠妃墓发掘简报》,《考古与文物》2018年第6期。
④ 渠传福:《太原五代墓志考释》,载《山西省考古学会论文集(四)》,山西人民出版社,2006年。
⑤ 据《山西太原青阳河北汉太惠妃墓发掘简报》之"结语"。
⑥ 冯汉骥:《前蜀王建墓发掘报告》,文物出版社,1964年。2002年10月出版了第二版。
⑦ 四川省文物管理委员会:《后蜀孟知祥墓与福庆长公主墓志铭》,《文物》1982年第3期。
⑧ 徐鹏章等:《成都北郊站东乡高晖墓清理简报》,《考古通讯》1955年第6期。
⑨ 任锡光:《四川华阳县发现五代后蜀墓》,《考古通讯》1957年第4期。
⑩ 四川省博物馆文物工作队:《四川彭山后蜀宋琳墓清理简报》,《考古通讯》1958年第5期。
⑪ 四川省文管会:《前蜀晋晖墓清理简报》,《考古》1983年第10期。
⑫ 成都市文物管理处:《成都市东郊后蜀张虔钊墓》,《文物》1982年第3期。
⑬ 成都市博物馆:《五代后蜀孙汉韶墓》,《文物》1991年第5期。
⑭ 年公、黎明:《五代徐铎墓清理记》,《成都文物》1990年第2期;成都市博物馆考古队:《成都无缝钢管厂发现五代后蜀墓》,《四川文物》1991年第3期。
⑮ 马文彬:《五代前蜀李氏墓志铭考释》,《四川文物》2003年第3期。
⑯ 薛登:《五代前蜀魏王墓》,《成都文物》2000年第2期;《五代前蜀魏王墓(下篇)》,《成都文物》2000年第3期。成都文物考古研究所、龙泉驿区文物保护管理所:《成都市龙泉驿五代前蜀王宗侃夫妇墓》,《考古》2011年第6期。

座砖室墓,墓主为后蜀李才①。2010年成都市龙泉驿区发掘了后蜀宋王赵廷隐墓,虽然尚未发表详细的简报,但墓葬出土的文物已经展出②。成都地区还发现大量唐五代时期的中小型墓葬,一般为长方形、梯形单室墓或并列双室墓③。2004年在广汉烟堆子遗址发掘中发现了三座晚唐、五代时期的砖室墓④。2017年在成都海滨村发现两座后蜀砖室墓⑤。关于四川地区五代墓葬的研究,前人已经做出不少成果,为进一步研究打下了基础⑥。

长江中游地区的五代墓葬主要集中在长沙地区。周世荣《湖南古墓与古窑址》一书的中卷《长沙隋唐五代、十国楚、两宋元明墓》介绍了1952～1957年长沙出土的1 111座隋唐至元明墓考古发掘资料,其中有隋唐五代墓514座,十国楚墓310座⑦。此外在长沙还零星发现一些五代墓⑧。湖北

---

① 龙腾、李平:《蒲江发现后蜀李才和北宋魏训买地券》,《四川文物》1990年第2期。
② 王毅、谢涛、龚扬民:《成都市龙泉驿区后蜀宋王赵廷隐墓》,《中国考古学年鉴》,文物出版社,2012年,第386页。
③ 成都文物考古研究所、青白江区文物保护管理所:《成都市青白江区景峰村五代及宋代墓葬发掘简报》,《成都考古发现(2003)》,科学出版社,2005年;成都文物考古研究所、双流县文物管理所:《成都双流籍田竹林村五代后蜀双室合葬墓》,《成都考古发现(2004)》,科学出版社,2006年;成都文物考古研究所、温江区文物保护管理所:《成都市温江区检察院办公楼、塞纳河畔工地五代及宋代墓葬发掘简报》,《成都考古发现(2005)》,科学出版社,2007年;成都文物考古研究所:《成都金牛区城乡一体化拆迁安置房5号A地点唐—五代墓葬、水井发掘简报》,《成都考古发现(2007)》,科学出版社,2009年;成都文物考古研究所、青白江区文物保护管理所:《成都市青白江北部新区武海·中华名城唐五代墓葬发掘简报》,《成都考古发现(2010)》,科学出版社,2012年。成都文物考古研究所、浦江县文物管理所:《浦江县鹤山镇五显坡五代、宋墓发掘简报》,《成都考古发现(2010)》,科学出版社,2012年;成都市文物考古工作队:《成都梁家巷唐宋墓葬发掘简报》,《四川文物》1999年第3期;成都市文物考古工作队:《成都市五代墓出土尊胜陀罗尼石刻》,《四川文物》1999年第3期;成都市文物考古研究所:《成都西郊西窑村唐宋墓葬发掘简报》,《东南文化》2003年第7期。
④ 四川省文物考古研究院、德阳市文物考古研究所、广汉市文管所:《2004年广汉烟堆子遗址晚唐、五代墓地发掘简报》,《四川文物》2005年第3期。
⑤ 成都文物考古研究院:《四川成都海滨村五代后蜀墓发掘简报》,《文物》2019年第7期。
⑥ 洪剑民:《略谈成都近郊五代至南宋的墓葬型制》,《考古》1959年第1期;罗开玉:《成都地区历代古墓概况》,《四川文物》1990年第3期;刘雨茂、朱章义:《四川地区唐代砖室墓分期研究初论》,《四川文物》1999年第3期;陈云洪:《试论四川宋墓》,《四川文物》1999年第3期;李蜀蕾:《前后蜀墓葬略论》,《东方博物》第四十四辑,浙江大学出版社,2012年。
⑦ 周世荣:《长沙古墓与古窑址》,岳麓书社,2004年。
⑧ 湖南省博物馆:《湖南长沙市郊五代墓清理简报》,《考古》1966年第3期;湖南省博物馆:《长沙市东北郊古墓葬发掘简报》,《考古》1959年第12期;周世荣:《湖南长沙黄土岭的五代墓》,《考古通讯》1958年第1期;柴焕波:《湖南安仁发现一座五代墓》,《考古》1992年第10期;周世荣:《长沙容园两汉、六朝、隋、唐、宋墓清理》,《考古》1958年第5期;高至喜:《长沙烈士公园清理一座五代墓》,《文物参考资料》1957年第6期;湖南省博物馆:《湖南资兴隋唐五代宋墓》,《考古》1990年第3期。

武汉武昌区也发现了几座杨吴墓葬①。在武昌梅家山发现的五代超惠大师墓是一座类似佛塔地宫的方形砖室墓,使用八角形漆木函为葬具,还出土了石塔铭,说明此墓并非是普通意义上的墓葬,而是僧人专用的墓塔,故不作为墓葬研究②。

长江下游地区的杨吴、南唐和吴越国墓葬分布在今江苏、浙江、安徽等省。江浙地区发掘了南唐和吴越国的几座帝王陵墓。1950年在南京发掘的南唐二陵是最高规格的十国墓葬,烈祖李昪的钦陵与中主李璟的顺陵都分为前、中、后三室③。2010年9月至2011年1月,南京市博物馆和南唐二陵文物管理所对南唐二陵陵园进行了考古勘探和试掘,发现了陵垣、陵门、夯土建筑台基、道路、窑址等重要遗迹,还在陵园内发现一座砖室墓,推测为南唐后主李煜昭惠国后周氏之墓,为南唐陵寝制度的研究提供了新资料④。此外,扬州市邗江区发现的五代墓被推测为杨吴寻阳长公主墓,南京市铁心桥发现了葬于南唐时期的杨吴宣懿皇后墓⑤。吴越国王及钱氏家族成员墓葬在浙江省杭州市和江苏省苏州市都有发现。20世纪50年代以来,杭州、临安等地发现的钱氏家族墓有吴越国国王钱元瓘墓(杭M27)、钱元瓘次妃吴汉月墓(杭M26)、钱镠第十九子钱元玩墓(临M20)⑥、钱元瓘元妃马氏康陵⑦、临安青柯童瑜夫妇墓⑧以及唐末的钱镠之父钱宽和钱镠之母水邱

---

① 武汉市博物馆:《阅马场五代吴国墓》,《江汉考古》1998年第3期;湖北省文物考古研究所、武汉市博物馆:《湖北剧场扩建工程中的墓葬和遗迹清理简报》,《江汉考古》2000年第4期。
② 武汉市文物考古研究所、武汉大学历史学院考古系:《武汉市武昌区梅家山五代超惠大师墓发掘简报》,《江汉考古》2016年第4期。
③ 南京博物院编著:《南唐二陵发掘报告》,文物出版社,1957年。
④ 南京师范大学文物与博物馆系等:《南京祖堂山南唐陵园考古勘探与试掘简报》,《文物》2015年第3期;王志高、夏仁琴、许志强:《南京祖堂山南唐3号墓考古发掘的主要收获及认识》,《东南文化》2012年第1期;王志高:《试论南京祖堂山南唐陵园布局及相关问题》,《文物》2015年第3期。
⑤ 扬州市博物馆:《江苏邗江蔡庄五代墓清理简报》,《文物》1980年第8期;吴炜、徐心然、汤杰:《新发现之杨吴寻阳长公主墓考辨》,《东南文化》1989年第4—5期;邵磊、贺云翱:《南京铁心桥杨吴宣懿皇后墓的考古发掘与初步认识》,《东南文化》2012年第6期。
⑥ 浙江省文物管理委员会:《杭州、临安五代墓中的天文图和秘色瓷》,《考古》1975年第3期;浙江省文物管理委员会、杭州师范学院历史系考古组:《杭州郊区施家山古墓发掘报告》,《杭州师范学院学报》1961年第1期。
⑦ 杭州市文物考古研究所等:《浙江临安五代吴越王康陵发掘简报》,《文物》2000年第2期;杭州市文物考古研究所、临安市文物馆:《五代吴越国康陵》,文物出版社,2014年。
⑧ 浙江省文物考古研究所、杭州市文物考古研究所、临安市文物馆:《临安青柯五代墓葬发掘报告》,附录于发掘报告《晚唐钱宽夫妇墓》(文物出版社,2012年)之后。

氏夫妇墓①。墓主不明的吴越国墓葬还有杭州三台山五代墓、临安板桥五代墓(临 M21)、临安太庙山五代墓(临 M22)、临安余村五代墓(临 M77)以及江苏苏州七子山五代墓②。

此外,长江下游发现的五代墓葬还有江苏南京尧化门五代墓③、江苏常州半月岛五代墓④、扬州市发现的杨吴大和六年(934)李娀墓、杨吴天祚三年(937)钱匡道墓和南唐昇元元年(937 年,李昇代吴称帝,国号大齐,939年改国号为唐)田氏墓等十余座五代墓⑤、江苏盐城市发现的一批长方形土坑墓⑥、江苏连云港发现的吴国大和五年墓和五代至宋初墓⑦、江苏宝应发现的南唐墓⑧,以及安徽合肥发掘的南唐保大四年(946)汤氏县君墓和保大十一年(953)姜氏妺婆墓⑨、江西省九江县发现的南唐保大十二年周一娘墓⑩等。

1981 年,福建省博物馆和福州文管会清理了闽王王审知夫妇墓⑪。此

---

① 浙江省博物馆、杭州市文管会:《浙江临安晚唐钱宽墓出土天文图及"官"字款白瓷》,《文物》1979 年第 12 期;明堂山考古队:《临安县唐水邱氏墓发掘报告》,《浙江省文物考古所学刊》,文物出版社,1981 年;浙江省文物考古研究所等:《晚唐钱宽夫妇墓》,文物出版社,2012 年。

② 浙江省文物考古所:《杭州三台山五代墓》,《考古》1984 年第 11 期;浙江省文物管理委员会:《浙江临安板桥的五代墓》,《文物》1975 年第 8 期;倪亚清、张惠敏:《浙江临安余村五代墓发掘报告》,《东南文化》2016 年第 4 期;苏州市文管会、吴县文管会:《苏州七子山五代墓发掘简报》,《文物》1981 年第 2 期。

③ 南京市博物馆等:《南京尧化门五代墓清理简报》,收入南京市博物馆编:《南京文物考古新发现》,江苏人民出版社,2007 年。

④ 常州市博物馆:《江苏常州半月岛五代墓》,《考古》1993 年第 9 期。

⑤ 江苏省文管会、南京博物院:《江苏扬州五台山唐、五代、宋墓发掘简报》,《考古》1964 年第 10 期。李久海、王勤金、徐良玉:《扬州东风砖瓦厂发现九座南唐小墓》,《文博通讯》1982 年第 3 期。刘刚、薛炳宏:《江苏扬州出土钱匡道墓志考释》,《东南文化》2014 年第 6 期;刘刚、池军、薛炳宏:《江苏扬州杨吴李娀墓的考古发掘及出土墓志研究——兼及徐铉撰〈唐故泰州刺史陶公墓志铭〉》,《东南文化》2016 年第 3 期;李则斌:《扬州城东路出土五代金佛像》,《文物》1999 年第 2 期。南京大学历史学院文物考古系、扬州市文物考古研究所:《江苏扬州市秋实路五代至宋代墓葬的发掘》,《考古》2017 年第 4 期。扬州市文物考古研究所:《江苏扬州南唐田氏纪年墓发掘简报》,《文物》2019 年第 5 期。

⑥ 俞洪顺、梁建民、井永禧:《江苏盐城市城区唐宋时期的墓葬》,《考古》1999 年第 4 期。

⑦ 江苏省文管会:《五代—吴大和五年墓清理记》,《文物参考资料》1957 年第 3 期;南京博物院、南京市博物馆:《江苏连云港市清理四座五代、北宋墓葬》,《考古》1987 年第 1 期。

⑧ 黎忠义:《江苏宝应县泾河出土南唐木屋》,《文物》1965 年第 8 期。

⑨ 石谷风、马人权:《合肥西郊南唐墓清理记》,《文物参考资料》1958 年第 3 期;葛介屏:《安徽合肥发现南唐墓》,《考古通讯》1958 年第 7 期。

⑩ 刘晓祥:《九江县五代南唐周一娘墓》,《江西文物》1991 年第 3 期。

⑪ 福建省博物馆、福州文管会:《唐末五代闽王王知审夫妇墓清理简报》,《文物》1991 年第 5 期。

外福州还发现了刘华墓,属于高等级的闽国王室墓葬①。1975年初,福州西郊洪塘金鸡山发现古墓葬群,其中有五代闽国墓2座,皆为土坑墓。在福州马坑山还发现过一座长方形石构小墓。在永春、泉州、武夷山等地也曾发现过晚唐五代墓②。在泉州五代王福墓中发现的玻璃器,是研究中外文化交流的重要考古材料③。惠安县发现了王审知之兄王潮墓。

岭南地区的广州发现了几座南汉皇族陵墓。1954年在广州市石马村发现了南汉中宗刘晟的昭陵。2003年6月至8月,广州市发掘了南汉襄皇帝刘隐的德陵和高祖刘䶮康陵④。广州市也发现了几座南汉时期的普通墓葬⑤。广东省和平县发现过三座五代时期的小型长方形砖室墓和土坑墓⑥。

五代十国墓葬的研究肇始于冯汉骥先生等对前蜀永陵的考证和研究。随着南唐二陵的发掘,曾昭燏、蒋赞初等先生也开展了对南唐二陵的研究,研究成果已融入陵墓考古报告中。其他五代十国墓葬的相关研究多见于研究综述、相关论文和考古报告、简报中,尤其是近年出版的《五代冯晖墓》《五代王处直墓》《五代李茂贞夫妇墓》《五代吴越国康陵》等几部大型墓葬的考古报告,撰写者除了对墓葬形制和出土器物进行客观描述外,还往往针对出土文物和壁画进行了深入的研究。《新中国的考古发现和研究》、《20世纪河南考古发现与研究》、历年的《中国考古学年鉴》等文献都对截至当时的发现和研究情况进行了综述⑦。中国陵墓制度和丧葬制度研究的专著

---

① 福建省博物馆:《五代闽国刘华墓发掘报告》,《文物》1975年第1期。王潮墓资料见惠安县文化局编:《惠安县文物志》,1990年,第29页。

② 曾凡:《福州洪塘金鸡山古墓群》,《考古》1992年第10期。福建省博物馆:《福州马坑山五代吴越国墓葬清理简报》,《福建文博》1999年第2期。《泉州发现的五代砖墓》,《考古通讯》1958年第1期。晋江地区文管会、永春县文化馆:《福建永春发现五代墓葬》,《文物》1980年第8期。漳浦县博物馆:《漳浦唐五代墓》,《福建文博》2001年第1期。

③ 泉州市文保中心:《泉州北峰五代王福墓》,《福建文博》2005年第3期。

④ 商承祚:《广州石马村南汉墓葬清理简报》,《考古》1964年第6期。麦英豪:《关于广州石马村南汉墓的年代与墓主问题》,《考古》1975年第1期。广州市文物考古研究:《广州南汉德陵、康陵发掘简报》,《文物》2006年第7期。

⑤ 马建国、易西兵:《广州市太和岗春秋汉晋五代墓葬》,《中国考古学年鉴·2010》,文物出版社,2011年,第340—341页。易西兵:《广东广州机务段生活小区建设工地汉至五代墓葬》,《中国考古新发现年度记录·2010》,中国文物报社,2011年,第475—479页。广州市文物考古研究院:《广州富力唐宁花园五代南汉大宝三年墓》,《东南文化》2016年第3期。广州市文物考古研究院:《广州市江燕路五代南汉乾亨九年墓》,《考古》2018年第5期。

⑥ 广东省文物考古研究所、和平县博物馆:《广东和平县晋至五代墓葬的清理》,《考古》2000年第6期。易西兵:《广东广州机务段生活小区建设工地汉至五代墓葬》,《中国考古新发现年度记录·2010》,中国文物报社,2011年,第475—479页。

⑦ 中国社会科学院考古研究所:《新中国的考古发现和研究》,文物出版社,1984年;杨育彬、袁广阔:《20世纪河南考古发现与研究》,中州古籍出版社,1997年;秦浩:《隋唐考古》,南京大学出版社,1992年。

一般也涉及五代十国墓葬，如徐吉军《中国丧葬史》、董新林《中国古代陵墓考古研究》、张学锋《中国墓葬史》、刘毅《中国古代陵墓》等①。近年来，各高校考古专业或美术史专业的硕士、博士学位论文中产生了一些围绕五代十国墓葬制度或墓葬美术的选题②。

对五代十国墓葬制度的综合性研究有：孙新民《五代十国帝王陵墓制度述略》对五代十国帝王陵墓制度进行了概述③。洪剑民、罗开玉、周世荣、高至喜等分别对成都地区、湖南地区和湖北地区的五代墓葬特点作了概述④。丁晓雷《五代十国的墓葬》对五代十国墓葬形制、葬地选址与风水堪舆观念、墓葬装饰和陶俑、铜镜等随葬品进行了初步研究。李蜀蕾《十国墓葬初步研究》对南方地区一百多座十国墓葬进行了类型学研究，并对帝陵制度、墓葬等级制度等问题做了专题研究。徐凌《中原地区五代墓葬的分期研究》针对中原地区的五代墓葬进行了综合研究。五代十国墓葬制度研究的重心之一是前后蜀、南唐、吴越和南汉等南方诸国陵墓制度的研究。张肖马《前后蜀墓葬制度浅论》通过研究前后蜀墓葬的封土、墓室形制、随葬品与墓主身份的关系，对前后蜀墓葬等级制度作了比较深入的探讨，但讨论范围仅限于几座前后蜀墓葬，视野相对狭窄⑤。张勋燎、黄伟《论后蜀和陵的特征及相关问题》将和陵形制与北方地区隋唐圆形墓联系起来，指出和陵受到了北方葬俗的影响⑥。张玉兰《晚唐五代钱氏家族墓葬初步研究》和郑以墨《五代吴越国墓葬制度研究》、陈元甫《五代吴越王室贵族墓葬形制等级制

---

① 徐吉军：《中国丧葬史》，江西高校出版社，1998年；董新林：《中国古代陵墓考古研究》，福建人民出版社，2005年；张学锋：《中国墓葬史》，广陵书社，2009年；刘毅：《中国古代陵墓》，南开大学出版社，2010年。
② 丁晓雷：《五代十国的墓葬》，北京大学2001年硕士学位论文；李蜀蕾：《十国墓葬初步研究》，吉林大学2004年硕士学位论文；王欣：《辽墓与五代十国墓的布局、装饰、葬具的共性研究》，吉林大学2013年硕士学位论文；黄剑波：《五代十国壁画研究——以墓室壁画为观察中心》，上海大学2015年博士学位论文；徐凌：《中原地区五代墓葬的分期研究》，西北大学2011年硕士学位论文；郑以墨：《五代王处直墓壁画研究》，首都师范大学2006年硕士学位论文；郑以墨：《五代墓葬美术研究》，中央美术学院2009年博士学位论文；魏睿林：《杨吴、南唐墓葬形制结构及相关问题研究》，南京师范大学2018年硕士学位论文。梁如龙：《六朝隋唐五代时期福州墓葬研究》，福建师范大学2011年硕士毕业论文。
③ 载邓聪、陈星灿主编：《桃李成蹊集——庆祝安志敏先生八十寿辰》论文集，香港中文大学中国考古艺术研究中心2004年。
④ 洪剑民：《略谈成都近郊五代至南宋的墓葬型制》，《考古》1959年第1期；罗开玉：《成都地区历代古墓概况》，《四川文物》1990年第3期。湖北省文管处：《湖北地区古墓葬的主要特点》，《考古》1959年第11期；高至喜：《湖南古代墓葬概况》，《文物》1960年第3期；周世荣：《略谈长沙的五代两宋墓》，《文物》1960年第3期。
⑤ 张肖马：《前后蜀墓葬制度浅论》，《成都文物》1990年第2期。
⑥ 张勋燎、黄伟：《论后蜀和陵的特征及相关问题》，《成都文物》1993年第3期。

度探析》对吴越国墓葬制度进行了总结①。张强禄对南汉康陵和其他唐宋时期的陵墓进行了比较研究②。蔡喜鹏《隋唐五代时期福建考古发现和研究综述》涉及福建地区五代墓葬的发现和研究情况③。

关于五代十国墓葬出土文物的专题研究主要有：对前蜀王建永陵等墓葬发现的棺床石雕的研究④，对墓葬出土的俑类的研究⑤，对墓葬出土陶瓷器的研究和漆器的研究⑥，对墓葬装饰和图像的研究⑦，对南唐二陵出土玉

---

① 张玉兰：《晚唐五代钱氏家族墓葬初步研究》，《东南文化》2005年第5期；郑以墨：《五代吴越国墓葬制度研究》，《东南文化》2010年第4期；陈元甫：《五代吴越王室贵族墓葬形制等级制度探析》，《东南文化》2013年第4期。

② 张强禄：《南汉康陵的陵寝制度》，《四川文物》2009年第2期。

③ 蔡喜鹏：《隋唐五代时期福建考古发现和研究综述》，《福建文博》2013年第4期。

④ 秦方瑜：《王建墓石刻伎乐与霓裳羽衣舞》，《四川文物》1986年第2期；〔日〕岸边成雄著，樊一译：《王建墓棺床石刻二十四乐伎》，《四川文物》1988年第4期；沈仲常：《王建、孟知祥墓的棺床为佛座说试证》，《成都文物》1989年第4期；迟乃鹏：《王建墓棺床石刻乐伎弄佛曲说探证》，《四川文物》1997年第3期。

⑤ 徐苹芳：《唐宋墓葬中的"明器神煞"与"墓仪"制度——读〈大汉原陵秘葬经〉札记》，《考古》1963年第2期；林忠干：《福建五代至宋代墓葬出土明器神煞考》，《福建文博》1990年第1期；蒋赞初：《论南唐二陵出土陶俑所代表的身份及其艺术价值》，载《南唐二陵发掘报告》，后收入其《长江中下游历史考古论文集》，科学出版社，2000年；张勋燎、白彬：《中国道教考古》，线装书局，2006年；白彬：《四川五代两宋墓葬中的猪首人身俑》，《四川文物》2007年第3期；闫琰：《后蜀赵廷隐墓出土花冠舞俑与柘枝舞》，《江汉考古》2017年第4期；闫佳楠：《后蜀赵廷隐墓出土戴冠女伎乐俑与道教女冠文化》，《文物鉴定与鉴赏》2019年第5期；范犁、谢涛：《五代赵廷隐墓伎乐俑的艺术造型特征》，《书画艺术》2016年第6期。

⑥ 高至喜：《长沙出土唐五代白瓷器的研究》，《文物》1984年第1期；周世荣：《湖南出土盘口瓶、罐形瓶和牛角坛的研究》，《考古》1987年第7期；汪勃：《再谈中国出土唐代中晚期至五代的西亚伊斯兰孔雀蓝釉陶器》，《考古》2012年第3期；姚世英、陈晶：《苏州瑞光寺塔藏嵌螺钿经箱小识》，《考古》1986年第7期；陈晶：《常州等地出土五代漆器刍议》，《文物》1987年第8期。

⑦ 罗世平：《略论曲阳五代墓山水壁画的美学价值》，《文物》1996年第9期；郝建文：《浅谈曲阳五代墓壁画》，《文物》1996年第9期；郑以墨：《五代王处直墓壁画研究》，首都师范大学2006年硕士毕业论文；浙江省博物馆、杭州市文管会：《浙江临安晚唐钱宽墓出土天文图及"官"字款白瓷》，《文物》1979年第12期；伊世同：《临安晚唐钱宽墓天文图试析》，《文物》1979年第12期；浙江省文物管理委员会：《杭州、临安五代墓中的天文图和秘色瓷》，《考古》1975年第3期；蓝春秀：《浙江临安五代吴越国马王后墓天文图及其他四幅天文图》，《中国科技史料》第20卷，第1期；郑以墨：《内与外、虚与实——五代、宋墓葬中仿木建筑的空间表达》，《故宫博物院院刊》2009年第6期；郑以墨：《缩微的空间——五代、宋墓葬中仿木构建筑构件的比例与观看视角》，《美术研究》2011年第1期；郑以墨：《五代王处直墓壁画形式、风格的来源分析》，《南京艺术学院学报（美术与设计版）》2010年第2期；王元林：《东亚地区墓葬壁画十二辰图像的起源与流变》，《考古学报》2013年第3期；李清泉：《墓主像与唐宋墓葬风气之变——以五代十国时期的考古发现为中心》，《美术学报》2014年第4期；秦颖：《试析五代十国时期的十二辰形象》，《苏州文博论丛》（第七辑），文物出版社，2016年；等等。

册的研究①,对建筑明器的研究②,对五代墓葬出土文献的整理和研究③等等。这些研究为进一步深入系统的研究打下了基础。

五代十国墓葬发掘和研究虽然已经起步,但尚未得到足够的重视。发掘资料较为详细的多为帝陵和大型墓葬,小型墓葬往往资料简略;相关研究多局限于某个地区和某个专题,缺乏跨地域、跨学科的更深入和系统的研究;在研究视野上,还不能真正将五代墓葬放入唐宋社会变革和墓葬制度变革的大背景中去考察,因而缺乏贯通全局的整体意识。五代十国墓葬还存在很大的研究空间。

三、研 究 方 法

1. 分区与类型学研究

本书涉及的墓葬材料集中在五代十国时期,由于时段较短,资料较少,除个别地区外,缺乏足够的资料反映早晚时段的变化,实无必要再作过细的分期。关于中国历史考古学的分区,徐苹芳先生指出:"考古学分区是指考古学文化的分区。"④五代十国墓葬无疑也应该按照考古材料表现出来的地区文化面貌差异,而不是按照各个地方政权的国界来进行分区。五代十国虽然处于割据状态,但就文化区来说,与唐代仍然保持着连续性,因此可以参考前人对唐代墓葬的分区研究成果。

段鹏琦以长江为界将唐墓分为南北两个大区,又细分为西安地区、朝阳地区、湖北地区、湖南地区和广东地区⑤。《中国考古学·隋唐五代卷》把唐墓分为两京地区、河西地区、河东地区、辽东地区、长江中下游地区和南方地区⑥。权奎山把长江流域及其以南的南方地区隋唐墓分为六个区:长江上游(以成都为中心)地区、长江中游地区(以湖南和湖北为主体,包括万州和

---

① 蒋赞初:《南唐二陵出土的玉哀册和石哀册》,《南唐二陵发掘报告》,后收入其《长江中下游历史考古论文集》;冯汉骥:《论南唐二陵中玉册》,《考古》1958年第9期。
② 黎忠义:《江苏宝应县泾河出土南唐木屋》,《文物》1965年第8期;刘雨茂、刘平:《孙汉韶墓出土陶房考识》,《四川文物》2000年第3期。
③ 冻国栋:《跋武昌阅马场五代吴墓所出之"买地券"》,《魏晋南北朝隋唐史资料》第21辑,2004年;周阿根:《五代墓志汇考》,黄山书社,2012年。
④ 徐苹芳:《中国历史考古学分区问题的思考》,《考古》2000年第7期。
⑤ 中国社会科学院考古研究所:《新中国的考古发现和研究》,文物出版社,1984年,第581页。
⑥ 北京大学考古系多卷本《中国考古学·隋唐五代卷》待刊,转引自徐苹芳:《中国历史考古学分区问题的思考》,《考古》2000年第7期。

九江一带)、赣江地区(以南昌、清江、赣州为中心)、长江下游地区(江苏、浙江)、福建地区、岭南地区。由于已发现的五代十国墓葬分布不均衡,有些地区基本没有材料发表,所以本书根据实际情况,参考各地区文化特征,分为北方地区、南方地区两大块,南方地区又分为长江上游地区、长江中游地区、长江下游地区、福建和岭南地区。研究结果表明,这一分区和五代十国墓葬的区域特征基本相符。

类型学是重要的考古学研究方法之一,对于有明确纪年的历史时期的墓葬材料,类型学的重要性虽然不如在史前考古领域那样显著,但仍然是梳理材料、寻找发展演变线索的重要方法和途径。本书根据具体情况,在墓葬形制分析和个别文物研究时也采用了类型学的研究方法。

2. 墓葬文化因素分析法

"文化因素分析法"与地层学、类型学一样,是考古学研究的基本方法之一。在文化因素分析法被正式提出来之前,一些学者已经在研究中实践了这种方法。1985年,俞伟超先生发表《楚文化的研究与文化因素的分析》、李伯谦先生发表《文化因素分析与晋文化研究》,被认为是文化因素分析法正式提出的标志[1]。之后,李伯谦先生又专门撰文讨论使用文化因素分析法应注意的问题[2]。此后,不少学者相继撰文对文化因素分析法进行讨论,对这一方法进行补充和完善[3]。

俞伟超先生指出,文化因素分析法,"简单讲就是分析出一个考古学遗存内部所包含的不同文化因素的组成情况,以认识其文化属性,即确定它在考古学文化谱系中的位置。"[4]文化因素分析法在对考古学文化内部遗存进行详细分解的基础上,同其他文化进行比较,以了解考古学文化或某个考古遗存的文化因素构成情况,对于考古学文化的性质、渊源、演变、传播交流等研究有重要的意义。这一方法常用于史前时期以及历史时期早期阶段的考古学文化研究中,例如苏秉琦先生对仰韶文化的研究、李伯谦先生对晋文化

---

[1] 俞伟超:《楚文化的研究与文化因素的分析》,《楚文化研究论集》第一集,荆楚书社,1987年,后收入俞伟超著,王然编:《考古学是什么》,中国社会科学出版社,1996年;李伯谦:《文化因素分析与晋文化研究——1985年在晋文化研究座谈会上的发言》,《中国青铜文化结构体系研究》,科学出版社,1998年。

[2] 李伯谦:《论文化因素分析法》,《中国青铜文化结构体系研究》,科学出版社,1998年。

[3] 何驽:《考古学文化因素分析法与文化因素传播模式论》,《考古与文物》1990年第6期;袁永明:《考古学文化因素分析法辨证》,《中国文物报》2001年9月14日第7版;种建荣:《关于考古学"文化因素分析法"的几点思考》,《唐都学刊》2008年第3期;贺云翱:《具有解构思维特征的"文化因素分析法"——考古学者的"利器"之四》,《大众考古》2013年第5期。

[4] 俞伟超著,王然编:《考古学是什么》,中国社会科学出版社,1996年。

的研究、俞伟超先生对楚文化的研究。索德浩先生专门就文化因素分析法如何在秦汉以后历史考古学研究中应用提出了意见①。吴桂兵先生通过对文化因素分析法的整体把握,将其应用于两晋墓葬的研究中,取得了良好的效果②。受文化因素分析法的影响和启发,本书在对五代十国墓葬研究的过程中,试图把握各种墓葬文化因素的源流和变化,并分析其产生和传播的原因。

3. 多重证据法

1925年,王国维先生在清华国学研究院讲授《古史新证》时,提出了以"地下之新材料"(主要指甲骨卜辞和金文)印证"纸上之材料"(指古书记载)的"二重证据法"③。继王国维之后,饶宗颐先生在《论古史的重建》一文中又提出了古史研究的三重证据法:"余所以提倡三重史料,较王静安增加一种者,因文物之器物本身,与文物之文字记录,宜分别处理;而出土物品之文字记录,其为直接史料,价值更高,尤应强调它的重要性。"④饶宗颐先生把古史研究中可利用的"地下之新材料"的范围,从文字材料扩大到了出土器物本身,实际上是将考古学的文物研究纳入了古史研究的范畴。当然,重视实物资料的同时,他又强调出土文字材料是最重要的。其实,从解释、还原历史的目的来看,无论是文字、实物,还是图像(在近现代历史研究中还要加上音像),都可以看作是历史遗留下来的信息符号。这些符号的地位是平等的,每一种符号都从自身角度记录了真实历史的一个侧面,历史学家、考古学家、美术史家一般分别擅长解读一种符号。

历史时期的考古学,尤其是史料丰富的汉代以后的考古学,主要是作为宏观历史学的一部分而存在。历史考古学的任务,是主要根据考古材料,并参考文献史料和狭义历史学研究的成果来再现或复原历史。因此,考古学和狭义历史学的研究方法、所依据的材料完全可以相互借鉴。考古学研究要求"由物及人",即通过对考古遗迹、遗物的研究,发现隐藏在"物"后面的人的活动和社会变化。研究者要充分获取和利用考古材料中所隐含的历史信息,仅靠类型学的型式排队是难以完全做到的,还要结合历史学的研究成果。本书通过将墓葬发掘资料和文献史料相结合,探索墓葬因素、丧葬礼俗与政治变动、社会变革的关系,探讨唐宋社会变革如何在丧葬文化中体现,也是对多重证据法的一种实践。

---

① 索德浩:《文化因素分析方法与历史时期考古学》,《华夏考古》2014年第1期。
② 吴桂兵:《两晋墓葬文化因素研究》,南京大学出版社,2017年。
③ 王国维:《古史新证——王国维最后的讲义》,清华大学出版社,1994年,第2页。
④ 饶宗颐:《饶宗颐二十世纪学术文集》卷一《论古史的重建》,台北新文丰出版公司,2003年,第7—17页。

四、本书的结构

本书主要由绪论、主体内容和结语三部分组成。主体内容分为五章：

第一章将五代十国帝王陵寝纳入中国古代陵寝发展史中进行观察，分别对五代和十国帝王陵的封土、玄宫、地上建筑、陵墓石刻作了比较和分析，以揭示五代十国时期陵寝制度在唐宋陵寝制度演变中的作用和意义。

第二章和第三章分别对北方地区五代墓葬和南方地区十国墓葬进行类型学研究和墓葬文化因素分析。

第四章对五代十国时期的墓葬装饰和几种丧葬礼俗进行研究，通过对其源流、内涵的分析，探讨其社会历史和宗教内涵，进而揭示丧葬艺术、丧葬礼俗与五代政治和唐宋社会变革的内在联系。

第五章通过比较唐代河北地区墓葬和其他地区的墓葬形制特征，归纳出唐代河北地区墓葬区别于其他地区墓葬的"河北因素"，通过对"河北因素"的渊源、传播和影响的考察分析，揭示"河北因素"是唐宋墓葬制度变革的关键，并从地域文化和地域集团的角度，分析了"河北因素"形成和传播的社会历史背景。

第一章　五代十国帝王陵寝

中国古代帝王陵寝制度历来是考古学研究的重点领域,相关专著和论文很多,通论性的如杨宽《中国古代陵寝制度史研究》、董新林《中国古代陵墓考古研究》、张学锋《中国墓葬史》、刘毅《中国古代陵墓》[①]等,但受制于材料缺乏,对五代十国陵墓都着墨不多。由于中央集权的衰落,五代十国时期南北方各区域文化呈现出相对独立发展的趋势,就陵寝制度而言也是如此。如果不考虑帝陵和王陵名分的差别,将各国政权最高统治者的墓葬都作为考察对象,我们发现五代十国时期的陵寝制度地域差别非常明显。其中有汉唐以来的陵寝制度传统在起作用,也受到各地域传统墓葬文化的影响。五代十国陵寝制度处于唐宋陵寝制度演变的关键阶段,对五代十国陵寝制度的研究,有利于提高我们对中国古代陵寝制度的整体认识水平。

第一节　五代陵寝概述

五代时期,黄河流域出现的梁、唐、晋、汉、周五个王朝,共历时53年,有14个皇帝。据《五代会要》的记载,五代的14位帝王中,有陵名可考或知其埋葬地点的只有11位,参下表1-1《五代帝陵一览表》。

表1-1　五代帝陵一览表

序号	国号帝号名讳	在位时间(年)	陵号	埋葬地点
1	后梁太祖朱温	907~912	宣陵	河南省伊川县白沙乡常岭村

---

① 杨宽:《中国古代陵寝制度史研究》,上海人民出版社,2003年;董新林:《中国古代陵墓考古研究》,福建人民出版社,2005年;张学锋:《中国墓葬史》,广陵书社,2009年;刘毅:《中国古代陵墓》,南开大学出版社,2010年。

续表

序号	国号帝号名讳	在位时间(年)	陵号	埋葬地点
2	后唐庄宗李存勖	924～926	雍陵（晋改伊陵）	河南省新安县
3	后唐明宗李亶	926～933	徽陵	河南省洛阳市
4	后唐闵帝李从厚	933～934	被弑无陵号	葬徽陵陵域内
5	后唐末帝李从珂	934～936	亡国无陵号	葬徽陵陵域内
6	后晋高祖石敬瑭	936～942	显陵	河南省宜阳县石陵乡
7	后汉高祖刘知远	947～948	睿陵	河南省禹州市苌庄乡
8	后汉隐帝刘承祐	949～950	颍陵	河南省禹州市徐庄村
9	后周太祖郭威	951～954	嵩陵	河南省新郑市郭店乡周庄村南
10	后周世宗柴荣	954～959	庆陵	河南省新郑市郭店乡陵上村西
11	后周恭帝柴宗训	959～960	顺陵	河南省新郑市郭店乡陵上村东北

表中所列11位帝王中，有陵号的有9座，能够明确埋葬地点的只有7座。这些陵墓全都封土为陵，陵前设置石刻，但规模上远不如唐宋帝陵。由于多数陵墓未经考古发掘，只能根据《洛阳市志·文物志》、孙新民《五代十国帝王陵墓制度述略》和王玲珍、李德方《洛阳五代帝陵的调查与研究》和《河南新郑后周皇陵考古调查勘探简报》等资料略作概述[1]。

一、后梁宣陵

后梁太祖朱温宣陵位于河南省伊川县白沙乡朱岭村的台地上。台地背负万安山，南对伊川平原和伊水，地势北高南低，四周筑有陵垣。据民国年

---

[1] 洛阳市地方史志编纂委员会：《洛阳市志·文物志》，中州古籍出版社，1995年，第88—89页；孙新民：《五代十国帝王陵墓制度述略》，邓聪、陈星灿主编：《桃李成蹊集：庆祝安志敏先生八十寿辰》，中国考古艺术研究中心，2004年；王玲珍、李德方：《洛阳五代帝陵的调查与研究》，《黄河科技大学学报》2011年9月；郑州大学历史学院、郑州市文物考古研究院、新郑市文物局：《河南新郑后周皇陵考古调查勘探简报》，《考古与文物》2021年第1期。

间李健人《洛阳古今谈》记载,当时宣陵封土周长122弓,高5丈,占地9.8亩,封土南侧有南北向的神道,神道东西两侧依次排列石人、石马、石狮、石羊等石刻。当地群众于1958年大炼钢铁时挖墓取石,并砸毁一些石像生。据20世纪80年代的调查资料,陵冢周长150米,在长岭水库大坝附近发现有1件石羊、1件残石虎(或为石狮)。陵区西南数里有陪葬墓冢,相传为五女冢,是梁太祖五个女儿之墓。由于历年平整土地,陵冢现残高5米,面积仅约50平方米。封土前还留有一个3米深的盗洞。由于尚未发掘,其玄宫的结构布局不得而知。

二、后唐雍陵和徽陵

后唐庄宗李存勖的雍陵,据《五代会要》记载,位于洛京新安县,在今新安县西沃乡下峪峪村败仗沟。地面曾有一清代石碑,题曰"庄宗陵",但地面封土不明显,亦无石刻痕迹。据第二次全国文物普查资料,"原墓冢高大,墓园面积6 000平方米,今封冢已夷平"。1997年,河南省文物考古研究所进行考古勘探,也未能发现有关雍陵的线索。2009年后该位置已沦为水库淹没区。

后唐明宗李嗣源徽陵位于孟津县送庄乡送庄村、护庄村和东山头村之间,西北距孟津县城12.5公里,南距洛阳市郊5公里,在邙山上的一块台地上,现存覆斗形大封土冢一座。李健人《洛阳古今谈》记载徽陵周长107弓,高7丈5尺,占地十余亩。近年的勘察结果表明,陵冢附近应有陵垣等建筑。墓冢附近区域有对称的小土堆,可能和陵园遗迹有关。附近还发现3个夷平的小冢,推测是阙门遗址[①]。根据赵振华先生的研究,徽陵原有陵园、阙门、寝庙、仗舍、上宫、下宫等陵寝建筑,有陪葬墓一座,为李周墓。后唐闵帝李从厚、末帝李从珂也相继葬入徽陵陵域。

三、后晋显陵

后晋高祖石敬瑭显陵位于今河南省洛阳市宜阳县城北12.5公里的盐镇乡石陵村西、秦阳岭南麓。陵区占地南北长约500米,南北两面高,东西和中间低平,陵墓坐落于东西向冲积沟的北沿,神道处于沟中,地势低洼。这种地势在历代陵寝中罕见。

现存封土呈覆斗形,坐北向南,底部周长100余米、高20余米,保存完好。封土夯筑而成,夯层厚约30厘米,每层夯层之间筑一层礓石加固。封土南门有清雍正二年所立"晋高祖墓塚"石碑一通。封土前神道低于现地表

---

① 洛阳市第二文物工作队:《洛阳邙山陵墓群的文物普查》,《文物》2007年第10期。

4米,原有石人、石兽9对,多埋于地下,只有墓前300米处两根六棱形石望柱露出地表1.5米,东西间距25米。据石像生位置推测,神道宽25米,长300米。陵区范围及其他陵寝建筑设施不详。被当地村民挖出的一对石虎已被移到石陵村内,呈蹲姿,高1.3米①。陵之东有"邱灵寺",传为石敬瑭灵辇停放处,后为护陵人住所。清光绪七年《宜阳县志》卷六《陵墓》条记载:晋高祖陵在"县西北二十五里,石家陵村西,村亦因陵得名。村西有邱灵寺,传为高祖停辇处。寺有碑,字迹残毁,惟存大宋景德年号。"

四、后汉睿陵和颍陵

后汉高祖刘知远睿陵位于河南省禹州市西北30公里的柏嘴山之阳,苌庄乡柏村西北,陵园坐北朝南,现存封土周长60米,高8米。封土四面各100米处均有一对石狮,应是原来陵园四门外的门狮。据清道光《禹州志》载,后汉高祖睿陵在州西北五十里柏嘴山下,基址岿然,翁仲石兽俱列如故。陵前石刻在20世纪50年代尚存大部分,在"文化大革命"中东边一排全遭破坏,西边一排被埋于地下。

后汉隐帝刘承祐颍陵,在河南省禹州市花石乡徐庄北。"文化大革命"中墓冢封土被夷平。据《中国文物地图集》,其位置在睿陵西南方向约5公里②。

五、后周四陵

后周皇陵位于河南省新郑市郭店镇附近,东南距新郑、北距郑州均为20公里,东北距开封60公里。陵地属于新郑西部的岗丘地带,整体地势西高东低。现存陵墓四座,分别是太祖郭威嵩陵、世宗柴荣庆陵、世宗刘皇后惠陵和恭帝柴宗训顺陵。嵩陵位于周庄和高孟村之间,其余三陵均位于北部的陵上村附近。四陵中只有顺陵做过调查清理工作③。2018年12月至2019年10月,郑州大学历史学院、郑州市文物考古研究院、新郑市文物局联合开展了对四座后周帝后陵及附近的陵上遗址的调查与勘探,获取了一些新成果,纠正了一些错误认识④。

---

① 洛阳市地方史志编纂委员会:《洛阳市志·文物志》,中州古籍出版社,1995年,第89页;王玲珍、李德方:《洛阳五代帝陵的调查与研究》,《黄河科技大学学报》2011年9月。
② 国家文物局主编:《中国文物地图集·河南分册》,中国地图出版社,1991年,文第321页,图第159页。
③ 李书楷:《五代周恭帝顺陵出土壁画》,《中国文物报》1992年4月5日。
④ 郑州大学历史学院等:《河南新郑后周皇陵考古调查勘探简报》,《考古与文物》2021年第1期。

(一) 嵩陵

《旧五代史·周书·太祖纪》载："(显德元年)二月甲子,太常卿田敏上尊谥曰圣神恭肃文武孝皇帝,庙号太祖。四月乙巳,葬于嵩陵。"[1]嵩陵位于郭店乡周庄村南,为一南低北高的台地,东西各有一道小土岭。经过勘探,嵩陵周围并未发现陵园遗迹,推测可能是依靠周围环绕的河流作为天然的兆域边界。

后周皇陵实行简葬。《旧五代史·周书·太祖纪》载："陵所务从俭素,应缘山陵役力人匠,并须和雇,不计近远,不得差配百姓。……勿修下宫,不要守陵宫人,亦不得用石人石兽,只立一石记子,镌字云:'大周天子临晏驾,与嗣帝约,缘平生好俭素,只令着瓦棺纸衣葬。'若违此言,阴灵不相助。"[2]文献记载与调查、勘探情况基本吻合,勘探中并未发现石象生和下宫。

经勘探确认,嵩陵封土底边呈方形,整体为覆斗状,现存封土因遭破坏略呈圆形,高9.4米,周长约130米。地宫为带长斜坡墓道的砖室墓,通长约41米,由墓道、墓门、甬道、前室和后室五部分组成。墓道南向,方向177度,长约25米,南端宽约3.3米,北端宽约4.5、深约6米。墓道北为墓门,开口向下0.3米处发现有整齐的砖砌现象,推测有高大的门楼建筑。墓门以北为甬道,砖券顶,长约4.2、宽约4.5米,券顶最高点距地表深度约为3米,与墓门顶部约有1.8米的高差。墓室位于封土南坡之下,分前、后室,前室长方形,南北长7.2、东西宽6.4米;后室南北长3.6、东西宽4.5米。前后室应均为穹隆顶(图1-1)。

(二) 庆陵

庆陵位于郭店镇陵上村西100米,南距嵩陵2.7公里。庆陵有明代修建的陵园,民国时期还残存陵垣。陵园圆角方形,边长约200米,墙体宽约2米,是否与五代陵园重合尚需进一步发掘确认。封土南侧有一处建筑基址,平面呈长方形,面阔约10米、进深约4米,周围发现可能属于明清时期拜殿的三件石柱础。建筑基址上和周边分布大量明清时期的"御制祭文"或"御制祝文"碑刻,时代最早的为明宣德元年(1426)。

庆陵原始封土呈覆斗形,底边大致呈圆角方形,边长约41米、高约13米。地宫为带一条斜坡墓道的砖室墓,由墓道、封门、甬道和墓室四部分组成,方向为174度。墓道长约21米,自南向北逐渐变宽,南端宽2.8米,北端

---

[1] 薛居正等:《旧五代史》卷一一四,中华书局,2015年,第1750页。
[2] 薛居正等:《旧五代史》卷一一三,第1749—1750页。

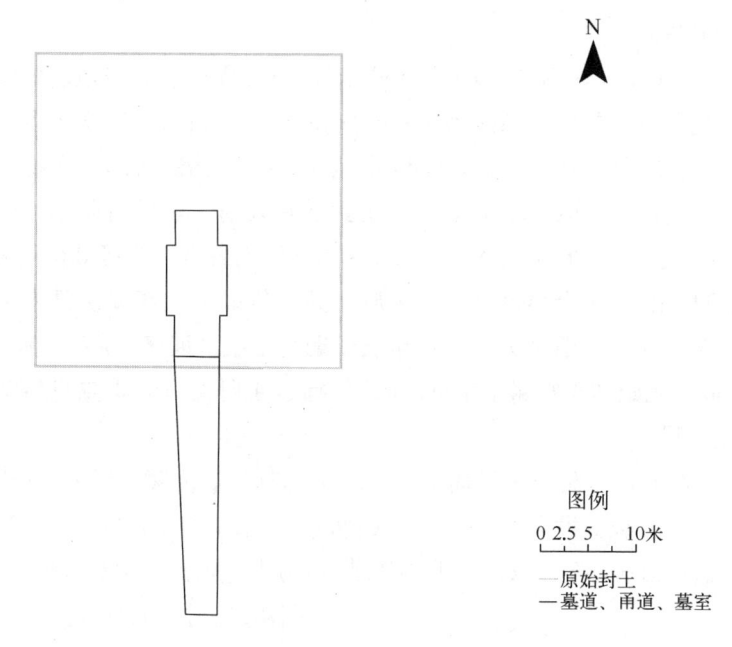

图 1-1　嵩陵封土及地宫平面示意图

宽 4 米,深约 9 米。墓道以北为墓门和甬道,所在位置下探到多层砖块,应有仿木构的门楼建筑。甬道长 8 米、宽 4 米。墓室呈圆形,直径约为 8 米,顶部结构应为穹隆顶(图 1-2)。

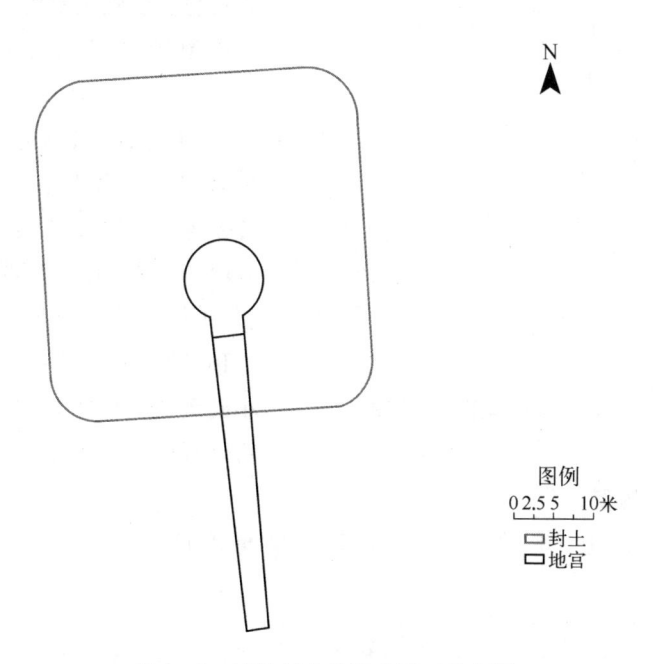

图 1-2　庆陵封土及地宫平面示意图

（三）惠陵

惠陵位于陵上村内、庆陵东约150米处，封土周边已为当地居民院房所占压。根据其位置推测，该陵为庆陵的袝葬墓。自清代以来，学界多认为该墓是世宗符皇后的懿陵。该陵于20世纪90年代被盗，新郑市文物部门进行了勘察和保护工作，在墓葬周边采集到数片哀册。哀册石质，长条形，长29.4厘米、宽2.5厘米、厚1.8厘米，每片两端侧面各有一直径0.6厘米的圆孔。阴刻楷书，有填金痕迹。标本1册文为："维显德六年岁次己未十月癸酉朔十二"。标本2册文为："日甲申哀子嗣皇帝臣宗训谨再拜"。标本3册文为："世宗元妃刘氏殂谢于东京旧邸"。标本4册文为："贞惠皇后恭以礼肃克诚事遵"。

由册文可知，该陵应为后周世宗元妃贞惠刘皇后之陵。《旧五代史·周书·后妃列传》载："世宗贞惠皇后刘氏，将家女也，幼归于世宗。……世宗随太祖在邺，后留居邸第。汉末李业等作乱，后与贵妃张氏及诸皇族同日遇祸。国初，追封彭城郡夫人。显德四年夏四月，追册为皇后，谥曰贞惠，陵曰惠陵。"①《旧五代史·周书·恭帝纪》载："（显德六年）十一月壬寅朔，葬世宗皇帝于庆陵，以贞惠皇后刘氏袝焉。"②刘氏袝葬庆陵，应与其元妃身份有关。

惠陵现存封土高约2米，周长10余米，原貌已被村民建房破坏。地宫为带斜坡墓道的砖室墓，方向173度。墓道宽3.5~3.9米，由于大部被民房占压，可探明长度约5米。甬道为券顶，宽3.9、长约4米。墓室为小砖砌成，直径约7米。墓顶为穹隆顶（图1-3）。

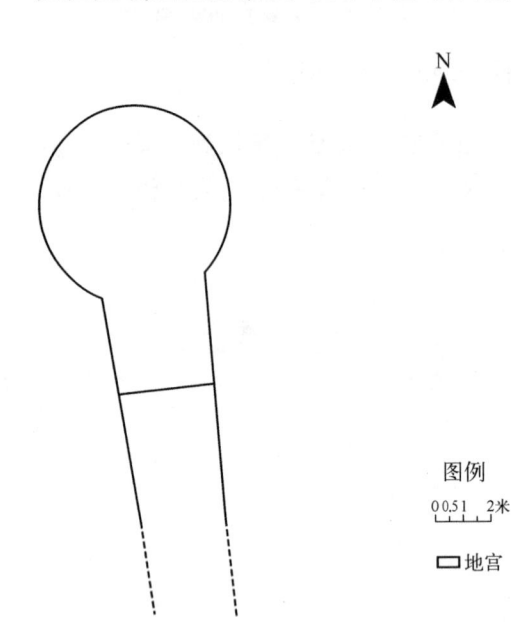

图1-3 惠陵地宫平面示意图

（四）顺陵

《旧五代史·周书·恭帝纪》载："皇朝开宝六年春，（恭帝）崩于房

---

① 薛居正等：《旧五代史》卷一二一，第1861—1862页。
② 薛居正等：《旧五代史》卷一二〇，第1852页。

陵……以其年十月,归葬于世宗庆陵之侧。诏有司定谥曰恭皇帝,陵曰顺陵。"①顺陵虽然建于北宋初,但恭帝以皇帝礼埋葬,有陵号,仍可视为后周帝陵。

顺陵位于陵上村以东、庆陵东北约380米处,与惠陵相距约210米。陵园遗迹不明显,地表不见有石刻等设施。根据周边地层的分布状况,推测陵园范围向南大致为50米,压在现代道路下,封土的北部、西部被现代冲沟打破,边界不清。

顺陵封土基本呈方形,东西14米、南北16米,现存高度为3.6米。在距地表约1.5米高处发现有一层明显的铺砖现象,可能用以加固封土。地宫为带长斜坡墓道的砖室墓,方向为177度,由墓道、甬道和墓室三部分组成(图1-4)。墓道长21米、宽3~3.2米;甬道为拱券顶,长约8米、宽约3米。墓室呈圆形,穹隆顶,直径和顶高均为7米。早期被盗后所测墓室直径为6.2米,应为墓室内径。

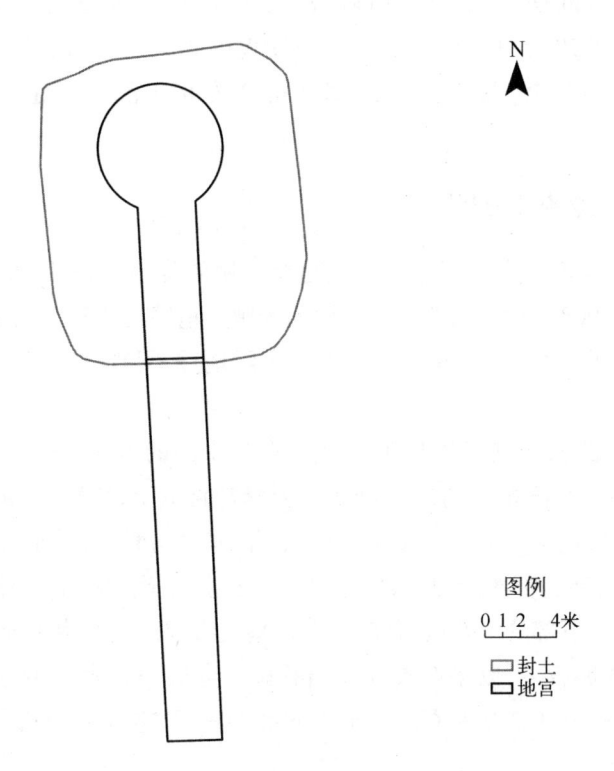

图1-4 顺陵地宫平面示意图

————
① 薛居正等:《旧五代史》卷一二〇,第1853页。

顺陵墓室、甬道壁涂白灰,绘彩色仿木构建筑和人物图像,墓顶绘星象图。墓室墙面有两处砖突出,"似为放灯之用"。墓室西壁近甬道处绘"柱斧导行图"(原称"武吏端斧图"),通高1.9、宽1.6米,人物高1.24米。一人头戴黑色展角幞头,身穿红色圆领广袖袍服,束白色腰带,双手斜端长柄柱斧。两侧各绘朱红色立柱,上部绘有枋木及斗栱。甬道东壁近墓室处绘"文吏迎侍图",通高约1.4、宽1.7、人物高1.17米。画中有文吏两人,皆恭顺侍立。南侧一人头戴黑色展角幞头,身穿红色圆领袍服,腰间系玉带,两手握于胸前行叉手礼,呈侧视状;北侧文吏呈正视状,衣着姿势同南侧人一致,仅袍服为白色。墓顶星象图仅在起券处有局部残留。

(五) 陵上遗址

陵上村东南部台地上发现一处遗址,北距顺陵约420米,西北距惠陵280米,遗址南北1 000米,东西约420米。遗址西北部和东南部分属两个时期。陶瓷片主要集中于东南部,时代多为唐代。西北部遗址偏晚,在一处夯土基址断面上采集到脊兽、板瓦、筒瓦、条砖等建筑构件。调查者通过将采集的建筑构件与北宋永定陵发现的鸱吻、条砖以及元德李后陵园发现的方砖比较,推测此建筑基址可能为北宋前期修建的陵庙建筑之一。

六、晋王李克用建极陵

建极陵为唐末晋王、后唐追尊太祖李克用的陵墓,建于唐天祐五年(后梁开平二年,908),位于山西省代县阳明堡镇七里铺村北侧。据出土墓志可知李克用以晋王礼埋葬,鉴于李克用的实际地位,可作为帝陵形制研究的参考。

据发掘报告,李克用墓1950年代尚有7米高的封土(杨继东文章说封土原高10米,周长60余米)。1962年因修铁路取土,1975年因平整土地,墓葬曾两次被挖开,封土和墓顶被揭去,清理出马骨架、狗骨架、人骨架。1989年,文物部门再次清理墓葬,发现了晋王墓志,确定了墓主身份[①]。

建极陵地下部分由墓道、墓门、甬道、墓室组成。墓圹内填充卵石、红黏土,墓壁建在卵石上,以条石犬牙交错叠砌。券墙条石大小不等,一般长1米,宽0.45米,厚0.2米左右。由于地下水位高,下挖不深,穹隆顶部高出地

[①] 杨继东:《五代艺术精品——极建陵》,《沧桑》1995年第3期;《极建陵》,《文物世界》2002年第5期;李有成:《代县李克用墓发掘报告》,《李有成考古论文集》,中国文史出版社,2009年。杨继东误将"建极陵"写作"极建陵"。李有成为最后一次发掘组织者,所撰发掘报告较详细,故以《代县李克用墓发掘报告》为主要依据进行叙述。

面。穹隆顶正中用一圆形榫口状大石封口,向下一面雕刻青龙、白虎,中间有纽用以悬物。墓壁原来均涂朱色。

墓道总长约30米,宽3.9米,未发掘。墓门由镶嵌在石槽中的三层石板封门,墓门外墓道东西两壁各有一座砖雕歇山顶建筑,造型一致。建筑两侧各有一个砖砌凹槽,内有朽木。两侧歇山顶建筑顶部砖砌成平行砖墙,顶部有朽木。根据朽木痕迹分析,原封门石外砖雕建筑前是一个用架木构成的空室。

墓门后是石券甬道,长6.7、宽2.6、高3.61米。甬道内墓门两侧各刻一男守门侍者像,高132厘米,头戴展脚幞头,身穿圆领短袍,双手于胸前托短杖。甬道两壁各彩绘出行图和仪仗图。出行图长4.75米,高2.05米,有五位骑士和五匹马。仪仗图长3.5米,高3.7米,东壁有9位武士,西壁尚未完工,有7位武士。其内容分别是骑马仪仗和步行仪仗。

墓室平面为圆角方形,南北长9.45米,东西宽9.65米,穹隆顶高出地表,估计高约7.6米。墓室四壁砌出10根方柱,柱上雕有忍冬花纹,柱顶雕有斗栱。墓室东、西、北三面均浮雕有门、直棂窗或方格窗,门两旁各雕一男一女守门侍者像。东壁和西壁男侍都披发。墓室底部四周靠壁间隔立11尊人形十二生肖石俑,高70、宽30、厚13厘米,穿圆领大袍,双手抱笏于胸前,冠上雕生肖动物。

墓室正中稍靠后横置束腰须弥座式石棺床,长6.9、宽3.43、高0.5米,床上铺一层石板。须弥座正面为束腰形,束腰部分雕9个壸门,壸门内有浅浮雕,从所附线图看,似为伎乐像。其余三面为垂直平面。棺床与甬道口之间的地面正中,用青石板砌成一个直径1米的圆形平面,可能与祭祀设施有关。由痕迹可知,棺木厚15厘米,棺外髹漆3毫米。墓内还出土马头骨、鸡骨、羊骨架,可能与下葬时的祭奠有关。墓室内发现一男二女3个头骨,男性头骨额上有直径1厘米的圆形伤疤。还清理出两块盝顶素面石函、铜饰件、青瓷罐、"开元通宝"铜钱、骨器等器物。出土墓志一合,志盖呈覆斗形,中刻"晋王墓志",四周刻八卦、团花,四刹刻十二生肖。

发掘者征集了9尊怪兽石雕像,石像皆为人身,坦露胸腹,人面或兽面,呈蹲或站立状,高36～43厘米,据村民称原位于柱头斗栱耍头上,原应有10尊。墓前神道两旁原有石羊、石人等,下落不明,发掘者从滹沱河边找回一尊石羊。

李克用墓志称其"祔于先茔",则其墓应在家族墓地。据乾隆《直隶代州志》记载:晋王李克用"葬州西八里柏林寺侧……其弟克谦、子嗣昭墓,俱在寺之东北。正统己巳,盗发嗣昭墓,内凿石为圹,有日月星斗像"。又载:

"柏林寺在七里铺,晋王墓侧。后唐同光三年庄宗(925)建,以奉王香火。"柏林寺毁于"文化大革命"期间,寺址尚存。晋王墓位于柏林寺东侧约100米处。

李克用墓西北1公里处有一封土堆,直径约50米,残高3米,据说是李存勖墓。"文化大革命"期间村民曾进入墓室,见墓室为石券,顶部有日月星象。《五代会要》等史料记载庄宗李存勖墓位于洛阳,并未归葬代县,此墓可能是李克用家族其他成员墓葬。村民还反映在李克用墓正北50米一个村民院子中发现一座石券墓葬,没有发掘①,可能也是李克用家族成员的墓。

第二节 五代陵寝制度的渊源与推测

五代陵寝制度,直接源自唐代陵寝制度,表现在陵园布局、封土形制、神道石刻、玄宫形制、陪葬制度、合葬制度等诸多方面,但由于五代国小民贫,与唐代陵寝制度相比,各方面都有一些减损和变化。

一、晋唐陵寝制度的遗产

西汉帝陵为土坑木椁墓,根据已发现的诸侯王墓的情况推测,帝陵可能使用黄肠题凑。帝后的梓宫一旦埋葬,就覆土夯筑,形成覆斗形封土,以后不再开启。东汉帝陵逐渐使用砖室墓,在侧面开门,彻底改变了玄宫的形制,合葬时可挖开墓道,再次进入玄宫。司马彪《续汉书·礼仪志》记载了东汉帝后合葬礼仪,"合葬:羡道开通,皇帝谒便房,太常导至羡道,去杖,中常侍受,至柩前"②。东汉帝陵没有发掘,但根据已发掘的东汉大墓资料,推测帝陵玄宫应该是多室砖墓。安阳西高穴大墓是一座有前后两个主室和四个侧室的多室砖室墓,据研究是曹操高陵,可以作为东汉晚期帝陵级别墓葬的旁证③。

在魏晋薄葬的背景下,墓葬制度进入晋制时代,墓室多少不再是区分等级的标志。根据已有考古资料,南方地区六朝陵墓均为大型单室墓,没有前

---

① 李有成:《代县李克用墓发掘报告》,《李有成考古论文集》,中国文史出版社,2009年,第189页。
② (晋)司马彪:《续汉书志·礼仪下》,中华书局,1965年,第3152页。
③ 河南省文物考古研究所、安阳县文化局:《河南安阳市西高穴曹操高陵》,《考古》2010年第8期。

后室和侧室,规模比一般墓葬大,墓室内壁以整齐排列的花纹图案砖或者整幅的壁画砖拼镶而成①。

北朝方面,北魏孝文帝在方山为冯太后和自己分别营造永固陵和万年堂,均为单室砖墓。冯太后永固陵有高大的方底圆形封土,墓室方形,穹隆顶。陵前还建石室②。迁洛后,瀍河以西的北邙山成为陵区,孝文帝长陵、宣武帝景陵、孝明帝定陵、孝庄帝静陵均在此陵区③。长陵陵园平面近方形,四周夯筑垣墙,外侧挖壕沟,垣墙正中开陵门。仅发现西门和南门2处门址遗迹,南门保存较好,为三门道牌坊式。陵园内有2座封土,属异穴合葬。孝文帝陵(大冢)位于中轴线偏北部,长斜坡式墓道向南,封土南侧21米处有2个对称的石翁仲基座,再向南46米有2个对称的长条形竖穴方坑。墓道、基座、方坑在一条轴线上,应为神道位置。文昭皇后陵(小冢)位于孝文帝陵西北约106米处,封土南侧发现长斜坡墓道,没有明显的神道遗迹。陵园内发现建筑基址3座,均位于大冢和小冢的东南方向,推测与祭祀有关④。

宣武帝景陵北距长陵约5公里。在北距封土约10米处的墓道延长线西侧发现头部残失的石刻武士像一躯。封土平面略呈圆形,直径105～110米,现高24米。墓道及墓室全部覆盖在封土下,是一座坐北面南的单室砖墓,全长54.8米,由长斜坡墓道、前甬道、后甬道、墓室四部分组成,平面略呈"甲"字形,方向约177度。墓道南段为土壁,北段为砖壁。前甬道平面呈横长方形,券顶高3.78米。后甬道为纵长方形,券顶高2.64～2.8米。甬道地面铺石板,内有两道封门墙。墓室南壁设石门。墓室平面近方形,南北6.73米、东西6.92米,四壁中部稍外弧,四角攒尖式墓顶高9.36米,地面铺石板,西半部纵置石棺床⑤(图1-5)。

东魏在邺西建造"西陵",元氏皇族死后亦在此兆域安葬,以孝静帝西陵及其父元亶陵墓为基点排列,长辈在前(南),晚辈在后(北),兄弟墓葬自左向右并列。西陵的西面和北面均有山沟,东面有异姓勋贵茔地,元氏皇室陵墓主要在西陵之南。大丞相高欢在西陵东北选定了高氏茔地,高洋建北齐

---

① 罗宗真:《魏晋南北朝考古》,文物出版社,2001年,第100页。
② 大同市博物馆、山西省文物工作委员会:《大同方山北魏永固陵》,《文物》1978年第7期。
③ 参河南省文化局文物工作队:《洛阳北魏长陵遗址调查》,《考古》1966年第3期;宿白:《北魏洛阳城和北邙陵墓——鲜卑遗迹辑录之三》,《文物》1978年第7期;洛阳博物馆、黄明兰:《洛阳北魏景陵位置的确定和静陵位置的推测》,《文物》1978年第7期;洛阳市第二文物工作队:《北魏孝文帝长陵的调查和钻探》,《文物》2005年第7期。
④ 洛阳市第二文物工作队:《北魏孝文帝长陵的调查和钻探》,《文物》2005年第7期。
⑤ 中国社科院考古所洛阳汉魏城队:《北魏宣武帝景陵发掘报告》,《考古》1994年第9期。

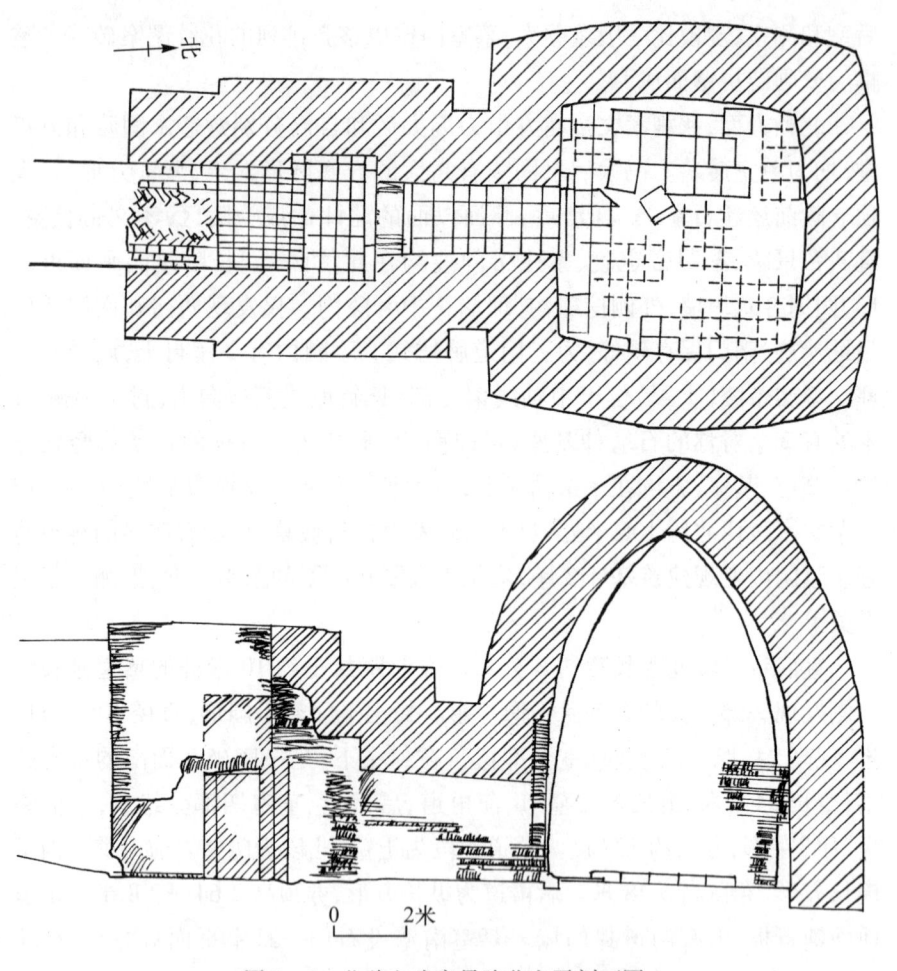

图 1-5 北魏宣武帝景陵墓室平剖面图

后,此茔地成为高齐皇陵区。已发掘的北齐湾漳壁画墓,推测是北齐文宣帝高洋武宁陵[1],位于高欢陵墓西北 2 公里,地面原有高大的坟丘,坟丘底部的夯土痕迹略呈圆形,直径 100～110 米。在墓室南略偏西约 100 米处有一持剑石像。墓南"神道"长约 270 米,宽约 15 米。在神道南 270 米处,神道两侧各发现一处夯土建筑基址。没有发现围墙遗迹,推测陵园是以"行马"或树木为茔域标志。地下部分由墓道、甬道、墓室组成,总长 52 米,平面略呈甲字形。墓室为弧方形砖室,四角攒尖顶,地面铺石板,墓室西侧顺置须弥座石棺床[2]。

北周武帝与武德皇后阿史那氏合葬的孝陵位于咸阳市底张镇陈马村东

---

[1] 马忠理:《磁县北朝墓群——东魏、北齐陵墓兆域考》,《文物》1994 年第 11 期。
[2] 中国社科院考古研究所等:《磁县湾漳北朝壁画墓》,科学出版社,2003 年。

南,地势高亢,没有发现石刻、封土、寝殿建筑等遗迹、遗物,不清楚原来有无城垣或围沟遗迹。墓葬坐北向南,全长68.4米,由斜坡墓道、5个天井、5个过洞、4个壁龛及甬道、土洞式单墓室组成。墓室内有东西并列放置的木棺椁朽痕。北壁有一个后龛,龛内有木箱朽痕[1]。

武帝临终遗诏:"丧事资用,须使俭而合礼。墓而不坟,自古通典。随吉即葬,葬讫公除。"孝陵的营建基本上是遵照遗诏行事的。北周明帝武成二年(560)遗诏中也有"葬日,选择不毛之地,因地势为坟,勿封勿树"的内容。1993年发掘的谯王宇文俭(武帝之弟)墓志中明确写道:"其年(建德七年)三月戊辰朔十七日甲申,葬于雍州泾阳县西乡始义里,率由古礼,不封不树",其墓上也未发现封土。孝陵的墓葬形制、规模、随葬品与已发掘的其他北周大、中型墓相比并没有太大的区别,可能北周时还没有形成一套完整、严格的墓葬等级制度。孝陵出土的孝陵志石、皇后志铭以及皇后生前所用金玺,还表明北周尚未有以哀册、谥册、谥宝入陵墓的制度。

隋文帝泰陵位于陕西省杨凌区五泉乡双庙坡村,是隋文帝杨坚和独孤皇后的合葬陵。泰陵由陵园遗址和其东南的"隋文帝祠"遗址构成。陵园平面长方形,南北长628.9米,东西宽592.7米,已探明封土、墓道、四门门址、门阙、垣墙和围沟等遗迹。南门址为面阔五间的殿堂式建筑,门址南部18米处有门阙一对。覆斗形封土位于陵园内中心略偏东南部,底部东西长155米,南北宽153米,现高25.1米。封土南部发现两条东西并列的墓道,东墓道属于M1、西墓道属于M2,间距23.8米。两墓都由墓道、天井、过洞、墓室组成,除墓室未勘探外,其余部分均长78.7米,方向180度[2]。

唐代陵寝制度在继承前代的基础上,形成了自己的特色。唐代帝陵分为两种类型:一是"封土为陵",陵台呈覆斗状,这是秦、西汉帝陵的传统;二是"因山为陵",利用自然山体,在山体的南侧开凿石洞为羡道(墓道),在山体内部修造地下玄宫(墓室)。唐十八陵中,"因山为陵"的有14座,而采用传统的"封土为陵"的只有高祖李渊献陵、敬宗李湛庄陵、武宗李炎端陵、僖宗李儇靖陵4座。"因山为陵"的唐陵,除昭陵因为南临悬崖峭壁,故修凿栈道回旋通至墓门外,其他诸陵都是从山体斜面上开凿成阶梯式墓道到达墓门。埋葬之后,墓道用条石加铁栓板封闭,墓道口覆盖后与山体浑然一体,不留痕迹。

---

[1] 陕西省考古研究所、咸阳市考古研究所:《北周武帝孝陵发掘简报》,《考古与文物》1997年第2期。

[2] 冉万里:《隋代帝陵制度研究》,《考古与文物》2021年第1期。

唐高祖李渊的献陵是唐代第一座帝陵，位于陕西省三原县城东北20公里的徐木塬上。根据2010～2012年陕西省考古研究院"唐陵大遗址考古项目"的调查资料，献陵遗址由陵园、封土、神道、陵园北建筑基址、下宫遗址、陪葬墓区构成。陵园四面垣墙正中辟门，门址外各有石虎一对、门阙一对。南门外神道长404米，两侧从南向北列置石柱和石犀牛各一对。神道石柱间距37米。下宫遗址位于陵园西南约1 260米。北门外180米处发现一处建筑群遗址，可能是原寝殿遗址。陵园东北有陪葬墓区。陵园平面略呈方形，南北长451米，东西宽448米，方向为181度。陵园四角筑曲尺形角阙。陵园四门由殿堂式门址、门阙、门外石虎构成。覆斗形封土位于陵园内中部偏东，底边东西长140米，南北长110米，高约20米。在封土南部探出2条东西并列的墓道，方向181度。两条墓道大部分压在现代建筑和道路下，西墓道宽4.9～5.5米，东墓道宽4～4.8米，长度均为61米，间距10.7米。西墓道属M1，东墓道属M2。东墓道勘探出3个天井，西墓道天井数目不详。并列墓道证实了文献记载的贞观九年十月高祖葬献陵时，太穆皇后同时"祔于献陵"。方形陵园、覆斗形封土、并列两墓道、四方四门及门阙等特征，表明献陵继承了泰陵制度，印证了"唐初即用隋礼"之说[1]。

自唐高宗乾陵开始，唐陵的布局形成了一定的规制：在理念上模仿都城长安城，将陵园分三部分，自北向南由三对门阙区分。第一对门阙以北为陵冢和献殿，相当于长安城中的宫城。第一对门阙至第二对门阙之间是神道，神道两边排列着石柱、石碑和石人、石兽，象征着长安城的皇城。第二对门阙和第三对门阙之间，分布着功臣密戚的陪葬墓，象征着长安城的外郭城。

陵园内原有相当规模的建筑群，主要是献殿和寝宫。献殿位于内城南门内，正对陵冢，是举行祭祀活动的场所。寝宫亦称陵下宫，位于内城外的西南，供守陵官员和日常侍奉人员居住。陵园内还有陪葬墓。贞观十一年（637），唐太宗诏令功臣密戚去世后可以陪葬帝陵，赐给茔地和丧事用具。贞观十九年（645），又准许陪葬大臣的子孙死后从葬。从此陪葬、从葬制度固定下来，成为唐代山陵制度的重要组成部分。

玄宫，或曰地宫，是对帝陵的地下建筑的称呼，即墓室（包括墓门之后的甬道、主室、耳室等部分）[2]。至今发掘的唐陵仅有晚唐的僖宗靖陵一例，是单室土洞墓形制[3]（图1-6）。由于尚未发掘过"因山为陵"类型的唐陵，其

---

[1] 张建林：《"挹酌汉魏"还是"唐承隋制"——唐高祖献陵与隋文帝泰陵的比较》，《考古与文物》2021年第1期。

[2] 在墓志铭文中偶尔也有以玄宫指普通墓葬墓室的情况。

[3] 刘向阳：《唐代帝王陵墓》，三秦出版社，2006年，第339—341页。

图 1-6　唐宗靖陵发掘现场（采自《唐代帝王陵墓》）

玄宫形制目前只能依靠有限的文献和其他陵墓进行推测。前人对乾陵玄宫的研究，主要有前、后两室说和前、中、后三室说。前后两室说最早由黄展岳提出[1]，王维坤也持此说[2]，其依据是玄宫形制模仿皇宫建制，并依据几座"号墓为陵"盛唐墓葬的形制进行推测。更多学者认为乾陵为前、中、后三室，是依据玄宫形制模拟唐代三殿制以及南唐二陵、前蜀王建永陵、辽帝陵等晚期陵墓地宫和法门寺地宫（认为佛拟人主，地宫模拟三殿制）的形制来推测的。还有学者认为不排除单室的可能[3]。笔者曾提出过唐代帝陵根据埋葬方式不同、分为两种形制的观点，即：因山为陵的唐陵，使用前、中、后三室玄宫；封土为陵的唐陵，继承了北朝以来的帝陵形制，使用单室玄宫[4]。杨晓春先生根据北朝至北宋玄宫发展的趋势，结合对文献的考证，提出了唐代帝陵为单一的石室玄宫的观点，并结合史思明墓的特征，将《新五代史·温韬传》记载的"中为正寝，东西厢列石床"的唐太宗昭陵地宫，分析为一个墓室加两个侧室的形制[5]。

---

[1]　黄展岳：《中国西安、洛阳汉唐陵墓的调查与发掘》，《考古》1981 年第 6 期。
[2]　王维坤：《唐代乾陵陵寝制度的初步研究》，《东方学报》第 77 册，2005 年 3 月发行。转引自程义：《关中地区唐代墓葬研究》，文物出版社，2012 年，第 323 页。
[3]　学者的不同意见，参见沈睿文《唐陵的布局：空间与秩序》（北京大学出版社，2009 年，第 297—302 页）和程义《关中地区唐代墓葬研究》（文物出版社，2012 年，第 322—332 页）。
[4]　崔世平：《唐代帝陵玄宫形制探析》，《中国文物报》2008 年 7 月 18 日。
[5]　杨晓春：《再论南唐二陵对唐代陵寝制度的继承问题》，载纪念南唐二陵发掘 60 周年活动组委会编：《纪念南唐二陵发掘 60 周年学术论文汇编》，2010 年。

墓葬制度从魏晋时期就不再以墓室的多少为等级标志，即使帝陵也多使用单室墓①，到宋代依然如此，唐代处于其间，使用单室玄宫的可能性很大。由于禁止陵墓发掘，围绕唐陵玄宫形制的争论可能会一直存在。

二、对五代帝陵玄宫形制的推测

五代陵墓皆平地挖圹，在圹内砌筑玄宫，玄宫上夯筑陵台。目前仅晋王李克用建极陵和周恭帝顺陵已发掘或进入调查，后周太祖、嵩陵、太宗庆陵、太宗刘后惠陵则经过考古勘探，其玄宫形制可知，其余诸陵玄宫形制只能根据现有资料进行推测。

据《旧五代史》卷一一三《周书四·太祖纪四》记载，后周太祖郭威累谕晋王曰："我若不起此疾，汝即速治山陵，不得久留殿内。陵所务从俭素，应缘山陵役力人匠，并须和雇，不计近远，不得差配百姓。陵寝不须用石柱，费人工，只以砖代之。用瓦棺纸衣。临入陵之时，召近税户三十家为陵户，下事前揭开瓦棺，遍视过陵内，切不得伤他人命。勿修下宫，不要守陵宫人，亦不得用石人石兽，只立一石记子，镌字云：'大周天子临晏驾，与嗣帝约，缘平生好俭素，只令着瓦棺纸衣葬。'若违此言，阴灵不相助。"②

该条内容亦见于《资治通鉴》卷二九一《后周纪二》，帝（周太祖）屡戒晋王曰："昔吾西征，见唐十八陵无不发掘者，此无他，惟多藏金玉故也。我死，当衣以纸衣，敛以瓦棺，速营葬，勿久留宫中；圹中无用石，以甓代之；工人役徒皆和雇，勿以烦民；葬毕，募近陵民三十户，蠲其杂徭，使之守视；勿修下宫，勿置守陵宫人，勿作石羊、虎、人、马，惟刻石置陵前云：'周天子平生好俭约，遗令用纸衣、瓦棺，嗣天子不敢违也。'汝或吾违，吾不福汝。"③

《旧五代史》和《资治通鉴》中的后周史料均主要来源于五代《实录》，两者从史源上来说是相同的。将两条史料相比较，可见其内容基本相同。但两条史料中，关于陵寝用砖代石的内容，《旧五代史》作"陵寝不须用石柱，费人工，只以砖代之"，《资治通鉴》作"圹中无用石，以甓代之"。前者表明砖代替的是陵寝石柱，后者表明砖代替的是圹中用石（其中砖即是甓，可勿论），对同一事的记载，意思不同，必有一误。

唐代帝陵可分为"封土为陵"和"因山为陵"两类。"因山为陵"的唐帝

---

① 参俞伟超：《中国魏晋墓制并非日本古坟之源》，收入其《古史的考古学探索》，文物出版社，2002年，第364页。
② （宋）薛居正等：《旧五代史》，中华书局，1976年。
③ （宋）司马光编著，（元）胡三省音注：《资治通鉴》，中华书局，1956年。

陵,玄宫开凿在山体内,因此属于石室。石室在唐代是禁止臣民使用的墓室形制。如《通典》卷八五《礼四十五·丧制之三》"棺椁制"载:"大唐制,诸葬不得以石为棺椁及石室。其棺椁皆不得雕镂彩画、施户牖栏槛,棺内又不得有金宝珠玉。"[1]王静将使用石室视为唐代帝陵的专利[2]。北京丰台唐史思明墓是一座方形主室两侧各附一个长方形耳室的石室墓,墓中出土了刻有"昭武皇帝崩于洛阳宫玉芝"文字的玉哀册,说明他是被按照皇帝礼埋葬的[3]。史思明墓可以作为唐代帝陵使用石室玄宫的旁证。

唐昭宗在天祐元年(904)被朱温弑于洛阳,天祐二年,"葬和陵。谥曰圣穆景文孝皇帝,庙号昭宗。哀册文(中书侍郎、平章事刘粲撰),谥册文(右仆射、平章事裴枢撰),谥议(太常卿王溥撰)。"[4]虽然当时朝廷已经被朱温控制,但实施礼仪的群臣仍是唐臣,葬礼还是按照唐朝礼制进行,和陵也是按封土为陵的规制修建的。和陵位于今偃师市顾县镇,东距唐恭陵1.5公里,墓冢规模较恭陵小,当地群众称为"小冢"。1974年村民为扩大耕田,将陵台夷为平地,地表建筑无存,神道石刻多散失,在神道正南约500米处地面上尚存一残高2米的无头石翁仲。1984年,偃师县对和陵做了调查铲探,经钻探得知,陵墓坐北朝南,地宫居北,墓道在南。地宫由青石条垒砌拱券,南北长约8米,东西宽约4米,距地表深约11.5米[5]。可知和陵玄宫是石室,长8米,宽4米。我们推测和陵玄宫形制有两种可能:第一,和陵玄宫可能是长方形,而不是北方地区常用的方形墓室;第二,和陵玄宫可能是边长4米的正方形,南北长8米包含了甬道的长度。

五代十国制度基本继承唐代,石室玄宫仍然为帝陵沿用。南方发现的南唐二陵[6]、前蜀王建永陵[7]、后蜀孟知祥和陵[8]等几座十国帝王陵,均使用了石砌或砖石混砌的玄宫,显示了唐代帝陵制度的延续性。

晚唐五代的藩镇节度使墓葬,也多有使用石砌墓室的。河北曲阳王处直墓为前后室石室墓[9],陕西宝鸡李茂贞墓为石砌券顶单室墓,李茂贞夫人

---

[1] (唐)杜佑:《通典》,中华书局,1988年,第2299页。
[2] 王静:《唐墓石室规制及相关丧葬制度研究——复原唐〈丧葬令〉第25条令文释证》,《唐研究》(第十四卷),北京大学出版社,2008年,第455页。
[3] 北京市文物研究所:《北京丰台唐史思明墓》,《文物》1991年第9期。
[4] 《唐会要》卷二《帝号下》,中华书局,1955年,第17页。
[5] 赵振华:《东都唐陵研究》,北京大学中国考古学研究中心等编:《古代文明》第4卷,文物出版社,2005年。
[6] 南京博物院:《南唐二陵发掘报告》,文物出版社,1957年,第7—38页。
[7] 冯汉骥:《前蜀王建墓发掘报告》,文物出版社,1964年,第9—16页。
[8] 四川省文物管理委员会:《后蜀孟知祥墓与福庆长公主墓志铭》,《文物》1982年第3期。
[9] 河北省文物研究所等:《五代王处直墓》,文物出版社,1998年,第6—14页。

墓为砖石混砌墓室①。由于石室象征着帝陵的等级，在中央失去对藩镇的掌控后，独霸一方的强藩节度使也使用石室，以显示其地位的尊贵，实际上是一种僭越行为。史载李茂贞"及闻唐亡，以兵羸地蹙，不敢称帝，但开岐王府，置百官，名其所居为宫殿，妻称皇后，将吏上书称笺表，鞭、扇、号令多拟帝者。"②李茂贞虽然不敢明目张胆地称帝，但在文物制度上模拟皇帝等级。同样，李茂贞墓使用石室，也应该是有意模仿帝陵，是"多拟帝者"系列措施中的一种。五代帝王多是以藩镇取得帝位，其陵寝玄宫形制继承唐代制度，同时也受到藩镇使用石室之风的影响。

五代帝陵玄宫形制，目前已知的有晋王李克用"建极陵"和后周恭帝柴宗训"顺陵"。建极陵出土了晋王墓志，表明是以王礼埋葬，但既然称陵，在一定程度上也反映了陵寝制度。建极陵玄宫是圆角方形石砌单室，继承了唐代帝陵石室的特点。柴宗训顺陵为圆形单室砖墓，虽然建造于北宋初期，但反映的是后周晚期帝陵制度③。从石室到砖室，是五代帝陵玄宫的一大变化。

"陵寝不须用石柱，费人工，只以砖代之"，可理解为要求陵寝不使用石柱，而使用砖柱。石柱是陵墓前树立的一对柱状石雕标志物，也称为望柱、华表。唐人封演《封氏闻见记》载："秦、汉以来，帝王陵前有石麒麟、石辟邪、石象、石马之属；人臣墓前有石羊、石虎、石人、石柱之属；皆所以表饰坟垄如生前之仪卫耳。"④唐昭陵陪葬墓蒋王妃元氏墓前曾出土一截石柱，柱身高210厘米，八棱形，其中一面顶端刻有"蒋王妃故元氏墓石柱一双显庆元年十一月卅日葬"的题记，就是人臣墓前石柱之例⑤。但陵墓前用砖砌柱代替石柱，殊难理解，也从未发现过实例。"陵寝不须用石柱，费人工，只以砖代之"一句后为"用瓦棺纸衣"，然后才是"亦不得用石人石兽，只立一石记子"。石柱是地面石刻，应当与后面同类的石人、石兽并列方符合习惯，而不应与地下玄宫中的"瓦棺纸衣"并列。因此，这条史料是否有误，值得推敲。

中国历史上的厚葬，多与工程的浩大、葬具的奢侈和随葬品的珍贵有关。唐宋时期，如前揭《通典》所载，使用石棺椁和石室是厚葬和僭越的行

---

① 宝鸡市考古研究所：《五代李茂贞夫妇墓》，科学出版社，2008年，第26—40页、第87—93页。
② 《资治通鉴》卷二六六《后梁纪一》，中华书局，1956年，第8676页。
③ 李书楷：《五代周恭帝顺陵出土壁画》，《中国文物报》1992年4月5日。
④ （唐）封演撰、赵贞信校注：《封氏闻见记校注》，中华书局，2005年，第58页。
⑤ 李浪涛：《唐昭陵陪葬蒋王妃元氏墓发现题记石柱》，《文物》2004年第12期。

为,屡为朝廷禁止。又如《宋史》卷一二四《礼志》诸臣丧葬等仪引《礼院例册》云:"诸葬不得以石为棺椁及石室,其棺椁皆不得雕镂彩画、施方牖槛,棺内不得藏金宝珠玉。"①周太祖欲薄葬,似也应该首先禁止最费人工的石棺椁和石室,而非石柱。

如果参考《资治通鉴》所载"圹中无用石,以甓代之",则真相大白。圹中用石,即是在墓圹中砌筑石室玄宫;以甓代之,则是砌筑砖室玄宫。此句意在告诫晋王柴荣,营造陵寝玄宫时,不得用石室,而要用砖室,这正与将石室视为厚葬象征的观念相符合。可见《旧五代史》所载"陵寝不须用石柱,费人工,只以砖代之"一句有误。其第一处断句应断在"石"字后,而"柱"字则可能是"柱"字因形近致误。原文当作"陵寝不须用石,柱费人工,只以砖代之",如此则文义豁然通畅,并且和《资治通鉴》所载一致。

这两条史料反过来也证明了五代帝陵玄宫本来是使用石室的②,至周太祖嵩陵为薄葬而改为砖室。而周恭帝顺陵玄宫使用砖室,正是继承了太祖嵩陵的制度。2018～2019年,郑州大学历史学院和郑州市文物考古研究院等单位对后周陵墓展开了考古勘探调查,勘探结果表明,嵩陵、庆陵、惠陵和顺陵均为砖室玄宫,证明了以上推测的正确性。

五代最早的陵墓为李克用"建极陵",是圆角方形单室石室墓;最晚的是后周世宗庆陵、刘后惠陵和恭帝柴宗训顺陵,为圆形单室砖墓。后周太祖嵩陵玄宫,勘探结果显示为长方形双室砖墓。其他的帝陵玄宫形制都未知。北宋制度较多继承了五代制度,考察北宋初期的陵墓形制,也有助于了解五代帝陵。五代帝王除了后梁朱氏来自河南外,其余都来自河东、河北集团③,具有相同的地域文化特征。而宋太祖赵匡胤也出身于河北集团,北宋皇室的墓葬形制与五代帝陵有着共同的渊源。

北宋皇陵分布在今河南巩义市西南伊洛河南岸的丘陵上,陵区东西长约13公里、南北宽约12公里,北宋皇帝中除徽宗、钦宗外,其余七帝都葬在这里。再加上乾德三年改葬于此的太祖之父宣祖赵弘殷永安陵,一共八座帝陵。各陵均祔葬数量不等的后陵④。目前北宋帝陵尚未发掘过,其形制不完全清楚,但通过已经发掘的元德李太后陵等仍可略作推测。

---

① 《宋史》,中华书局,1985年,第2909页。
② 据说后梁太祖朱温宣陵也曾在1958年大炼钢铁时被当地群众挖墓取石,后汉高祖刘知远睿陵在"文化大革命"时封土被群众破坏,挖出石筑墓室后被禁止。这两座陵可能为石室玄宫。
③ 参见毛汉光:《五代之政治延续与政权转移》,收入其《中国中古政治史论》,上海书店出版社,2002年。
④ 河南省文物考古研究所:《北宋皇陵》,中州古籍出版社,1997年,第3页。

元德皇太后李氏,真定(今河北正定)人,是宋太宗赵光义的妃子,宋真宗赵恒的生母,薨于太平兴国二年(977),初葬于普安院。至道三年(997)真宗即位后,追尊为皇太后。咸平元年(998)正月谥曰"元德",三年(1000)四月八日祔葬宋太宗永熙陵西北。由于她是追尊为皇太后之后迁葬,其埋葬制度完全按照礼仪行事,陵寝规模和神道石刻在永熙陵祔葬的三座皇后陵中最大,仅次于帝陵,显示了其作为真宗生母的特殊身份。李太后陵出土了玉册,包括谥册和哀册,也证明其规格很高。因此元德李太后陵应该能反映北宋帝陵的形制(图1-7)。

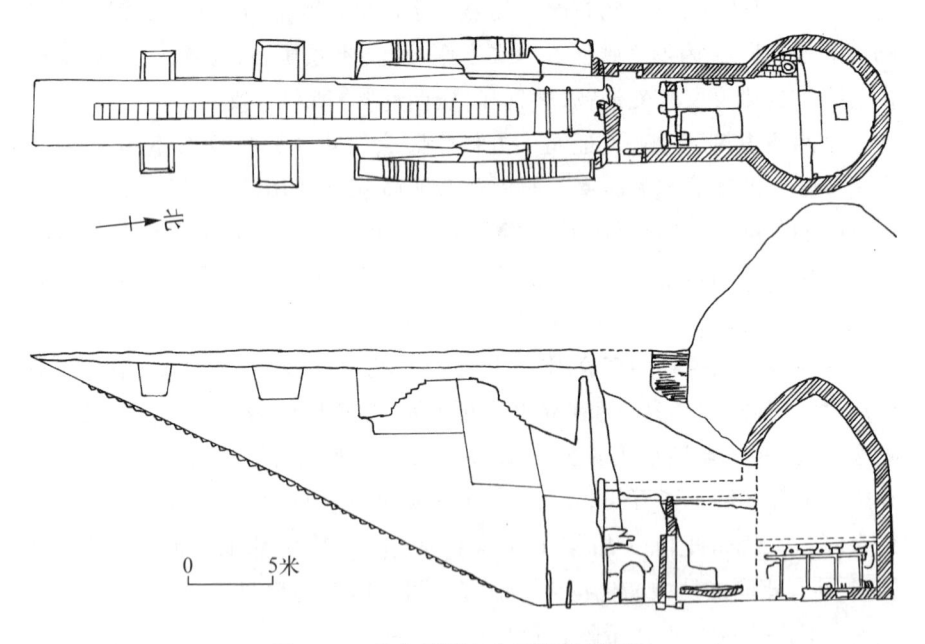

图1-7 北宋元德李太后陵平剖面图

李太后陵地面建筑现存遗迹有陵台、石刻和部分阙台。地下部分由墓道、甬道和墓室三部分组成,方向185度。墓道位于墓室南部,呈斜坡阶梯式,南北长34米,墓道中部挖有宽1米的土台阶。砖砌甬道长9米、宽4.3米、高6米,壁厚0.9米,南端两侧各有一个砖砌壁龛。石墓门在甬道中部稍偏南。墓室为圆形砖室,直径7.95米。墓顶作穹隆顶,高12.26米。墓壁厚0.95米。周壁砌抹角倚柱10根,隐出壁面,柱间连以栏额,柱头砖砌仿木建筑的单昂四铺作斗栱。立柱之间有11个壁面,宽1.51～1.71米。北壁最宽,达2.02米。壁面上砖雕有桌椅、灯檠、衣架、门窗等。墓室南端底部与甬道皆铺一层方砖。墓室中北部置石棺床,南北长4.7米、东西宽7.9米、高0.62米。棺床南部用四块石条砌成。棺床南面作须弥座式,装饰有剔地和线刻花卉。棺床北部上面铺长方石块①。

北宋皇室墓已发掘的还有宋英宗第四子魏王赵頵夫妻合葬墓②,其形制和元德李太后陵相似,为宋英宗永厚陵陪葬墓之一。斜坡墓道长13.5米、宽5.52米。墓道北端为仿木构墓门建筑,用青砖券筑,门高2.36米、宽3.08米。门上石额由两块石板接合,呈半圆形,上有圆孔6个。额上斗栱三组,上承替木。门下有石门槛,无门扇。入门两侧各有一青砖券砌的耳室。此门与第二道门的中间为甬道,宽度与墓门同,高4.1米。第二道门也是砖券,高4.8米、宽3.2米。墓室由青砖砌筑,平面圆形,直径6.54米,穹隆顶,高6.48米。墓门以内地面用石板平铺。墓内出"宋皇叔故魏王墓志铭"和"宋皇叔益端献王妻魏越国夫人墓志铭"。据墓志,魏王薨于哲宗元祐三年(1088),九年(1094)正月从葬于永厚陵之北;其夫人王氏薨于崇宁二年(1103),大观元年(1107)三月合葬于魏王墓。魏王是哲宗的叔父,其墓虽然是陪葬墓,一定程度上也应该能反映帝陵的形制。

由宋太宗元德李太后陵和魏王赵頵夫妻合葬墓形制可推知,北宋帝陵和皇室墓可能使用圆形墓室。宋太祖赵匡胤为幽州人,元德李太后是真定人,都属于河北地区。圆形墓是唐代河北地区墓葬的传统,出自河北集团的北宋皇室仍然继承了这一传统。

五代制度继承自唐代。一般认为,唐代帝陵玄宫是前、中、后三室制。但唯一经过考古发掘的唐代帝陵唐僖宗靖陵却为单室土洞墓。唐昭宗和陵经过铲探,得知其玄宫为长8米,宽4米的石室,很可能也是单室。虽然这与唐末国力衰退有关,但这也反映了晚唐的陵寝制度已经发生变化。五代帝陵改变了因山为陵的制度,都实行封土为陵。

河北地区是五代帝王的发迹之地,五代的石室墓传统也与河北地区有关。北京市丰台区唐代史思明墓是一座石室墓。斜坡式墓道,长20.6米、宽3米,靠近甬道处有对称的半圆形小龛4个。甬道长4.35米、宽3米,两侧各有两个方形壁龛。前壁龛长1.6米、宽1.5米,后壁龛长1.3米、宽1.6米。两扇汉白玉墓门,长3.8米、宽1.5米、厚0.7米。墓室为方形石室,东西长5.54米、南北宽5.05米,两侧各有一长方形耳室,亦为石构,券顶③(图1-8)。史思明生前称大燕皇帝,死后按照帝陵规格埋葬,墓内出土玉

---

① 河南省文物研究所、巩县文物保管所:《宋太宗元德李后陵发掘报告》,《华夏考古》1988年第3期。
② 周到:《宋魏王赵頵夫妻合葬墓》,《考古》1964年第7期。
③ 北京市文物研究所:《北京丰台唐史思明墓》,《文物》1991年第9期。

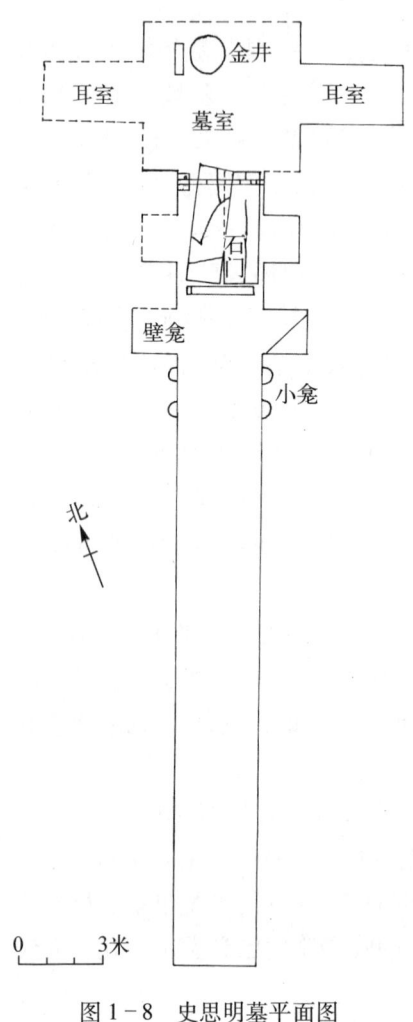

册。成都后蜀皇帝孟知祥和后唐福庆长公主合葬的和陵也是一座石室墓。墓道斜坡式，有22级阶梯，长12.5米。甬道券拱。墓室为一主室二侧室，主室高8.16米、直径6.7米，侧室高6米、直径3.4米，均用青石砌成，穹隆顶。地面铺石板①。孟知祥是邢州龙冈（今河北邢台西南）人，其和陵的形制完全是按照河北地区墓葬来建造的，与史思明墓相比，和陵只是墓室和耳室由方形改为晚唐五代时期河北地区流行的圆形。

　　孟知祥是后唐庄宗的女婿，他的和陵应参考或使用了五代帝陵形制。根据李克用建极陵、后蜀和陵以及后周、北宋陵墓，我们推测五代后唐、后晋、后汉等河北集团出身的帝王陵墓玄宫很可能是与孟知祥和陵相似的圆形石室结构。因为后梁皇帝朱氏来自河南，后梁帝陵可能使用中原地区传统的方形砖室或石室玄宫。考虑到唐末五代初的唐昭宗和陵位于洛阳地区，使用石室玄宫，后梁帝陵更可能参照和陵，使用石室玄宫②。

图1-8　史思明墓平面图

三、对五代陵寝建筑和神道石刻的推测

　　前揭后周太祖郭威遗言，原意是告诫柴荣治山陵应从俭素，禁止奢侈，但反过来说，他禁止的应该就是五代帝陵本应有的设施。因此可以推知，五代帝陵至少应有如下内容：使用石室玄宫，有下宫，有守陵宫人，用石人、石兽、石碑。后周太祖除了此处山陵外，还"兼仰于河府、魏府各葬一副剑甲，澶州葬通天冠、绛纱袍，东京葬一副平天冠、衮龙服"，似乎还有四

---

① 成都市文物管理处：《后蜀孟知祥墓与福庆长公主墓志铭》，《文物》1982年第3期。
② 据说后梁太祖朱温宣陵也曾在1958年大炼钢铁时被当地群众挖墓取石，可为旁证。

处衣冠陵。设置衣冠陵是周太祖别出心裁,与他的政治宣传有关,并非五代通制,后文将详细论述,此处主要分析五代帝陵的地上陵寝建筑和神道石刻情况。

（一）陵园选址

古人重视葬地的选择,认为葬地的好坏会影响到后嗣的命运,而皇陵选址更与国运攸关。帝王陵墓选址大都要遵守一定的规则,主要受地理因素、政治因素、风水因素、礼制因素等方面的制约。一般来说,皇陵要卜选在国都附近。在风水堪舆方面,唐以前堪舆术对皇陵的影响并不十分明显,从宋代开始,皇陵选择越来越重视堪舆术①。贞观十八年（644）唐太宗对侍臣说："古者因山为坟,此诚便事。我看九嵕山孤耸回绕,因而旁凿,可置山陵处,朕实有终焉之理。""开元十七年,玄宗因拜桥陵,至金粟山,观冈峦有龙盘凤翔之势,谓左右曰:'吾千秋后,宜葬于此地。'后遂追先旨葬焉。"②可见唐代帝陵的选择带有一定的偶然性,主要看重山势,尚未形成宋代那种在堪舆术上的严格要求。但唐代帝陵可能也遵循一定的葬法,"神龙元年十二月,将合葬则天皇后于乾陵,给事中严善思上表曰:'臣谨按《天元房录葬法》云:尊者先葬,卑者不合于后开入。'"③

五代各帝陵在选址上基本上都选择背山面水,地势较高,视野开阔的位置,方向均为坐北面南。如后梁太祖朱温宣陵,背负万安山,南对伊川平原和伊水,地势北高南低。后唐明宗李嗣源徽陵位于邙山上一片地势开阔的台地上。晋王李克用建极陵位于雁门关南麓20公里的山前地带、滹沱河北岸的二级台地上,南距滹沱河1公里,墓地东400米有一条七里河,墓地西1 000米有一条沙河,三面环水,地势平坦,由南向北逐渐缓升④。后汉高祖刘知远睿陵位于河南省禹州市西北30公里的柏嘴山之阳,陵园坐北朝南。后汉隐帝刘承祐颖陵在睿陵西南方向约5公里,地势也基本相同⑤。后周四陵位于今河南省新郑市郭店乡,其中郭威嵩陵位于郭店乡周庄村南,现为一南低北高的台地,东西各有一道小土岭,整体呈三面环抱之势⑥。

---

① 刘毅:《中国古代陵寝制度研究讲义》,（韩）新星出版社,2006年,第34—35页。
② （宋）王溥:《唐会要》卷二〇《陵议》,上海古籍出版社,2006年,第457、459页。
③ 《唐会要》卷二〇《陵议》,第458页。
④ 李有成:《代县李克用墓发掘报告》,《李有成考古论文集》,中国文史出版社,2009年,第189页。
⑤ 国家文物局主编:《中国文物地图集·河南分册》,中国地图出版社,1991年,文第321页,图第159页。
⑥ 新郑县文化馆:《新郑县后周皇陵》,《河南文博通讯》1979年第4期。

后晋石敬瑭显陵似乎是个例外。显陵位于秦岭东部支脉秦阳岭的南麓,陵区南北高,东西和中间低平,陵墓坐落于沟的北沿,地势低洼,而神道正处于沟中。与显陵类似的还有后唐庄宗李存勖雍陵,雍陵位于今新安县西沃乡下坂峪村败仗沟,现已是水库淹没区,显然地势也较低洼①。李存勖被明宗推翻,又被明宗埋葬,如果说明宗有意为他选择了地势低洼的陵址,也是可以理解的,但石敬瑭显陵的陵址选择似乎别有原因。

(二) 陵园布局

唐代封土为陵的陵园规制,始于高祖献陵,形成于孝敬皇帝李弘恭陵。恭陵位于洛阳偃师景山,地势高阔,陵园坐北朝南,平面正方形,长宽均为440米。陵园四周有神墙,神墙四角有角楼,神墙中部各开一座神门,门外有一对阙台。阙台外有立狮或走狮一对。神道在南神门外,宽52米,神道两侧自北向南排列翁仲三对、天马一对、望柱一对。东排第一、第二翁仲之间为孝敬皇帝睿德纪碑。陵台封土呈覆斗形,位于陵园中心②。

五代帝陵陵园保存情况极差,大多数帝陵在地面上只见封土,不见墙垣、阙台、门阙和角阙等标志,个别有陵园的也是明清重修的。我们首先假设五代王朝虽然对唐代陵寝制度有所损益,但以继承为主,五代各朝制度也基本一致,然后再综合各陵情况,归纳五代帝陵制度的特征。

后汉高祖刘知远睿陵现存封土周长60米,封土四面各100米处均有一对石狮,应是原来陵园四门外的石刻,由此可知陵园四边各长215米,封土在陵园的中心。五代各陵的规模可能与此相当。如后周世宗柴荣庆陵陵园在明太祖洪武三年曾经重建,平面呈正方形,每边长200米,可能是在五代陵园的基础上重修的,保存了原来的规模。近年的勘察表明,后唐明宗徽陵墓冢附近区域有对称的小土堆,可能和陵园遗迹有关。附近还发现3个夷平的小冢,推测是阙门遗址③。

五代陵园南门外有神道。后梁太祖宣陵南有神道,神道东西两侧排列石像生,有石人、石马、石狮、石虎、石羊等。后晋高祖石敬瑭显陵原有石像生9对和望柱2件,多埋于地下,东西间距25米。其他帝陵神道宽度不明,

---

① 王玲珍、李德方:《洛阳五代帝陵的调查与研究》,《黄河科技大学学报》2011年9月。
② 赵振华、王竹林:《东都唐恭陵》,《中国古都研究(第二十辑)——中国古都学会2003年年会暨纪念太原建成2500年学术研讨会论文集》,山西人民出版社,2005年。
③ 洛阳市第二文物工作队:《洛阳邙山陵墓群的文物普查》,《文物》2007年第10期。

可能与此类似。宝鸡李茂贞夫妇墓神道保存较好,宽 12 米①,是显陵神道宽度的一半,这或许代表了帝陵和节度使墓葬的等级差别。

与唐宋帝陵相同,五代帝陵封土前应有祭祀用的陵寝建筑。《宋会要辑稿·礼三八》载:"(熙宁)三年六月九日,郑州言:'准诏修葺嵩陵殿宇,缘材植阙乏,乞于元数内量行裁损。'诏依元制修葺。四年四月二十五日,诏周嵩、庆、懿三陵栢子户止留七户,放归农。"②表明北宋时,嵩陵尚有殿宇建筑和守陵的栢子户。按郭威遗令,嵩陵"勿修下宫,不要守陵宫人,亦不得用石人石兽,只立一石记子"。嵩陵殿宇和守陵人户可能是宋代设置的。后周广顺元年三月建造唐明宗李亶徽陵时,曾"以前金吾大将军李肃为左卫上将军,充山陵修奉上、下宫都部署"③。另据《旧五代史》卷一一二《周书三·太祖纪三》:"(广顺元年十一月)丁亥,诏曰:'唐朝五庙,旧在至德宫安置,应属徽陵庄田园舍,宜令新除右监门将军李重玉为主。其缘陵缘庙法物,除合留外,所有金银器物,充迁葬故淑妃王氏及许王从益外,其余并给与重玉及尼惠英、惠灯、惠能、惠严等。令重玉以时祀陵庙,务在丰洁。'重玉,故皇城使李从璨之子,明宗之孙,惠英等亦明宗亲属也,故帝授重玉官秩,令主先祀,恤王者之后也。"所谓上、下宫,应是继承唐代帝陵制度。唐代在陵前设献殿用来祭祀,即上宫;在陵园内城西南设陵寝,即下宫,供守灵人员居住。说明后唐帝陵不仅附属有庄田园舍,也设有献殿、陵寝建筑。根据赵振华先生的研究,徽陵原有陵园、阙门、寝庙、仗舍、上宫、下宫等陵寝建筑。

五代帝陵也继承了唐代帝陵的陪葬制度,只是陪葬墓不多。徽陵有陪葬墓一座,为李周墓。徽陵陵域还有后唐闵帝李从厚墓和末帝李从珂墓。后梁太祖宣陵陵区西南数里有陪葬墓冢,传为五女冢。

五代帝陵的一个特点是在陵旁建立佛寺。后晋高祖石敬瑭显陵,在封土东不远处有"邱灵寺",传为石敬瑭灵辇停放处,后为护陵人住所。晋王李克用建极陵旁有柏林寺,"柏林寺在七里铺,晋王墓侧。后唐同光三年庄宗(925)建,以奉王香火"。陵墓与寺院的结合,从北魏文明太后永固陵建思远佛图就有了,但五代的做法似乎不是继承前代,而是创新,这一做法影响了北宋皇陵在陵旁建立禅院的制度。

(三) 封土与石刻

唐代帝陵有封土为陵和因山为陵两种形制。封土为陵,是在地面挖

---

① 《五代李茂贞夫妇墓》,第 121 页。
② (清)徐松:《宋会要辑稿·礼三八》,第三二册,中华书局影印本,1957 年,第 1358 页。
③ 薛居正等撰:《旧五代史》卷四五《唐书二十一·闵帝纪》,第 619 页。

出土圹，在土圹内构筑墓室（靖陵从墓道向内掏挖土洞墓室，是例外情况），入葬后掩埋墓圹，并夯筑高大的覆斗形封土。高祖献陵、敬宗庄陵、武宗端陵、僖宗靖陵这四陵都是封土为陵的形制。因山为陵，是利用山势，在山的南面开凿洞室。唐关中十八陵除了上述四陵外，都是因山为陵的形制。五代时期国弱民贫，无力营造因山为陵的帝陵，洛阳和开封周边也缺乏因山为陵的地理条件，都是选择封土为陵。五代帝陵封土继承汉唐的覆斗形形制。如后晋石敬瑭显陵现存封土为覆斗形，底部周长100米，高20米。

五代帝陵石刻大多已经残毁不全。梁太祖朱温宣陵神道东西两侧原有石人、石马、石狮子、石羊等。李克用建极陵尚有石羊2件、石碑1通。后晋石敬瑭显陵原有石像生9对和望柱2件，因地势低洼，多掩埋于地下。只有2件六棱形石柱露出地表。当地村民还挖出一对高1.3米的石虎。后汉高祖刘知远睿陵，在封土四面各100米处各有1对石狮。

据唐代封演《封氏闻见记》载："秦、汉以来，帝王陵前有石麒麟、石辟邪、石象、石马之属；人臣墓前有石羊、石虎、石人、石柱之属；皆所以表饰坟垄，如生前之仪卫耳。国朝因山为陵，太宗葬九嵕山，门前亦立石马。陵后司马门内，又有蕃酋曾侍轩禁者一十四人石象，皆刻其官名。"[①]封演将"秦汉以来"与"国朝"对举，所列有关唐朝的内容只有昭陵石马和蕃酋像两种而已。这段常为人引用的史料语意笼统，对究明唐五代陵前石刻制度其实帮助不大。据研究，人臣墓前用石羊、石虎等，也是唐代以来的制度。

唐高祖献陵四门各有石虎1对，南门外有石犀1对，石柱1对。太宗昭陵有立像14尊，昭陵六骏，石狮1对。乾陵四门外各有石狮1对，北门立石马3对，南门外有立像61尊，述圣记碑、无字碑各1通，石人10对，石马及牵马人各5对，鸵鸟1对，翼马1对，石柱1对。自乾陵开始，唐代帝陵石刻开始形成固定的制度，以后的帝陵除了没有述圣记碑、无字碑之外，其余石刻大体相同，惟风格有差别而已。从乾陵开始，也确立了陵前置石狮，人臣墓前只能置石虎、石羊的制度。唐代非帝陵的墓葬置石狮的有懿德太子李重润墓、永泰公主李仙蕙墓、节愍太子李重俊墓、惠庄太子李撝墓和让皇帝李宪墓，其中李重润墓、李仙蕙墓都是号墓为陵，李重俊墓、李宪墓出土了帝后陵才有资格使用的玉册，证明这几座墓都是按照陵的规格建造的，而这几

---

① （唐）封演撰、赵贞信校注：《封氏闻见记校注》，中华书局，2005年，第58页。

座墓都没有置石虎和石羊①。

五代帝陵前石刻的种类,至少有石人、石马、石狮、石虎、石羊、石碑、石柱几种。石人可能包括文官、武官、控马官几种。石敬瑭显陵原有20件石刻,可能接近帝陵石刻应有的数量。石虎、石羊在唐代只置于人臣墓前,而五代也开始置于帝陵前了。五代帝陵前杂有唐代帝陵和人臣墓的石刻,也许与五代帝王皆出身于下层有关,这一转变影响了宋代陵前石刻。

宋真宗咸平六年(1003)二月,太常礼院依据太祖之父宣祖赵弘殷永安陵之例,议定永康(太祖之曾祖父、顺祖之陵)、永定(真宗之寿陵)二陵,"南神门外宫人二,文武官各二,石羊、石虎各四,石马各二并控马者、望柱石二"②。宋仁宗明道二年(1033)四月太常礼院同司天监议定山陵制度,也完全相同③。宋代帝陵前的石刻种类实际上不止这些,如永安陵在石柱后增加了一对角端,文武官之前增加了蕃族使者;宋太宗永熙陵更在角端前增加了象与驯象人和瑞禽各一对。

根据以上情况略作推测:五代陵园布局基本上继承了唐代封土为陵的形制,只是规模较小。平面呈方形,坐北朝南,周围有夯土陵墙,四角有角阙,边长约200米。陵台封土在陵园的中心。封土前有献殿。陵园四面中间开门,门外各有一对门阙和石狮。南神门外神道两侧排列神道石刻,东西相距25米左右。陵园外有下宫,可能建在陵园的西南。五代帝陵石刻比唐代帝陵石刻简陋,种类减少,但将石虎、石羊列于陵前的做法,影响了宋陵神道石刻。

表1-2 五代陵寝简况表

序号	陵墓名称	陵园情况	封 土	石 刻	陵寝建筑、陪葬墓
1	朱温宣陵	四周筑有陵垣	周长122号,高5丈,占地9.8亩	石人、石马、石狮、石虎、石羊	五女冢
2	李克用建极陵		高10米,周长60余米		柏林寺。两座石室墓

---

① 参陕西省考古所:《唐节愍太子墓发掘报告》(科学出版社,2004年)等发掘报告。王小蒙考察了5座太子陵的石刻组合,认为陵前石刻组合不置石羊、石虎这一点相当一致,可能石狮、石人和柱石是太子陵石刻组合的基本内容之一。王小蒙:《从新发现的唐太子墓看太子陵制度问题》,《考古与文物》2005年第4期。
② (清)徐松:《宋会要辑稿》礼三七之二,中华书局影印本,1957年。
③ 《宋会要辑稿》礼三七之五七至五九。

续　表

序号	陵墓名称	陵园情况	封土	石刻	陵寝建筑、陪葬墓
3	李存勖雍陵	墓园面积6 000平方米			
4	李嗣源徽陵	有陵园遗迹和阙门遗址	覆斗形,周长107号,高7丈5尺,占地十余亩		庄田园舍,上、下宫。李周墓、李从厚墓和李从珂墓
5	石敬瑭显陵	陵区南北长约500米	覆斗形,周长100余米、高20余米	石像生9对和望柱1对,共20件。神道宽25米,长300米	邱灵寺
6	刘知远睿陵	陵园四边各长约215米	现存周长60米,高8米	4对石门狮。"翁仲石兽"	
7	郭威嵩陵		覆斗形封土,底边方形,周长130米,现高9.4米	石记子	
8	柴荣庆陵	正方形,边长约200米	覆斗形封土,底边圆角方形,边长41米,高13米		
9	周世宗刘后惠陵		现存周长10余米,高2米		
10	后周恭帝柴宗训顺陵		方形,东西14米,南北16米,高3.6米,内有铺砖		

第三节　南方十国帝王陵寝

五代十国时期,南方诸国君主根据本国力量和政治形势,或自立称帝,或不称帝,仍奉中原正朔。无论是否称帝,他们都是实际上的一方帝王。同样,各国统治者的墓葬,只要有陵名,或者墓主是实际上的一国君主,就可以视为陵。南方诸国已经发掘的帝王陵有前蜀王建永陵、前蜀周皇后墓、后蜀孟知祥和陵、南唐二陵、吴越国钱元瓘墓、钱元瓘元妃康陵、闽国王审知宣陵、南汉三陵等11座。十国国主陵墓情况如表1-3：

表1-3 十国陵墓一览表

国别	帝　王	在位年	陵号	位　置	出　处
吴	太祖　杨行密	902～905	兴陵		
	烈祖　杨渥	905～908	绍陵		
	高祖　杨隆演	908～920	肃陵		
	睿帝　杨溥	920～937	平陵		
南唐	烈祖　李昪	937～943	钦陵	南京祖堂山	《南唐二陵》发掘报告
	元宗　李璟	943～961	顺陵	南京祖堂山	《南唐二陵》发掘报告
	后主　李煜	961～975		洛阳北邙山	马令：《南唐书》卷五
吴越	武肃王　钱镠	907～932		安国县衣锦乡茅山之原	《吴越备史》卷二
	文穆王　钱元瓘	932～941		国城龙山之南原	《吴越备史》卷三
	忠献王　钱弘佐	941～947		龙山之西原	《吴越备史》卷四
	忠逊王　钱弘倧	947		会稽秦望山之原	《吴越备史》卷二
	忠懿王　钱弘俶	948～978		洛阳贤相里陶公原	《吴越备史补遗》
楚	武穆王　马殷	907～930		衡阳之上潢	《十国春秋》卷六七
	衡阳王　马希声	930～932			
	文昭王　马希范	932～946			
	废王　马希广	947～950			
	马希萼	950～951			
闽	太祖　王审知	909～925	宣陵	先葬福州城北凤凰山，后改葬莲花山	《十国春秋》卷九〇
	嗣王　王延翰	925～926			
	太宗　王延钧	926～935			
	康宗　王昶	935～939			
	景宗　王曦	939～943		福州之城北	《十国春秋》卷九二
	恭懿　王延政	943～945			

续表

国别	帝王	在位年	陵号	位置	出处
南汉	烈宗 刘隐	907～911	德陵		
	高祖 刘䶮	911～942	康陵	兴王府城东二十里漫山	《十国春秋》卷五八
	殇帝 刘玢	942～943			
	中宗 刘晟	943～958	昭陵	兴王府城北	《十国春秋》卷五九
	后主 刘鋹	958～971		韶州之越王山	《十国春秋》卷六〇
前蜀	高祖 王建	907～918	永陵		
	后主 王衍	918～925		长安南三赵村	《蜀梼杌》卷上
后蜀	高祖 孟知祥	934	和陵		
	孟昶	934～965		洛阳之北邙	《十国春秋》卷四九
荆南	武信王 高季兴	934～928		江陵城西之龙山乡	《十国春秋》卷一〇〇
	文献王 高从海	928～948		龙山乡	《十国春秋》卷一〇一
	贞懿王 高宝融	948～960		龙山乡	《十国春秋》卷一〇一
	高宝勖	960～962			
	高继冲	962～963			
北汉	世祖 刘旻	951～954		交城北山	《十国春秋》卷一〇五
	睿宗 刘钧	954～968			
	少主 刘继恩	968			
	刘继元	968～979			

一、前蜀王建永陵和周皇后墓

（一）王建永陵

前蜀的建立者王建原是无赖出身，公元866年，因护驾唐僖宗逃往四川有功，被任为利州（今四川广元）刺史。891年，王建攻取成都，占领全蜀，903年被唐昭宗封为蜀王，唐亡后称帝，国号大蜀，史称"前蜀"。王建在位12年，918年病死，庙号高祖，葬于今成都市西门外琴台，号永陵。琴台为一高出平地约15米、直径80米的圆形土台，1942年由考古学家冯汉骥主持发掘，确定为前蜀高祖王建永陵的封土。发掘前永陵陵园旧貌已无从考察。永陵圆形封土下有九层条石整齐砌成的基础。近年来在陵墓附近发现高大的石刻文臣像，可知永陵封土前原有石像生。

永陵玄宫并未深埋地下，而是在地面浅处修筑，再覆封土（图1－9）。玄宫由十四道石券构成，全长23.4米，分为前、中、后三室，以木门相隔，朱漆双扇门上装饰鎏金兽面衔环铺首和金色门钉。前室长4.45米，宽3.8米，仅容木门开启，不置随葬品。中室面积最大，长12米，宽6.1米，中央偏北纵向砌石棺床，上置棺椁。棺椁已朽，破坏严重，均为木制髹漆，椁全长4.24米，宽1.6～1.8米，椁板厚约8厘米，双层椁底。棺置椁内，长约3.66米，宽1.2～1.56米，棺板厚约10厘米。棺底淤土中含有大量水银，出土玉带、银盒、银钵、银猪、方形铜镜、水晶珠等随葬品。石棺床后残留绿釉灯台及石缸等。

后室为安置王建石像之所，长5.7米，宽4.4米，内置石床，床上置王建的坐像。石像高86厘米，头戴折巾，身着帝王常服，腰系玉带，袍袖狭窄，双手合于袖内。坐像前放置宝盝和册盒。宝盝是盛放谥宝（刻有谥号的印玺）的木盒，谥宝置于宝盝中，上刻"高祖神武圣文孝德明惠皇帝谥宝"14字，阴线篆刻贴金。册盒是盛放哀册和谥册的木盒。宝盝和册盒采用金银平脱技法制作，凤、鹤、孔雀等禽类图案及镂空团花图案异常精细，代表了唐末五代金银细工的最高成就。

棺床为须弥座式，高0.84米，长7.45米，宽3.35米，四周浮雕精美。床身东西两侧各雕十个壸门，内刻伎乐，壸门柱子上雕莲花；南侧雕四个壸门，内刻伎乐，壸门柱子上雕鸾凤；北侧亦雕四个壸门，壸门中和壸门柱子上均雕刻莲花。三面的壸门中刻24个女伎乐人浮雕，组成一组完整的伎乐场面。壸门上下皆雕装仰覆莲。雕刻敷色，主要部分贴金箔。棺床两侧圆雕12个半身武士像，每侧6人，面对棺床，作双手抬棺床状。武士身着锁子甲，束发或戴盔，盔甲上原皆敷色贴金。

（二）前蜀周皇后墓

1990年在永陵西南数百米处发现了一座大型五代墓葬，墓葬封土及墓室顶部和墓室前半部已被破坏，仅存放置棺椁的后室部分。前、后室有门洞相通，墓室以砖、石铺地，后室中部置石棺床，侧壁有4个壁龛。由于早年被盗，墓内仅出土了1尊墓主石雕像、4尊护棺力士石雕像、玉册残简及少量文物残片。从玉册残简中尚可辨"柔姿"二字。石雕像头部已残，但从体态与

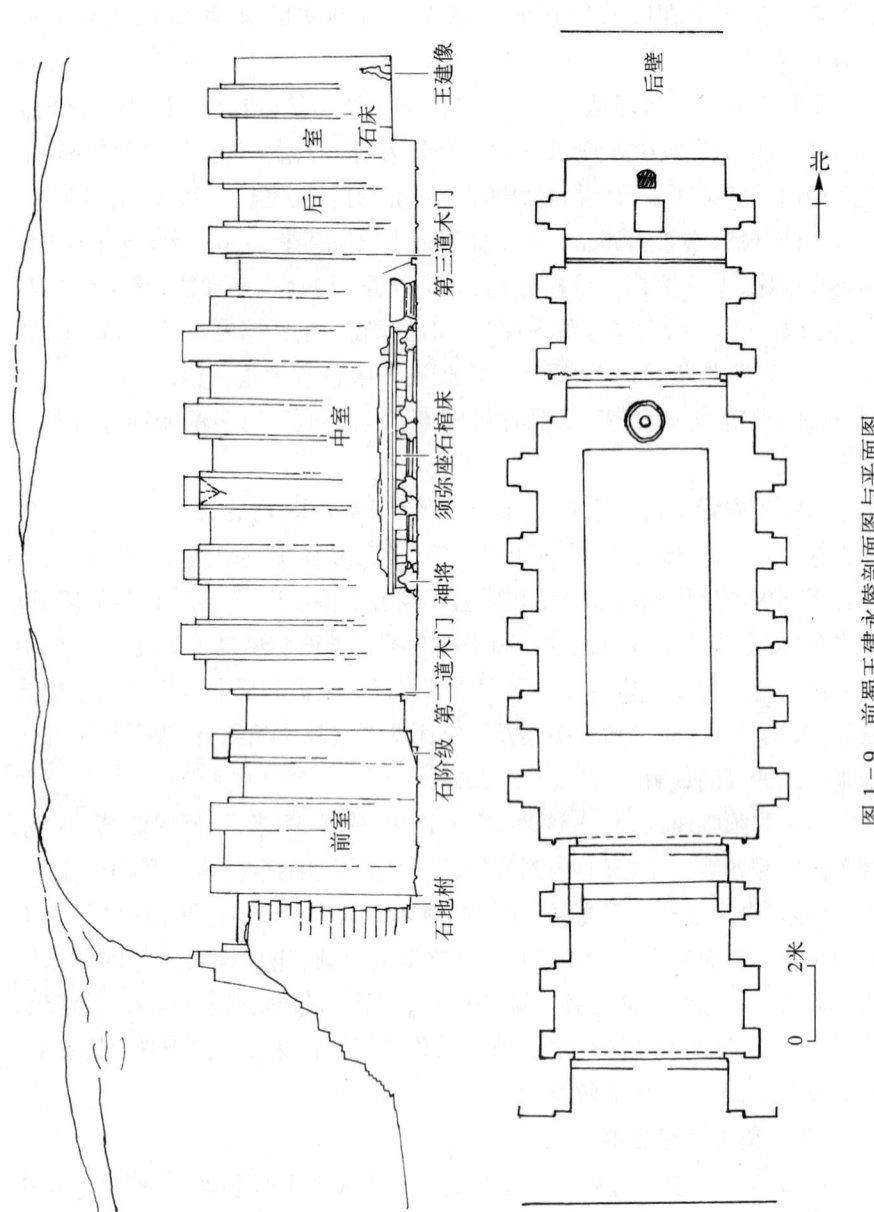

图1-9 前蜀王建永陵剖面图与平面图

装束可辨出是女性①。该墓通常被认为是前蜀后妃墓,张亚平推测为周皇后墓②。

该墓和王建永陵有许多相似之处:墓葬形制同为前后纵列的多室墓,无耳室。该墓墓室总长不少于17米,总宽9.6米;永陵墓室总长23.4米,最宽处6.1米。两墓都置有满布浮雕的须弥座式石棺床,永陵棺床长7.45米,宽3.35米;该墓棺床长6.65米,宽2.9米,略小于永陵棺床。两墓都有圆雕抬棺力士半身石像,该墓力士像的体量略小于永陵力士像,雕刻手法相同,甲胄样式、服饰细节、面部神态都十分接近。该墓与永陵都出土有玉册。该墓虽然规模略小于永陵,但同属当时最高级别的墓葬。墓主为女性,而玉册只能为皇后所用,将墓主推断为皇后周氏是有道理的。周氏与王建同为许州人,天复七年(907),王建称帝,册立周氏为皇后,永平初年(911),为周氏加尊号"昭圣"。光天元年(918)王建病逝,周皇后"哀毁骨立",数月后去世,谥号"顺德",合葬永陵。

永陵与周皇后墓相距数百米,应在同一陵区内,帝陵在东北,后陵在西南,各自起坟丘,属同茔异坟合葬。根据文献记载,永陵陵区内除永陵玄宫外,还有大规模的地面陵庙建筑,仅壁画就有上百幅③。南宋诗人陆游曾到过永陵,当时陵园内的地面建筑永庆院尚有部分残留。陆游《后陵》诗序曰:"后陵永庆院在大西门外不及一里,盖王建墓也。有二石幢,犹当时物,又有太后墓,琢石为人马甚伟。"④陆游所说的太后墓很可能是周皇后墓,称太后墓而不称皇后墓,可能因为周皇后下葬时已是王衍时代,周皇后又是合葬永陵,别无陵号,因而当时人称"太后墓",这种称呼一直沿用到了宋代。

据樊一先生考证,永陵园寝于真宗大中祥符七年(1014)被拆毁,其材料用于玉局观的重修。所余唯有作为陵寝建筑一部分的永宁佛宫。永宁佛宫改为永庆院后一度繁盛,但毁于火灾⑤。

周皇后墓内出土了墓主石像,与王建墓的石像一样,其性质都是代人的石真,证明这座墓与王建永陵一样,是周皇后生前预修的寿陵⑥。从该墓与

---

① 成都市博物馆:《成都市1990年田野考古工作纪要》,《成都文物》1991年第1期。
② 张亚平:《"前蜀后妃墓"应为前蜀周皇后墓》,《四川文物》2003年第1期。
③ (宋)黄休复:《益州名画录》卷上"赵德齐"条,人民美术出版社,1964年。
④ (宋)陆游著,钱仲联校注:《剑南诗稿校注》卷八,上海古籍出版社,2005年,第637页。
⑤ 樊一:《永庆院考》,《四川大学学报》(哲社版)1991年第2期。
⑥ 唐宋墓葬中出土的这类石质墓主人像,属于替代生人的"石真"。为生人预造墓室而讳言死,乃以石人代替生人入墓,以保生人长寿,属于道教性质的葬俗。墓中石人或买地券上多有"石若烂,人来换""今将石真替代、保命延长"之类与神盟约的文字。随葬的陶制墓主人像也有相同的涵义。参张勋燎、白彬:《中国道教考古》第九《前蜀王建永陵发掘材料中的道教遗迹》及第十八《墓葬出土道代人的"木人"和"石真"》,线装书局,2006年。

永陵的诸多相似处来看,应该是同一群工匠所修,有可能在永陵基本完工后就着手修筑。永陵用石砌筑,该墓用砖砌筑,故在规格上低于永陵。

由于使用土坑木椁墓,不便于同穴合葬,西汉帝陵合葬实行同茔异陵合葬。东汉以后,砖室墓普及,帝后合葬多实行同陵合葬。唐代也实行帝后同陵合葬的制度,武则天虽贵为女皇,死后仍然与高宗合葬于乾陵。但位于洛阳偃师的孝敬皇帝李弘与哀皇后裴氏合葬的恭陵,采用了类似西汉制度的同茔异陵合葬。开元六年,孝敬哀皇后祔于恭陵,另起墓冢于恭陵主陵台东北 50 米处①。王建与周皇后合葬于永陵,与恭陵合葬类似,也开启了北宋帝陵帝后同茔异陵合葬制度的先河。

二、后蜀孟知祥和陵

孟知祥是邢州龙冈(今河北邢台市西南)人,唐末晋王李克用的女婿。李存勖称帝建立后唐后,灭前蜀,令孟知祥为西川节度使、成都尹。后唐灭亡后,孟知祥依然盘踞西川,公元 943 年自立为帝,国号大蜀,史称"后蜀",同年病死,葬和陵。孟知祥之妻福庆长公主先其二年而死,和陵落成后与之合葬。

和陵位于成都市北郊磨盘山南麓,封土外形与王建永陵相同,亦呈圆形。和陵地下玄宫建筑分为墓道、甬道和墓室三个部分(图 1-10)。墓道为斜坡阶梯式,砖砌,有 22 级阶梯,顺阶梯而下可至墓门。墓门为仿木结构牌楼式建筑,宽 4.05 米,彩枋四柱,中间两柱分别刻青龙、白虎,柱上置栌斗,承额枋,屋面刻出瓦陇象征屋顶,屋脊两端有鸱吻,上刻龙凤,龙首吻脊。门前左右两侧各有一个高 1.1 米、手执剑斧、身披甲胄

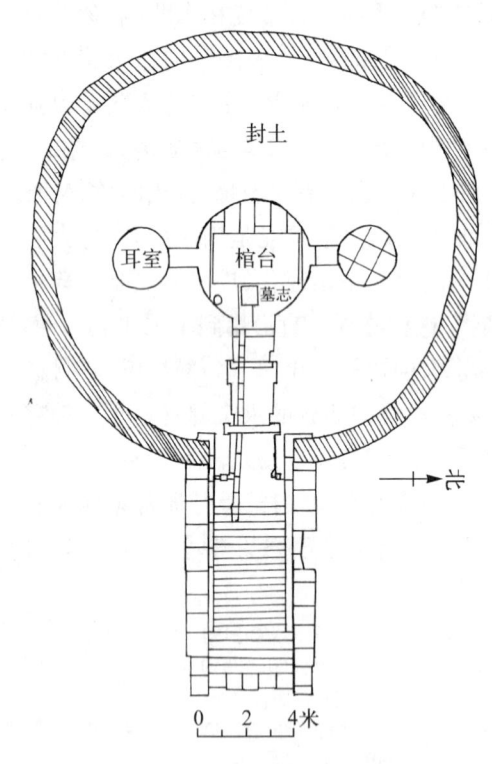

图 1-10 后蜀孟知祥和陵平面图

---

① 赵振华、王竹林:《东都唐恭陵》,《中国古都研究(第二十辑)——中国古都学会 2003 年年会暨纪念太原建成 2500 年学术研讨会论文集》,山西人民出版社,2005 年。

的圆雕武士。牌楼门内侧两壁彩绘男女宫人。甬道为拱券顶,下有闸门、双扇石门及覆马槽式排水沟。甬道后为墓室,全以青石砌成,为中、东、西横向排列的三室,三室之间有门互通。三个墓室平面均为圆形,穹隆顶,地面铺长方形石板。中间主墓室直径6.7米,高8.16米;东、西两耳室直径3.4米,均高6米。主墓室内横置须弥座式棺台,长5.1米,宽2.75米,高2.1米,座底绕有莲瓣,前后有裸体卷发力士5人;中层四方各凿长方形孔数个以插锦帐柱;四角各有高浮雕身披甲胄表情怪异的力士1人,作跪地负棺状;上层四周刻双龙戏珠浮雕。穹顶正中以蟠龙封顶,下方四角各有小铁环一个用来引锦帐。棺台前右侧放福庆长公主墓志及石油缸,左侧放玉册。耳室陈放随葬品。部分石块刻上交石料的地名、时间和尺码,有西川、武信、资阳、绵竹、金水等地名①。

孟知祥和陵在规模上虽然小于王建永陵,但在封土呈圆形、玄宫为三室、主室置须弥座式的石雕棺床、圆雕或高浮雕的托棺床武士、随葬玉册等方面依然有很多共性。

前蜀永陵和后蜀和陵在玄宫形制上差别很大。永陵形制和四川地区唐墓及其他五代墓的形制相似,采用了长方形券拱墓室,在后室使用具有四川地区特色的墓主石真,墓壁使用肋拱结构等等,都说明王建永陵基本融入了蜀地的传统。而后蜀和陵的圆形三室横列,穹隆顶结构,棺床横置,使用仿木构建筑墓门等等,实际上是唐代河北地区的墓葬形制特征,使用这种墓葬形制,与孟知祥出身于河北集团有关,显示了孟知祥在墓葬制度上仍然坚持着河北地区的传统。

西汉和唐帝陵的封土均为覆斗形,东汉和北魏帝陵封土为上圆下方或馒头形。王建永陵和孟知祥和陵没有继承唐代覆斗形封土,而使用圆形封土,虽对北宋帝陵没有产生影响,却成为明清帝陵中的宝城形制的滥觞。

三、南唐陵墓

南唐烈祖(先主)李昪与皇后宋氏合葬的钦陵以及南唐元宗(中主)李璟与皇后钟氏合葬的顺陵合称南唐二陵,均在今南京市江宁区祖堂山南麓,坐北朝南,相距50米,东为钦陵,西为顺陵。二陵均因山凿圹,封土为陵,平面布局大致相同,据载为南唐大臣江文蔚和韩熙载设计。1950~1951年南京博物院等单位对南唐二陵进行了发掘,出土了陶俑以及铜、铁、漆、木器和

---

① 成都市文物管理处:《后蜀孟知祥墓与福庆长公主墓志铭》,《文物》1982年第3期;张勋燎、黄伟:《论后蜀和陵的特征及相关问题》,《成都文物》1993年第3期。

玉哀册等文物640余件。

为庆祝南唐二陵考古发掘六十周年,2010年9月至2011年1月,南京市博物馆与南唐二陵文物保护管理所进行了祖堂山南唐陵区的考古调查、勘探与试掘工作,发现了陵垣、陵门、陵寝建筑、道路、墓葬、窑址、砖砌排水沟等重要遗迹。在陵园范围内还新发现一座大型南唐墓,编号M3,经考证应为南唐后主李煜昭惠周后的懿陵。

（一）陵园遗迹

南唐陵区内所发现的遗迹主要有陵垣、陵门、夯土建筑台基、道路、窑址及墓葬等(图1-11)。勘探结果表明,在陵园四周有平面近方形的陵垣遗迹,周长约895米。除北墙外,陵垣底部大多利用地势高隆的自然土埂为基础,陵垣或直接在土埂顶部夯筑,或因土埂顶部较窄,在一侧开挖基槽加宽墙基。西墙全长约245米,南墙全长约235米,东墙长约190米,北墙长约225米。陵垣四面中部均有缺口,宽度相近,推测与陵门有关。其中东垣缺

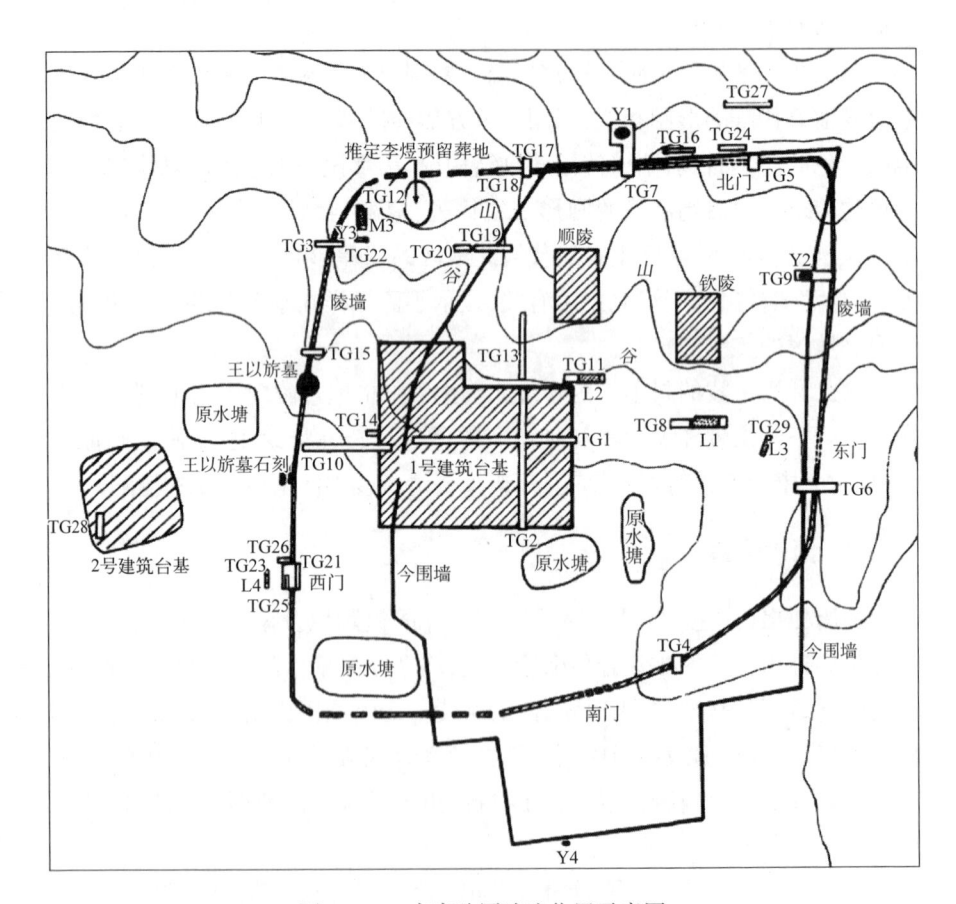

图1-11 南唐陵园遗迹位置示意图

口位于中部偏南,宽约42米。北垣缺口位于中部偏东,宽约40米。南垣缺口稍偏东部,宽约43米,缺口内底部有铺砖现象。西垣缺口位于中部偏南,缺口东侧及南侧遭晚期遗迹破坏,残宽约20米。在保存较好的缺口西侧及北侧掘探沟3条,证实此缺口确与门址有关。门址中部为门道,南侧有砖砌排水沟,北侧发现有磉磴两座。门道宽3.25米。

勘探还发现两处夯筑台基。1号建筑台基位于顺陵西南,东西长约90、南北宽64～74米、高1～1.2米,其西北外凸部分推测为晚期扩建。台基上分布有多组砖构建筑,台基边缘有包砖墙,西侧尚存包砖夯土围墙。2号建筑台基位于西陵门外道路以北约40米的高台上,平面近方形,东西长约60米、南北宽约50米、高约2米。此外还发现4条道路遗迹,4座小型残窑和1座墓葬[①]。

主要发掘者王志高先生对陵园布局进行了初步的复原研究。他认为陵园内发现的3号墓为李煜的昭惠国后周氏懿陵,陵园西门外北侧的高台上的2号建筑基址可能与陵园的守护相关,也可能是陵区的下宫遗址。陵园内顺陵西南夯筑台基上的1号建筑基址应该属于整个陵园的可供举行朝拜、祭奠之礼的献殿遗址。他还就南唐陵园的风水因素及陵园与唐代陵寝制度的关系进行了分析[②]。

(二)李昇钦陵

南唐烈祖李昇原名徐知诰,是杨吴权臣徐温的养子,公元937年取代杨吴自立为帝,在位六年,死于943年,葬钦陵。

钦陵规模较大,上部为一圆形土墩,高约5米,直径30米,墓室在土墩下(图1-12)。墓门外有八字形挡土墙,墓门和挡土墙之间用每块重达二三吨的大石条和堆砌的石板层封塞。墓门南向,中间辟圆拱形洞门,门高2.81米,宽2.38米,门洞厚1.8米。门左右两旁隐出砖砌矩形倚柱,上面有柱、枋、阑额、斗栱等各式仿木建筑部件,表面均有彩绘。从墓口到墓室后壁全长21.48米,宽10.45米,分为前、中、后三室。前室、中室用砖砌造,后室全用石块砌成。前室、中室的东西两侧各附有1个侧室,后室两侧各附有3个侧室,主侧室共三进13间,互有券门贯通。

前室平面为长方形,南北长4.50米,东西宽3.85米,高4.3米。四壁正中各开有拱券形洞门,南壁为墓门,北壁门通向中室,东西两壁门通向左右

---

① 南京师范大学文物与博物馆学系、南京市文物局、南唐二陵文物管理所:《南京祖堂山南唐陵园考古勘探与试掘简报》,《文物》2015年第3期。
② 王志高:《论南京祖堂山南唐陵园布局及相关问题》,《文物》2015年第3期。

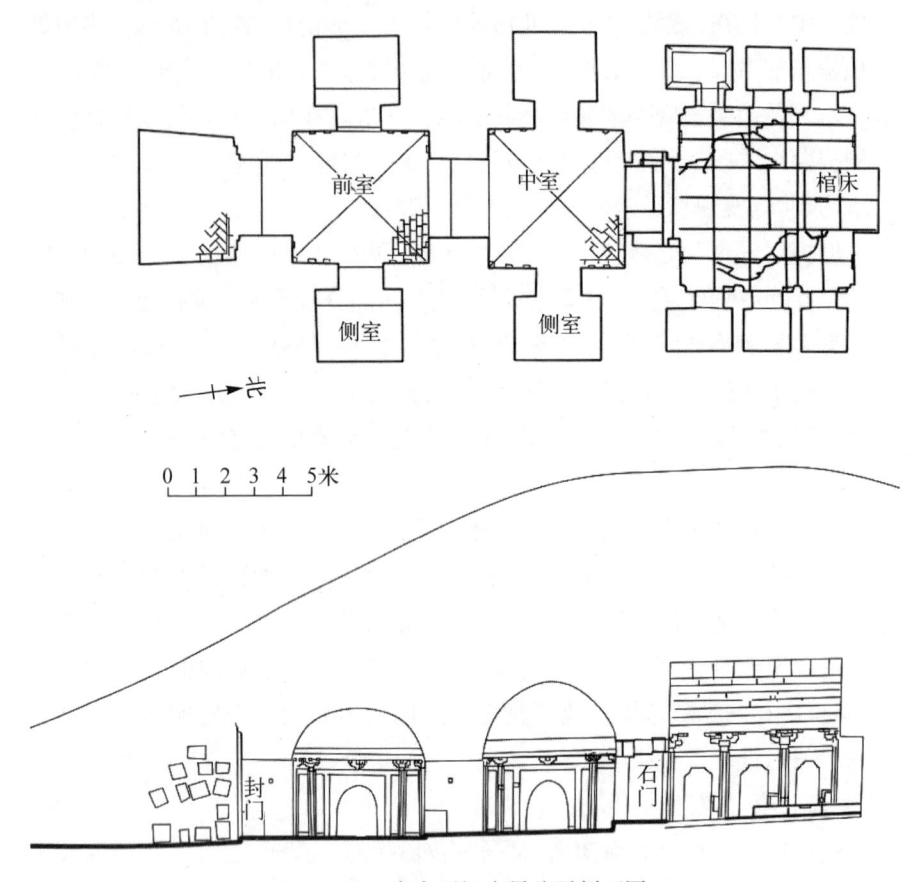

图 1-12 南唐列祖李昪陵平剖面图

侧室。室内四角各隐出八角形倚柱,券门左右各隐出矩形倚柱,将前室分隔成面阔三间、进深三间的空间。倚柱和立枋的上端隐出阑额一层。四角的转角倚柱上各施转角铺作一朵,南北两壁的矩形倚柱及东西两壁的八角形倚柱上各施柱头铺作一朵,东西两壁当心间阑额上正中处各施补间铺作一朵,铺作上承柱头枋一层。所有倚柱、斗栱、立枋、阑额、柱头枋等建筑构件上均彩绘柿蒂纹、蕙草云纹、缠枝牡丹纹、宝相花、海石榴花等纹样,使整个室内空间呈现出富丽豪华的气派。在南北壁的柱头枋上两端各有安装平闇或平棋用的方形砖洞。四壁之上为砖砌的四方合拱而成的顶,顶高 4.30 米,地面用砖横铺。墓室虽是砖砌,但整体上完全模仿木构建筑。

中室略呈方形,长 4.56 米,宽 4.45 米,高 5.30 米,东、西、南三壁正中各辟一圆拱形洞门,分别通向前室和两侧室。东南角和西南角各隐出八角形转角倚柱一根,东北角及西北角无转角倚柱,但四角各有转角铺作,除东北角和西北角转角铺作为半朵外,其余与前室同。其他仿木建筑形制与前室完全相同。中室北壁入口两侧的立壁用巨大的青石板砌成,立壁上各高浮雕一守门武士像。武士戴盔穿甲,手握长剑,足踩云朵,贴金涂朱。武士像上为浮雕双龙戏珠图像的青石横额。中室室顶与前室相同,地面比前室高10厘米。

中室与后室之间是石门和过道,过道宽3米,深1.9米,高2.3米,地面比中室地面高20厘米。后室规模最大,南北长6.03米,东西宽5.90米,高4.70米,全由青石砌成,东西两壁用青石条向上叠涩,其上再加巨石条封顶。后室四角各隐出八角形转角倚柱一根,在东西两壁通向中间侧室的门两旁,各隐出八角形倚柱一根,构成面廊一间、进深三间的空间。东西两壁倚柱上端隐出阑额一层。四角转角倚柱上各施转角铺作一朵,东西两壁倚柱上各施柱头铺作一朵,铺作均附有替木。东西各侧室门向北的一旁靠倚柱的下端,各有一砖砌的长方形小壁龛,西壁靠西北转角倚柱下端的壁龛内尚存陶俑半截。南壁门的两侧与转角倚柱之间及北壁大壁龛两侧与转角倚柱之间正中的地方,也各有一砖砌的长方形小壁龛。南壁门上正中处附有一长方形小龛。总计有小壁龛11个:东壁3,西壁3,南壁3,北壁2。按李璟陵的例子,北壁大壁龛内或北壁上部还应有1个,共应有12个小壁龛。南壁中间辟门,东西两壁各开三个侧室门。北壁正中开一凹入墙内的大壁龛。后室正中置一石砌棺床,棺床两侧浮雕六条飞龙,北端伸入北壁龛内。室顶用石灰粉刷后绘天象图,青石板铺砌的地面上凿有江河之形,即所谓的"上具天文,下具地理",以象征帝王拥有天下江山之意。

前中两室所附的侧室均为砖筑,壁面涂深红色。室顶由四方合拱而成,表面刷石灰。室内有陈设随葬品的砖台。地面用砖横列平铺而成。后室所附东西侧室共六间,为青石块垒砌而成。各室大小不全相同。靠南壁的两间侧室较大,其余四个稍小。后室每间侧室内皆有砖台,其长宽与室等,高0.20米。

(三) 李璟顺陵

南唐中主李璟公元943年继位,在位18年,死于961年,葬顺陵。顺陵位于钦陵的西边稍偏北的山麓,隔一山沟与钦陵相距约50米,比钦陵低5米。北面和西面都与山相连,故土墩形状不如钦陵显著。顺陵的南面和西南面有人工堆成的土埂,可能是茔域的周界。顺陵形制与钦陵大体相同,只是规模逊于钦陵(图1-13)。

顺陵玄宫也有前、中、后三主室,前室与中室东西两面各附有一侧室,后室东西两面各附有两侧室,总计十一室,全长21.9米、宽10.12米。全部是砖结构,既没有河川图像,也没有双龙戏珠和守门武士石刻,仿木建筑构件上的彩绘也较钦陵减少。

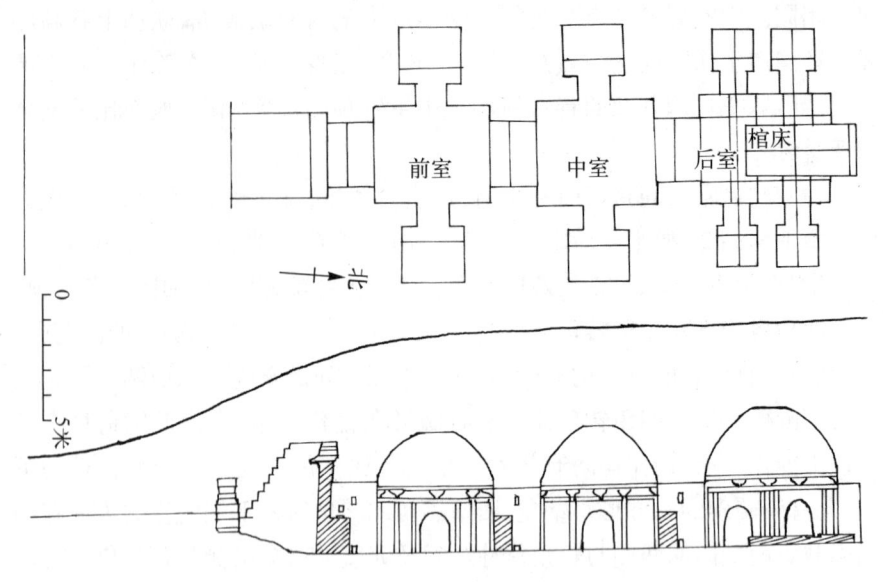

图 1-13 南唐中主李璟陵平剖面图

墓门前两侧有砖砌的两道挡土墙，两墙之间紧靠墓门用青石板砌成封门墙。在墓门外距离墓门 7.5～14.4 米范围内，比墓门前地面高约 3 米处，铺满黄石块，黄石块与墓门之间有两道青石板垒砌成的石墙，厚约 1 米，分别距墓门 3.2 米和 6.5 米，分别高于墓前地面 3 米和 3.4 米。两道墙的内外都铺有几层青石板，用黄土夯实。

墓门南向偏东 5 度。正中开圆拱形洞门，高 2.75 米，宽 2.55 米，门洞厚 1.9 米。门外及门洞表面涂朱。门上及两旁有弧形混线、矩形倚柱、中断的阑额、转角铺作、柱头枋、补间铺作、撩檐方及叠涩状的门檐等，与李昪陵类同。

前室南北长 4.67 米，东西宽 3.73 米，从地面至室顶高 4.81 米。中室南北长 4.8 米、东西宽 4 米，地面至室顶高 4.92 米。后室南北长 5.38 米，东西宽 4.35 米，高 5.42 米。前中后三室的室内布局与李昪陵大致相同，唯仿木建筑等细部略有差异。全墓墓门和建筑构件上都彩绘。后室顶部绘天象图，室顶西部残存一些用石青画的星星，偏近西南角画一轮翠色明月。

后室有一棺床，为四块长方形大青石板合成，全长 4.40 米，宽 2 米，厚 0.4 米。中间略靠后有一长方形小井，床后段嵌入北壁龛内，无雕刻。

侧室形制与李昪陵相同。前室和中室均附东西两个侧室，侧室内砖台长度与室同。后室所附四个侧室略小，皆成方形，每间边长 1.70 米，高 2.91 米。砖台长度与室同，宽 1.2 米，高 0.3 米。

(四) 昭惠周后懿陵

2010年9月至2011年1月的祖堂山南唐陵区考古工作中,发现一座大型南唐墓(M3)。祖堂山南唐M3位于李璟顺陵西北约100米的一处地势较高的缓坡上,距陵园西墙约8米。墓葬为砖石结构,方向158°,由封土、墓坑、防盗石板及砖室等部分构成(图1-14)。封土略呈平缓的馒头状圆锥形,底部直径约13米,顶部现高1.15米。墓圹打破生土层及山体基岩,圹内砌筑砖室,填土夯筑,在距坑口1.5米中部填土中发现一层17块防盗石板。

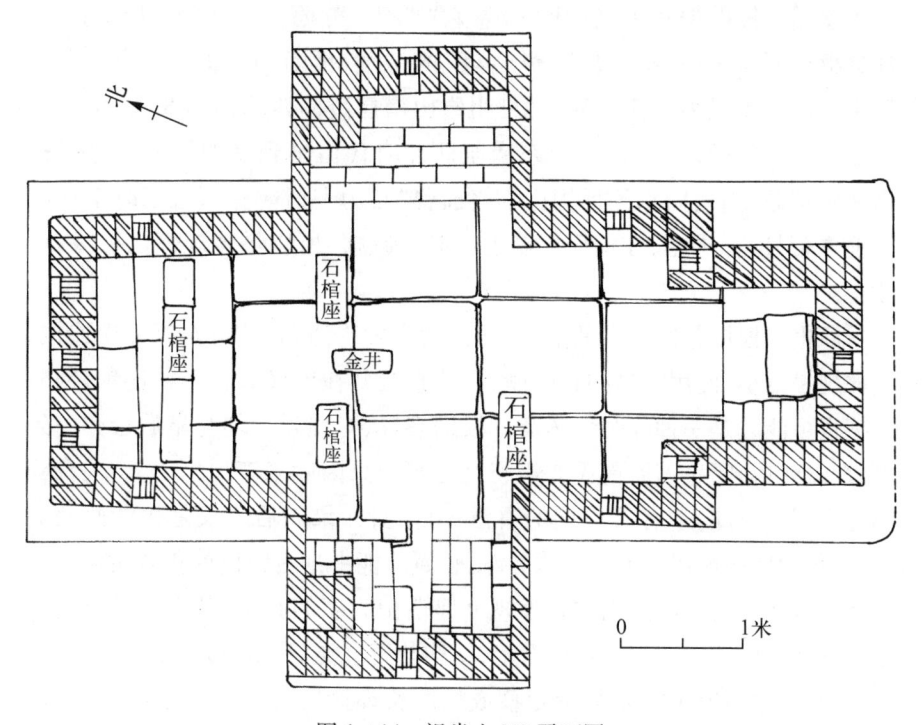

图1-14 祖堂山M3平面图

砖室平面呈"中"字形,总长6.84米、宽5.51米,由甬道、墓室、耳室等部分组成。甬道为长方形券顶,券顶大部不存,内长1.26、宽1.33、高1.46米。两侧壁下以双层长方形砖砌筑裙墙,上以楔形砖起券,券高1.02米。甬道前壁中部偏下设一壁龛。墓室长方形,南北内长4.8米,前宽2.08米,后宽1.8米,高2.4~2.52米。墓壁用双层青砖顺向错缝平砌,厚0.39米。墓顶为四边叠涩式穹隆顶。墓室中部两侧有耳室,长方形,券顶,口宽1.72米,进深1.4米,内高1.4米,起券高0.92米。侧壁入内0.92米后又各有一偏向南侧的券顶龛室,与耳室等高,宽1.32米,深0.48米,龛室后壁中部偏下各设一壁龛。主室四壁近底共设圭形壁龛12个,其中北壁等距分布3个,东西两壁南北两端各设1个,南壁甬道口两侧各设1个,东西耳室后壁各设1个,甬道前壁设1个,龛内未见遗物。墓室底部中央略高、四周略低,除甬道前部及两耳室后部墓底平铺双层青砖外,其余部位平铺一层大石板,共18块,石板压于砖壁下。在墓底石板之上铺设3排条形石棺座,南北总长3.1米。中排两块石棺座之间的铺底石板上錾刻一长方形金井,长0.48米,宽0.2米,深0.12米,井内无遗物。墓葬因遭盗扰,仅出土遗物40余件,其中有铭石2合,严重风化,只字未存。

发掘简报根据马令《南唐书》卷六"明年(乾德三年,965)正月壬午,迁灵柩于园寝……陵曰懿陵,谥昭惠"的记载,推断M3墓主可能是南唐后主李煜昭惠国后周氏。M3地处祖堂山南唐陵园西墙内约8米,位于顺陵西北,符合该陵园内诸陵由东南至西北时代由早到晚的排葬秩序。根据文献记载,南唐昭惠国后周氏临终前曾"自为书请薄葬",且当时李煜已被迫去帝号,称国主,在周氏葬制上应有所减损,所以懿陵规模比钦陵、顺陵小。

简报又根据墓坑前未见墓道、地面没有发现道路、防盗石板并未连接、墓葬规模偏小、使用简易的石棺座、金井直接开在铺底石板上等迹象,判断此墓很可能只是一种临时性瘗葬。根据李昪、李璟死后均与皇后合葬的先例,李煜死后,昭惠国后周氏亦需与之合葬。只因后来李煜亡于异乡,合葬不能实现。对此,笔者有不同的看法。首先,如果周后陵仅是权厝此处的话,文献中应该明确说明。其次,权厝位置不能占据陵园内的正式陵位。唐太宗昭陵所在的九嵕山南坡曾发现九座凿山为窟的石室,其中一号石室单独开凿在山南侧偏东的陡坡崖壁上,结构与唐墓类似,由墓道、甬道、墓室三部分组成,据研究可能是徐贤妃墓或权厝长孙皇后之处[①]。此权厝石室即明显具有临时性。而周后陵与钦陵、顺陵在同一条轴线上,其左侧稍后就是推定的唐后主李煜预留葬地,绝非用于权厝的位置。第三,如果是权厝,在墓前修建墓道、墓门才更方便以后开陵迁葬。一般正常的墓葬甬道,前面有墓门、封门墙等设施,如果开生肖俑龛的话,也是开在墓室南壁、甬道内侧券拱之上,而不会开在甬道前段的封门墙上。而周后陵前没有开墓道,其甬道南墙上还设一壁龛,说明其甬道只是象征性的,也没有打算重新作为迁葬的通道使用。而且墓上封土中铺设一层防盗石板,并将填土夯实,明显是不打算将来再从上部开挖了。

---

① 张建林:《昭陵石室初探》,樊英峰主编:《乾陵文化研究》(2),三秦出版社,2006年,第38—41页。

四、吴越国陵墓

(一) 钱元瓘墓①

浙江省文管会曾在杭州和临安清理4座五代墓葬,编号为杭M26、杭M27、临M20、临M22。四墓均被盗掘过,出土器物很少。其中杭M27位于杭州市郊玉皇山脚,墓前有一"吴越国文穆钱王墓"石碑,群众称钱王坟。《吴越备史》卷二载:天福六年八月,文穆"王薨于瑶台院……七年壬寅二月癸卯葬于国城龙山之南原"。《钱氏家乘》(1924年修)"文穆王墓图记"载:"文穆王葬于杭州龙山南原,即今江干玉皇山之麓,有吴越国文穆王碑"。杭M27地理位置与之相符,发掘简报推测应是吴越国文穆王钱元瓘墓(图1-15)。

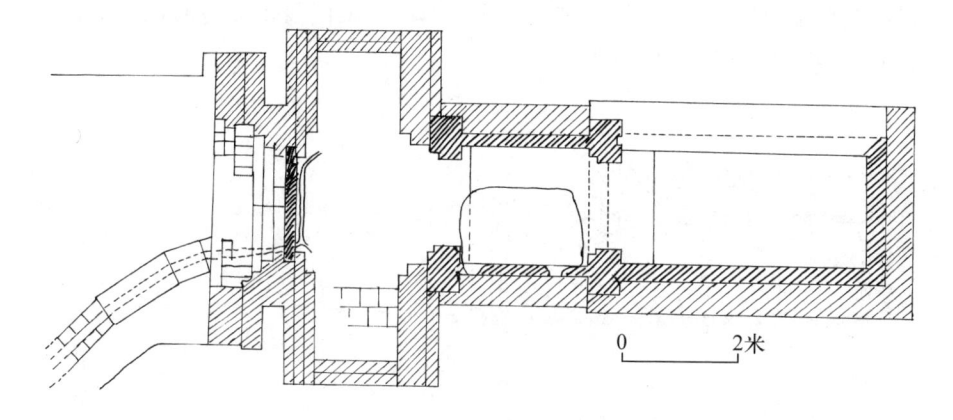

图1-15 钱元瓘墓平面图

钱元瓘墓是一座土坑石椁墓,石椁用红色砂岩厚石板构造,石椁外加筑拱顶砖室,有前中后三室,前室两侧带砖砌耳室。封门和门框用大块石灰岩凿刻,连接处都做出榫头和子母口。

前室原施彩绘,已漫漶。后室墓壁雕刻图案,可分为上、中、下三部分:四壁上沿雕刻宽带状牡丹花图案,每组图案由一大一小牡丹花纹组成。大花花心施金色,花瓣涂红色,叶着石绿色;小花花瓣红色,叶金色。四壁中部浮雕四神:左壁青龙,遍体披鳞,背鳍、腹甲和唇部着朱色;右壁白虎,腹部瘦长,背施黄黑间色斑纹;前壁朱雀,通体染红,屏羽点褐彩;北壁玄武,底色用黑,蛇身涂朱。四壁下部浮雕人形十二生肖像,自北壁正中的"子"位开

---

① 浙江省文物管理委员会:《杭州、临安五代墓中的天文图和秘色瓷》,《考古》1975年第3期。

始,顺时针排列,东壁为寅、卯、辰,南壁为巳、午、未,西壁为申、酉、戌,北壁为亥、子、丑。每像居一龛,双手拱在胸前,怀抱生肖。

(二) 钱元瓘元妃马氏康陵[①]

马氏康陵编号临 M25,位于浙江省临安市西南 11 公里玲珑镇祥里村松树山东北坡上,由墓道、排水沟、墓室等部分组成,墓向 45 度。

墓道残长 11.5、宽 3.5 米。墓道底自外向墓门倾斜,斜坡长约 8 米,两壁用生土夯筑。墓道左侧用青石板和青砖铺砌一条排水暗沟,残长 16 米、宽约 0.5 米,一端自墓门底部左侧沿墓道左侧壁向外延伸,在长约 7 米处向左侧斜铺。

墓室平面呈长方形,分前中后三室,墓底用红砂岩石板平铺。前室为砖砌,中、后室双重墓壁,外壁用砖砌成拱券,内壁为石板结构。前室墓门外有砖砌封门墙,墙内是一扇拱形红色砂岩大石门。墓门及拱券砖面抹石灰,残留朱红色缠枝牡丹花图案(图 1-16)。

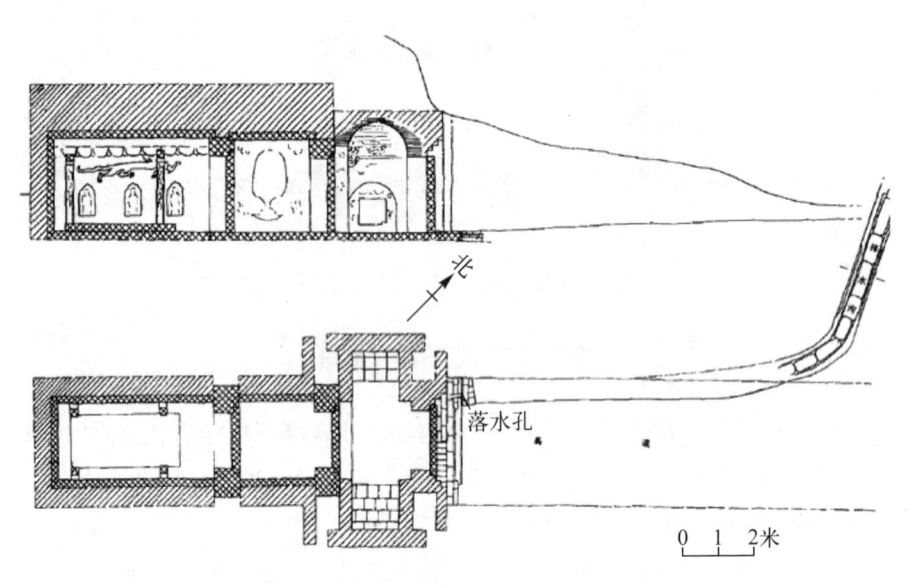

图 1-16 吴越国马氏康陵平剖面图

前室平面方形,长 2.05 米、宽 2.1 米、高 3 米,砖砌四隅券进穹隆顶结构,顶部正中形成边长 0.22 米、深 0.05 米的方形藻井。地面用整块红砂岩铺成。前室内壁涂石灰,原有彩绘图案已模糊。前室左侧及后端转角上方绘三组斗栱;后侧门券上也绘有朱红色缠枝牡丹花。中室的石门倒在前室

[①] 杭州市文物考古所、临安市文物馆:《浙江临安五代吴越国康陵发掘简报》,《文物》2000 年第 2 期;杭州市文物考古所、临安市文物馆:《五代吴越国康陵》,文物出版社,2014 年。

地面,石长明灯在石门上。石门是整块石板,不能开合,只起到封闭墓室作用。前室左右各有耳室一个,长1.3米、宽1.4米,拱门高1.4米,底部铺青砖。两耳室内发现红色漆皮、小铁钉、铁锁、铁环、铜锁、铜环,推测曾放置木箱类随葬品。除了左耳室正壁原镶嵌石墓志一方外,两耳室的其余5个壁面各绘一株朱红色牡丹。

中室以厚0.25米的红色砂岩石板构筑,平面呈正方形,边长2.1、高2.05米,有长方形门洞、石门与前后室相通,门额及门框连接处为榫卯结构。左右壁绘有云气纹、牡丹等彩色图案。中室内发现石供桌1件、玉饰3件、铁环2件及一些铁钉和铜包边角。秘色瓷器也出于中室。

后室长方形,长4.4米、宽2.05米、高2.55米。后室石门形状与中室门相同,高2.2米、宽1.75米、厚0.2米,朝外的一面绘成两扇红色木门状,上部浅刻栅栏,着绿色。整扇门面饰六角形金箔门钉92颗,并用金箔贴成圆形铺首门环。

后室左右壁及后壁的上部雕刻并彩绘上下两层宽带状牡丹图案,宽约50厘米。左、右、后壁及门背面中部浅浮雕四神:左壁青龙,右壁白虎,门背面上部浅龛内雕朱雀,后壁上部浅龛雕刻玄武。下部共设十二个壸门形龛,均高90厘米、宽45厘米,龛内雕刻十二生肖人物像,怀抱生肖。自左壁正中的"子"位开始,顺时针方向排列:左壁自左向右为猪、鼠、牛;门背为虎、兔、龙;右壁为蛇、马、羊;后壁为猴、鸡、狗。

后室中间稍靠后置红砂岩棺床,长3.09米、宽1.44米、高0.21米,四个侧面分别刻三组壸门形图案。棺床前后两端立上窄下宽的石坊,四根抹角方柱,前两柱高1.8米,后两柱高1.72米,边长0.21米。方柱底端开出深6～8厘米的单边卯口,与棺床侧面吻合,柱与棺床之间用石块填实加固。方柱与额枋用榫卯连接,额枋拱形,长1.9米,两端呈圆形卷云状。额枋两面用金箔贴两只相向飞翔的凤凰,绘绿白两色云彩。方柱上部亦用金箔贴引颈向上飞的凤凰,四面均绘缠枝花图案。棺床右侧发现一具人骨和大量小件玉器。后室左后角发现木奁1件,内装梅花形和海棠形木胎包银粉盒各1、圆形木胎漆盒1、圆形镂空银花片2、铜镜1件。另有1件铜镜在木奁外。棺床前面置铁板1件,其周围有小铁钉和铜饰件,铁板可能原置于木匣内。

后室顶部石板正中刻星象图,用单线阴刻紫微垣和二十八宿,并刻有三个同心圆,表现内规、外规和重规。在同心圆外缘有一道宽4厘米的白色条带穿过,颇似银河。星呈圆形,大多直径为1.2厘米,个别的直径0.7厘米。共绘218颗星,星星之间用单线相连,星、连线及三个同心圆都贴金箔。

临安 M25 的墓葬形制与吴越国二世王钱元瓘墓完全相同。出土了马氏墓志，上书："维天福四年（939）岁在己亥冬十有二月丁丑二十五日辛酉，吴越国恭穆王后、扶风马氏窆于钱塘府安国县庆仙乡长寿里封盂山，曰康陵。东至金容，西至凤亭，南至宁善，北至会仙，上至于天，下至于泉，永刊贞石，于万祀年。"可确认墓主为钱元瓘的王后马氏。

以马氏康陵为代表的吴越国中期王室墓葬，多采用土坑内置石椁、椁外砌砖拱的形制，墓室分前后室（钱元玩墓）或前中后三室（康陵、钱元瓘墓），有别于唐末时船形砖室结构（钱宽、水邱氏墓）。而晚于马氏康陵 13 年的钱元瓘次妃吴汉月墓除保留石椁结构外则无外砌砖拱。

（三）吴越国陵寝制度

张玉兰以吴越国建立为界将晚唐五代钱氏家族墓分为前后两个阶段，认为墓葬形制在两个阶段发生了从砖室墓到石椁墓、从船形后室到长方形后室、从两室结构到三室结构的变化①。郑以墨认为吴越国墓葬多为吴越王室及大臣墓，根据形制和装饰可分为三室壁画墓、无壁画装饰的三室墓、长方形双室壁画墓、后室平面船形的双室墓和竖穴土坑墓等五型，墓制演变具有明显的阶段性，可分为早、中、晚三期②。这种分型强调了墓室多少和装饰的等级意义，而忽略了石椁墓的特殊性。陈元甫对五代吴越王室贵族墓葬形制和墓主身份进行了比较分析，认为墓葬形制的不同，是因墓主身份地位高低不同形成的等级区别，而非因时代不同产生的演变关系。他将吴越国王室贵族墓分为四个等级：第一等级是王陵和王后墓，使用三室石椁；第二等级是分封而镇守边关的王室成员墓，使用三室砖墓；第三等级是王子、王妃等王室成员墓，使用双室石椁；第四等级是非王室的钱氏家族成员或重臣墓，使用双室砖室。他又推测苏州七子山发现的吴越国时期三室砖墓可能是钱镠的孙子中吴军节度使钱文奉之墓③。

笔者赞同陈元甫先生的观点，把三室石椁墓作为王陵等级的墓葬。从五代十国陵寝制度的整体来看，南方各国的帝王陵多采用三室，因此三室可以作为一个具有等级意义的指标。唐五代帝陵的石室影响到南方，也使南方各国的石室墓具有等级意义，王建永陵、孟知祥和陵、南唐李昪钦陵都使用了石室。三室和石室都是吴越王陵寝制度的指标。苏州七子山五代墓和

---

① 张玉兰：《晚唐五代钱氏家族墓葬初步研究》，《东南文化》2005 年第 5 期。
② 郑以墨：《五代吴越国墓葬制度研究》，《东南文化》2010 年第 4 期。
③ 陈元甫：《五代吴越王室贵族墓葬形制等级制度探析》，《东南文化》2013 年第 4 期。

吴汉月墓分别占了三室和石椁的指标,而没有同时占有两个指标,因此是低于王陵一级的墓葬。至于墓葬内的四神十二生肖、牡丹花等装饰,应是王室墓葬的普遍配置,不是王陵的独有标志。

五、闽国陵墓

(一) 王审知夫妇墓①

王审知,字信通,河南光州固始人,唐乾宁四年(897)继长兄王潮任威武军节度使,唐天祐元年(904)封琅琊王,后梁开平三年(909)封闽王,后唐同光三年(925)卒,翌年三月葬于福州西郊凤池山。后唐长兴三年(932),王审知次子王延钧将其父母迁葬到今福州北郊莲花峰南麓。闽龙启元年(933),王延钧即帝位,追谥王审知为昭武孝皇帝,庙号太祖,陵曰宣陵②。

王审知夫妇墓坐北朝南,依山势辟为5个台地,在最高一层台地的中部东西并列两冢,间距2~7米。冢近长方形,上为封土,下垫石条,环砌青砖,内填碎石杂土,高2.2米、长11米、前宽4.9米,尾部渐收敛成圆弧形(图1-17)。在冢后16米的土坡中央,竖有明万历三十年(1602)重修闽王墓碑。墓前神道两侧依次排列文武石翁仲各2对,石虎、羊、狮各1对。

陵墓地下部分由斜坡墓道和墓室组成,两墓室并列,各有墓道。斜坡墓道长8.8米、宽2.25米,坡度15度。在东室墓道东侧和西室墓道西侧各有一宽、深均为0.2米的石砌排水沟,与墓室内排水沟相通,出水口在第一台地边沿。

墓室用花岗岩石条砌筑,并列单室结构,平面略呈长方形。东墓室全长7.96米,甬道内有两重封门,第一重高2.5米、宽2.3米、进深0.68米,第二重高2.34米、宽2.08米、进深0.78米。封门内墓室长6.5米、宽2.6米、高2.96米,两侧壁在高1.7米处起券。棺床位于墓室正中,高0.14米。棺床前方有一长方形凹槽,长1.66米、宽1.4米、深0.38米,内置王审知墓志。西墓室结构与东室相同,全长7.76米,封门内墓室长6.46米、宽2.44米、高2.93米。棺床长4.68米、宽2.04米、高0.14米。棺床前无凹槽,墓志立于后壁。据墓志可知,西墓室安葬的是王审知妻、梁魏国尚贤夫人任氏。

---

① 福建省博物馆、福州市文管会:《唐末五代闽王王审知夫妇墓清理简报》,《文物》1991年第5期。
② (清)吴任臣撰,徐敏霞、周莹点校:《十国春秋》卷九〇《太祖世家》,中华书局,1983年,第1301—1315页。

·64· 唐宋之际：五代十国墓葬研究

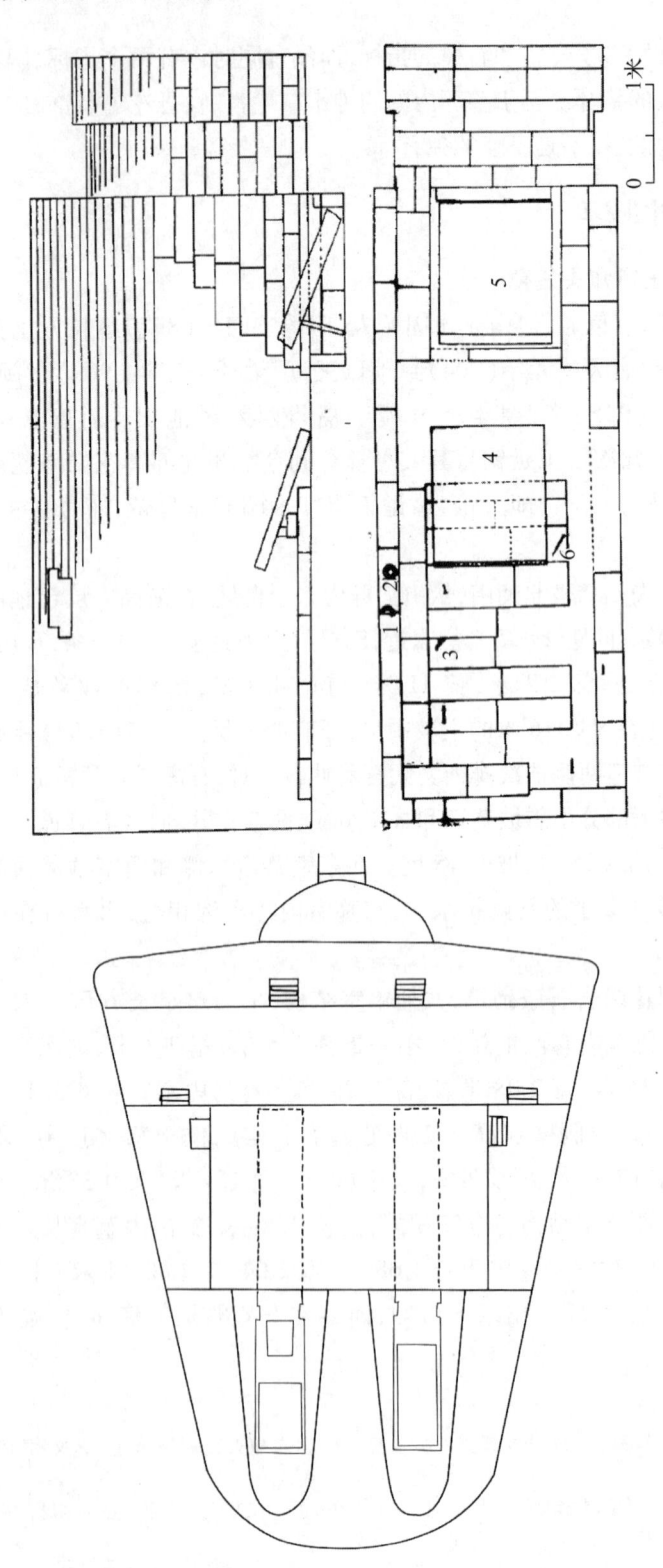

图 1-17 王审知夫妇墓地平面图（左）及王审知墓室（东墓室）平剖面图（右）

(二) 刘华墓

刘华字德秀，南汉南平王刘隐次女，后梁贞明三年(917)，年二十二岁，嫁给闽王王审知的次子王延钧(称帝后改名王鏻)。《十国春秋》卷九四《惠宗后刘氏传》载："惠宗后刘氏，本南汉清远公主。贞明三年，太祖为惠宗娶之。"①后唐同光三年(925)，王审知卒，其长子王延翰继位，以延钧为泉州刺史，延钧不满，于天成元年(926)十二月联合建州刺史王延禀攻福州。延禀杀延翰，立延钧。后唐授王延钧威武军节度使，累加检校太师、守中书令，天成三年封闽王。长兴三年(932)，王延钧上言，以吴越国王钱镠薨，乞封为吴越王，不报。未几，自称帝，国号大闽，改元龙启②。刘华卒于长兴元年(930)，当时王延钧已封闽王，尚未称帝，故墓志称其为闽王夫人而非皇后。

后梁乾化元年(911)，南汉刘隐卒，闽国遣使祭奠，祭文中有"方定金兰之至分，岂期幽显之骤殊。况以幸结良姻，累交专介"之句③，表明此时两国已经"幸结良姻"。闽国与南汉王室之间，除了刘华和王延钧的婚事外，并没有其他的婚姻关系，所以这里的"良姻"应当就是指刘华与王延钧婚约一事。可以推测，这次联姻是刘隐生前和王审知商定的，只是未及成婚而刘隐死去，就一直拖了下来。而刘华与王延钧在贞明三年完婚，也有一定的政治目的。刘隐卒后，其弟刘䶮立。贞明三年，刘䶮即皇帝位，国号大越，改元曰乾亨。次年，又改国号为汉④。刘䶮虽然已经实际上割据岭南，但如果称帝，还是会面临不小的压力，因此选择在当年让刘华和王延钧完婚，以便拉拢闽国，寻求支持，减少因称帝带来的外部压力。

据墓志，刘华于长兴元年三月寝疾，五月一日终于府宅之堂，享年三十有四，八月七日卜葬于闽县灵山乡宁基里杨坑原。刘华墓在福州北郊莲花峰下，王审知墓东约1里的东室山西南坡地上。墓地依山势辟成阶梯状平台，有5个台地。上窄下宽，墓后圆弧状，整个平面呈钟形(图1-18)。最下层台地呈凸字形，深6米，宽46米，正中突出一宽15米，深10米的长方形台，可能是墓前附属建筑遗址。第二层台高于第一层台约60厘米，深19米，宽36米，台前正中有马蹄形土阜，地表有砖瓦出土，可能也是附属建筑遗址。第三层台高于第二层台约3米，深5米，宽31米。第四层台高于第三层台2米，深4米，宽30米。第三、四层台较平整，岸边有加工过的条石，

---

① (清)吴任臣撰，徐敏霞、周莹点校：《十国春秋》卷九四，中华书局，1983年，第1359页。
② (宋)薛居正等：《旧五代史》卷一三四《王延钧传》，中华书局，第1792页。
③ (清)吴任臣撰，徐敏霞、周莹点校：《十国春秋》卷五八《南汉纪一》，第840页。
④ (宋)欧阳修：《新五代史》卷六五《刘隐世家》，中华书局，1974年，第811页。

两侧边有阶梯遗迹。最后一层台高于第四层台2米,平面半圆形,深17米,宽28米,是墓室所在。墓向南偏西15度,有两冢并列,早已被盗,左为刘华墓,右墓未见墓志,墓主不明。两墓封土为长方形,长10米、前宽4米、高3.5米。往后逐渐减小作圆弧形。封土下层铺石,周围砌砖,上填杂土碎石。

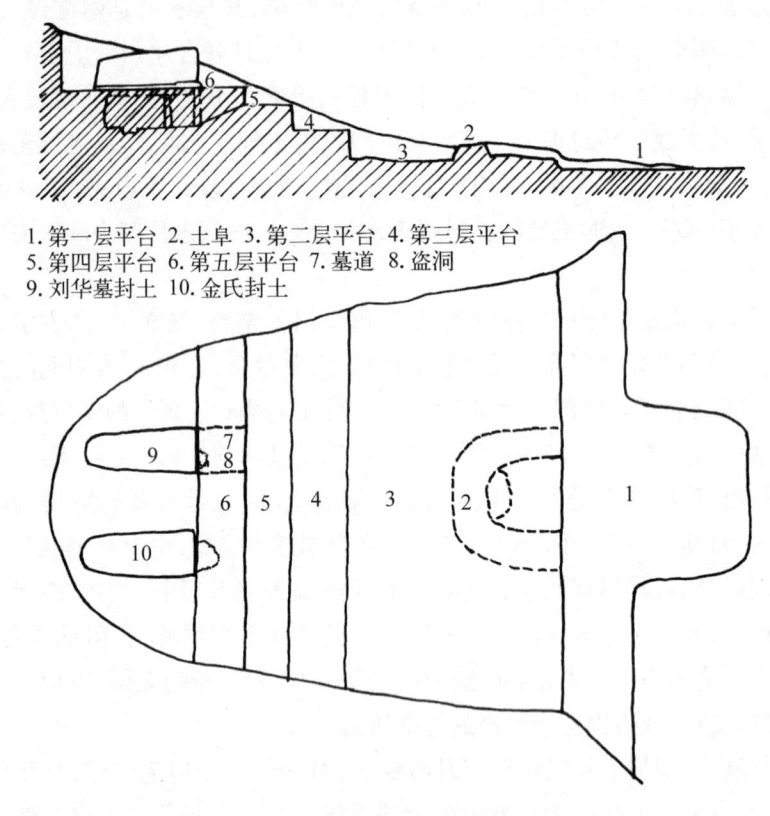

1. 第一层平台 2. 土阜 3. 第二层平台 4. 第三层平台
5. 第四层平台 6. 第五层平台 7. 墓道 8. 盗洞
9. 刘华墓封土 10. 金氏封土

图1-18 刘华墓地平剖面图

墓葬地下部分由斜坡墓道和墓室组成(图1-19)。斜坡墓道长3.9米,宽2.5米,坡度25度,用石头和泥土填塞。墓室用宽20厘米、长50厘米左右的花岗岩石条砌成,平面长方形,全长8.4米,拱券顶,分前后两室,两室过道各有封门一个。前后封门皆为拱形,用条石叠封。前室封门高2.2米,宽2.1米,门道厚0.63米;后室封门高、宽与前室封门相同,门道厚0.75厘米。

前室平面近正方形,宽2.5米、深2米、高2.75米,在高1.5米处起券。地面用长70厘米、宽40厘米的石板铺砌。左角有排水横洞。后室平面长方形,宽2.5米、深5米、高2.9米,墓底用石板砌长方形棺床,长4.5米、宽2米、高0.15米,棺床正中有一长方形腰坑,长60厘米、宽50厘米、深45厘

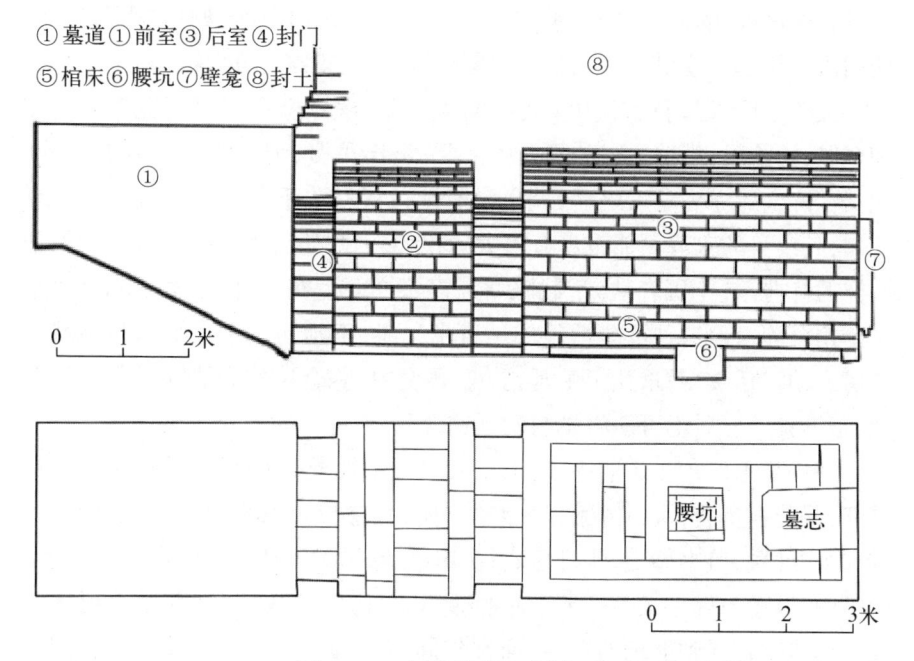

①墓道②前室③后室④封门
⑤棺床⑥腰坑⑦壁龛⑧封土

图1-19 刘华墓墓室平剖面图

米,坑底及周壁用石板铺砌。墓后壁正中辟一长方形龛,高1.51米、宽0.95米,底有凹臼,安放墓志。墓志长方形,高155厘米、宽97厘米,志额文为"唐故燕国明惠夫人墓志"。志文首题为"唐扶天保大忠孝功臣、威武军节度使、开府仪同三司、检校太师、守中书令、福州大都督府长史、闽王夫人、故燕国明惠夫人彭城刘氏墓志并序"[1]。刘华墓已被盗,在盗洞口发现鎏金"开元通宝"铜钱。墓内遗物有陶、石雕、陶瓷器、铜铁器等以及墓志一方。陶俑有男俑、女俑、鬼神俑、人首兽身俑等43件[2]。

刘华墓左墓室出土了墓志,可知埋葬的是刘华本人;右墓室结构与左室相同,简报推测是王延钧另一妻妾的墓室,并将刘华墓平面图上右侧封土标为金氏封土。但据考古发现,这种双室并列的墓葬基本上都是夫妻合葬墓,从未发现仅两妻妾合葬的例子,简报的推测不合常理。

王延钧的妻室,可知的有两刘氏、金氏、陈氏(金凤)。刘华是王延钧的原配夫人,其余均为刘华卒后续立。《资治通鉴》卷二七九"清泰二年":"闽主立淑妃陈氏为皇后。初,闽王两娶刘氏,皆士族,美而无宠。陈后,本闽太

---

[1] 诸葛计、银玉珍:《闽国史事编年》,福建人民出版社,1997年,第155页;福建省地方志编纂委员会:《福建省志·文物志》,方志出版社,2002年。
[2] 福建省博物馆:《五代闽国刘华墓发掘报告》,《文物》1975年第1期。

祖侍婢金凤也，陋而淫，闽主嬖之，以其族人守恩、匡胜为殿使。"①据考证，两刘氏，"清远公主其一也，另一是鄂州节度判官刘技之女"②。

关于金氏，据《新五代史》载："鏻妻早卒，继室金氏贤而不见答。审知婢金凤，姓陈氏，鏻嬖之，遂立以为后。"③金氏虽贤，但并不受王延钧宠爱，尤其在陈金凤立为皇后之后，就更没有地位了。关于金氏的记载仅这寥寥几句，其出身的家庭可能也没有多大的权势，因此死后恐怕不能享受和刘华同样的待遇。《十国春秋》记载陈后与惠宗亦葬莲花山，似乎暗示陈金凤与王延钧合葬。但这种可能性很小。清泰元年，王延钧之子王继鹏与皇城使李仿发动宫廷政变，杀死了王延钧④。政变中，陈金凤作为清除对象也被杀死，王继鹏即位后不可能将她与王延钧合葬。

刘华墓志曰："夫人有令子四人、女二人。长子曰继严，检校尚书户部员外郎，赐紫金鱼袋；次曰继鹏，泉州军州副使、检校尚书金部郎中、赐紫金鱼袋；次曰继韬，监察御史，赐绯鱼袋；次曰继恭，试大理评事、赐绯鱼袋。"刘华四子中，继鹏与继韬关系不谐，后来继鹏、李仿发动政变时，继韬也死于兵乱。继恭一直受到继鹏的重用，通文年间，官威武节度使，出使上表告嗣位于晋。第二年，晋封继恭临海郡王。继严曾受封建王，判六军诸卫事，得士卒心，为继鹏所忌，夺其兵权。总之，除了继韬外，继鹏的另外两兄弟继严、继恭在继鹏即帝位后都保持了较高的地位。刘华是王延钧的原配夫人，所生诸子或继帝位，或掌军政大权，刘华本人又是以礼埋葬，不应与其他妻妾并穴合葬，更不会预留并列的空墓穴给王延钧后来的继室，因此右墓室可以排除是金氏或其他继室之墓。

按常理推测，刘华墓右墓室应该是为王延钧本人准备的。清泰元年王延钧死于其子继鹏和皇城使李仿发动的宫廷政变。王继鹏（继位后更名为王昶）后来又杀李仿，将弑君之罪完全归到他头上，以掩盖自己的罪责，维持继位的合法性。从血缘和亲情角度看，刘华是继鹏的生母，继鹏必然会将其与生父合葬。从政治上讲，王继鹏虽然弑杀了父亲，但要维持自身的合法地位，也必须依礼将其安葬，而王延钧只有与正室刘华合葬，才符合礼制。另外，考虑到与南汉国的外交关系，王继鹏也应选择将其父与其母刘华合葬。刘华墓从墓地形势到墓室规模，都和闽国开国主王审知夫妇的宣陵非常相

---

① （宋）司马光编著，（元）胡三省音注：《资治通鉴》卷二七九，中华书局，1956年，第9128页。
② 诸葛计、银玉珍：《闽国史事编年》，福建人民出版社，1997年，第166页。
③ （宋）欧阳修撰：《新五代史》卷六八《闽世家第八》，中华书局，1974年，第849页。
④ （宋）欧阳修撰：《新五代史》卷六八《闽世家第八》，第850页。

似,甚至墓室还比宣陵略长,如果不是准备将来与王延钧合葬,当不至于修造得如此奢华。因此,可以推断,刘华墓本是其与王延钧的合葬墓,右墓室就是王延钧的墓室。刘华墓虽然没有陵号的记载,但实际上是一座闽国王陵。

发掘简报推测右墓室所葬为王延钧妻妾的根据是:右墓室应卑于左墓室。从已发掘的王审知夫妇墓来看,王审知墓室在左,任氏墓室在右,和刘华墓简报所说的尊卑顺序一致。和王审知夫妇墓排葬顺序相同的还有五代时期的李茂贞夫妇墓,李茂贞墓室在左,李茂贞夫人墓室在右①。这种夫妻并穴合葬墓的两个墓室以神道为对称轴,位置应该是事前规划好的。男左女右的顺序虽然常见,但也不是唯一的排葬顺序,葬于晚唐的钱宽和水邱氏夫妇墓的顺序就是钱宽墓在右,水邱氏墓在左,两墓东西向排列,相距6米②。因此,不能以刘华墓位于东侧,就否定西侧墓室为王延钧的墓室的看法。

(三)闽国陵寝制度的特征

刘华墓依山势呈5个阶梯状平台、最上端平台两冢并列的墓地布局和王审知夫妇墓相同,《简报》指出,明人修《开闽忠懿王族谱》中绘制的墓图外观,也都是这种形式,因此,这种墓葬形制可能是闽国王族墓葬的统一规制。王审知夫妇墓的修建时间比刘华墓还要晚两年,这种统一规制可能是从刘华墓开始形成的。通过对刘华墓和王审知夫妇墓的考察,并与中原传统的陵寝制度相比较,可以发现闽国陵寝制度的一些特征。

首先,从陵墓外观上看,闽国王陵依山而建,整个墓地平面呈钟形。陵园依山势呈五个阶梯状平台,在各层平台上,有附属的陵寝建筑。在最高一级平台上并列两座墓葬封土堆,属于夫妻并穴合葬。墓葬封土前宽后窄,尾部为圆弧形,封土下层铺石,周围砌砖,起到加固作用。陵园和封土的形制都是为适应南方多雨气候而设计的,是对在平地上建造规整的方形陵园、使用覆斗形或圆形封土的中国古代陵寝制度的突破。其中封土使用砖石加固的做法,在南汉康陵陵台上表现得更加明显。康陵陵台为砖包土芯的方座圆丘,封土外面完全用砖覆盖③。这种陵园和封土形制反映了五代十国时期南方各国陵寝不受传统陵寝制度约束,表现出更多的地方特征。

其次,从陵墓前石刻看,闽国王陵具有过渡性特征。王审知墓前神道排

---

① 宝鸡市考古研究所:《五代李茂贞夫妇墓》,科学出版社,2008年,第4页。
② 浙江省博物馆等:《浙江临安晚唐钱宽墓出土天文图及"官"字款白瓷》,《文物》1979年第12期;明堂山考古队:《临安县唐水邱氏墓发掘报告》,《浙江省文物考古所学刊》,文物出版社,1981年。
③ 广州市文物考古研究所:《广州南汉德陵、康陵发掘简报》,《文物》2006年第7期。

列的石刻尚有翁仲、虎、羊、狮。唐代从高宗乾陵开始,就确立了帝陵前置石狮,人臣墓前只能置石虎、石羊的陵墓石刻制度。唐代非帝陵的墓葬置石狮的仅有懿德太子李重润墓、永泰公主李仙蕙墓、节愍太子李重俊墓、惠庄太子李㧑墓和让皇帝李宪墓几座号墓为陵的墓葬。在唐代陵墓中,石虎、石羊和石狮作为不同等级的标志,从不同时使用,而五代时期,这种制度被打破了。孙新民先生指出:"唐代石虎、石羊均是在人臣墓前设置,五代皇帝把他们安放在帝陵神道两侧,开创了北宋皇陵例设虎羊的先河。"① 王审知墓前石刻就反映了这种过渡特征。

第三,从墓室形制看,闽国王陵均使用券顶石室。在唐代,使用石室墓葬被明令禁止。如《通典》载:"大唐制,诸葬不得以石为棺椁及石室。其棺椁皆不得雕镂彩画、施户牖栏槛,棺内又不得有金宝珠玉。"② 石室墓被视为唐代帝陵的专利③。两京地区发现的唐墓,即使是最高等级的墓葬,也不过是砖室墓。晚唐五代的藩镇节度使墓葬,多有僭越使用石砌墓室的。北京唐史思明墓是一座方形主室两侧各附一个长方形耳室的石室墓④,河北曲阳五代王处直墓为前后室石室墓⑤,陕西宝鸡五代李茂贞墓为石砌券顶单室墓⑥,四川成都前蜀王建永陵、后蜀孟知祥和陵以及江苏南京南唐李昪钦陵均为三室石室墓⑦。使用石室墓葬也是唐末五代时期福建地区大型墓葬的特征之一。福建观察使陈岩葬于唐昭宗景福二年(893)八月,清朝康熙年间,侯官北郊村民黄福发其冢,"见圹中石室,规制宏壮"⑧,可知是石室墓。已经发掘的葬于唐晚期的王审知兄长王潮墓,也是石室墓。

第四,从葬俗和随葬品方面看,闽国王陵也有浓厚的地方特色。如刘华墓使用腰坑,随葬有人首龙身俑、人首鱼身俑、鬼面俑、十二生肖俑等神怪俑。使用腰坑和随葬神怪俑是晚唐五代时期我国东南地区墓葬的重要特

---

① 孙新民:《五代十国帝王陵寝制度述略》,收入《桃李成蹊集——庆祝安志敏先生八十寿辰》,香港中文大学出版社,2004年。
② (唐)杜佑:《通典》卷八五《礼四十五·丧制之三》,中华书局,1988年,第2299页。
③ 王静:《唐墓石室规制及相关丧葬制度研究——复原唐〈丧葬令〉第25条令文释证》,载《唐研究》第十四卷,北京大学出版社,2008年,第455页。
④ 北京市文物研究所:《北京丰台唐史思明墓》,《文物》1991年第9期。
⑤ 河北省文物研究所、保定市文物管理处:《五代王处直墓》,文物出版社,1998年,第6—14页。
⑥ 宝鸡市考古研究所:《五代李茂贞夫妇墓》,科学出版社,2008年,第87—93页。
⑦ 冯汉骥:《前蜀王建墓发掘报告》,文物出版社,1964年,第9—16页;南京博物院:《南唐二陵发掘报告》,文物出版社,1957年,第7—38页;四川省文物管理委员会:《后蜀孟知祥墓与福庆长公主墓志铭》,《文物》1982年第3期。
⑧ (清)林侗:《司徒观察陈岩墓志》,收入(清)陈棨仁:《闽中金石略》卷二,见《石刻史料新编》第1辑第17册,台北新文丰出版公司,1977年,第12683页。

征。扬州邗江蔡庄杨吴寻阳公主墓后室留有一个"金井",即为腰坑,内放木制跪俑一件①。南京市尧化门五代墓有前后两个墓室,后室砖棺床中部有一方形"金井",应该也是腰坑②。南唐先主李昪钦陵和中主李璟顺陵后室棺床正中各有一长方形小井,均为腰坑③。南唐二陵中还出土了数量众多的神怪俑。吴越国也发现几座有腰坑的墓葬,如浙江临安水邱氏墓④、杭州三台山五代墓(杭 M32)⑤、临安太庙山五代墓(临 M22)⑥。闽国王陵使用腰坑和神怪俑的葬俗可能是来自其北方的江浙地区。

此外,王审知夫妇墓志和刘华墓志均为长方形的碑形墓志,墓志的位置也不像中原地区墓葬那样在墓门口或甬道中。王审知墓志放置在棺床前的凹槽内,任氏墓志和刘华墓志立在墓室后壁的龛中。这是中原地区墓葬没有发现过的葬俗,其内涵值得进一步研究。

六、南汉陵墓

割据岭南地区的南汉政权,自 917 年刘䶮自立称帝到 971 年灭于北宋,共历四主,55 年。在广州近郊已经先后发掘了南汉政权的奠基者刘隐的德陵、南汉开国皇帝刘䶮的康陵,和南汉三主刘晟的昭陵,尤其是刘䶮康陵的发掘,对古代帝王陵寝的研究具有重要价值。

(一) 德陵

2003 年 6 月至 2004 年 10 月,广州市清理发掘了南汉德陵和康陵⑦,二陵位于广州市东南约 15 公里处番禺区新造镇的小谷围岛,该岛是珠江的江心洲。德陵位于新造镇北亭村东侧的青岗北坡,坐南朝北,方向 358 度。由于地貌变化较大,原来是否有封土已不能确认。

陵墓地下玄宫为砖室结构,由墓道、封门、前室、过道、后室组成。墓道在墓室北端,为南低北高的斜坡,残长 12 米、宽 3.08～3.21 米。墓道南端近封门处用单砖叠砌 3 层,隔出一个器物箱,南北宽 1.53 米、东西长 3.21 米。

---

① 扬州市博物馆:《江苏邗江蔡庄五代墓清理简报》,《文物》1980 年第 8 期;吴炜、徐心然、汤杰:《新发现之杨吴寻阳长公主墓考辨》,《东南文化》1989 年第 4—5 期。
② 南京市博物馆等:《南京尧化门五代墓清理简报》,载南京市博物馆编:《南京文物考古新发现》,江苏人民出版社,2006 年。
③ 南京博物院:《南唐二陵发掘报告》,文物出版社,1957 年,第 31、32、36 页。
④ 明堂山考古队:《临安县唐水邱氏墓发掘报告》,《浙江省文物考古所学刊》,文物出版社,1981 年。
⑤ 浙江省文物考古研究所:《杭州三台山五代墓》,《考古》1984 年第 11 期。
⑥ 浙江省文物管理委员会:《杭州、临安五代墓中的天文图和秘色瓷》,《考古》1975 年第 3 期。
⑦ 广州市文物考古研究所:《广州南汉德陵、康陵发掘简报》,《文物》2006 年第 7 期。

箱内整齐放置青瓷罐190件和釉陶罐82件,推测应是当时"墓前设奠"的遗存。封门残高1.69~2.16米、厚2.64米,砖墙中间夹放3块横置石板。

墓室内长10.3米、高3.04~3.45米,室顶用楔形砖砌出券拱,后室券顶套接在前室券顶上面。前室平面长方形,南北长6.27米、东西宽3.14米。东西两壁厚约1.27~1.35米,平砖错缝平砌。顶为四层券,厚0.96米、内高2.81~3.04米。两壁对应有上下两层壁龛,上层4个、下层5个,均被破坏。壁龛平底尖顶,宽0.35~0.43米、深0.35~0.4米、高0.32~0.4米。前室北端中部近封门处有一块青石板,长1.36米、宽1.25米、厚0.18米,推测用作祭台。

前、后室之间有一条短过道,砖砌门券,门宽1.85米、壁厚0.68米,仅残存底部。后室平面方形,南北长3.8米、东西宽3.77米,券顶高3.45米。东西两壁及后壁均有壁龛,形状与前室相同。东西两壁各有5个龛,分上下两层,上层2个,下层3个。后壁中部遭破坏,仅见东西两侧各有一龛(图1-20)。

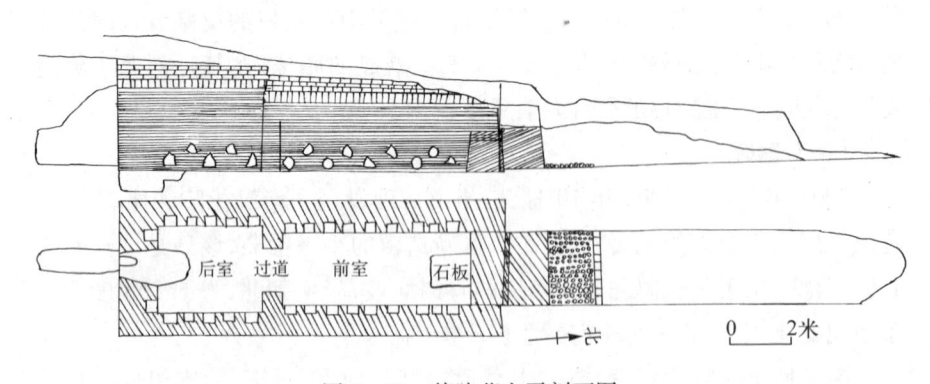

图1-20 德陵墓室平剖面图

墓葬被多次盗扰,铺底砖全被撬起,前室是否还有分隔、过道是否砌砖阶、后室有无棺床都不明。墓室内仅出土青釉陶屋残片,在墓道器物箱内清理出青瓷罐和釉陶罐共计272件。

(二) 康陵

康陵位于北亭村东南侧的大香山南坡东部,北与青岗德陵相距800米左右。陵园依山而建,坐北朝南,陵园范围南北长约160米、东西宽约80米,南北大致呈三级台地,高差15米,陵台处在二级台地上。陵园四周有夯土神墙,神墙四隅筑有角阙,南墙正中开陵门,门前有廊式建筑,廊式建筑南边还发现一对磉墩残迹,推测可能是石柱等标志性建筑的基础。

1. 陵寝建筑

陵园平面呈长方形,四面夯筑神墙,南北长96.8米、东西宽57.3米,墙宽1.2～1.4米。东、西墙依山势由北向南递级而下,落差12米左右。墙体仅剩局部的基槽和两侧的夹板柱洞,北墙局部保存有高出地面10～50厘米的夯筑墙基。墙基两侧有大量的散碎瓦件,估计墙头上有顶盖。墙基筑有护坡,由墙体向两侧倾斜,垫土表面铺设大量起散水作用的瓦片。

神墙四隅有角阙,均为一大一小子母阙对角相连。子阙位于内侧,与墙垣相连,母阙在墙角外侧。东北角阙保存较好。角阙上部塌毁,现存方形台基,有夯土台芯,砖砌台壁,四周砌散水,可能是楼阁式建筑。在阙台的废弃堆积中发现了带莲瓣瓦当的筒瓦、板瓦、花边重唇滴水瓦、脊头瓦、垂兽饰等建筑构件。

陵门设在南墙正中,东西宽16.4米,残存3行4列共12个磉墩。中间两列磉墩较大,边长1.9米,中心间距5.5米;两侧磉墩稍小,边长1.2米,间距5米。磉墩内用土和碎砖石层相叠夯筑垫土。推测这可能是一座面阔三间的门楼建筑基础。门两旁的墙基下分别设砖砌排水沟,与墙垂直。

陵门南侧约20米处有3排磉墩,与南墙平行分布。依对称布局推测有3行14列,共42个。陵门中轴延伸线两旁的两列磉墩稍大,边长1.4米,间距5.5米;两侧的磉墩略小,边长1～1.2米,间距4.6～4.8米。廊式建筑南边约23米处还发现一对磉墩残迹,处于现在山坡底部。

陵台在陵园中部偏北,平地起筑,由砖砌圜壁封土丘、方形基座与散水、南面的台阶坡道等组成(图1-21)。封土台为砖包土的方座圆丘,形如塔基状,中间以红黄土夯筑圆形土台,周围垒砌包砖,逐渐内收。底部包砖外径10.2米,夯土内径5.9米,现存高2.2米。外壁抹2～5厘米厚的白灰,多已脱落。

封土台下接方形基座,边长11.4米、高0.15～0.25米,砖包夯土结构。基座面内高外低,高差约0.2米,用边长35厘米的方形白石板铺砌,石板下垫厚5～10厘米的白灰层。基座四周为大方砖铺砌的散水地面。陵台北部紧接基座散水有一片方砖墁地,南高北低。

封土台南壁正中设一长方形龛,推测是祭奠用的神龛,被盗洞破坏,宽1.8米、进深1.9米、残高0.65米。龛口台面高出基座面0.4米,东侧残留一块黑色门砧石,一部分嵌于龛壁下,中间有一圆形凹槽,表明此处设有木门。

方形基座南面有一个长方形砖包土台,东西长5.2米、南北宽3米、高0.4～0.6米。台面自北向南稍斜,用方形白石板墁地,堆积中出土大量板瓦、筒瓦、瓦当和少量的石构件,可能上面有顶盖结构和石栏杆。简报推测

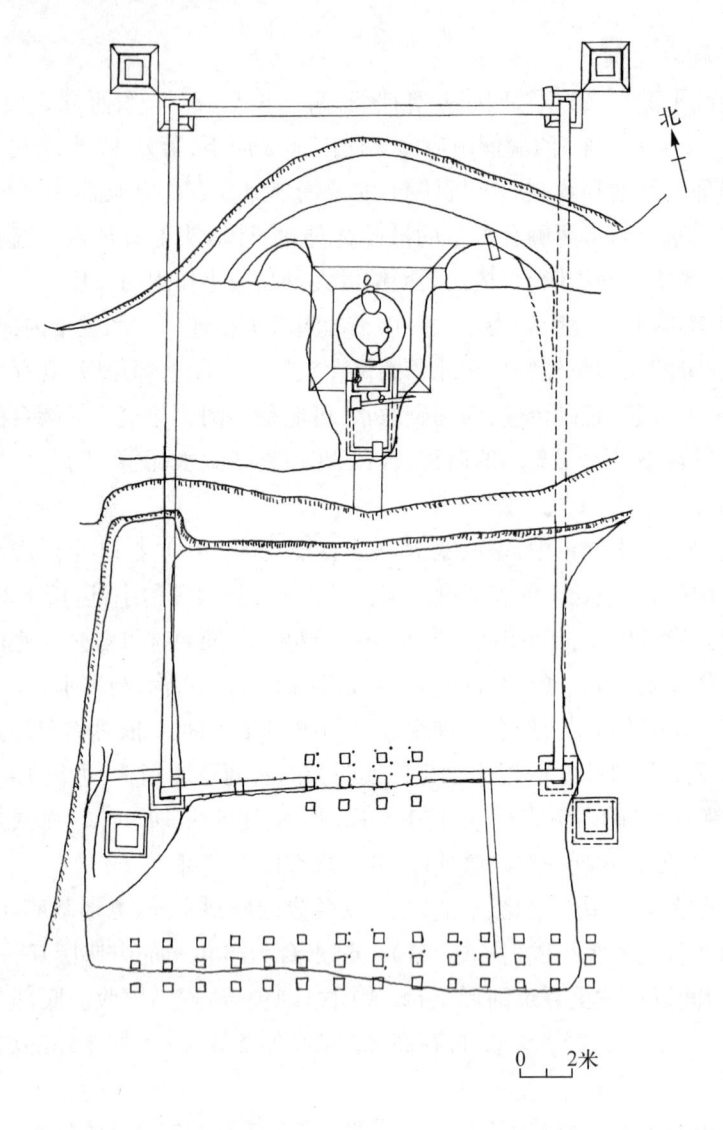

图 1-21 康陵陵园建筑平剖面图

是祭奠设施,称为"祭台"。墓道上方位置有坡道与祭台相连,是南北长9.2米、东西宽6.7米的长方形砖包土台阶,自北而南稍倾斜。原地面被毁,局部有墁砖残迹。

2. 墓室建筑

墓室(玄宫)在陵台正下方,长方形砖室结构,由封门、甬道(门洞)、前室、过道、中室和后室组成,方向172度。墓道为斜坡式,墓道口长17.5米、宽3.3~3.4米。墓道北为封门。外封门为3块叠放的长方形大石板,封堵在甬道口外。内封门为砖墙。甬道长1.1米、宽2.15米、高2.35米,底低于前室地面0.1米,无铺地砖。

墓室内长9.84米、宽3.16米、顶高3.28米。墓壁厚1.5米;顶为四重券拱。三室均用大方砖墁地。墓室的墙壁都抹白灰。前室为横室,长1.34米、宽3.16米、高3.3米。两壁对称设置直棂假窗和小龛各一个,小龛置于假窗下,为长方形叠涩顶。前室近甬道处立一通哀册文石碑。

前室与中室间有砖砌直墙过道,形如衬拱,顶端在墓室券顶内。直墙内侧设木质门框,已朽。两门臼凿于里侧铺地砖上,相距1.88米。

中室长方形,长2米。后室长5米、宽3.6米。后室与中室之间砖砌矮隔墙,两室高、宽相同。后室中部砖砌棺床,宽2.25米、高0.2米,长度不详。中室和后室的左右两壁上分别有14个小龛,分上下两行,每行7个,呈"品"字形分布,均为长方形叠涩顶。后室后壁厚1.7米,后壁有一大龛,为长方形直壁券拱,口宽2.3米、进深1.06米、高1.3米,被盗洞打破(图1-22)。

出土遗物分为陵园建筑构件和随葬品两大类。墓室内遗物多为残片,有瓷、釉陶、陶、玻璃、铜、银、铁、石、玉器等。瓷器均为青瓷,有罐、盒、碗、碟等。还有一些陶水果象生,有菠萝、桃、木瓜、香蕉、茨菰、柿子、荸荠等。玻璃器至少有24件,都是瓶类,均残碎。石哀册文碑保存完好,无座,高1.15米、宽1.54米、厚0.2米,碑侧刻有缠枝蔓草纹。碑文楷书,38行,共1062字,首题"高祖天皇大帝哀册文"。据哀册文,刘龑(刘岩)崩于大有十五年(942)四月,于同年(光天元年)九月"迁神于康陵"。

(三)昭陵

1954年,在广州市番禺县石马村(今属萝岗区)石牛山山麓,清理出一座南汉大型砖室墓。1970年代中期,在该墓的残墓砖上发现刻有"乾和十六年"等字。经考证,该墓为南汉中宗刘晟的昭陵①。墓地高出墓前的小盆地约3米。地上封土、建筑情况不详。

地下部分由墓道和墓室构成。墓道斜坡形,大部分破坏(图1-23)。墓室分为前室、过道和后室,墓向195度。墓道北为前室,东西长方形,长2.86米、宽4米,破坏严重。自南向北斜下30度,灰砂石底。东壁下残留用两排砖隔成的南北狭长形的八格器物箱,放置陶瓷器180余件,有青瓷夹耳有盖罐、六耳有盖罐、四耳罐和六耳陶罐等。西壁北头有东向半圆形砖砌耳室的基础,耳室南端有另一列器物箱,与东器物箱斜对,已被破坏,仅存底砖。

---

① 商承祚:《广州石马村南汉墓清理简报》,《考古》1964年第6期;麦英豪:《关于广州石马村南汉墓的年代与墓主问题》,《考古》1975年第1期。

·76· 唐宋之际：五代十国墓葬研究

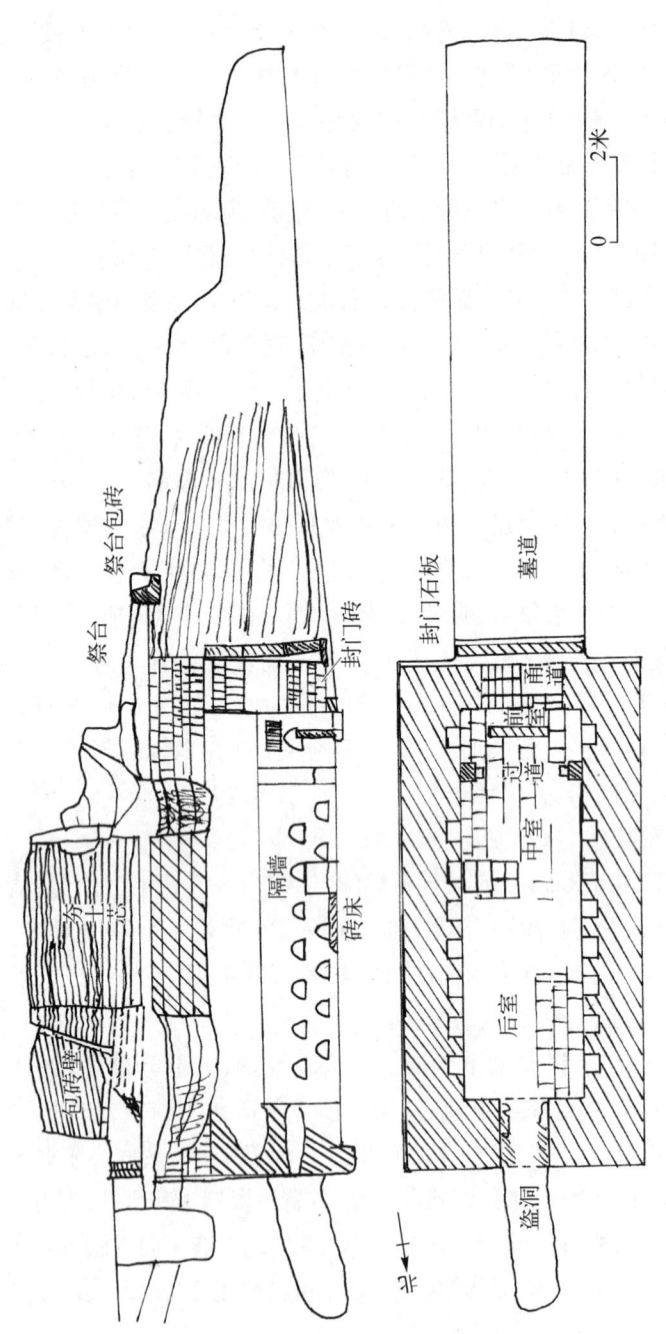

图 1-22 康陵总剖面图及玄宫平剖面图

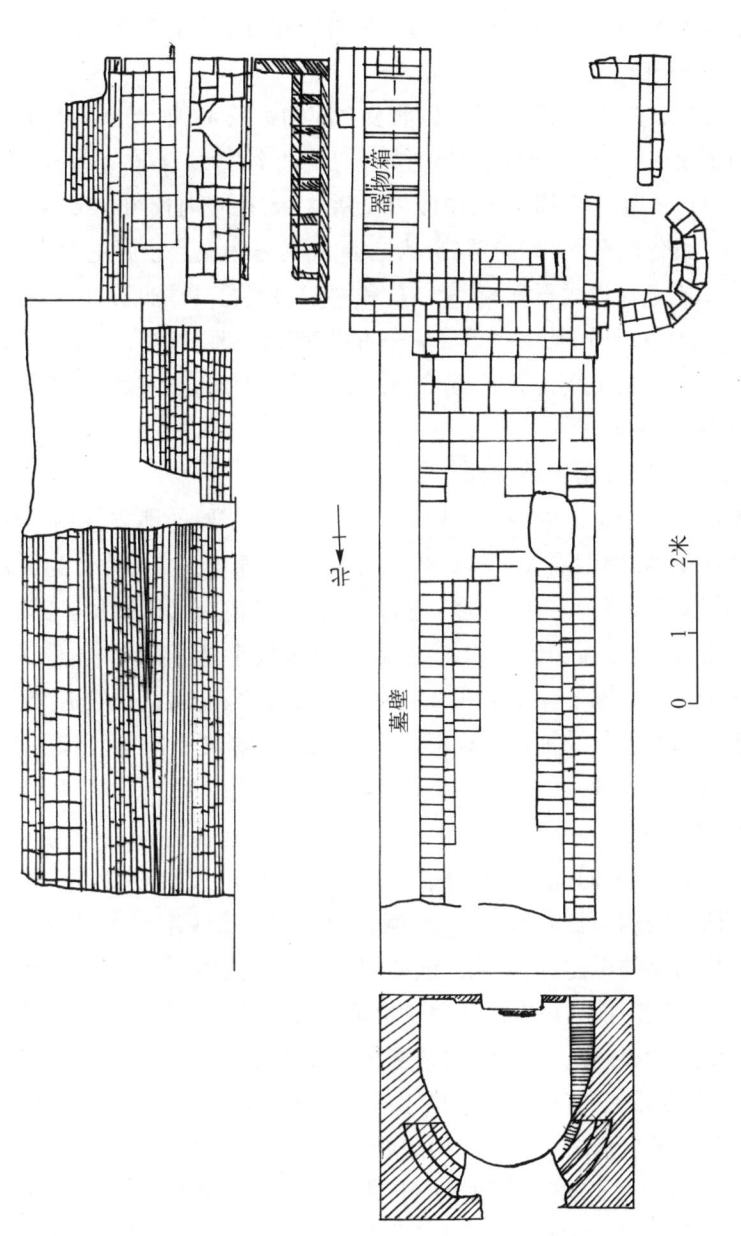

图1-23 南汉昭陵平剖面图

前室与后室之间有长 0.78 米,宽 2.18 米的过道。后室比过道低,入口处作两梯级而下。后室为主室,南北长方形,长 8 米、宽 2.54 米、高 2.2 米。东西两壁厚 58 厘米,顶为三层券拱,顶外铺砖,最厚有七层。后室前部贴近东西壁各有承柱支撑券拱,毁坏严重。后部有棺床,长 4.95 米、宽 1.52 米,内为土台,外铺砖。

后室墓底铺砖大小不一,承柱以前及之间铺边长 40 厘米的方砖,承柱以后铺长方形小砖。似乎以承柱为界把主室分为两个墓室,这样,墓室也可分为前中后三室。德陵内长 10.3 米,康陵内长 9.84 米,昭陵内长约 11.64 米,长度相差不多。康陵长不及 10 米尚可分为三室,昭陵分为三室也属正常。

墓内出土了四块大石板,参考康陵和德陵的情况,可能是封门石板。墓前原有一对无头石马,风化严重。后来在墓南 100 米左右的村民屋后挖出一座石雕立像。出土 2 件石俑,分别高 1.5 米和 1.6 米,长衣阔袖,拱手执笏状,发掘前已在墓外。

(四) 南汉陵寝制度的特征

与同时期其他地区的陵墓比较,南汉三陵具有浓厚的地方特色。首先,在陵园建筑上,陵园四隅设子母角阙、在陵门前建廊式建筑、陵台为圆形砖包土芯的塔基状、陵台南开"神龛"等特征,都为其他陵墓所未见。其次,在玄宫形制上,使用石板加砖墙的封门,墓壁设多层小龛等特征,也是其他地区陵墓所少见的。至于在墓道或墓室内设砖砌器物箱、前室设哀册文碑,更是南汉陵的独有做法。种种特征显示了南汉陵墓制度不同于传统的个性,为研究中国陵寝制度提供了新的材料和课题。

1. 陵寝建筑

从汉至唐,陵园的平面一般是作方形,四边各开一门,陵台位于陵园的中部。而康陵陵园呈长方形,只在南墙正中开门。康陵继承了汉唐帝陵在陵园四角设角阙的做法,但变此前的单阙为对角相接的子母阙,是历代帝陵所仅见的。在陵门前面设置廊式建筑也是前代帝陵所没有的做法。

陵门前面廊式建筑的性质,简报推测有两种可能,一是具有陵前"献殿"的性质,由于陵园规模较小,于是将原本建于陵园内的献殿移至门外;还有一种可能是有两重陵门。笔者以为这处建筑遗址也可能是下宫遗址。

首先,从这处廊式建筑磉墩遗迹的规模和形制看,与其北的陵门建筑相差很大,宽度是其数倍,甚至宽于陵园,且没有与陵墙相连,不太可能有这样一座大规模的陵门孤立于陵园外,历代帝陵也没有在陵门前再设一道孤立的陵门的例子。

其次,从陵寝制度发展的趋势看,以朝拜和祭祀为主要内容的陵寝制度在东汉时已经完全确立,东汉在陵园内建筑石殿,专为朝拜祭祀之用,到唐代发展为陵前的献殿①,帝陵前设献殿已经成为稳定的制度。五代时期中原政权也在陵前设献殿,至北宋陵前仍有上宫(即唐代的献殿)。历代的献殿都位于陵园内,没有位于陵园外的情况。

唐代帝陵陵园内主要建筑是献殿和下宫。献殿位于内城南门内,正对山陵。南汉康陵陵台的方形基座之上、封土台南壁正中设置一个祭奠用的神龛。方形基座南面有一个砖包土的长方形平台,东西长5.2米、南北宽3米、高0.4~0.6米,原有顶盖结构和石栏杆等。长方形平台与神龛一起构成陵前的祭奠活动空间,实际上已经起到代替献殿的作用。陵台南的神龛内,原来可能放置神主。因为祭祀场所转移到祭台上,祭台和神龛组合具有了献殿的功能,因此康陵陵园内就没有必要再设献殿了。

献殿和下宫的功能不同。献殿是举行上陵朝拜和祭祀仪式的地方,助祭者是政府官员。下宫具有家祭的性质,负责供奉陵主灵魂日常起居,守陵官员和日常侍奉人员也居住在下宫。从唐太宗昭陵之后,下宫就建在各陵内城外的西南方,一般距离内城5里左右。即使到了北宋,下宫还是位于陵墙外,只不过转移到了西北方向。由于康陵的祭台和神龛已经具有献殿的祭祀功能,那么陵门前这处建筑可能就是下宫。与陵门相对的四列磉墩间距较大,可能起到通行作用,两侧的磉墩间可能是守陵宫人居住的空间。与唐代下宫是一群建筑不同,南汉国康陵的下宫只是陵门前的一处廊式建筑,大概是因为康陵位于江心洲的丘陵上,地方促狭,因陋就简。

综上所述,南汉国康陵陵寝建筑基本继承唐制,而在具体建筑上有一些变化。由于其他二陵的地上建筑已毁,不知其详,从其玄宫的相似推测,陵寝建筑大致也应是这样安排的。南汉国偏处一隅,陵寝制度虽然总体上继承唐代,但也因地制宜有一定的变化,反映了五代十国时期陵寝制度地方性特征的发展。

2. 陵台形制

康陵陵台为砖包土的方座圆丘,中间夯筑圆形土台,周围垒砌包砖,逐渐内收。封土台下接砖包夯土方形基座,基座面用方形白石板铺砌(图1-24)。夯土台的形状,简报已经指出形如塔基状。张强禄先生又另外撰文阐述了康陵陵台与佛教建筑窣堵波的相似之处,提出刘䶮崇信佛事、有胡人血统等,或许是导致康陵陵园布局,尤其是陵台结构与众不同的原因②。

康陵陵台模仿佛塔的推测有一定的合理性,可作为旁证的是西夏陵台形制。西夏诸陵陵台均位于陵城北面偏西处,为砖木结构塔式建筑。建筑内为

---

① 杨宽:《中国古代陵寝制度史研究》,上海人民出版社,2003年,第44页。
② 张强禄:《南汉康陵的陵寝制度》,《四川文物》2009年第2期。

图 1-24　南汉康陵陵台

一实心夯土台，外呈八棱锥形，底部平面长径 16 米，短径 14 米，八边每边长 12 米。上部层层内收，有九级、七级、五级之分。通高 13～24 米不等。陵台周身残留的柱孔和台阶上的瓦砾堆积说明建筑原有出檐结构。建筑周围散落和出土的鸱吻、兽头、滴水、瓦当等遗物揭示出建筑的檐上原饰有滴水、瓦当、兽头等各种装饰材料[1]。这种建筑可能是内层夯土塔心和外层砖木结构塔衣相结合的形式，反映了佛教建筑对陵寝制度的影响，可以为研究南汉陵台形制提供参考。

　　康陵的建造者不明，但早于康陵的德陵的建造者却有记载。《宋史》卷四八一《南汉刘氏》记载，宦官龚澄枢曾任德陵使兼龙德宫使。现置于广州市光孝寺的西铁塔，铸于大宝六年（963），是龚澄枢与邓氏三十三娘联合铸造的。铁塔铭文显示，龚澄枢的头衔有"德陵使"一职。刻于大宝七年（964）的《大汉韶州之云门山大觉禅寺云匡弘明大师碑铭并序》，现藏于广东省韶关市乳源县云门寺内，铭文也提到龚澄枢和"德陵使"[2]。可见德陵的建造是由崇信佛教并热衷于建造佛塔的宦官主持的。德陵的墓上遗存已经毁坏，但康陵建造在德陵之后，两墓的地下部分形制基本相同，地上部分的形制也应该相似，

---

[1]　宁夏考古研究所等：《西夏陵》，东方出版社，1995 年，第 152 页。

[2]　转引自全洪：《南汉德陵考证》，《文物》2006 年第 9 期。光孝寺西铁塔的铭文："玉清宫使、德陵使、龙德宫使、开府仪同三司行内侍监、上柱国龚澄枢同女弟子邓氏三十三娘，以大宝六年岁次癸丑五月壬子朔十七日戊辰铸造。"《大汉韶州之云门山大觉禅寺云匡弘明大师碑铭并序》："维大宝七年，岁次甲子四月丁未朔，列圣宫使、甘泉宫使、秀华宫使、□华宫使、开府仪同三司行内侍监、上柱国臣李托玉清宫使、德陵使、龙德宫使、开府仪同三司行内侍监、上柱国武昌县开国男食邑三百户臣龚澄枢奉建。"

因此康陵的陵台形制可能是继承德陵而来。龚澄枢曾任玉清宫使、德陵使、龙德宫使，应该对宫殿、陵墓建筑了解颇多；而他又非常崇佛，曾铸造铁塔，为僧人立碑，应该对佛塔建筑也有所了解，他的信仰可能影响到了陵台形制的设计。

除了陵台砌筑方法可能模拟佛塔外，玄宫内设置哀册文碑的做法，也与佛塔地宫立石宫碑的做法相似。如法门寺物账碑，置于墓道第二道门（前室门）前，其形制就和康陵哀册文碑相似。山西临猗双塔寺北宋塔基地宫出石宫碑形制也与康陵哀册文碑相似[1]（图1-25）。南汉的陵墓制度深受佛教的影响，这和当时佛教影响逐渐深入人们日常生活的时代特征也是相符合的。

图1-25 南汉康陵哀册文碑（左）和山西临猗双塔寺北宋塔基石宫碑（右）

第四节 十国陵寝制度的渊源与互动

为了便于比较，先以表1-4列出各陵墓形制特征。

表1-4 南方帝王陵形制一览表

序号	陵名	陵墓形式	陵园布局	玄宫形制	代表性设施和器物
1	前蜀王建永陵	封土为陵，圆形封土下有九层条石基础	前有石人、石幢、石马，附寺院。与周皇后同茔异坟合葬	前中后三室，券顶，石室	中室石棺床，后室石真、玉册、宝盝

---

[1] 临猗县博物馆：《山西临猗双塔寺北宋塔基地宫清理简报》，《文物》1997年第3期。

续表

序号	陵名	陵墓形式	陵园布局	玄宫形制	代表性设施和器物
2	前蜀周皇后墓	封土为陵	与王建同茔异坟合葬,永陵西南数百米	两室,券拱砖室	后室石棺床,玉册,石真
3	后蜀孟知祥和陵	封土为陵,圆形封土	不详,墓在磨盘山南麓	斜坡阶梯墓道,石砌并列三室,穹隆顶	主室石棺床,玉册
4	南唐李昇钦陵(宋氏祔葬)	封土为陵,圆形封土	与李璟顺陵相邻,在祖堂山南麓	三主室十侧室,砖石砌,前中室穹隆顶,后室叠涩顶	后室石棺床,室顶天象图,地面凿江河,哀册,侧室砖台
5	南唐李璟顺陵	封土为陵,圆形封土	南面西面有土埂茔域,西北约50米为钦陵,中隔以沟	三主室八侧室,砖砌	后室石棺床,天象图,哀册,侧室有砖台
6	吴越国钱元瓘墓	封土不明	不详。墓在玉皇山麓	土坑石椁,椁外砌砖室。三主室两侧室	四神十二生肖浮雕,石刻天象图
7	钱元瓘妃马氏康陵	封土不明	不详。陵在松树山东北坡	与钱元瓘墓同	四神十二生肖浮雕,石刻天象图,墓志,石棺床,供桌,秘色瓷
8	闽国王审知墓	覆斗形封土,下垫条石,环砌青砖,两冢并列	在莲花峰南麓,五级台地之上,与其妻墓异穴合葬。神道两侧有石虎石羊石狮石人	石砌单室,券顶	墓志
9	闽国刘华(与王延钧合葬)墓	与王审知墓封土相同	地上部分为五个阶梯平台,与王审知墓地相同	石砌前后双室,券顶	腰坑,墓志
10	南汉刘隐德陵	封土不详	在青岗北坡,坐南朝北,陵园不详	砖砌双室,券顶	墓道设器物箱
11	南汉刘䶮康陵	封土为陵,砖包土方座圆丘陵台	长方形陵园,陵墙四角子母阙,南墙开门,门前有廊式建筑,陵台前设祭台	斜坡墓道,砖砌三室,券顶,中室、后室有14个小龛	哀册文碑
12	南汉刘晟昭陵	封土不详	不详,在石牛山麓。陵前原有石马、石像	斜坡墓道,砖砌双(或三)室,券顶	前室设器物箱

一、南方各国陵墓对唐制的继承

(一)"因山为陵"和玄宫制度

南方帝陵多修建在山麓,论者往往认为这是继承了唐代"因山为陵"的制度,其实这是对唐代"因山为陵"的误解。所谓"因山为陵"就是选择一个自然山峰,从旁边凿石洞为埏道,在山峰的内部修造地下玄宫[①]。唐太宗为自己的陵墓选址时候也说"因而傍凿",因此昭陵玄宫应该是如西汉诸侯王陵那样的崖洞墓[②]。唐太宗"因山为陵"旨在"不烦费人工","务从俭约"。葬文德皇后时,"凿石之工才百余人,数十日而毕"。如果是从上面凿墓圹,在圹内砌筑玄宫后再回填,工程量非常大,结果会比平地挖土圹更费人工,达不到"不烦费人工"的初衷。

五代十国时期南方帝陵选址在山麓,但并非在山体凿洞室,而是开挖墓圹,在圹内砌筑墓室,然后覆盖封土,实际上是封土为陵。这种做法可能会受到唐代"因山为陵"的影响,但并非直接继承了"因山为陵"制度,而是来自于东晋南朝的传统。东晋帝陵,多在山的南麓挖墓圹筑砖室墓,地表不起封土。南朝帝陵大体沿袭东晋制度,起坟较东晋普遍,陵墓方向随山川形势而定。东晋南朝的世家大族墓葬也是如此。南方诸国陵墓应当是结合了这种南朝传统和唐代制度而形成的一种新的构筑方式。

唐代帝陵有"因山为陵"和"封土为陵"两种形式。唐代前期只有高祖献陵继承北朝传统,使用了"封土为陵"的陵墓;自太宗昭陵开始,直至唐晚期的穆宗光陵(穆宗葬于长庆四年,824),都是"因山为陵";此后的六座帝陵中出现了敬宗庄陵、武宗端陵和僖宗靖陵三座"封土为陵"的帝陵。这一变化,说明晚唐时期帝陵从"因山为陵"又开始回归到"封土为陵"的形式。五代和北宋的帝陵继承唐代晚期的制度,也是"封土为陵",夯筑覆斗形陵台,陵台下可能是单室石室玄宫。

与五代中原王朝沿用晚唐陵寝制度不同,南方割据政权的帝陵倾向于追溯盛唐制度,且多使用三室的玄宫。使用三室玄宫的南方陵墓有前蜀王建永陵、南唐李昪钦陵、李璟顺陵、吴越国王钱元瓘墓、钱元瓘妻马氏康陵、南汉刘䶮康陵七座。南汉刘晟昭陵玄宫虽然是双室,但后室墓底铺砖大小不一,承柱以前及之间铺边长40厘米的方砖,承柱以后铺长方形小砖,以承

[①] 刘向阳:《唐代帝王陵墓》,三秦出版社,2006年,第18页。
[②] 如徐州北洞山楚王墓的主体墓室以"凿山为藏"的方法构筑,参徐州博物馆、南京大学历史学系考古专业:《徐州北洞山西汉楚王墓》,文物出版社,2003年。

柱为界把主室分为两部分,也可视为前中后三室。

后蜀孟知祥和陵的玄宫形制完全是模仿河北地区形制的墓葬,朝阳地区唐代韩贞墓也是圆形后室两侧附两个耳室,和孟知祥和陵几乎完全相同。这种墓室形制一般应视为一个主室附两个耳室,而非中轴线上的三个主室。除了后蜀,至少还有前蜀、南唐、吴越、南汉四国陵墓采用了三室玄宫。

五代时期南方诸国国力强大者与中原王朝对立,以继承唐代为号召,不承认中原王朝的正统地位;国力弱小者奉中原王朝正朔,遣使朝贡。各国都任用了一批晚唐士人,这些士人虽然沦为小国臣民,但内心里多怀念唐朝,向往唐代制度,对各国制度的制定发挥了很大的作用,也使唐代制度在南方各国得到延续。如王建建立的前蜀,"蜀恃险而富,当唐之末,士人多欲依建以避乱。建虽起盗贼,而为人多智诈,善待士,故其僭号,所用皆唐名臣世族"①。所用士人均来自北方,礼仪制度的制定自然带有浓厚的唐代色彩。又如南唐李昪执政后,大量北方士人来投,其中不乏欲借助南唐力量,效祖逖、桓温之举出兵统一中原者②。李昪也号称唐代皇室后裔,以继承唐代正统为号召③。南唐二陵三室玄宫的设计,应该就是南唐继承唐代制度在陵墓上的表现。因此,南方帝陵玄宫与继承了晚唐制度的中原王朝走上了不同的道路。唐代陵寝制度在中原地区已经发生了变化,在南方地区反而得到继承,这大概就是"礼失而求诸野"吧。

吴越国王陵具有更多的地方特色,应与其他吴越国墓葬放在一起进行研究。但其三室形制与南唐二陵相同,是模仿唐代陵寝制度。墓葬使用石椁,和南唐钦陵用石砌筑中后室一样,是帝陵规格,反映了中原制度的影响。

值得注意的是,五代时期等级制度已经松弛,王族、重臣墓葬也往往使用三室的形制,不能说三室就一定是帝陵级别。那种严格以墓葬形制和墓主身份等级对应的研究方法在五代十国墓葬中是不适用的。

(二) 附属寺院

陵旁设佛寺之举,五代以前就出现了。杨宽先生谈到宋陵建寺院时说:"陵园旁边设置寺院,是从东汉开始的。《洛阳伽蓝记》说:'明帝崩,起祇洹

---

① (宋)欧阳修:《新五代史》卷六三《前蜀世家》,中华书局点校本,1974年。
② 邹劲风:《南唐国史》,南京大学出版社,2000年,第75页。
③ (宋)欧阳修:《新五代史》卷六二《南唐世家》:"(李昪)自言唐宪宗子建王恪生超,超生志,为徐州判司;志生荣。乃自以为建王四世孙,改国号曰唐。立唐高祖、太宗庙追尊四代祖恪为孝静皇帝,庙号定宗;曾祖超为孝平皇帝,庙号成宗;祖志孝安皇帝,庙号惠宗;考荣孝德皇帝,庙号庆宗。"

（禅院）于陵上。自此以后，百姓冢上或作浮图焉。'宋代继承了这个风气而又有扩展。①"而冉万里指出，东汉时期佛教传播的隐蔽性，"决定了在汉明帝的显节陵修建寺院的可能性比较小，但刻画与佛教相关的画像则是可能的"②。虽然东汉明帝陵建浮屠之说不可信，但东晋时帝陵可能已经附有寺院，如东晋恭帝褚皇后在东晋钟山陵区附近建的青园寺，蒋赞初先生就认为与陵区有关③。《高僧传》卷四记东晋太元五年（380）高僧竺法义圆寂，孝武帝"以钱十万，买新亭岗为墓，起塔三级，义弟子昙爽于墓所立寺，因名新亭精舍"④。《高僧传》的作者慧皎为南朝梁人，去东晋未远，其说当可信。东晋陵墓附设佛寺，可能是受到了僧人墓所立寺的影响。

位于大同方山的北魏冯太后永固陵设思远浮屠（即佛寺），已经为考古发掘证实，该浮屠是永固陵的附属建筑。唐代帝陵也有附设佛寺的，如昭陵南边有瑶台寺⑤。据冉万里考证，唐代在陵域内建寺院比较普遍，不同的帝陵还有使用重名寺院的现象，帝陵建寺可能已经形成了一定的制度⑥。五代时期帝陵仍然附设寺院。后唐李存勖灭梁称帝后，在李克用建极陵旁建柏林寺，供养僧众护陵。后晋石敬瑭显陵封土东不远处有"邱灵寺"，传为石敬瑭灵輀停放处，后为护陵人住所。

五代南方各国多有在陵旁建立寺院的习惯。福州北郊莲花峰是五代闽国王族葬地之一，闽王王审知墓、王延钧、王继鹏等相继葬于此，五代时期特在山南麓建莲花和永兴两寺，立八僧人守冢⑦。南唐二陵所在的牛首山，梁天监间，司空徐度就建佛窟寺于山中；唐贞观时法融禅师曾说法于此山，牛头宗因此得名。南唐时烈祖李昪因寺荒废，曾加以兴修；后主李煜又在此山造寺千余间。李煜在南唐二陵附近新建的寺院未必是为了守冢而设，但也许与为二帝祈福有关。

前蜀王建永陵前的"永宁佛宫"，是附属于永陵的佛寺。樊一先生曾著文考证其在两宋时期的沿革兴废，以为"永宁佛宫"是"永陵佛宫"之谐音，因入宋避讳，不称其为陵而改名。徽宗崇宁二年，又改名为永庆院。前蜀永

---

① 杨宽：《中国古代陵寝制度史研究》，上海人民出版社，2003年，第164页。
② 冉万里：《帝陵建寺之制考略》，《西部考古》第1辑（纪念西北大学考古学专业成立五十周年专刊），三秦出版社，2006年。
③ 蒋赞初：《南京史话》，江苏人民出版社，1980年，第76页。
④ （梁）释慧皎撰、汤用彤校注：《高僧传》，中华书局，1992年，第172页。
⑤ 《唐会要》卷二一"陵议"条载贞元十四年诏："昭陵旧寝宫在山上，置未多年，曾经野火烧爇，摧毁略尽。其宫寻移在瑶台寺侧。"
⑥ 冉万里：《帝陵建寺之制考略》，《西部考古》第1辑（纪念西北大学考古学专业成立五十周年专刊），三秦出版社，2006年。
⑦ （宋）王继先：《复闽祀祖记》（《开闽忠懿王族谱》，福州市文管会藏），转引自《简报》。

陵之"佛宫",与北宋诸陵之"禅院"相类,是为陵寝建筑之一部分,为僧侣所居住,与朝廷派遣之守陵官吏、寝宫人员一起,常年驻守陵园,除接待皇帝"祭陵"外,负责日常供奉、祭祀。此类随陵而建之佛寺,似本无定称,依陵而名。不称佛寺而称佛宫,正缘其始本陵庙。至崇宁二年徽宗赐名为永庆院,遂成独立佛寺[①]。宋代在帝陵旁建立佛寺已经成为定制,北宋皇陵专门设有几座禅院用以祈福。

(三) 随葬哀册制度

哀册是埋于陵墓之中的刻有哀悼祭文的简册,其作用相当于墓志。哀册的适用范围仅限于皇帝、皇后、太子等具有政治地位的皇室贵族,体现了严格的等级观念。考古发现的使用哀册的唐墓主要有:懿德太子李重润墓、惠昭太子李宁墓、节愍太子李重俊墓、惠庄太子李撝墓、唐僖宗靖陵、史思明墓、唐哀帝李柷墓以及李宪墓等,这些墓葬出土的哀册具有十分重要的史料价值。王育龙、程蕊萍《唐代哀册发现述要》对唐代哀册作了综述研究[②]。谥册是将追赠死者谥号的文书刻于简册上,随葬于陵墓中。哀册往往与谥册伴出,但有的陵墓仅有哀册,没有谥册。哀册和谥册一般用玉石质料制作,称玉册,五代时出现了碑志形状的哀册文碑(图1-26,左)。

唐代哀册除节愍太子李重俊墓中所出的哀册字口填绿色外,一般字口多有描金,所使用的材质均为汉白玉,形状均为长条形,长度不超过30厘米,宽度约3厘米左右,厚度除史思明墓和僖宗靖陵中者较厚之外,一般在1厘米左右。《前蜀王建墓发掘报告》依出土玉册并参照宋代文献,将唐代哀册的长宽之比推定为10:1,基本上反映了这一时期哀册的大致规格。北宋元德李太后陵中出土了玉哀册和玉谥册,玉哀册发现41片简片,其中两简完整,长30.8厘米、宽3.3厘米、厚1.4厘米,单行14字。

五代时期陵墓继承了唐代使用哀册、谥册的制度,北方的后周世宗刘后惠陵附近采集到字口有填金痕迹的玉石哀册,呈长条形,长29.4、宽2.5、厚1.8厘米。南方诸陵墓发现玉册的有前蜀王建永陵、王建周皇后墓,后蜀孟知祥和陵、南唐李昪钦陵、李璟顺陵,而南汉康陵则使用了独特的哀册文碑,可以看作哀册和墓志结合的一种形式。辽代第六代皇帝圣宗耶律隆绪(982~1030)葬庆陵(在今内蒙古赤峰市巴林右旗白塔子乡北面的大兴安岭中),以后的兴宗帝后葬永兴陵、道宗帝后葬永福陵,三陵各相距1里,又统称庆陵。辽宁省博物馆现存庆陵哀册,计有圣宗、仁德皇后(圣宗之后)、

---

① 樊一:《永庆院考》,《四川大学学报》(哲社版)1991年第2期。
② 王育龙、程蕊萍:《唐代哀册发现述要》,《文博》1996年第6期。

钦爱皇后(圣宗之后)汉文哀册三合六石;仁懿皇后(兴宗之后)汉文册盖一石;道宗、宣懿皇后(道宗之后)汉文、契丹文哀册四合八石。哀册为汉白玉质,方形墓志形式,册、盖边长约130厘米,厚各约30厘米①。最南方的南汉国和最北方的辽国陵墓都使用了碑志形式的哀册,是一种很有意思的现象,其背后的原因值得思考(图1-26,右)。

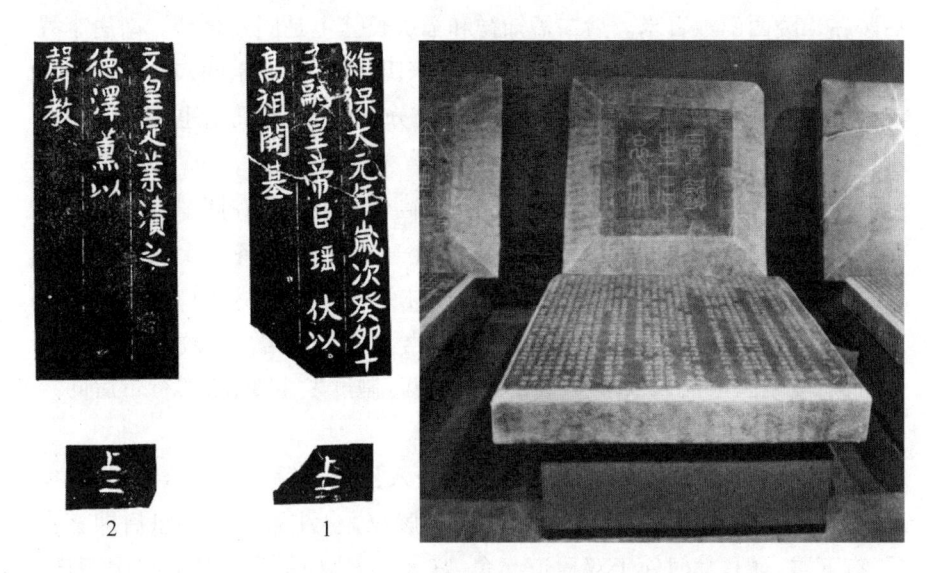

图1-26 李昪钦陵哀册拓片(左)和辽庆陵宣懿皇后哀册(右)

哀册是皇帝凶礼中不可缺少的一部分,哀册形制的变化也意味着礼仪的调整。《大唐元陵仪注》记载了唐代帝陵使用哀册的礼仪。"龙輴既出,礼仪官分赞太尉、礼仪使,奉宝册玉币,并降自羡道。至玄宫,太尉奉宝绶入,跪奠于宝帐内神座之西,俯伏,兴,退。礼仪使以谥册跪奠于宝绶之西,又以哀册跪奠于谥册之西,又奉玉币跪奠于神座之东,并退出复位。"②礼仪使需要在丧礼中读哀册文,并将哀册放置在玄宫中的神座之西。南汉以哀册文碑代替哀册,自然不可能再由礼仪使捧读和跪奠,只能在丧礼的最后由执事者放置于玄宫门口。

五代十国简状哀册大体都继承了唐代的制度,也有一些变化。如李昪哀册的形制,实际上是三片简册合为一片,上刻三行文字。这种刻多行文字的长方形宽简玉册,与唐宋的玉册形制不同。但故宫藏明代皇帝谥册使用

---

① 阎万章:《契丹文辽道宗皇帝、皇后哀册和〈故耶律氏铭石〉的撰写人初探》,《辽宁大学学报》1982年第4期。原石现藏辽宁省博物馆。参赵晓华:《辽庆陵哀册》,《文物天地》1988年第2期。
② (唐)杜佑《通典》卷八六《礼四十六》。

的也是一简刻五至六行文字的宽简①,似乎是南唐玉册制度的传统。

二、南方陵墓的地方特征及其影响

(一) 合葬方式

南方诸陵,帝后合葬方式并不相同。前蜀王建和周皇后同茔异坟合葬,后陵在永陵西南数百米。后蜀孟知祥和福庆长公主是同穴合葬。南唐李昪钦陵内出土了两套哀册,分别属于李昪和宋氏,证明他们是同穴合葬。李璟与钟氏合葬于顺陵。吴越国钱元瓘和马氏分别埋葬,马氏墓也称陵。闽国王审知夫妇墓是同茔并列双室。

西汉一代,帝后合葬,但同茔不同穴。高帝和吕后陵在同一陵园围墙的茔域之内;自文帝霸陵后,帝后不再共用同一陵园,而是各自于其陵墓周围筑陵园。一般帝陵居西,后陵居东。刘庆柱先生认为这犹如长安城中未央宫与长乐宫的关系。未央宫是皇宫,长乐宫为太后之宫。帝陵陵园象征未央宫,后陵陵园象征长乐宫②。东汉时期陵寝制度发生变化,实行帝后同穴合葬。

唐代仍然是帝后同穴合葬。昭陵先葬入长孙皇后,待太宗合葬后才撤除了通向玄宫的栈道。《唐会要》卷二〇《陵议》自注载:"文德皇后即玄宫后,有五重石门,其门外于双栈道起舍,宫人供养,如平常。及太宗山陵毕,宫人欲依故事留栈道,唯旧山陵使阎立德奏曰:'玄宫栈道,本留拟有今日,今既始终永毕,与前事不同。……望除栈道,固同山岳。'……乃依奏。"③武则天虽然称帝,最终还是与高宗合葬于乾陵。高宗弘道元年(683)逝,"葬乾陵"。武则天于神龙元年(705)逝,史称"葬乾陵"。《旧唐书》卷一九一《严善思传》载:"则天崩,将合葬乾陵。善思奏议曰:'尊者先葬,卑者不合于后开入。则天太后卑于天皇大帝,今欲开乾陵合葬,即是以卑动尊。……今若开陵,必须镌凿。……又若别开门道,以入玄宫,即往者葬时,神位先定,今更改作,为害益深。……但合葬非古,著在《礼经》,缘情为用,无足依准,况今事有不安,岂可复循斯制。伏见汉时诸陵,皇后多不合葬,魏、晋已降,始有合者。……伏望依汉朝之故事,改魏晋之颓纲,于乾陵之傍,更择吉地,取生墓之法,别起一陵。'……疏奏不纳"。④ 据20世纪50年代初考古

---

① 恽丽梅:《明代皇帝谥册》,《明清论丛》(第十六辑),故宫出版社,2016年。
② 刘庆柱:《关于西汉帝陵形制诸问题探讨》,《考古与文物》1985年第5期,收入其《古代都城与帝陵考古学研究》,科学出版社,2000年。
③ (宋)王溥撰:《唐会要》,上海古籍出版社,2006年,第458页。
④ (后晋)刘昫:《旧唐书》,中华书局,1975年,第5102—5103页。

人员对乾陵的勘查："当时隧道的夯土和石条一定经过很大移动。现在夯土中夹杂着石灰块、木炭灰、小砖块、碎瓦片、壁画残块,可能是合葬时的遗留。"

五代时战乱频繁、政局动荡,除了唐明宗李亶、晋高祖石敬瑭、汉高祖刘知远、周太祖郭威和周世宗柴荣等是按照皇帝规格埋葬外,其余皇帝多非正常死亡,草草埋葬,帝后合葬方式也不甚明了。据《新五代史》卷一九《周太祖家人传》记载,淑妃杨氏先卒,葬于太原近郊。"太祖崩,葬嵩陵,一后三妃皆当陪葬,而太原未克,世宗诏有司营嵩陵之侧为虚墓以俟"。似乎如果不是淑妃先葬于太原而不能及时归葬,应该是与周太祖异穴合葬。周世宗刘皇后惠陵与庆陵相距 150 米,算是在庆陵之侧。文献称刘后祔葬于庆陵,各有陵名。北宋初,迁葬追尊为宣祖的赵弘殷与杜太后,仍是合葬于永安陵。但此后北宋帝后却转而使用帝后各自起陵园,皇后单独起陵于帝陵西北隅的制度,显得有点突兀。这种合葬方式,与西汉帝后各有陵园的方式相似。

南方帝陵中,后蜀孟知祥和陵是按照河北规制砌筑的,其夫妇同穴合葬,也是唐五代的传统。南唐二陵,帝后合葬于同一陵中,应该是继承了唐代的制度。

前蜀王建永陵,是一座预先修筑的寿陵。周皇后墓在永陵西南,地宫形制规模略小,但与永陵相似,并且也出土了代人石真,说明也是预先修造的寿陵。各种迹象表面,周皇后墓和永陵是同时修建的,而且可能使用了同一群工匠。这说明,周皇后葬于永陵西南,是预先设计好的。换句话说,前蜀明确地使用了类似于西汉的帝后同茔异坟的制度。

王审知夫妇合葬墓,双室并列,是南方至迟自东汉开始出现,在唐代流行的夫妇合葬方式。浙江地区东汉就出现了并穴合葬的葬俗。广东地区发掘了一批六朝至唐代的这一类夫妻合葬墓,很多砖室墓是并列两室或者三室。这种葬俗在四川地区也存在,五代前后蜀就有夫妇并穴,各有墓道,共用一封土的合葬墓。王审知夫妇墓应该是沿用了这一葬俗。

总之,从唐至宋,帝后合葬逐渐从同穴合葬向异穴合葬和异坟合葬发展,而五代十国时期,南方地区帝王陵由于受民间夫妻并穴合葬葬俗的影响,走在了北方的前面。

(二) 陵台形制

西汉以方为贵,帝陵封土或曰陵台呈覆斗形。东汉和北朝帝陵陵台均为圆形,隋唐时期帝陵又使用覆斗形陵台。五代时期,中原王朝各帝陵均沿用唐制,使用覆斗形封土陵台;而南方各国陵墓与此不同,不但多使用圆形封土,有的还在封土外包砖包石。王建永陵使用圆形封土,封土下有九层石条作基础。孟知祥和陵及南唐二陵陵台封土都是圆形。闽国王审知墓封土虽然简报描述为"覆斗状",但其形制与中原传统的覆斗形不同。中原地区覆斗形陵台,一般平面作正方形,或者略呈东西长于南北的横长方形。王审知陵台的平面为南北方向的纵长方形,尾部呈圆弧形,与中原地区的覆斗形封土有明显的区别。南汉国康陵陵台更是前所未见的砖包土方座圆丘形状,陵台南面还开"神龛",前设"祭台"。可见,南方各国陵墓的陵台不但与传统的方形覆斗形陵台不同,各国之间也互不相同,具有鲜明的地方色彩。陵台的形制上的差异,显示了唐帝国分裂后,五代十国缺乏统一的权威和礼制的状况。

　　南方各陵使用圆形陵台的原因,可能与南方多雨有关。圆形比方形更能抵抗雨水的冲刷和侵蚀,在陵台下砌砖石基础,在陵台外表包砖,也能加强这一功能。气候应该不是决定陵台形制的唯一原因,因为东汉和北魏的皇陵也都使用了圆形封土,而这些皇陵都位于少雨的北方。陵台形制也许与地区传统或陵墓主人的信仰等因素也有关。

　　五代十国时期,出现了一些在墓葬封土外施加防护设施的做法。北方地区目前尚未见封土包砖、石的唐代墓葬;五代墓葬封土包砖石者目前所知的仅有河北曲阳王处直墓,据发掘报告称,该墓封土原有石条包砌。封土包砖的做法,南方陵墓比北方出现得早。王建永陵和孟知祥和陵下层都界以石条[1],南汉康陵陵台也是夯土外包砖。后蜀孙汉韶墓封土边缘有砖砌的加固墙,尚残存东北部一段,长约5米、高0.6米、厚0.4米。这些南方陵墓封土砌石包砖的做法可能影响了北宋皇陵。据文献记载,北宋帝陵陵台分三层,整体上呈方形覆斗状。通过对宋真宗永定陵陵台的调查发掘,可知陵台顶部边长18～19米,底部边长52～53米,高15.3米,陵台整体作三层台阶状,下部两层在夯土表面包砖,砖外粉饰红灰,顶部夯土呈覆斗状,直接在夯土表面粉以红土。

　　西夏陵的夯土建筑也使用了一定的防护措施。一是在夯土外层包砌条砖,例如3号陵、5号陵6号陵的碑亭台基,5号陵的献殿台基和一些高台建筑的基座等。二是涂敷技术,即在夯土的外表涂敷一至二层保护层,如赭红泥皮、白灰等。一般是帝陵使用赭红泥皮,陪葬墓使用白灰[2]。这种做法可能受到了北宋帝陵的影响。西夏陵的"陵台"是砖木结构的塔式建筑,内为一实心夯土台,外呈八棱锥形,陵台周身残留的柱孔和周围的瓦砾堆积说明建筑原有出檐结构,这无疑也是五代十国以来重视保护封土做法的延续。

---

[1]　张肖马:《前后蜀墓葬制度浅论》,《成都文物》1990年第2期。
[2]　宁夏考古研究所等:《西夏陵》,东方出版社,1995年,第85页。

（三）水银殓葬习俗

水银有毒性，有一定的防腐作用，可以防止或减缓尸体腐败。在墓中使用水银的做法由来已久，《史记·秦始皇本纪》载，始皇陵中，"以水银为百川江河大海，机相灌输，上具天文，下具地理"①。欧阳询《艺文类聚》卷八《山部下》引《吴越春秋》载：吴王阖闾死后，葬于国西北，名虎丘，"冢池四周，水深丈余，椁三重，倾水银为池，池广六十步"②。这都是利用水银不易被土吸收的特性，用水银模拟江河或者池水景观，并非用水银殓葬。

五代时期的一些高等级墓葬中使用水银殓葬。如王建永陵玄宫中室内中央偏北砌有石棺床，棺床上棺椁已朽尽，棺底淤土中含有大量的水银。成都市东郊龙泉驿区十陵镇发现的前蜀魏王王宗侃及明德夫人张氏合葬墓，在被盗扰过的填土中散布着很多小团的水银，这些水银应是从棺椁中流出来的。成都北郊高晖夫妇墓石椁内的淤泥中有少许水银痕迹。高晖是河东晋州人，出身行伍，被孟知祥任为西川节度押衙等职，后唐长兴三年死于成都府华阳县③。高晖只是中级官员，说明前后蜀时期水银殓葬的使用范围较广。

长江下游发现的用水银殓葬的墓葬主要在南京地区，水银多发现在棺床上的金井中。南京市尧化门五代墓后室中央的砖棺床中部有一方形"金井"，长 0.5 米、宽 0.4 米，其中发现一些水银。南京市雨花台区铁心桥尹西村杨吴宣懿皇后墓室内第 15 排至 17 排铺地砖间用砖砌出一个长方形匣状腰坑，长 30 厘米、宽 14 厘米、高 8 厘米，以砖封盖，坑内满贮水银，水银上浮有一具木俑。在腰坑中灌注水银的原因不得而知，也可能腰坑中的水银是棺内的水银流入的。

宋代皇室曾将水银用于尸体防腐。《宋史》卷二四二《李宸妃传》载：

> 明道元年，疾革，进位宸妃，薨，年四十六。
>
> 初，章献太后欲以宫人礼治丧于外，丞相吕夷简奏礼宜从厚。太后遽引帝起，有顷，独坐帘下，召夷简问曰："一宫人死，相公云云，何欤？"夷简曰："臣待罪宰相，事无内外，无不当预。"太后怒曰："相公欲离间吾母子耶！"夷简从容对曰："陛下不以刘氏为念，臣不敢言；尚念刘氏，则丧礼宜从厚。"太后悟，遽曰："宫人，李宸妃也，且奈何？"夷简乃请治

---

① （汉）司马迁：《史记》卷六《秦始皇本纪》，中华书局点校本，1959 年，第 265 页。
② （唐）欧阳询：《艺文类聚》，上海古籍出版社，1999 年，第 141 页。
③ 徐鹏章、陈久恒、何德滋：《成都北郊站东乡高晖墓清理简报》，《考古通讯》1955 年第 6 期。

用一品礼,殡洪福院。夷简又谓入内都知罗崇勋曰:"宸妃当以后服殓,用水银实棺,异时勿谓夷简未尝道及。"崇勋如其言。

后章献太后崩,燕王为仁宗言:"陛下乃李宸妃所生,妃死以非命。"仁宗号恸顿毁,不视朝累日,下哀痛之诏自责。尊宸妃为皇太后,谥庄懿。幸洪福寺祭告。易梓宫,亲哭视之,妃玉色如生,冠服如皇太后,以水银养之,故不坏。仁宗叹曰:"人言其可信哉!"遇刘氏加厚。陪葬永定陵,庙曰奉慈①。

吕夷简要求用一品礼葬仁宗生母李宸妃,后又特别嘱咐掌事者以后服殓葬,用水银实棺,可见水银实棺和以后服殓葬是相同级别的待遇,均高于一品礼,可能在宋代以水银殓葬已经形成一套制度。而由于水银的养护,李宸妃仪容保存完好,玉色如生,证明水银殓葬确实能起到一定的防腐效果。唐五代北方墓葬中,尚未发现使用水银的遗迹,很可能北宋皇室的水银殓葬的习俗是从南方传来的。

通过对五代十国时期南方诸国帝王陵寝的考察,可以看出,南方帝王陵寝在陵园布局、封土和玄宫形制、合葬方式等方面同中原地区帝陵既有某些相似之处,又有很多不同之处。南方诸国陵寝之间,也各有地方特色,一些十国陵寝制度还对后世的陵寝制度的产生影响。对于五代十国陵寝制度的研究,既要将其纳入古代陵寝制度发展史的背景中去,观察其制度上的承袭演变,又要考虑到各地陵寝自身的个性。我们常常强调唐、五代、宋制度的前后相承,忽略了宋代对十国制度的吸收,但从陵寝制度的发展演变看来,十国陵寝制度的一些因素已经汇入宋代以后的陵寝制度中了。

---

① (元)脱脱等:《宋史》,中华书局,1977年,第8616—8617页。

第二章 北方地区五代墓葬

河北地区、河东地区、关中地区及河南地区等五代中原王朝统治的区域统称为北方地区。北方地区的五代墓仍然延续了本地区唐代的墓葬形制,每个区域的墓葬,在继承了本区域的传统墓葬因素的同时,还受到相邻地区墓葬因素的影响。本章分两节内容,第一节对墓葬形制进行类型学的研究,第二节对典型墓葬的文化因素进行比较分析,从而形成我们对北方地区墓葬文化的总体认识。

第一节 墓葬形制的类型学分析

整个北方地区的五代墓葬数量不多,尚无法进行系统的类型学研究,这里仅暂分为石室墓、砖室墓、土洞墓和土坑墓四类。土坑墓都遭破坏,如山西省榆社县发现的王建立石棺,出自一小型土坑竖穴墓内,墓葬就已经破坏。因此本节对土坑墓暂不讨论。现将各种墓葬类型列表,见表2-1:

表2-1 北方地区五代墓葬形制表

类别	类型	墓 例
石室墓	A型	
	B型	

续　表

类别	类型	墓　　例
石室墓	C 型	3
砖室墓	A 型	4
砖室墓	B 型	5
砖室墓	C 型	6
土洞墓	A 型	7
土洞墓	B 型	8

墓例说明：1. 宝鸡李茂贞墓；2. 河北曲阳王处直墓；3. 太原北汉太惠妃王氏墓；4. 彬县冯晖墓；5. 河南洛阳伊川后晋孙璠墓；6. 李茂贞夫人墓；7. 洛阳后梁高继蟾；8. 巩义市北窑湾五代墓 M26。

一、石室墓

石室墓是主要用石质材料砌筑墓室的墓葬,可分为长方形石室墓(A型)、方形石室墓(B型)和圆形石室墓(C型)。目前所知的五代石室墓有陕西宝鸡秦王李茂贞墓、山西太原北汉太惠妃墓、河北曲阳王处直墓和河北曲阳涧磁村五代墓 M5。

A型,长方形石室墓,仅发现陕西宝鸡李茂贞墓一座①。

李茂贞是河北博野人,积军功至凤翔节度使,先后被唐昭宗李晔和后唐庄宗李存勖封为岐王、秦王。李茂贞夫妇墓葬位于陕西省宝鸡市陈仓区(原宝鸡县)陵塬村东,李茂贞墓(M2)在东,其妻秦国夫人刘氏墓(M1)在西,两墓并列,同茔异穴,共用一条神道。根据墓志记载,李茂贞于后唐同光二年(924)四月十一日薨于凤翔府私第,三年(925)十二月二十五日迁葬宝鸡县陈仓里先考大茔,即今墓葬所在地。秦国夫人刘氏卒于后晋天福八年(943),于开运二年(945)十一月二十七日祔葬于李茂贞兆域。

李茂贞墓坐北朝南,残存部分封土,东西长 18 米,南北宽 13.85 米,高 2.1 米,呈覆斗形。地下部分为一座长斜坡墓道石砌单室墓,由墓道、封门、甬道、墓室组成。封门位于墓道北端底部,外侧用石条砌成的封门墙封堵,封门墙内有一道石门。石门后为石砌拱顶甬道,进深 5.4 米、宽 2.8 米、高 3.1 米。甬道内置一合墓志。甬道北端原有一道木门。墓室在甬道北,平面长方形,拱顶石室,进深 9.2 米、宽 3.2 米、高 4.1 米。甬道和墓室内原有壁画,已脱落(表 2-1,墓例 1)。

B型,方形石室墓,仅发现河北曲阳王处直墓一座②。

王处直墓由斜坡墓道、墓门、甬道、前室、东西耳室和后室组成,墓门至后室全长 12.5 米。前室方形,边长 4.8 米,拱顶,高 4.25 米,地面从南往北稍向下倾斜,用方形石错缝平铺。东壁下方中间偏北和西壁下方南部有随葬木箱遗痕。拱顶中央留有一个方孔,直径 0.25 米,上部横置一根铁条,连一铁钩,下勾三根铁条,吊一面铜镜,已残破。前室四壁分布壁龛 14 个,其中南壁墓门两侧下部各一个,龛内浮雕被盗③。四壁上部 12 个,每壁 3 个,龛

---

① 宝鸡市考古研究所:《五代李茂贞夫妇墓》,科学出版社,2008 年。
② 河北省文物研究所、保定市文物管理处:《五代王处直墓》,文物出版社,1998 年。
③ 南壁下部的两个壁龛和甬道两壁的两个壁龛内镶嵌的浮雕被盗,简报推测应是门神武士之类。其中的一件汉白玉武士浮雕曾被英国佳士得拍卖行在纽约拍卖,中国政府在出具充足证据证明其是被盗文物后,依据国际公约,成功将文物索回。消息见《凤凰周刊》2007 年第 17 期,第 30 页。

内镶嵌汉白玉生肖人像,被盗 6 个。前室四壁及顶部绘满壁画:顶绘天象图,南北壁上部绘部分星象,南壁墓门两侧绘男侍和云鹤,东西壁绘云鹤及花鸟,北壁绘山水花卉。东耳室南北长 2 米、东西宽 1.05～1.15 米,叠涩顶高 2.3 米,方砖铺地,东、南、北三壁下部有木箱痕迹,壁上绘侍女、山水、器具等。西耳室与东耳室布局类似。后室门道用长方形石封堵,从门道进入后室有两层砖砌台阶。后室长方形,拱形顶,南北长 4.5 米、东西宽 3.8 米、顶高 3.4 米、壁高 2.2 米。在东、西、北三壁的壁顶交接处插入 8 个挂幔帐用的铁钉环。东、西壁南部下方各分布一个长方形壁龛,龛内镶嵌汉白玉人物浮雕,东壁龛浮雕已被盗。后室有凹字形棺床,高 0.3 米,中填夯土,床面用砖石平铺,中央有一近方形腰坑,边长 1～1.1 米,深 0.3 米。后室顶部在白灰面上涂土红色颜料,四壁绘牡丹、花鸟、湖石树木等壁画(见表 2-1,墓例 2)。

  C 型,圆形石室墓,发现两座,分别为山西太原北汉太惠妃墓[①]和河北曲阳涧磁村五代 M5[②]。

  北汉太惠妃王氏墓,位于太原市晋源区晋祠镇青阳河村村北悬瓮山前缓坡地带,方向 180 度,由墓道、甬道、前室、过道、后室组成。墓道破坏,形制不明。甬道石砌,东西 1.16 米、南北 1.7 米,直壁在 1.66 米处起券,券高 0.34 米。前室石砌,平面呈圆形,直径 4.16 米、通高 4.02 米,北侧有石砌棺床。棺床中部有腰坑,棺床束腰处雕刻壶门。前室穹窿顶正中封口部置一圆形榫口状大石,向下一面雕刻莲花,中间雕"银锭形"纽,纽有穿。穹窿顶上部绘天象图,下部绘四神图,四神图下近直壁处有 32 组对鸟图。前室墓底距地表约 11 米,出土墓志、塔式罐等遗物。前室北壁正中有一过道,宽 1.35～1.51 米、高 1.3～1.6 米、深 3.56 米,过道南端有石块垒砌的封门,封门北侧有石门槛,门槛北侧 1.7 米有第二道石封门。过道南高北低,方向 198 度,系穿凿山石而成。后室深入山体,形状不规则,南北长 2.7 米、东西宽 2.36 米、高 1.7 米,亦未凿平。后室西侧置 1 木棺,内有尸骨 1 具。后室仅出土残铜饰件。

  墓葬壁画有门吏图、天象图、四神图、对鸟图。门吏图绘于甬道两侧。西门吏头戴黑色直脚幞头,身着红色圆领广袖缺胯袍,后襟垂地,前襟扎进革带,白色内衬下摆装饰五瓣花卉纹,脚穿长黝靴,作叉手侍立状。东侧男吏除所着缺胯袍为白色、内衬下摆装饰金钱纹外,形象与装束与西门吏基本

[①] 太原市文物考古研究所:《山西太原青阳河北汉太惠妃墓发掘简报》,《考古与文物》2018 年第 6 期。

[②] 河北省文化局文物工作队:《河北曲阳涧磁村发掘的唐宋墓葬》,《考古》1965 年第 10 期。

相同。两门吏皆无胡须,简报推测可能是宦者形象。天象图绘于前室穹隆顶,灰色底上以蜿蜒的银河为界,将穹隆顶分为两大部分,一侧绘制白色圆形月亮;另一侧绘制红色圆形太阳。天象图下墓顶四侧为四神图,四神均在祥云之上,以彩色流云为界。四神图下为对鸟图。对鸟绘于赭色椭圆形框内,两鸟相对立于覆莲台上,两鸟之间有绶带。32组对鸟图绕墓壁一周,形成连续花纹带。

出土墓志一合、陶塔式罐2件。据墓志,墓主为北汉齐国太夫人赠太惠妃王氏。王氏是北汉末帝刘继元的保母,世为燕人,天会十二年授齐国太夫人,天会十五年七月一日薨,享年57岁,七月二十八日迁葬于晋阳县晋安乡。

1960年至1961年,河北曲阳涧磁村发掘了十几座古墓,其中M4、M5和M6为五代墓。M5为河卵石砌筑的圆形单室墓,土底,墓顶、壁和墓门已塌毁。墓室方向160度,直径2米。墓道平面长方形,位于墓室南。出土瓷碗两件,陶钵一件。

二、砖室墓

砖室墓按主墓室平面可分为方形单室砖墓(A型)、圆形单室砖墓(B型)、多边形双室砖墓(C型)三型。

A型,方形单室砖墓,有陕西彬县冯晖墓[①]、山西大同西北郊贾府君墓[②]、河南周口五代墓等。

冯晖墓位于陕西彬县底店乡前家嘴村的半山腰上,方向185度,由封土、墓道、墓门、甬道、墓室五部分组成,南北长44.2米。残留部分封土,为不规则覆斗形,底径南北7米、东西6.5米,南面高5.7米、北面高2.3米(图2-1)。斜坡墓道,长23.2米,上口宽3米,底宽为1.7~3米,东西两壁倾斜,深0.4~8米。砖封门高3.24、宽1.7~2.26米。墓门由石门和仿木结构砖雕彩绘单檐歇山顶门楼组成。石门通高2.6米,门扇向里(反装)。门楼砌筑在甬道券顶上,高3.94米、宽2.24~2.96米,最底下为垂帐和宝相花纹带,再迭出长方形普柏方,上施斗栱三攒,为一斗三升、出一跳;散斗上承替木,替木上为一层方头檐椽,其上为二层围栏。围栏上为红色砖雕圆柱组成的一大开间,正中为红色仿木板门,门半开,一浮雕妇人袖手侍立门口。柱头斗栱各一攒,当心间一攒,一斗三升出一跳。散斗上为替木、单檐歇山顶。

---

① 咸阳市文物考古研究所:《五代冯晖墓》,重庆出版社,2001年。
② 大同市考古研究所:《山西大同西北郊五代墓发掘简报》,《文物》2016年第4期。

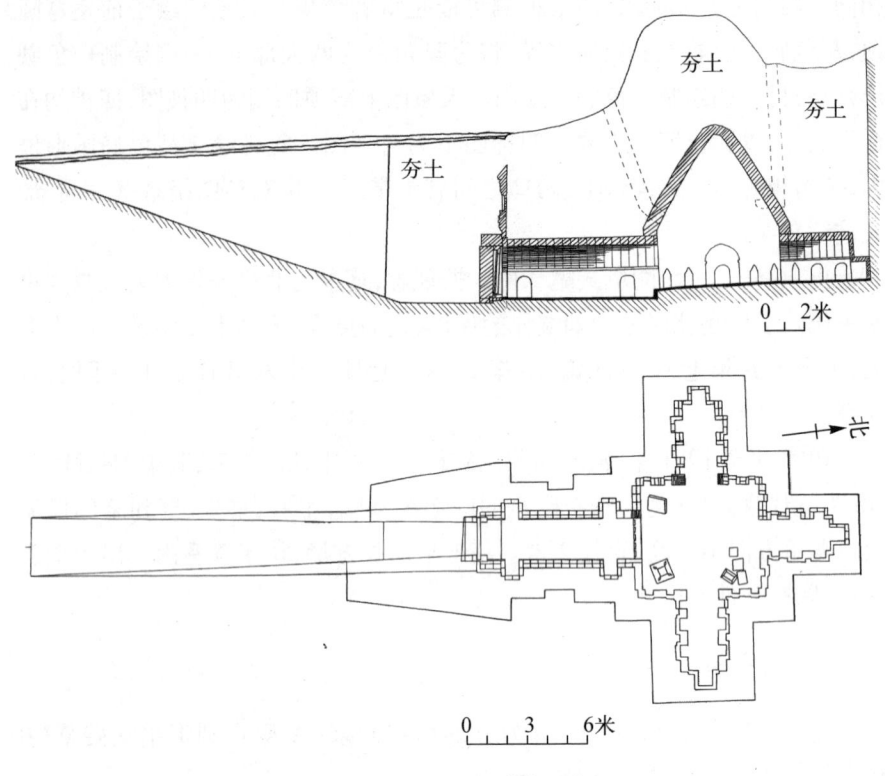

图 2-1　冯晖墓平剖面图

甬道长 7.9 米、宽 2 米、高 2.5 米，券顶，弧顶下部两壁各砌一道凸棱。两壁各砌两个拱顶壁龛。东壁南龛宽 0.7 米、高 1 米、进深 0.8 米。两壁各镶嵌 14 幅彩绘浮雕乐舞画像砖。其余墙面绘满背景壁画。

甬道北部上一级台阶进入墓室，台阶上等距离砌出 5 个壸门，宽 30 厘米、高 17.5 厘米、进深 8 厘米。墓室平面长方形，南北 6.1 米、东西 5.2 米，直壁高 2.6 米，穹隆顶，顶高 7.14 米。东西北三壁各有一个长方形拱顶侧室。墓室内有 10 个小壁龛，其中东西两壁各 4 个，北壁 2 个。壁龛直壁高度 0.6 米、宽 0.36～0.38 米，直壁上用横砖叠涩收顶，顶高 0.24～0.26 米，进深 0.25～0.26 米。三个侧室内各有 7 个小龛，两个长壁上各有 3 个，顶端短壁上有 1 个。

据墓志记载，冯晖尚有四男一女"陪葬"，杜、贾二夫人"祔葬"。在墓室、东西侧室发现大量棺钉和棺板残痕。只在东侧室发现两具头骨，墓室发现其他残块，经鉴定，一个头骨为 60 岁左右男性。经过钻探，冯晖墓周围又发现 3 座墓葬，应是其儿女的墓葬。

山西大同西北郊贾府君墓（2014DTSJM1），是一座长斜坡墓道单室砖室墓,由墓道、甬道、封门、墓室四部分组成,方向182度。墓道呈北宽南窄的梯形,底部为斜坡。仅发掘了靠近墓室的一小段。甬道平面呈长方形,长1.5米、外宽1.2米、内宽0.9米、高1.7米,单层券顶,底部铺砖。甬道北端有砖砌封门。甬道北为墓室,平面呈圆角方形,四壁微外弧,内边长2.6～2.8米、高2.5米。穹隆顶。墓室北部设棺床,与墓室等宽,长1.6米、高0.12米。棺床上有人骨1具,仰身直肢,头西脚东,未见棺木痕迹。墓室内铺地砖仅从甬道至棺床平铺一条与甬道等宽的地面,东西两侧未铺(图2-2)。出土器物11件(套),包括陶罐3件、铜镜2件、铜带具1套、铜钱31枚、银下颌托1件、骨钗2件及墓志1合。墓志仅书"燕故河东道横野军副使贾府君墓志并序"首题一行,无志文及铭文。

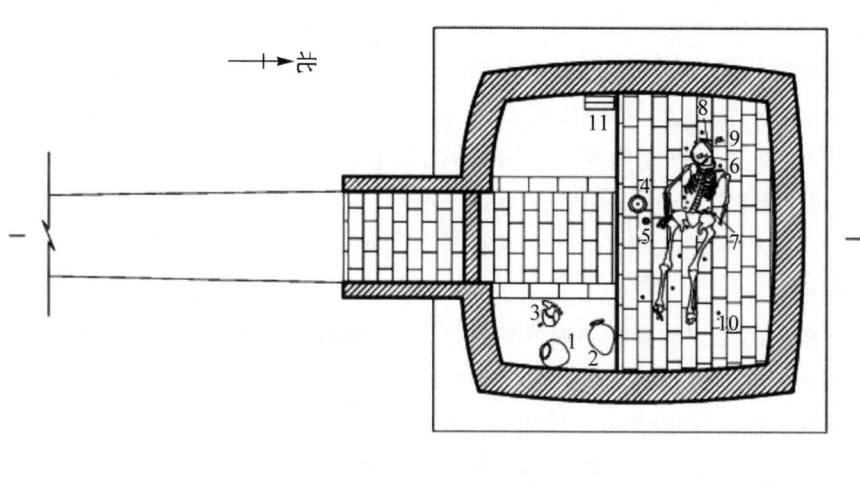

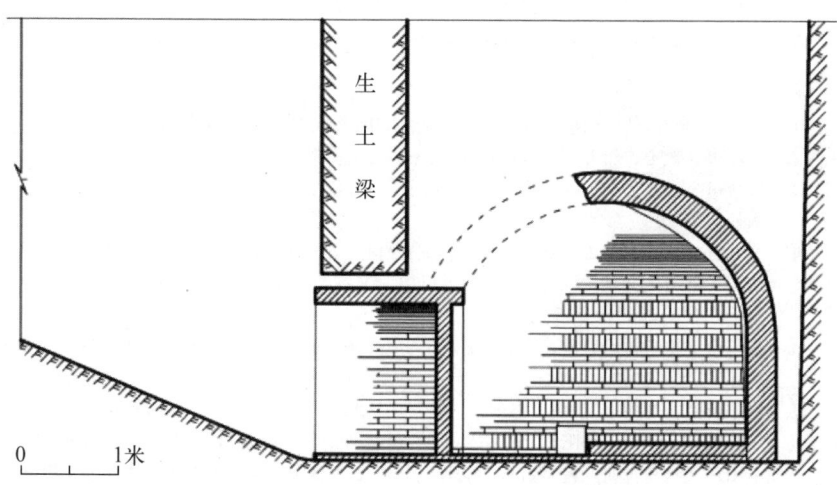

图2-2 山西大同西北郊贾府君墓

此外，1992年河南省周口地区发现了两座五代十国墓，为带短甬道的圆角方形砖室墓，墓壁有砖砌和砖雕的门、窗、桌、椅等。其中一墓出土有完整的细长颈鼓腹白瓷瓶及南唐开元通宝、唐国通宝、周元通宝铜钱等①。

B型，圆形单室砖墓，有山西太原晋祠后晋王氏小娘子墓②、河北固安县公主府砖场五代墓M2③、河北曲阳涧磁村五代墓M4和M6④、河南洛阳伊川后晋孙璠墓⑤、洛阳龙盛小学壁画墓⑥、洛阳邙山镇营庄村壁画墓⑦、洛阳道北五路壁画墓⑧、孟津新庄壁画墓⑨和河南伊川县后晋李俊墓⑩。

山西太原晋祠后晋王氏小娘子墓位于太原市晋源区晋祠村，西依悬瓮山，南面毗邻晋祠。墓葬坐北朝南，方向159度，由墓道和墓室组成。南端为竖井墓道，平面梯形，南宽北窄，长3.94米、宽1～1.31米、残深2.65米。近墓壁处向东折出形成外封门。墓门为砖砌拱券门，高1.44米、厚0.34米。墓室为青砖砌筑，平面椭圆形，东西长3.37米、南北宽2.8米、高3.04米。穹隆顶下悬一铁钩，结附织物，原应悬垂有帷帐。墓室以仿木结构砖雕彩绘装饰，周壁砌6根红色柱子，柱顶两侧绘黑彩阑额，上接一斗三升柱头铺作，再承平槫。立柱将墓壁分为6个壁面，除南壁外，5壁有门窗。3个较大壁面设置仿木格子门，红色宽门框内置双扇门，2个较小壁面砌出破子棂窗。

墓室内用方砖砌凹字形棺床，高0.2米，床脚正面深雕3个花瓣形壸门。棺床北侧有棺痕，长2.36米、宽0.87米，头西足东，人骨已朽。木棺下有一边长0.4米的正方形腰坑，坑内嵌方形青石一合（图2-3）。

出土器物11件，包括陶塔式罐、瓷罐、瓷碗、银钗、铜钗、铜钱、铁犁、漆盘、墓志。墓志下石长35.4厘米、宽34.2厘米、厚11.8厘米，正面中心和四

---

① 周建山、高礼祥：《周口清理五代十国墓》，《中国文物报》1993年7月4日。
② 太原市文物考古研究所：《山西太原晋祠后晋墓发掘简报》，《文物》2018年第2期。
③ 廊坊市文物管理处：《廊坊固安县公主府砖厂五代墓》，载《河北省考古文集（三）》，科学出版社，2007年。
④ 河北省文化局文物工作队：《河北曲阳涧磁村发掘的唐宋墓葬》，《考古》1965年第10期。
⑤ 四川大学历史文化学院考古系、洛阳市第二文物工作队：《洛阳伊川后晋孙璠墓发掘简报》，《文物》2007年第6期。
⑥ 洛阳市文物考古研究院：《洛阳龙盛小学五代壁画墓发掘简报》，《洛阳考古》2013年第1期。
⑦ 洛阳市文物考古研究院：《洛阳芒山镇营庄村北五代壁画墓》，《洛阳考古》2013年第1期。
⑧ 侯秀敏、胡小宝：《洛阳道北五路出土的五代壁画墓》，《文物世界》2013年第1期。
⑨ 洛阳市文物考古研究院：《洛阳孟津新庄五代壁画墓发掘简报》，《洛阳考古》2013年第1期。
⑩ 侯鸿钧：《伊川县窑底乡发现后晋墓一座》，《文物参考资料》1958年第2期。

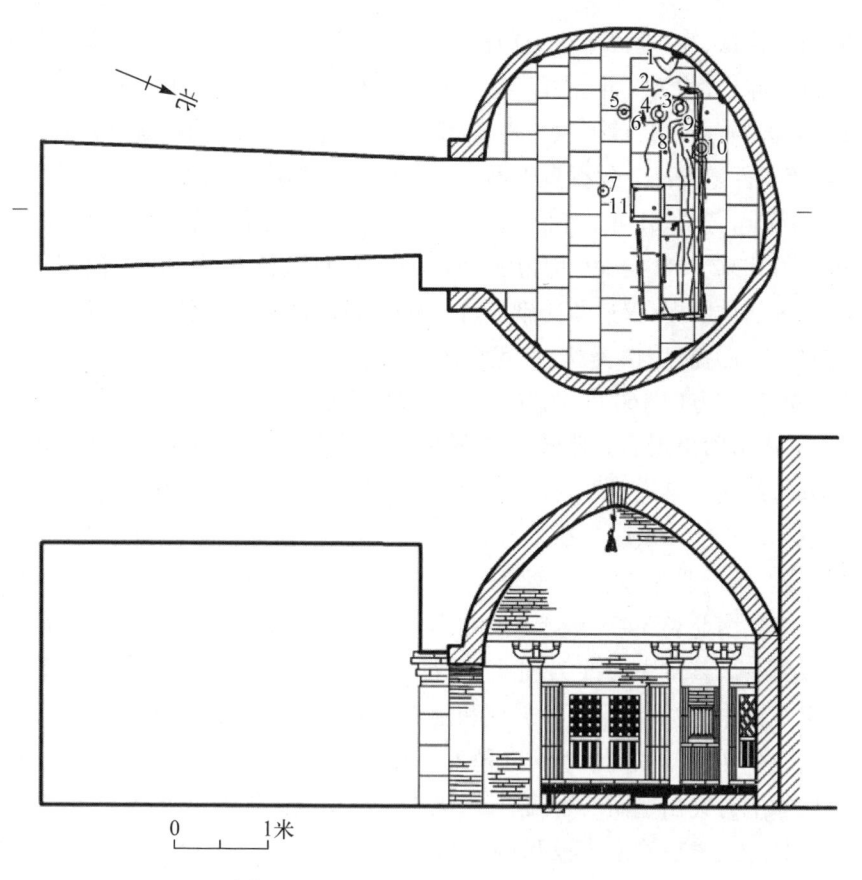

图 2-3 山西太原后晋王氏小娘子墓

边挖 5 个边长 7～9 厘米的方格，分别放置无色水晶、紫水晶、(雌)雄黄矿石、朱砂。上石盝顶形，边长 39.4 厘米，四刹饰缠枝牡丹，盝顶四周饰缠枝菊花。志文为：

> 《玄堂经·生冢术》：其灵幽冥，以此为极；阳覆阴施，大道之则；五精变化，□魂之德。子孙兴盛，诸灾永息。河东节度押衙、充都盐麹使，银青光禄大夫，检校工部尚书兼御史大夫，上柱国郭知密敬为故卿琅邪王氏小娘子，时大晋天福二年岁次丁酉孟夏月十八日庚子，于晋阳县界赤桥社龙山之原安立茔域。千秋万岁，永附山川。故记。

河北固安县公主府砖场两座砖室墓，均遭破坏。M1 仅见残砖，形制不明。M2 东壁保存较完整，墓室平面近圆形，南北直径 3.25 米、东西径 3.42 米，残存砖雕仿木斗栱一朵，柱头斗栱为四铺作把头绞项造，一斗三升，上承撩檐枋、檐椽、瓦，上接雕斗子蜀柱及直臂叉手栱，上承枋子一道，枋上置柱头、补间斗栱，均为一斗三升。墓室残存砖雕直棂窗一处，内壁有彩绘痕迹。M1 随葬品有白釉瓜棱形盂 1 件。M2 出土白瓷葵口盘、葵口碗、敞口碗、灰陶罐等 5 件随葬品。发掘者根据出土器物特征将两墓时代断为后晋前后。

1960 年至 1961 年，河北曲阳涧磁村发掘了十几座古墓，其中 M4、M5 和 M6 为五代墓。M4 与 M6 均为圆形单室砖墓，墓道长方形，位于墓室南。墓室顶、墓门均已塌，仅遗留砖砌痕迹。M4 方向 168 度，墓室直径 2.05 米，出土白瓷碗、白瓷盘、白瓷枕、三足白瓷炉、器盖各 1 件，"开元通宝"铜钱 16 枚。M6 墓室方向 160 度，直径 1.7 米，仅出土白瓷枕 1 件。

河南洛阳伊川后晋孙璠墓，为砖砌圆形单室墓，方向 190 度，由墓道、甬道、墓室组成。墓道斜坡式，长 10 米、宽 1.4 米。甬道平面呈长方形，长 1.88 米、宽 1.2 米、高 2.65 米，拱形券顶，壁面抹草拌泥，涂白灰。甬道南端有封门砖墙。甬道北为墓室，平面呈圆形，直径 5.02～5.08 米。墓室中央为双层棺床，底层南北长 3.47 米，上层南北长 2.62 米、东西宽 3.48 米。墓壁为砖砌仿木结构，以墓室中心线为轴线，左右为对称的八根方形抹角倚柱，高 1.4 米，上承铺作，柱间为阑额。倚柱和阑额涂朱彩。周壁柱头"一斗三升"铺作八朵，有栌斗、昂、泥道栱、散斗、替木。中央散斗抹黑，其余部分涂朱。铺作间、阑额上有突出壁面的半圆形砖，涂朱。斗栱以上依次为撩檐方、檐椽、板瓦。撩檐方、檐椽涂朱。板瓦以上为叠涩顶。从甬道西侧始，分为八个壁面，砖砌灯檠、小桌、注子、盏及托、凳、障日板、七棂窗、格扇门、锁、柜、大方桌等。墓顶高 4.32 米，绘星象图。太阳涂朱，居甬道之东；月亮抹白，居甬道之西（表 2-1，墓例 5）。出土陶罐 2 件、瓷罐 2 件、陶砚 1 件、"开元通宝"64 枚、铁环 1 件、铁犁镜 4 件。墓志一合，志文首题"检校尚书左仆射乐安郡公孙氏墓铭"。

河南伊川县窑底乡后晋李俊墓。斜坡墓道位于墓室东面，墓室据简报描述为十二面多边形（推测应与洛阳发现的几座壁画墓类似，属于圆形墓），墓深 6.7 米，两壁之间有柱，柱头有斗栱、有瓦檐及似耍头之物，两柱间每隔一壁饰以竖砖窗棂，两窗之间砌为方龛或桌椅。骨架散乱，仅留碎骨，葬式、头向不明。随葬器物有开元通宝铜钱、陶罐、彩绘陶盘、铁钉、墓志。墓主李俊，葬于开运三年（946）十二月。

洛阳龙盛小学壁画墓、洛阳邙山镇营庄村壁画墓、洛阳道北五路壁画墓、孟津新庄壁画墓等几座洛阳地区发现的壁画墓，虽然没有纪年，但墓葬形制和墓葬装饰与孙璠墓一致，都是带斜坡墓道或台阶式斜坡墓道的圆形仿木结构砖室墓，因此应该都属于晚唐五代墓。以孟津新庄五代壁画墓为例,方向180度,由墓道、甬道、墓门、墓室组成,全长30米,墓室及甬道顶部破坏。斜坡墓道长21米,宽2.5米。甬道长2.1米、南宽1.94米、北宽1.84米。甬道东西两面均绘持杖门吏壁画。甬道中部有木质墓门,已朽。墓室平面呈圆形,上部被毁,内壁直径5.9米。底用砖铺为须弥座式,高于甬道0.26米。墓室北部南北方向顺置两具木棺,棺内清理出"开元通宝"和"乾元重宝"铜钱10余枚。墓室周壁被4根立柱平分为4个壁面。柱上为坐斗枋,枋上托一斗三升。二柱间补间斗1朵。周壁用砖雕砌出仿木结构的门窗、桌凳等,涂红色。在门窗、桌椅之外绘制壁画,内容已不可辨。四壁砖雕装饰为:东壁从南向北依次为马球杆、门楼、高脚箱、桌子。北壁中间为门,两侧是左右对称的落地格子窗。西壁砖雕桌椅、高檠灯、门楼。南壁中间为甬道口,两侧对称设长方形直棂窗。

河南省濮阳市还发现一座后周世宗时期的圆形砖室墓,墓壁从左至右有剪刀、熨斗、砖门、酒壶、桌椅等砖雕,并施有不规则的红白彩绘。出土两块纪年墓砖,墨书"维大周国显德二年(955)岁次乙卯十月乙丑卅日甲午故府君……"等文字①。

此外,河南省内黄县发现一座后汉墓葬,清理出一块正方形墓志,毛笔书写,字体为草书。墓室周围砖雕七幅生活图案,有灯台、门楼、书房、大门、生活住室、厨房、窗棂,其中一幅门楼是仿木砖雕斗栱建筑②。墓葬形制不明,据描述应为单室砖墓,附记于此。

河北张家口市宣化区砖室墓③,为砖砌仿木结构穹隆顶单室墓,南北向。墓室平面为圆六角形,直径3.58米(无线图,不知具体形制,仅依据文字描述暂归入圆形墓)。顶部自起券处塌毁,残高2.53米。墓室南端有拱形墓门,高1.2米、宽0.84米。墓室周壁有砖砌六角形立柱6根,高1.6米,上承斗栱六朵。北壁砖砌窗户,高、宽皆1米。墓室靠北壁处有砖砌棺台,长3.58米、进深1.5米、高0.4米,上有尸骨两具,仰身直肢,头向西。随葬品共9件,皆素面灰陶器,有注子、碗、勺、盏托、釜、塔形器,大都放在棺台上,塔形器置于墓门两侧。简报根据墓葬形制和随葬陶器推测年代可到五代时期。

C型,双室砖墓,只有陕西宝鸡后唐秦王李茂贞夫人刘氏墓一座。

秦国夫人墓由封土、墓道、端门、庭院、墓门、甬道、前室、后甬道、后室几部分组成,全长57.1米。甬道和前室部分用石块砌筑,端门、庭院、后室部

---

① 张相梅:《河南濮阳发掘五代墓》,《中国文物报》2000年12月10日。
② 张粉兰:《内黄发现五代十国墓葬》,《中国文物报》2000年9月20日。
③ 张家口市宣化区文保所:《张家口市宣化区发现一座五代墓葬》,《文物春秋》1989年第3期。

分以青砖砌筑。斜坡墓道底端为砖砌仿木结构的端门,端门两侧与墓道壁相连,残高7.3米。门洞填塞巨石,两侧为朱砂重涂的砖砌倚柱。端门上部为三层仿木砖砌建筑,使用了柱头铺作、补间铺作、窈曲栏板、屋檐等建筑构件。第三层(最高层)建筑高1.5米,正面以高浮雕的砖雕和砖砌的立柱、柱头铺作,共同构成四柱三开间的建筑格局。居中为大门,两侧各有一落地式破子棂窗。在东西两斜面的墙壁上,有东西两厢建筑,皆呈三柱两开间,各有一门一窗,整体突出于墙面。门额上有门簪,半启的门扉间有妇人启门砖雕。西厢屋顶上方继续垒砌砖墙,镶嵌一组"乘凤驾鹤西游图"砖雕。端门的背面建有木质板门一道,已腐朽。端门的门洞用巨石填塞,其性质应为木质墓门外的一道封门墙。端门之后为庭院,平面长方形,由院门、院庭、东耳室和西耳室组成。东西两壁装饰砖雕,东壁有二人抬轿图,西壁有八人抬轿图。两壁上部有多幅鸳鸯牡丹图砖雕。东耳室南、北壁镶嵌"汉人牵马图"砖雕,西耳室南、北壁镶嵌"胡人牵驼图"砖雕。庭院地面平铺莲花纹方砖。庭院与前甬道口间有石门一道。前甬道用条石砌成,壁面原有红色墙皮或壁画,甬道内有石函一个,墓志一合,北端有木门一道,已朽,其后为条石砌筑的前室,包括长方形主室和东、西耳室。主室长8.6米、宽4.3米,地面平铺素面青砖。后甬道南端1.45米为石券,北部为砖券,砖构部分东西两壁分别建两个小龛,两龛之间镶嵌高浮雕重彩伎乐砖雕。后甬道之后为砖砌的后室,包括八角形的主室和东、西、北耳室,耳室内又有数量不等的小龛。主室东西宽5.4米,南北长5.4米。东、西、南、北四壁各长3.2米,其余四壁各长1.6米。壁面原绘有壁画,仅能看出有仕女、花卉。

三、土洞墓

北方地区的土洞墓仍然继承唐代晚期的形制,带竖井墓道或斜坡墓道,依洞室形制可分为纵长方形土洞墓和横长方形(横室)土洞墓两型。

A型,纵长方形土洞墓。有洛阳后梁高继蟾墓[1]、龙盛小区两座土洞墓[2]、西安东郊刘氏墓[3]和西安东郊黄河机器制造厂土洞墓[4]。

高继蟾墓为土洞墓,由墓道、甬道、墓室组成,方向180度,墓道竖井式,

---

[1] 洛阳市文物工作队:《洛阳后梁高继蟾墓发掘简报》,《文物》1995年第8期。
[2] 洛阳市文物考古研究院:《洛阳龙盛小区两座小型五代墓葬的清理》,《洛阳考古》2013年第1期;洛阳市文物考古研究院:《河南洛阳市苗北村五代、宋金墓葬发掘简报》,《考古》2013年第4期。
[3] 《西安发现罕见后晋墓葬》,《中国文物报》1987年4月3日。
[4] 李军辉:《西安东郊黄河机器制造厂汉唐、五代墓发掘简报》,《考古与文物》1991年第6期。

平面呈南窄北宽的梯形,长2.58米、宽0.62～1.2米,底部距地表7.2米。甬道过洞式,宽1.2米、进深1.9米、高1.66米,甬道以小砖封门。墓室平面长方形,拱形顶,长3.6米、宽2米、高2米(见表2-1,墓例7)。

出土陶、瓷、铜、铁、银、铅、石等质地的器物共93件。其中铁牛2件,生铁铸成,牛作立姿,长20厘米、高12厘米。石墓志1合,志盖为盝顶,四刹阴刻四神图案,盖顶篆书阴刻:"梁故渤海高公墓志铭"3行9字。志方57厘米,四边阴刻文吏形象十二生肖,冠顶饰动物。志文楷书,首题"有梁故教坊使银青光禄大夫检校工部尚书前守右卫将军兼御史大夫上柱国高府君墓志铭并序",由朝议郎前太子舍人柱国赐鱼袋盛延丕撰文,墓主从外甥尚虔煦书并篆盖,玉册院李廷珪镌字。墓主高继蟾,为后梁教坊使,开平三年八月十七日终于洛京,九月廿二日葬于河南府河南县平乐乡朱杨里①。墓中出土了器形规整,施釉均匀的越窑青瓷器和带"新官"款的定窑白瓷器。

洛阳龙盛小区M4539,为刀把形土洞墓,方向180°,由墓室和墓道两部分构成。墓道位于墓室的南部,应为台阶状,宽0.7米。墓室长2.4米、宽1.2米。棺椁、人骨已朽。随葬品有陶器、瓷器、石砚、铜印章、铜镜、铜钱等,主要分布在墓室北部。

在西安市东郊还曾经发现过两座竖穴墓道土洞墓,一座为后晋天福五年(940)彭城刘氏(珪)墓,长4.6米、宽4米,距地面13.6米。从文字描述看属于长方形土洞墓。另一座为北宋初年墓,墓主为刘氏长子吕远。

B型,横室土洞墓。有河南洛阳西北郊后晋墓②、洛阳苗北村4座五代墓③、河南巩义市北窑湾五代墓④。

洛阳西北郊后晋墓位于洛阳西北郊北邙山坡上,坐北向南,方向170度。土洞横室,墓室长2.45米,宽1.30米。墓室中放木棺一具,已朽。骨架头西足东,仰身直肢。随葬品有陶罐、陶砚、白瓷碗、残铜丝、开元通宝、残铁块等。陶砚有"天福二年八月营造记之"等字。如果"天福二年"指陶砚的制作年代,那么墓葬实际年代应比天福二年略晚。如果陶砚上的刻字应该是营造墓葬时的墓志文字,那么墓葬年代为天福二年。

洛阳市文物考古研究院在洛阳苗北村西北部发现五代、宋金时期的墓

---

① 周阿根:《五代墓志汇考》,黄山书社,2012年,第8页。
② 高祥发:《洛阳清理后晋墓一座》,《文物参考资料》1957年第11期。
③ 洛阳市文物考古研究院:《河南洛阳市苗北村五代、宋金墓葬发掘简报》,《考古》2013年第4期。
④ 河南省文物考古研究所、巩义市文物保管所:《巩义市北窑湾汉晋唐五代墓葬》,《考古学报》1996年第3期。

葬13座,其中五代墓4座。墓葬均为靴形土洞墓室,由墓道、墓室两部分组成,其中1座为斜坡墓道,3座为竖穴墓道。封门砖为条形砖坯,底铺方形或长方形砖。IM3641为斜坡墓道土洞墓。方向183度。墓道口长9.8米、宽0.7~0.88米,底长10.8米、宽0.88米。墓室平面近长方形,直壁,平底,方砖铺地,条砖侧立封门,顶部坍塌。墓室内有2个长3.5米、宽2~2.4米的棺痕,东西排列,人骨已朽,葬式不明。随葬遗物有陶罐、瓷器、墓志等。墓主张奉林生于唐末,追随后唐庄宗征战,被任命为金枪扈卫军都指挥使。在明宗起兵后,他投降明宗,但失去了军权,仅被任命为丰州刺史、振武节度副使、岚州刺史等职,封金紫光禄大夫、勋上柱国,卒于后晋①。

IM3649为竖穴墓道土洞墓。方向175度。墓道为长方形竖穴,位于墓室之南,长4.1米、宽1.1米。墓室平面近方形,东侧较窄,直壁,方砖铺地,条砖侧立叠砌封门,顶部坍塌。墓室长2.97米、宽2~2.5米、高1米。墓室西侧有棺痕,有人骨1具,头朝北,仰身直肢。随葬遗物有瓷罐、陶罐、铜饰件、铜钱、经幢残块等。据出土经幢可知,墓主为后唐石蕴之母,卒于后唐长兴二年(931),享年81岁。石蕴为武威郡人,曾任常州别驾勒留堂头等职,封朝请大夫,勋上柱国。

巩义市北窑湾墓地位于北窑湾村东岭上,发掘了古墓26座,其中五代墓5座,分别为M8、M16、M24、M25、M26,均为带长方形竖井墓道的东西向长方形土洞墓。M26方向175度,墓道长2.4米、宽0.9米、深4.4米。墓室东西2.76米、南北1.4米、高1.3米,墓顶圆拱形。墓道底与墓室底平,用长方形砖纵横平铺。墓室北半部有两具人骨朽痕,南北并列,仰身直肢,头向西。头部随葬陶罐、瓷碗各2件,头下有铜钱2枚(表2-1,墓例8)。M16墓室底部用方砖铺地。在墓室中部出土5枚开元通宝和1枚唐国通宝钱。M24墓室呈西宽东窄的梯形,东西长3.34米、西宽1.9米、东宽1.48米、高1.6米。墓顶圆拱形。M16和M25被盗一空,另3座墓出土陶罐、瓷碗、瓷罐、铁板、铜钱等少量器物及砖墓志一块,字迹不可识。

这5座墓随葬器物不见俑类和庖厨明器,只有几件陶瓷器。M16和M26各出土一枚唐国通宝铜钱,这种铜钱一般认为是五代时期显德六年(959)年南唐国所铸。墓中出土的瓷碗也有五代特征。M24和M25在M16东南,3座墓有规律地排列,似为一家族墓地。据此,简报推测这5座墓葬的时代应为五代时期,下限可能会晚至北宋初年。

---

① 崔世平:《新出后晋张奉林墓志与后唐政治》,《苏州文博论丛》(第5辑),文物出版社,2014年。

第二节 墓葬文化因素分析

一、石室墓文化因素分析

北方地区五代墓葬形制基本上继承了唐代传统。由于唐代禁止臣民使用石室墓[1]，所以唐代石室墓发现极少。北京丰台发现的史思明墓，是一座大型石室墓，墓室用汉白玉石条砌成，斜坡墓道长20.6米、宽3米，近甬道处有4个对称的小龛。甬道长4.35米、宽3米，两侧各有2个方形壁龛。墓室东西长5.54米、南北宽5.05米，两侧各有1个长方形耳室，耳室长3.1米、宽2米。墓中出土了刻有"昭武皇帝崩于洛阳宫玉芝"等文字的玉哀册44枚[2]。山西发现的李克用建极陵，南方发现的南唐二陵，前蜀王建永陵、后蜀孟知祥和陵等几座十国帝王陵，均使用了石砌或砖石混砌的玄宫，说明五代时期，大型石室墓仍然是帝陵的重要标志[3]。

由于石室墓象征着帝陵的等级，五代时期独霸一方的强藩节度使也使用石室墓，显示其地位的尊贵，这本是一种僭越行为，但在制度混乱的五代逐渐变为常态。五代时期北方墓葬中，节度使级别的大型墓葬已经发现的有王处直墓、李茂贞墓、冯晖墓，其中王处直墓和李茂贞墓都是大型石室墓。冯晖卒于后周太祖广顺二年（952），葬于周世宗显德五年（958），几座墓中冯晖墓时代最晚。冯晖墓使用砖室的原因，王静推测"或亦受到后周太祖所定基调之影响"[4]，是很有道理的。后周太祖遗言嵩陵"圹中无用石，以甓代之"，帝陵尚且禁止用石，晚于周太祖几年的冯晖墓自然不敢使用石室墓。若非周太祖变制，冯晖墓应该也会使用石室墓。

李茂贞墓是长方形单室石室墓；李茂贞夫人墓为前后双室墓，前室为石室，后室为砖室。李茂贞在全盛时期，曾以凤翔节度使兼兴元尹、山南西道节度使等职，封岐王，拥有十五州之地，号为强藩。然而在与朱温、王建的战

---

[1]（唐）杜佑：《通典》卷八五《棺椁制》，中华书局，1988年，第2299页。
[2] 北京市文物研究所：《北京丰台唐史思明墓》，《文物》1991年第9期。
[3] 这里强调大型石室墓，是因为河北地区也发现过少量的小型石室墓，如河北省唐山市徙河水库工地发现的7座石椁墓（河北省文管会：《唐山市徙河水库汉、唐、金、元、明墓发掘简报》，《考古通讯》1958年第3期），这些小型墓一般只是在竖穴土坑中用石料简单砌筑椁室的椁形墓，应是普通平民墓葬。
[4] 王静：《唐墓石室规制及相关丧葬制度研究——复原唐〈丧葬令〉第25条令文释证》，《唐研究》第十四卷，北京大学出版社，2008年，第454页。

争中屡遭败绩,势力渐渐衰弱。史载李茂贞"及闻唐亡,以兵羸地蹙,不敢称帝,但开岐王府,置百官,名其所居为宫殿,妻称皇后,将吏上书称笺表,鞭、扇、号令多拟帝者"①,虽然不敢明目张胆地称帝,但在文物制度上模拟皇帝等级。同样,李茂贞墓使用石室,其夫人墓前室为石室,也应该是有意模仿帝陵,是"多拟帝者"式的行为。割据一方的藩镇统治者纷纷使用石室墓来显示自身地位,导致了唐代以来以石室墓为标志的帝陵玄宫制度陷入混乱。

太原北汉太惠妃王氏墓,由墓道、甬道、前室、过道、后室组成。甬道石砌,前室为直径4米多的圆形石室,北侧有石砌棺床。前室穹隆顶绘天象图,下部绘四神图和32组对鸟图。前室北壁又凿过道联通后室,后室深入山体,形状不规则,南北长2.7米、东西宽2.36米、高1.7米,西侧置1木棺,内有尸骨1具。过道和后室未凿平。一般来说,双室墓的前室是祭祀空间,后室是存放棺椁的主室,但此墓前室布局宽敞规整,装饰精美,很明显是主墓室,后室小于前室,又很粗糙,是附属墓室。

河东地区隋唐墓多有祔葬现象,如襄垣浩喆墓,是山西河东地区仅见的隋唐双室墓,其前室中葬有13具人骨,后室为夫妇合葬②。李雨生认为浩喆墓前后室地面不在一个活动面上,前后室的棺床为不同类型,这一格局并非同时修造,而是在不断祔葬的过程中逐渐形成的③。山西长治唐崔拏墓,是一座方形砖室墓,墓室东西两壁砌有对称的耳室,东耳室内祔葬2个头骨及部分散骨,西耳室内祔葬1个头骨和部分散骨。墓室中间棺床东部有头骨1个,西部有头骨2个。墓室东部也砌棺床,上有一个头骨和部分散骨④。北汉太惠妃王氏墓的后室,应该也是属于主室完成之后,因祔葬而后续开凿的。

如果说冯晖墓因后周太祖禁止使用石室而不得不选择砖室,那么北汉太惠妃王氏墓则不受后周禁令影响,依然按照五代帝王陵墓的等级使用石室,甚至开凿了一个后室。这也从另一个角度证明了五代陵墓使用石室玄宫的推测。简报据《齐国太夫人赠太惠妃墓志铭》推断太惠妃王氏为北汉开国皇帝刘崇的嫔妃,但审读志文,并非如此。王氏为当时皇帝的保母,亦即保姆。经核查史料,北汉天会十五年王氏去世时,在位皇帝为刘继元。我们推测,刘继元对其保母赠号太惠妃,与王氏弥补了他幼时缺失的亲情有关,甚至王氏曾经在政治上给予他帮助,二人有着母子一般的感情,因此太惠妃王氏墓可以看作北汉皇室墓葬。

---

① (宋)司马光:《资治通鉴》卷二六六《后梁纪一》,中华书局,1956年,第8676页。
② 襄垣县文物博物馆、山西省考古研究所:《山西襄垣隋代浩喆墓》,《文物》2004年第10期。
③ 李雨生:《山西隋唐五代墓葬析论》,《西部考古》(第六辑),三秦出版社,2012年。
④ 长治市博物馆:《山西长治市北郊唐崔拏墓》,《文物》1987年第8期。

河北曲阳后唐易定祁等州节度使王处直墓,一般都被作为带两个耳室的前后室石室墓进行介绍(图2-4)。但一般来说,前后室结构的墓葬,都是以后室为主墓室,后室空间大于前室。有天象图的墓葬,天象图应绘于作为主墓室的后室顶部。如南唐二陵,为前中后三室墓,天象图绘在后室顶部。王处直墓前室方形,边长4.8米,顶高4.25米,壁高2.4～2.55米,顶部绘有天象图,南北壁上部绘部分星象,四壁凿十二生肖龛。后室长方形,拱形顶,南北长4.5米、东西宽3.8米、顶高3.4米、壁高2.2米①。王处直墓前室的长、宽、高度均大于后室,天象图绘制在前室顶部,而且从门道进入后室时,有两层向下的砖砌台阶,显然是以前室为主墓室的。王处直墓的后室实际上是主墓室之后一个面积较大的后耳室。

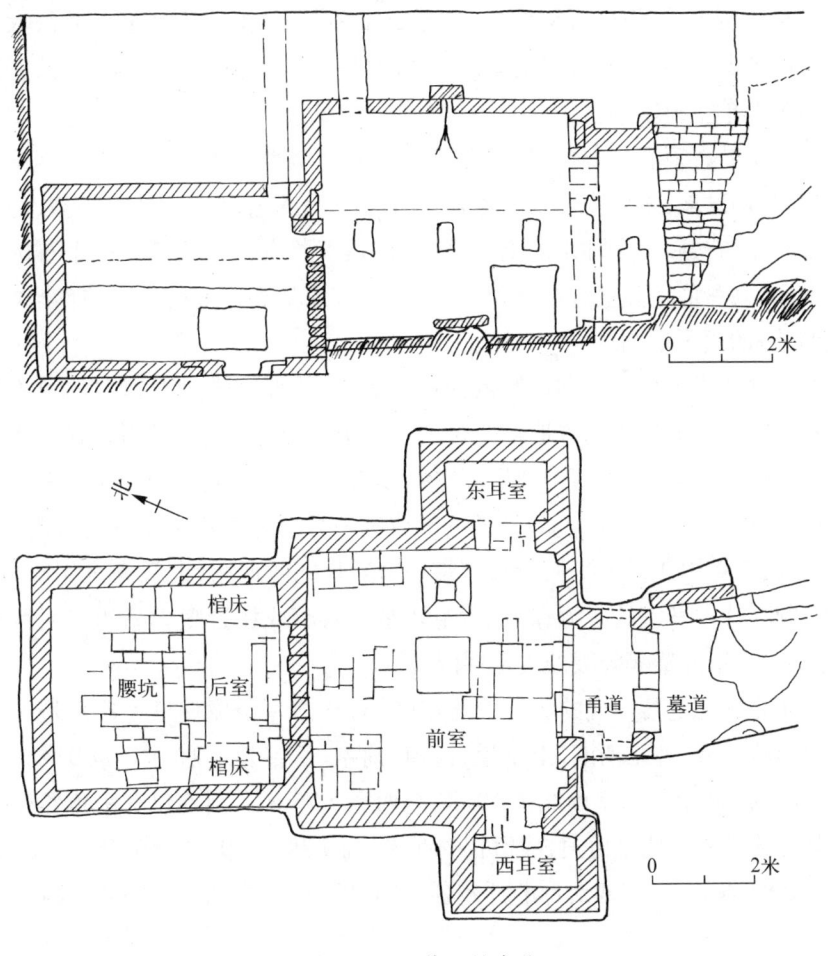

图2-4 五代王处直墓

① 《五代王处直墓》,第10—13页。

王处直墓被作为双室墓看待,主要有两方面的原因:第一,后室在尺寸上与前室相差不大,远大于前室左右所附的两个耳室;第二,后室置棺床,是放置葬具之处。将葬具放置在耳室中的现象,并不罕见。冯晖墓墓室和东西侧室中就发现大量棺钉和棺板残痕,在东侧室内发现两具头骨,墓室内发现下颌骨、股骨、肋骨[①]。冯晖墓志记载其墓中还有杜氏、贾氏二位夫人祔葬,其左右侧室应该就是祔葬之所。

王处直墓志载:"楚国夫人、博陵郡夫人、幽国夫人并祔于穴。"王处直墓东西耳室仅长2米、宽1.15米左右,面积狭小,而且在其中发现了长2米、宽0.7米、高0.5米左右的木箱痕迹[②],不大可能作为祔葬之所。三位夫人应和王处直都葬在后耳室,故后耳室规模较大。考虑到这种情况,所以在上一节的类型分析中,将王处直墓作为"方形石室墓"而非双室石室墓。北汉太惠妃墓的情况也类似,其后室是后来开凿的具祔葬功能的耳室或侧室,故将其视为圆形单室石室墓。

将王处直墓看作方形单室墓,与五代其他节度使级别的大型墓葬进行比较,我们发现,王处直墓与冯晖墓、李茂贞夫人墓在形制上非常类似,都属于带有左、右、后三个耳室的墓葬,区别仅是李茂贞夫人墓带有一个石砌的前室,而冯晖墓是砖室墓。这种墓葬形制,应该是五代节度使墓葬(李茂贞墓例外)的通用形制。

再联系唐史思明墓和后蜀孟知祥和陵,五代北方大型石室墓的源流就比较明朗了。史思明墓方形墓室带两个长方形耳室的墓葬形制,到五代时期,演变为圆形主室带两个圆形耳室的形制(孟知祥和陵)、方形主室带三个方形耳室的形制(王处直墓)和长方形或圆角方形墓室不带耳室的形制(李茂贞墓、李克用建极陵)、圆形墓室带一个后耳室的形制(北汉太惠妃墓)四种形制。其中耳室的有无和多少,主要是与祔葬或放置随葬品的实用目的有关,并非划分墓葬等级的决定性因素。

河北省正定县发现的唐大中九年(855)成德军节度使王元逵墓是一座刀把形砖室墓,坐北朝南,由墓道、甬道、前室、后室、东、西耳室等组成。斜坡墓道宽3.8米。墓室南北长10米,东西宽5.75米。前室仅东南角残存少量墓壁砖。前室北是甬道,残留长约5米、高1米、厚0.72米的砖墙。距甬道口0.82米处,有东西对称的耳室各一间,甬道北端可能还有墓室,因已是

---

① 《五代冯晖墓》,第10页。
② 《五代王处直墓》,第11页。

现代房基，未作发掘①。王元逵墓葬盖题"唐故太原王太师墓志"。河北大名县唐咸通六年（865）魏博节度使检校太尉兼中书令赠太师何弘敬墓，墓室平面为圆形，直径约 6 米，南部有甬道和墓道②。两座晚唐时期的河北地区节度使墓葬，都是砖室墓，墓主赠官为三公级别。与之相比，五代时期几位节度使地位更高，义武军节度使王处直生前封北平王；凤翔节度使李茂贞生前封岐王，追封秦王；朔方军节度使冯晖生卒后赠中书令、卫王。五代时期的节度使赠王爵，葬以王礼，乃至使用石室墓，威仪比唐代节度使更加显赫。这些节度使的墓葬，可以作为判断其他五代节度使级别墓葬的标尺。

除了帝王陵墓和节度使墓葬等级的石室墓，河北还存在普通民众使用的石室墓。河北曲阳涧磁村 M5，是一座用河卵石垒砌的小型圆形石室墓，虽然与北汉太惠妃墓同为圆形石室墓，但规模差别很大。在晚唐五代时期，河北发现一些小型的石室墓或石椁墓，如河北唐山市徒河水库修筑过程中清理了唐末到五代初的石椁墓 7 座，平面有椭圆形、六角形和正方形三种③。这些小型石室墓多和小型砖室墓混在一起，规模没有差别，使用的石材是就地取材的河卵石、不规则石块等，并非特殊加工过的大型石条，因此不具有等级意义，大多数应是普通百姓或下层官吏的墓葬。

二、砖室墓文化因素分析

上节将北方地区五代砖室墓按主墓室平面分为方形单室砖墓（A 型）、圆形单室砖墓（B 型）、多边形双室砖墓（C 型）。河北张家口市宣化区砖室墓按简报文字描述为圆六角形，但没有线图或照片，仍不能确定是否为多边形单室砖墓。考虑到简报往往会将周壁砌筑 6 根凸出墓壁的倚柱的圆形墓当做六角形墓，仍将此墓暂归入圆形墓。晚唐时期河北地区已经发现了多边形单室砖室墓，五代时期应该仍存在，只是目前尚未发现。较特殊的是李茂贞夫人秦国夫人墓，此墓有一个石砌的前室，归入石室墓似乎也并无不可，但考虑到其主室是与冯晖墓相似的砖室，故将其归入砖室墓。

单从墓葬形制上看，秦国夫人墓显得比李茂贞墓更豪华，使用了气势宏伟、雕饰繁缛的端门（封门墙），有前后两个墓室以及数量众多的耳室，主墓室为八边形，墓室内装饰大量砖雕和壁画，富丽堂皇。比秦国夫人墓稍晚的

---

① 刘友恒、樊子林、程纪中：《唐成德军节度使王元逵墓清理简报》，《考古与文物》1983 年第 1 期。
② 邯郸市文管所：《河北大名县发现何弘敬墓志》，《考古》1984 年第 8 期。
③ 河北省文管会：《唐山市徒河水库汉、唐、金、元、明墓发掘简报》，《考古通讯》1958 年第 3 期。

朔方军节度使冯晖墓，是一座长斜坡墓道单室砖墓，墓室平面近方形，东、西、北三壁各有一个侧室，每个侧室有数个小龛。冯晖墓墓室结构与秦国夫人墓后室基本相同，这种复杂的结构在此前的关中地区唐墓中从未发现。冯晖墓甬道券顶上砌筑仿木结构砖雕彩绘单檐歇山顶门楼一座，甬道东西两壁各镶嵌 14 幅彩绘浮雕乐舞画像砖，这种使用仿木建筑砖雕门楼和墓壁镶嵌砖雕的做法也与秦国夫人墓相同。河北曲阳王处直墓中也使用了汉白玉制作的十二生肖、人像、散乐图、侍奉图等浮雕。

与唐代相比，五代时期洛阳的砖室墓发生了很大的变化。洛阳地区唐墓，以土洞墓和竖穴土坑墓为主，砖室墓相对较少。如偃师杏园墓地共发现 69 座唐墓，其中仅一座砖室墓，其余均为土洞墓[1]。洛阳唐代砖室墓一般为长方形单室砖墓。基本没有墓葬装饰，个别高级贵族墓葬绘壁画，如安国相王孺人唐氏、崔氏墓，墓室和甬道壁画严重脱落，墓道绘青龙、白虎、牵马、牵驼、门吏、楼阁建筑等[2]。五代洛阳地区砖室墓在两方面发生变化，一是方形墓变为圆形墓，二是彩绘壁画变为砖雕和彩绘壁画相结合。洛阳地区的五代砖室墓，目前已经发表资料的全部是圆形单室墓。今后可能会发现其他形制的砖室墓，但应该不会改变以圆形单室墓为主的情况。

唐代西安、洛阳两京地区墓葬，在墓葬形制上，主要使用方形、长方形的砖室墓或土洞墓。在墓葬装饰上，很少使用砖砌或砖雕墓壁装饰，而流行影作壁画装饰。初唐、盛唐壁画墓一般是在墓壁上绘建筑壁画，作为分隔墓室空间的标志和现实中建筑的象征。壁画内容以表现墓主人出行仪仗、游猎、宫廷生活、家居生活为主，也绘有寺观、阙、城墙、楼阁、斗栱、柱、枋、平棋等建筑图案作为人物活动的背景和空间。如贞观五年（631）李寿墓，在第一、二、三、四过洞南壁绘重楼建筑图，甬道东西壁分别绘寺观、道观，在墓室北壁绘庭院[3]。神龙二年（706）永泰公主李仙蕙墓，在墓道东壁绘阙楼、城墙，在过洞和甬道顶部绘平棋，在天井东西壁绘柱、枋、斗栱[4]。中晚唐墓葬壁画仪仗出行题材削弱，盛行家居生活方面的题材，墓室中流行以六扇屏风作为装饰，取代了建筑图案的地位[5]。五代时期，在墓葬形制上，出现了多角

---

[1] 中国社会科学院考古研究所：《偃师杏园唐墓》，科学出版社，2001 年，第 3 页。
[2] 洛阳市第二文物工作队：《唐安国相王孺人唐氏、崔氏墓发掘简报》，《中原文物》2005 年第 6 期。
[3] 陕西省博物馆等：《唐李寿墓发掘简报》，《文物》1974 年第 9 期。
[4] 陕西省文管会：《唐永泰公主墓发掘简报》，《文物》1964 年第 1 期。
[5] 参王仁波：《陕西唐墓壁画之研究》，《文博》1982 年第 1、2 期。

形墓和圆形墓,在墓葬装饰上,出现仿木构砖雕门楼和壁面装饰,都是此前关中地区和洛阳地区所没有的新情况。

多角形墓(或称多边形墓)是墓室平面为六角形或八角形的墓葬。研究宋辽墓葬的学者一般认为多角形墓的产生与佛教的影响有关,如韩国祥先生指出:"到辽代晚期,特别是清宁(1055)以后,始大量出现六角形、八角形等多角形墓,并成为辽代晚期盛行的墓葬形制。其中以八角形主室者居多。多角形墓室的广泛出现及以八角形主室为主要形式的演变过程,或与辽代中晚期佛教的兴盛有关。八角表示八个方位,即四方四隅,亦即《大日经》疏五记述之'八方天'。"[1]李清泉先生则认为,辽宋时期多角形墓葬的出现是受到了佛塔地宫建筑和墓前的塔形建筑物墓幢的影响[2]。但这些推断是基于辽代晚期和宋代开始流行的多角形墓,而在此之前的唐代,河北地区已经出现了多角形的墓葬。齐东方先生在《隋唐考古》中称朝阳地区唐初已经出现了六边形墓葬[3]。

在河北省唐山市徒河水库修筑过程中清理了唐末到五代初的墓葬34座,其中砖椁墓(根据描述,有甬道、墓门,应是砖室墓)26座,按平面形状可分为椭圆形、六角形、正方形和长方形四类。六角形墓数量不明,均有穹隆顶、甬道,券门两侧有翼墙,墓门两侧上角有的雕出直棂窗。有的在墓壁砌出假桌或壁龛,墓四角又雕出立柱。石椁墓7座,平面有椭圆形、六角形和正方形三种,六角形石椁墓的数量也未说明[4]。

河北省张家口市宣化区曾发现三座唐墓,分别为会昌四年(844)苏子矜墓、乾符四年(877)张宗庆墓、乾符六年(879)杨釰墓[5]。苏子矜墓为弧方形砖室墓,阶梯式墓道,墓门为砖雕仿木结构,拱门两侧砌柱子。墓室内四角设立柱,四壁有仿木构门窗装饰。张庆宗墓为砖雕仿木构建筑八角形墓,南北长4.4米、东西宽4.5米。墓壁转角处砌抹角倚柱,柱上托一斗三升斗栱。东南壁砖雕高檠灯、直棂窗、椅子和马球杆,东壁砖雕双扇门、直棂窗,东北壁里侧为棺台所占,外侧为直棂窗,西北壁残存半个直棂窗。杨釰墓墓室平面为六角形,转角处做抹角柱子,柱下雕出柱础,柱上为坐斗枋,上托一斗三升式斗栱。六个壁面上雕出仿木结构的门、窗、桌、灯等。

---

[1] 韩国祥:《辽阳西上台辽墓》,《文物》2000年第7期。
[2] 李清泉:《宣化辽墓:墓葬艺术与辽代社会》,文物出版社,2008年,第315—316页。
[3] 齐东方:《隋唐考古》,文物出版社,2002年,第90页。
[4] 河北省文管会:《唐山市徒河水库汉、唐、金、元、明墓发掘简报》,《考古通讯》1958年第3期。
[5] 张家口市宣化区文物保管所:《河北宣化纪年唐墓发掘简报》,《文物》2008年第7期。

唐代河北地区①流行砖室墓，常在墓门两侧砌筑翼墙，墓门上部砌筑门楼，墓壁砌出砖柱、斗栱、假门、直棂窗和桌椅灯檠等家具陈设，形成与关中地区为代表的两京地区不同的墓葬装饰风格。贞观十七年（643）辽宁朝阳勾龙墓是已知较早的使用砖雕装饰的墓葬，该墓为圆形单室砖墓，墓室内等距砌仿木构砖柱，残存两根，上为一斗三升的斗栱，升上托枋②。朝阳西大营子唐代"朝散大夫"墓，是一座圆形砖室墓，墓门上正中砖砌斗栱一朵，两旁有砖砌方柱，柱中间有斗栱两朵，柱下砖砌方形柱础③。河北文安县城关镇M1，墓室西壁砌一仿木直棂小窗④。其他如河北阳原县金家庄唐墓⑤、北京海淀区八里庄唐大中二年（848）王公淑墓⑥等，都有类似仿木构建筑装饰。晚唐时期，仿木结构装饰的墓葬变得普遍起来，不但在墓壁砌筑门窗、斗栱等简单的仿木结构，还砌出桌椅灯架等家具设施，并以影作壁画相配合，成为辽宋时期雕砖壁画墓的雏形。

河南洛阳地区的圆形砖雕壁画墓，应是受到来自河北地区的影响。秦国夫人墓的八角形后室、砖雕壁画和端门门楼，以及冯晖墓的砖雕门楼和砖雕壁画，是直接或者通过河南地区间接继承了河北地区的墓葬因素。冯晖为"邺都高唐人"，其墓葬受到河北因素影响或许与其籍贯有关。李茂贞祖籍河北道深州博野县，唐僖宗乾符中随博野军宿卫京师，逐渐以军功升迁为凤翔节度使。李茂贞墓可能主要考虑使用高规格的石室，而忽略了墓葬平面和砖雕装饰。秦国夫人使用八角形墓室和砖雕装饰，则与后晋时期河北集团已经成为中原王朝的统治者，河北因素因此成为中原北方地区主流的墓葬因素有关。北汉太惠妃王氏墓使用了圆形石室墓，与后蜀孟知祥和陵一样，是受到了河北地区圆形墓因素的影响。根据墓志记载，王氏"世为燕人"，使用圆形墓也应与她的籍贯有关。

河北人因出仕或其他原因来到中原或其他地区的同时，把河北墓葬特征也移植到了当地，可能是河北墓葬因素传播的原因之一。更重要的原因，则可能是随着河北集团成为中原王朝的统治集团，包括墓葬因素在内的河北文化因素也被纳入主流文化，为其他地区的人群尤其是上层人物接受和模仿。秦国夫人墓所具有的河北墓葬因素，正是在后晋时期河北因素通过

---

① 本书所指的河北地区主要是唐代河北道南部地区，包括今河南省北部的安阳地区、新乡市、濮阳市、山东省西北区地区、河北省、北京市、天津市、辽宁省朝阳地区。
② 朝阳市博物馆：《朝阳市郊唐墓清理简报》，《辽海文物学刊》1987年第1期。
③ 金殿士：《辽宁朝阳西大营子唐墓》，《文物》1959年第5期。
④ 廊坊市文物管理所：《河北文安县西关唐墓清理简报》，《文物春秋》1997年第3期。
⑤ 张家口地区文管所：《河北阳原金家庄唐墓》，《考古》1992年第8期。
⑥ 北京市海淀区文管所：《北京市海淀区八里庄唐墓》，《文物》1995年第11期。

中原向周围地区传播的时代背景下出现的。冯晖墓、北汉太惠妃王氏墓表现出来的河北墓葬因素，虽可能与其籍贯河北有关，但更可能是河北文化影响周边的大环境的产物。

三、土洞墓文化因素分析

五代时期的土洞墓基本上继承了唐代晚期的形制，多使用竖井墓道，也有少量使用斜坡墓道。墓室长方形或横长方形，墓顶较平。唐代两京地区的土洞墓，主要流行墓室南北边长大于东西边长的纵长方形墓葬，而横长方形土洞墓则是河北地区土洞墓的特征。

孙秉根先生曾对西安地区的墓葬形制演变情况进行总结，发现墓室逐渐由东西宽度大于南北长度的扁方形变成斜方形或方形（弧方形），以后又发展成规正长方形。他提供的两座扁方形例子分别是李和墓和独孤罗墓，其实这两座墓的墓室长宽差距并不明显，可以算作方形墓[1]。徐殿魁先生对洛阳地区隋唐墓的分期研究中也提到了东西宽度大于南北长度的扁方形墓，称之为"铲形墓"。此类墓葬集中在第一期（隋至初唐期），墓向以坐北朝南为主，墓门开在墓室南壁的中部。棺床多设置在墓室北壁之下，个别在墓室西壁下[2]。实际上，这类铲形墓均发现在安阳地区。徐殿魁先生之所以把铲形墓作为洛阳地区隋唐墓葬的特点之一，是因为他以今日行政区划为准，将今安阳、鹤壁、新乡等豫北地区也纳入洛阳地区进行考察，而这些地区在唐代属河北道南部地区，与洛阳地区的墓葬文化传统有一定的差别。

五代时期洛阳地区的土洞墓分为纵向长方形（A 型）和横长方形（B 型），其中 B 型墓即安阳隋唐墓中的"铲形墓"或"靴型墓"。A 型墓继承了洛阳地区唐墓的传统，B 型墓继承了来自安阳地区的墓葬传统。洛阳五代土洞墓中，横长方形墓室比例增加，这跟砖室墓中圆形砖雕墓一样，反映了来自河北地区墓葬形制的影响。

四、李茂贞夫妇墓神道石刻

南朝陵墓神道石刻一般是从前到后置石兽、石柱（华表）、石碑各一对，其石柱位于中间。唐高宗乾陵的神道石刻，将石柱移置于最前端，从南向北依次为石柱（华表）一对、翼马一对、鸵鸟一对、石马和牵马人五对、石人十

---

[1] 孙秉根：《西安隋唐墓的形制》，载《中国考古学研究》编委会编：《中国考古学研究——夏鼐先生考古五十年纪念论文集二》，科学出版社，1986 年，第 152 页。
[2] 徐殿魁：《洛阳地区隋唐墓的分期》，《考古学报》1989 年第 3 期。

对、述圣纪碑与无字碑、六十一王宾像、石狮一对①。此后各唐陵石刻,基本模仿乾陵布局,成为定制。唐代人臣墓葬石刻,有石羊、石虎、石人、石柱(华表),号墓为陵者又有石狮②。无论石刻种类多少,作为神道标志的石柱总是位于最前面。北宋皇陵神道石刻的最前端也是一对石望柱。石柱(华表)的作用之一是标志神道,五代陵墓没有完整保留下来的神道石刻组合,但五代多继承唐代制度,推测其神道石刻应该仍是以石柱为首。

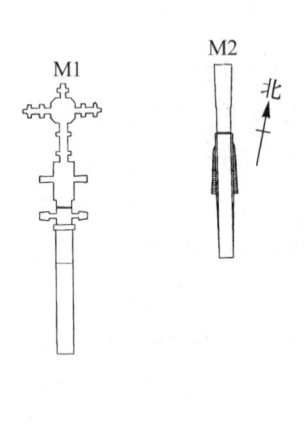

李茂贞夫妇墓共用的神道位于两墓南部的中轴线上(图2-5)。从平面图上看,神道东西两侧的石刻基本是对称分布的,神道西侧现存石刻14件,东侧现存7件,按东西对称原则推测,原来至少应有28件。石刻的种类有文官、武官、羊、虎、控马官、马、华表七种。神道西侧石刻保存完整,神道东侧残存的石刻各与西侧相对的石刻相同,仅最北端的文官、武官隔神道东西相对,属于不同种类石刻的对应。另外,《报告》提到在神道位置现地面上采集了一件石狮和一件文官像,"造像风格、石质与神道造像群有异",其归属有待研究。就种类来说,李茂贞夫妇墓神道石刻都是唐代陵墓石刻中已经存在的。

但李茂贞夫妇墓神道石刻的排列顺序与唐宋陵墓不同,一对华表位于石刻序列中部,其余石刻的排列顺序也很混乱。以较完整的神道西侧石刻为例,华表以南部分从南到北为石虎、石羊、石虎、石羊、控马官、武官、文官、武官、文官(与唐宋陵墓同类石刻相邻不同,其同类石刻与其他类石刻相间设置),华表以北部分为控马官及马、石虎、石羊、武官。华表以南部分石虎、石羊、和文武官的数量均为华表以北部分的两倍。如果不考虑同类石刻数量的差异,华表南北石刻排列顺序是基本相同的,即从南到北分置石虎、石羊、控马官(华表

图2-5 李茂贞夫妇墓地平面示意图

---

① 陕西省文物管理委员会:《唐乾陵勘察记》,《文物》1960年第4期。
② 王小蒙:《从新发现的唐太子墓看太子陵制度问题》,《考古与文物》2005年第4期。

以北又有石马)、文武官，仅控马官的位置有所不同。华表南北均有控马官、石虎、石羊、文官、武官，且排列顺序基本相同，有重复设置之嫌。如果神道石刻没有经过后来的人为移动(如果经过人为移动，似乎不应该仍然保持得相当整齐和有规律)，那么这种重复就很令人困惑了。一个较为合理的解释是：这些石刻是分两次设置的，华表及其以北的石刻是埋葬李茂贞时设置的，华表以南的石刻是埋葬秦国夫人时增设的，而增设时又没有增加华表①。

从石刻种类和形制来看，李茂贞夫妇墓神道石刻基本上继承了唐代制度，但其风格在某些细节上已经与宋代石刻接近。如神道东侧3-1号控马官石像，肩部以上残，上身着窄袖束身长服，腰束宽带，前襟下摆提起挽于腹前腰带内，足蹬长筒靴，长鞭斜插于身后腰带内，叉手而立。神道东侧6-2号控马官石像，头戴幞头，着圆领宽袖长袍，腰系宽带，袍服前襟下摆挽于腰带内，下着小口紧腿长裤。足着履。叉手而立②。将控马官袍服前襟下摆挽于腰带内，造成前后摆长短不同，并在背后斜插马鞭，这一做法不见于唐代陵墓石刻，而常见于北宋皇陵石刻。如宋太祖永昌陵东列南数第一、二号控马官，身穿窄袖紧身袍，第三、四号控马官，身穿广袖宽身袍，前襟皆掖于腰带内，手执缰绳或马鞭(图2-6)③。宋陵这种着窄袖袍服和着宽袖袍服

图2-6 神道东侧3-1号控马官和永昌陵东列南数第三号控马官

① 胥孝平在《五代李茂贞夫妇墓神道浅析》(《收藏》2015年第21期)一文中也认为，李茂贞夫妇墓神道以华表为界，分为两组完整组合，华表以北五组石像生组合与李茂贞身份相符，是李茂贞下葬时所建，华表以南神道为李茂贞夫人下葬时所建。
② 《五代李茂贞夫妇墓》，第132—135页。
③ 河南省文物考古研究所：《北宋皇陵》，中州古籍出版社，1997年，第41页。

者并存,袍服前摆掖入腰带内,手执马鞭的控马官样式,应该是继承了李茂贞夫妇墓的做法。可见,李茂贞夫妇墓神道石刻在唐宋陵墓石刻发展过程中有承上启下的地位。

　　为了劳作方便而将长袍前襟挽于腰带内,这种做法应该是下层劳动者的习惯。在辽宁朝阳唐永徽六年(655)孙则墓中出土一种幞头俑,身穿圆领右衽长袍,长袍前摆翻起,掖于腰带下①。唐李宪墓也出土了一件将长袍前襟掖于腰带下的胡人俑②。秦国夫人墓中的汉人牵马图砖雕,牵马人的长袍前襟掖在腰带下③。神道石刻的控马官或牵马俑,地位不高,其将长袍前襟掖入腰带内的做法或许是模仿了墓葬内的这类陶瓷俑。

---

① 朝阳市博物馆:《朝阳唐孙则墓发掘简报》,载辽宁省文物考古研究所、日本奈良文化财研究所编:《朝阳隋唐墓葬发现与研究》,科学出版社,2012年,第10页(图版5-1)。
② 陕西省考古研究所:《唐李宪墓发掘报告》,科学出版社,2005年,彩版4-4。
③ 《五代李茂贞夫妇墓》,彩版19-1。

第三章 南方地区十国墓葬

与北方地区五代墓葬相比,南方地区的十国墓葬,数量多,类型丰富,南方各区域墓葬之间也存在着差别。墓葬集中的地区主要有长江上游的成都地区、长江中游的两湖地区、长江下游的江浙地区,福建和岭南地区也发现少量十国墓葬。本章将南方地区墓葬主要分为长江上游地区、长江中游地区、长江下游地区以及福建和岭南地区四个地区分别论述。

第一节 长江上游地区墓葬

一、墓葬形制的类型学分析

长江上游地区十国墓,主要集中在成都平原地区,所发现的都是砖室墓。唐宋之际,本地区主要由前后蜀统治,前后蜀之间的一段时间曾属后唐。朝代更迭对普通墓葬影响不大,对后唐时期的墓葬,本书也纳入十国墓,笼统称为前后蜀墓。

在以成都为中心的川西地区发现了大量的唐代砖室墓,其墓葬形制、器物组合时代特征鲜明,学者已经对其中的中小型墓葬特征作了初步总结:四川地区唐代墓葬以单室券拱砖墓为主,一般都由甬道和墓室组成,依据平面结构的不同,可分A、B、C三型:A型墓葬平面呈长方形;B型墓葬平面呈梯形;C型墓平面由长方形、梯形相结合或两梯形结合而成,呈一端大一端小的形状,墓室两侧壁不在同一直线上(即呈折线状),前宽后窄,墓室因宽窄的不同,可分2~4段[1]。

长江上游地区的唐代墓葬以小型券顶砖室墓为主,一般宽度仅容一棺,高度不超过1.5米,与北方地区使用高大宽敞的穹隆顶墓室的传统有明显

---

[1] 刘雨茂、朱章义:《四川地区唐代砖室墓分期研究初论》,《四川文物》1999年第3期。

的区别。有的墓葬虽然砌出了墓门、甬道,却没有墓道,因而墓门、甬道只是徒有形式,并不具有通过棺木的实际作用,但也反映了人们视墓葬为死者居室的观念。这些小型砖室墓,实际上是砖椁墓①。

长江上游地区唐代晚期墓葬经常使用肋拱结构,如万间 M8,是一座双室合葬墓,残长 5.3 米、宽 3.83 米、残高 0.5 米,两室相同,用墙间隔,互不贯通,分别封门。墓壁内侧砌有五道肋拱,宽 0.4～0.5 米、厚 0.2 米,分别位于甬道前段、过道、墓室后端和墓室中部②。南方唐墓不像北方墓葬那样多用穹隆顶,而是多用券拱顶,在墓壁内侧附加肋拱结构,有加固墓室和券拱的作用。此外,甬道底往往低于墓室底,形成阶梯,也是本地区墓葬的一个特征。这些特征,都为前、后蜀时期墓葬所继承。

除帝陵外,前后蜀墓葬多为长方形砖砌券顶单室墓、双室墓或三室墓。双室墓和三室墓一般有斜坡墓道或阶梯墓道,单室墓有的无墓道,属于在土坑内砌筑的砖椁墓。根据墓室数量,长江上游地区十国墓葬可分为单室砖墓(A 型)、并列双室砖墓(B 型)和三室砖墓(C 型)三型,其中单室砖墓按平面形状又可分为长方形单室砖墓(Aa 型)、梯形单室砖墓(Ab 型)和分段单室砖墓(Ac 型)三个亚型。如表 3－1 所示:

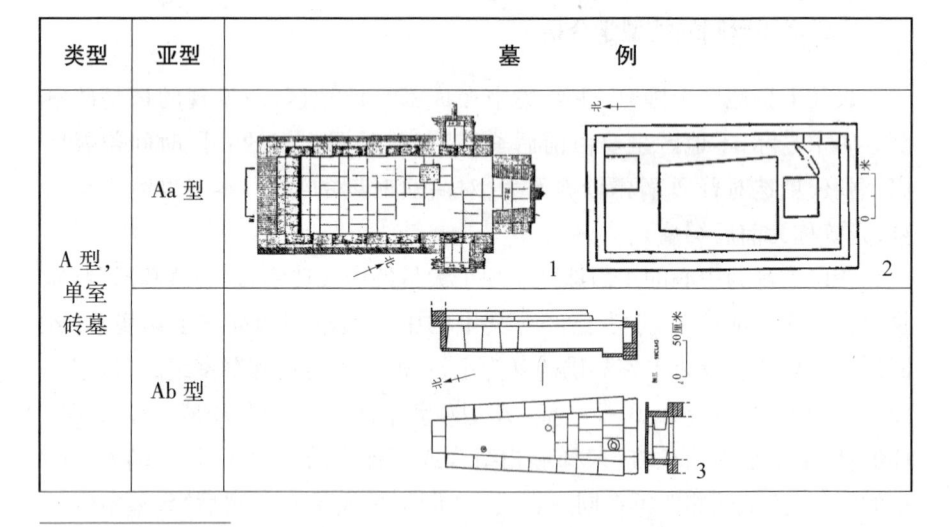

表 3－1　长江上游地区墓葬形制表

类型	亚型	墓　　例
A 型,单室砖墓	Aa 型	1　　　　2
	Ab 型	3

---

① 砖室墓和砖椁墓的区分,主要参考董新林在辽墓形制分类中使用的"类屋式墓"、"类椁式墓"的概念。辽代流行有墓道和墓门、建筑较为高大的砖室或石室墓,这类墓应该是模仿现实生活中的房屋等建筑形式,故可称为"类屋式墓"。还有少量砖筑或石筑的长方形小墓,没有墓道和门道,形如椁室,可称为"类椁式墓"。参董新林:《辽代墓葬形制与分期略论》,《考古》2004 年第 8 期。
② 刘雨茂、朱章义:《四川地区唐代砖室墓分期研究初论》,《四川文物》1999 年第 3 期。

续 表

类型	亚型	墓 例
A型, 单室 砖墓	Ac型	4
B型, 并列双 室砖墓		1.执壶 2.盘口壶 3.四系罐 4.碗 5.四系罐 6.碗　5
C型, 三室 砖墓		6 7

墓例说明：1.成都广政十四年墓；2.成都北郊高晖墓；3.成都梁家巷M3；4.成都西郊西窑村M9；5.广汉烟堆子遗址M3；6.彭山宋琳墓；7.成都张虔钊墓。

A型,单室砖墓。分为长方形单室砖墓（Aa型）、梯形单室砖墓（Ab型）和分段单室砖墓（Ac型）三个亚型。

Aa型,长方形单室砖墓,有的墓壁砌肋拱。有成都北郊高晖夫妇墓[①]、

[①] 徐鹏章、陈久恒、何德滋：《成都北郊站东乡高晖墓清理简报》，《考古通讯》1955年第6期。

成都广政十四年墓①(表3-1,墓例1)、成都西郊西窑村 M21②、成都西郊化成村五代墓(M2)③、成都海滨村后蜀墓④等。

成都北郊高晖夫妇墓,墓室正南北向,长3.5米、宽2.26米,四壁用小砖砌成,墓顶已破坏。墓室正中置梯形石棺床,上置石椁。石椁高0.58米、宽1.07米,上有盖,长2.78米,边宽0.52米。椁四角顶上有纽。椁南面有石门,门左右各雕1个武士,石椁前端雕朱雀,后端雕玄武,左侧刻青龙、右侧刻白虎。石椁内淤泥中有少许水银痕迹。椁前置石方桌,桌侧有一个志盖,上刻"蜀故清河张氏墓志铭"。北墙下置一墓志,志盖题"大唐故渤海高公墓志"(表3-1,墓例2)。

此墓是高晖夫妇合葬墓。高晖是河东晋州人,出身行伍,追随晋王李克用,充留守押衙兼甲院军使,后唐庄宗时授银青光禄大夫、检校工部尚书兼御史大夫、上柱国、充左崇武军使。后被孟知祥任为西川节度押衙,□监都作院使。后唐长兴三年三月十日终于成都府华阳县私第,享年八十一。其妻张氏死于孟知祥建立后蜀之后。

成都市西郊西窑村M21,为平面长方形多肋拱的砖室墓。墓向100度,由墓门、壁龛、甬道和墓室组成,墓室长3.26米、宽1.28米。墓门残高0.6米,竖砖封门。甬道呈"凸"字形,长0.56米,低于墓室底部0.22米。墓室前侧靠甬道处有一对对称的壁龛,宽0.32米。墓壁两侧有对称的肋拱柱(图3-1)。墓中出土一块地券,上有后蜀"广政"年号,还出土一枚"乾德元宝"钱。

2017年,成都海滨村发掘了两座后蜀时期的砖室墓,分别为M23、M24。M23为带券顶的长方形砖室墓,方向246度。未见墓道。墓门及券顶已坍塌,墓室保存较好。甬道位于墓室西侧,平面长方形,长0.6米、宽1.24米、低于墓室0.22米,底部铺砖。墓室长3.34米、宽1.64米、残高1.2米,底部铺砖。两侧壁有四道对称的肋柱,长0.4米、宽0.19米。出土遗物有瓷器、铜钱、石质买地券等。买地券有广政十九年(956)的纪年。墓主为"故彭州就粮左定戎指挥使前守蓬州刺史"刘瑭。

M24与M23形制、方向相同,也是无墓道的长方形券顶砖室墓。甬道

---

① 洪剑民:《略谈成都近郊五代至南宋的墓葬形制》,《考古》1959年第1期。
② 成都市文物考古研究所:《成都市西郊土坑墓、砖室墓发掘简报》,载《2001成都考古发现》,科学出版社,2003年。又见成都市文物考古研究所:《成都西郊西窑村唐宋墓葬发掘简报》,《东南文化》2003年第7期。
③ 成都市文物考古工作队:《成都市五代墓出土尊胜陀罗尼石刻》,《四川文物》1999年第3期。
④ 成都文物考古研究院:《四川成都海滨村五代后蜀墓发掘简报》,《文物》2019年第7期。

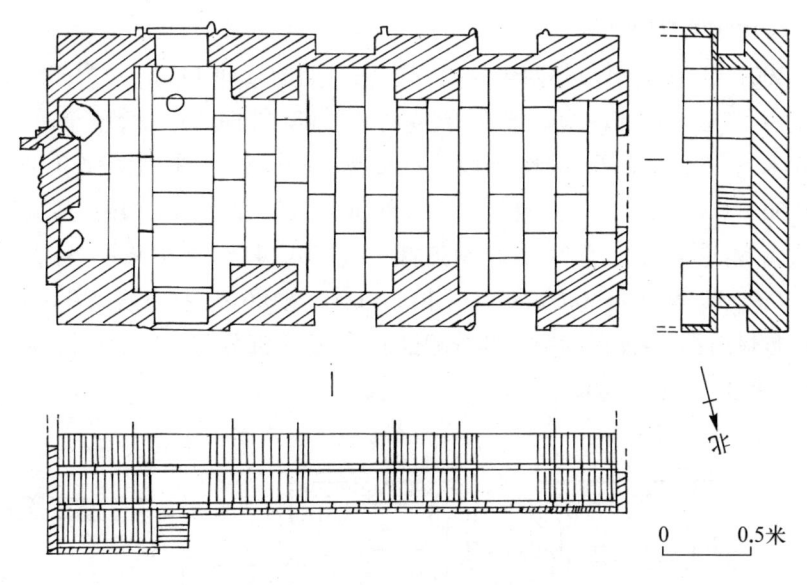

图3-1 成都西郊西窑村 M21

长0.57米、宽1.28米,低于墓室0.3米,底部铺砖。墓室长3.24米、宽1.7米、残高1.1米,底部铺砖。两侧壁有肋柱,长0.4米、宽0.19米。北壁四道,南壁残存两道。出土瓷器、钱币、石墓幢等,墓幢文字有"广政二十年"的纪年。

1995年成都市西郊化成村清理了两座砖室墓,其中的95CHM2为长方形券顶砖室墓,全长6.13米、宽4.82米、残高1.27米,方向24度,由封门墙、墓室、壁龛和壁柱组成。墓室长4.18米、宽2.16米、残高1.32米。东西两壁内侧各砌对称的四道壁柱(肋拱)。墓室后部有长方形棺台,棺台前砌出四个仰莲形壶门。墓葬东、西、北三壁各设一个券顶式壁龛,龛内设壁柱。墓葬出土四系罐3件,盒1件,佛顶尊胜陀罗尼石刻一件。简报根据墓葬形制和棺台壶门做法及随葬尊胜陀罗尼石刻等特征推断此墓为五代墓。

Ab型,梯形单室砖墓。有成都梁家巷M3[①]等。

1998年成都梁家巷发现9座唐宋时期的墓葬,其中M3、M5、M8为五代至北宋时期墓葬,仅M3保存相对完好。该墓为梯形单室砖墓,方向160度,由封门墙、甬道和墓室组成。封门墙厚0.2米、长0.8米、残高0.54米。甬道位于墓室前端,宽0.7米、进深0.32米,低于墓底0.08米。墓室长2.26米、宽0.44~0.68米、残高0.54米(表3-2,墓例3)。

Ac型,分段单室砖墓,墓室两侧壁皆分为两段,不在一条直线上。有成

---

① 成都市文物考古工作队:《成都梁家巷唐宋墓葬发掘简报》,《四川文物》1999年第3期。

都西窑村 M9、M10①等。

2001年,在成都西郊西窑村发现唐宋时期的墓葬14座,其中 M9、M10 为晚唐至五代时期的分段梯形单室砖墓。M9 方向 105 度,整个墓室宽 0.66 米～1 米、残高 0.28 米;前段长 1.42 米、宽 0.38～1 米,后段长 1.38 米、宽 0.66～0.7 米;墓门以砖封门。M10 墓向 165 度,墓室由封门砖、墓壁和甬道构成,甬道呈梯形,前宽后窄,甬道低于墓室 0.14 米,底铺砖一层;墓室前段长 0.92 米、宽 0.7～0.66 米,后段长 1.14 米、宽 0.6 米,墓室残高 0.6 米;墓门以砖封门;墓室前段的前半部分顺铺底砖,后半部分与墓室的后段则横铺底砖(表3-1,墓例4)。

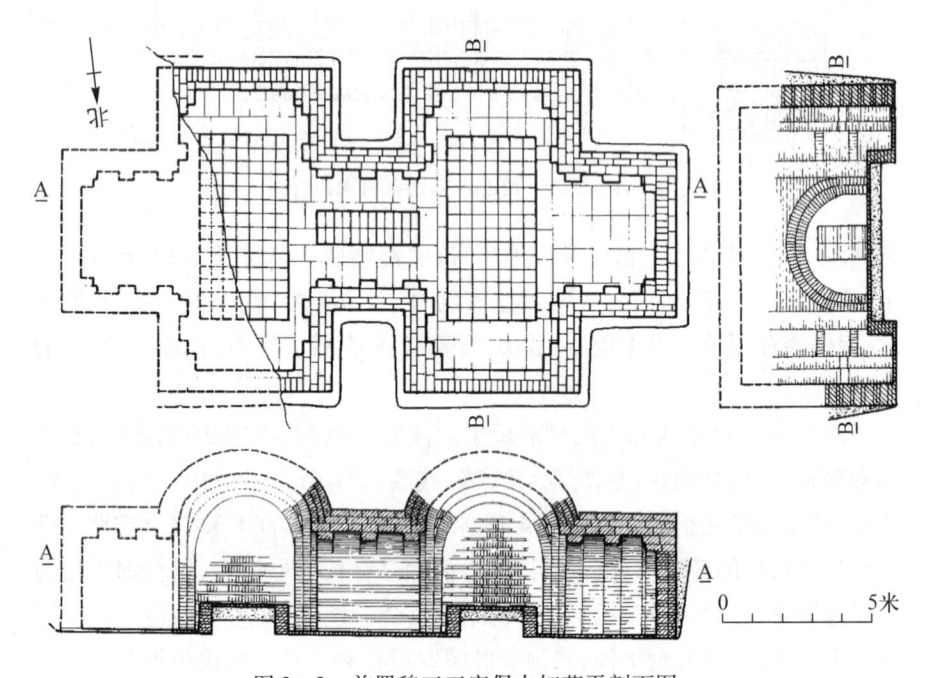

图3-2 前蜀魏王王宗侃夫妇墓平剖面图

B 型,并列双室砖墓,双室之间以通道连接。有成都东郊前蜀魏王王宗侃夫妇墓②、成都双流籍田竹林村后蜀墓③、成都市龙泉驿区 M1④、广汉烟

---

① 成都市文物考古研究所:《成都西郊西窑村唐宋墓葬发掘简报》,《东南文化》2003年第7期。
② 薛登:《五代前蜀魏王墓》,《成都文物》2000年第2期;成都市文物考古研究所、龙泉驿区文物保护管理所:《成都市龙泉驿五代前蜀王宗侃夫妇墓》,《考古》2011年第6期。
③ 成都文物考古研究所、双流县文物管理所:《成都双流籍田竹林村五代后蜀双室合葬墓》,《成都考古发现(2004)》,科学出版社,2006年。
④ 成都市文物考古研究所、龙泉驿区文保所:《成都市龙泉驿区洪河大道南延线唐宋墓葬发掘简报》,《2001成都考古发现》,科学出版社,2003年。

堆子M3①等。

成都市东郊龙泉驿区十陵镇发现的前蜀魏王王宗侃及明德夫人张氏合葬墓,是一座大型的长方形并列双室券顶砖墓,墓葬全长20.3米、宽10.38米、残高3.98米,方向5度。东、西两墓室均由封门墙、墓室、棺床、耳室、肋拱等组成。两室之间建有3.78米、宽3.8米、高3.2米的券拱式过道,过道中部又砌有一列东西向砖墙,长3.3米、宽1.1米,高及券顶。两室为同时修筑的同墓异葬夫妇合葬墓,形制、结构、大小基本相同。以西墓室为例:封门墙长3.8米、厚0.68米、残高3.09米。墓室长9.05米、宽4.4米、残高3.9米。起券处距墓底2.8米,券拱已毁,高度不详,共三层券,厚0.68米。东、西两壁内侧砌四道肋拱。墓室中部有生土台外包砖的长方形棺床,长5.9米、宽2.97米、高0.89米,上有棺椁遗痕和铜铺首衔环及铁环,棺、椁曾遭盗扰焚烧。棺床上发现有少许凌乱的人骨,棺床四周发现较多小团状水银。西壁中部与过道相对有西耳室,券顶,宽3.95米、高3.2米、深3.16米,底部和墓室底在同一平面。耳室的南、北二壁内侧砌三道肋拱。墓室、耳室、过道地面均平铺一层红砂石板,石板边缘压在墓壁下。墓室底发现较多的粉状和块状石灰,一些石灰上有朱、黑两色的残缺图像,可能墓壁原绘有壁画。

两室棺床与后壁之间分别放一合墓志。据墓志可知东墓室安葬的是王宗侃,西墓室安葬的是张氏。王宗侃死于前蜀乾德五年(923)七月十二日,十一月六日葬于该墓。张氏死于乾德四年六月二十四日,乾德五年二月二十五日,安厝于成都县文学乡成均里南原,待魏王宗侃死后才迁来与之合葬。

成都市龙泉驿区M1,前有斜坡墓道,墓室为双室并列,每个墓室由甬道和前、中、后三室组成,墓壁加筑肋拱,结构相同。前室长6.5米、宽4.85米,残高3.2米。中室为棺室,长4.4米、宽4.85米、残高3.2米。后室长2.1米、宽2.25米、高2.5米。两并列墓室的前室和中室外侧均有一耳室,内侧以通道相连,使整个墓葬呈"井"字形。右室出土一墓主人石像,为一女性拱手端坐形象。简报推测该墓时代在唐末五代时期。其随葬生人石像,与王建在寿陵放置石像性质相同,属于代人的石真。墓葬形制为夫妻分穴相通合葬墓,与王宗侃夫妇墓相似,而规模更大,结构更复杂,可能是同时期墓葬(图3-3)。

---

① 四川省文物考古研究院等:《2004年广汉烟堆子遗址晚唐、五代墓地发掘简报》,《四川文物》2005年第3期。

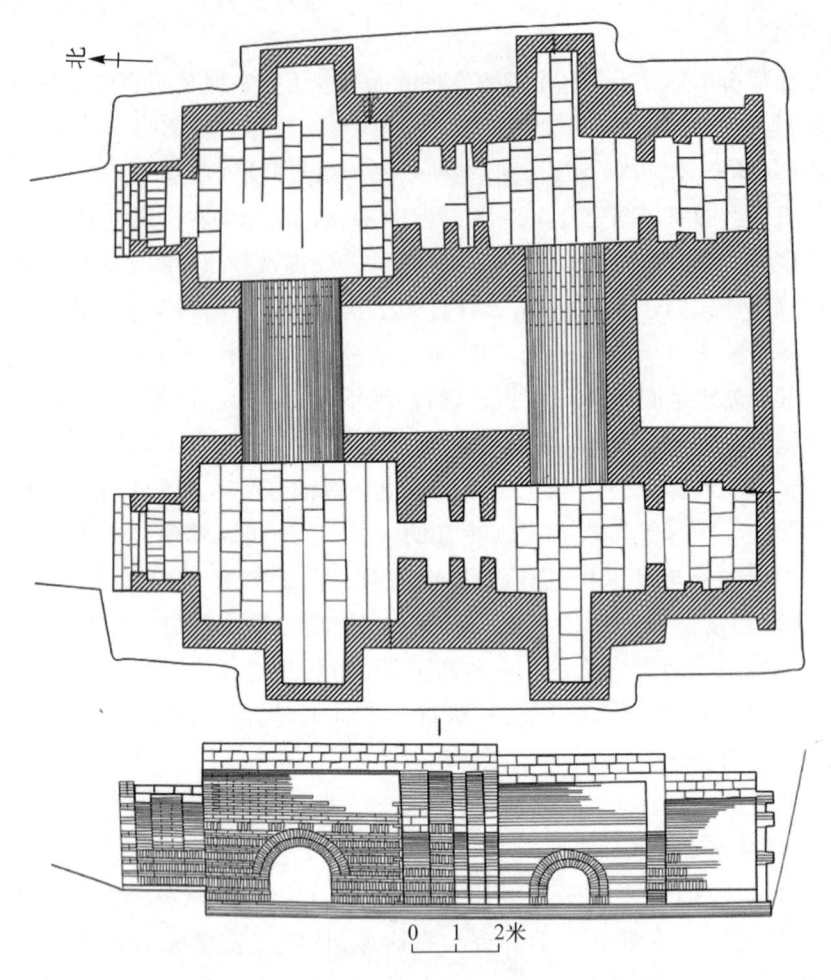

图 3-3 成都市龙泉驿区五代墓 M1 平剖面图

2004年广汉烟堆子遗址发现了三座晚唐、五代时期的砖室墓,其中 M3 出土两枚前蜀王衍时期所铸"乾德元宝"钱币。M3 为双室券顶砖室墓,全长9.15米,方向180度。可分为墓道、封门墙及墓室三部分。斜坡墓道全长3.5米,中间有一生土台将墓道分开,东墓道宽约1.34米,有13级台阶;西墓道宽约1.4米,有11级台阶。封门墙厚约0.45米,底部与甬道底部平齐。底部沟槽中有三个砖砌立柱,立柱上部砌成斗栱。中间立柱将东、西墓室墓门隔开(表3-1,墓例5)。

墓室长方形,长4.65米,宽4.2米,北部已破坏,残留结构包括东、西墓室、东、西耳室及东、西甬道几部分。东、西甬道分别位于两墓室南端,底部低于墓室底0.3米。东甬道长1.52米,宽1.2米;西甬道长1.52米,宽1.1米。甬道底部铺砖,砌成两级台阶。西墓室宽1.7米,长方形券拱结构,券顶高 1.64 米。东墓室结构与西墓室相似,东侧壁有五道肋拱。东、西墓室北端头龛均为仿木结构,有瓦、檐、枋、斗拱、柱、廊、台阶,其中西墓室头龛为重檐结构。东墓室头龛为单檐结构,有四根门柱。东、西墓室北部券拱有砖砌结构相连,但不相通。耳室为券拱结构,东耳室保存较好,宽 1.04 米,深 0.82 米,券顶高 1.2 米。

C 型,三室砖墓。此型墓葬规模仅次于两座帝陵,有前蜀晋晖墓[1]、后蜀张虔钊墓[2]、孙汉韶墓[3]、宋琳墓[4]、后蜀彭州刺史徐铎墓夫妇墓[5]、李韡墓[6]。

前蜀晋晖墓位于成都东北郊八里庄附近,墓向 190 度。墓顶及大部分墓壁无存,墓室南北端被房屋所压,仅存墓室中间部分和个别耳室。墓南端发现叠压的石条,上边的石条上缘略拱,长 3.4 米、中部高 0.9 米,下边压着两块分别长 1.7 米和 1.75 米的长方形石条。石条与墓室正对,推测是墓门上部的门楣、门额。墓葬全长 12 米以上,包括前、中、后三个墓室和四个耳室。前室长约 2.5 米、宽 3.5 米,底部斜铺素砖。中室宽 3.1 米,长度不明,前部有三层砖砌阶梯,阶梯后是棺台,高 45 厘米,与墓室同宽,后部压于房基下,长度不明。棺台为前面雕 5 个壸门的须弥座式,上有人骨、铁棺钉、铜钱、陶片和墓志一方。中室两侧各有耳室两个,形制相同,东侧前耳室较完整,深 1.5 米、宽 1.2 米、高 2.2 米,顶为三层拱券,上盖一层平砖及一块 15 厘米厚的石板。耳室内砌有高 75 厘米的供台,置随葬品(图 3-4)。

后蜀宋琳墓位于四川彭山县城北观音乡,地面封土高 3.5 米、南北径约 15 米。墓室方向 138 度,全长 7.64 米、宽 1.28~2.4 米、高 1.52~3 米。室内抹白灰。墓顶砖上堆一层 20~50 厘米厚的卵石与黄泥,上盖红砂石板。三室墓底铺砖,中室低于后室十层平砖,前室低于中室三层平砖。两层单砖封门。前室长 2.4 米、宽 2.36 米,在与中室连接处有 2 个小龛。中室长 3.66 米、宽 1.6~2.4 米、高 3 米,两壁各有 5 个拱柱。第二、三柱间有小龛。第三、四两柱间有左右两壁对称的耳室,进深 0.52 米、宽 0.92 米、高 1.15 米,在券门上端砌仿木斗拱 2 个,向上 0.5 米处又砌 7 个窗格。第四、五柱间皆为

---

[1] 四川省文管会:《前蜀晋晖墓清理简报》,《考古》1983 年第 10 期。
[2] 成都市文物管理处:《成都市东郊后蜀张虔钊墓》,《文物》1982 年第 3 期。
[3] 成都市博物馆:《五代后蜀孙汉韶墓》,《文物》1991 年第 5 期。
[4] 四川省博物馆文物工作队:《四川彭山后蜀宋琳墓清理简报》,《考古通讯》1958 年第 5 期。
[5] 年公、黎明:《五代徐铎墓清理记》,《成都文物》1990 年第 2 期;成都市博物馆:《成都无缝钢管厂发现五代后蜀墓》,《四川文物》1991 年第 3 期。
[6] 任锡光:《四川华阳县发现五代后蜀墓》,《考古通讯》1957 年第 4 期。

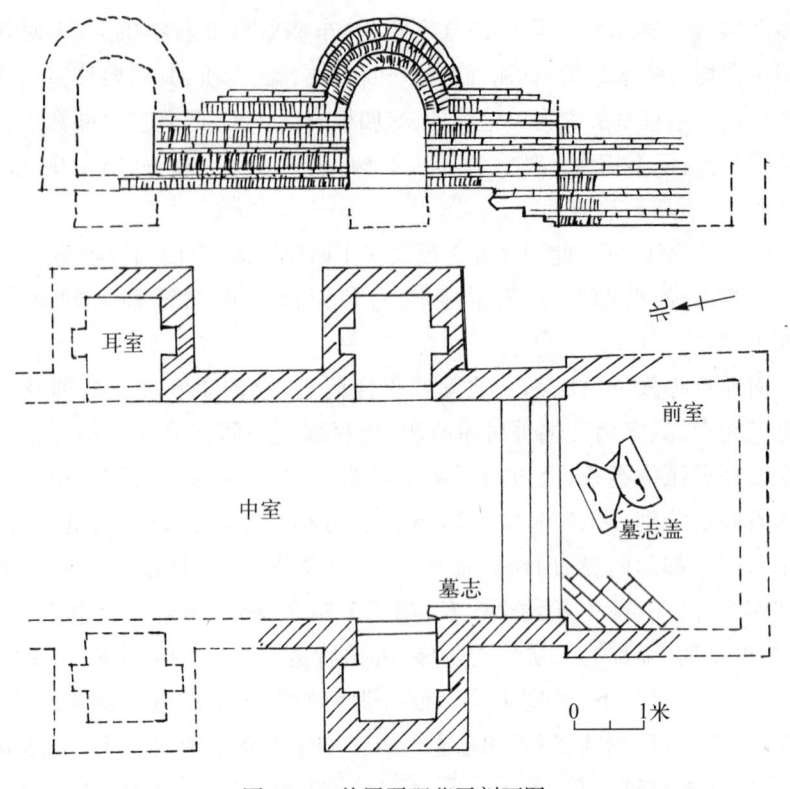

图 3-4 前蜀晋晖墓平剖面图

墓壁,两壁间有小龛 2 个。后室长 1.6 米、宽 1.28 米、高 1.36 米。中室顺向置红砂岩石棺,由棺盖、棺身、棺座组成。棺盖长 3.06 米、宽 0.78～1.19 米、厚 0.46～0.54 米,前后端分别浮雕朱雀、玄武。棺身四墙外侧,左墙浮雕青龙,右墙浮雕白虎,前后两端是仿木构建筑的脊檐和门柱,门中间有妇人启门图像。棺座梯形,四周有浮雕花纹,正面为三个舞乐伎,分别呈拍板、舞蹈、吹篪状。出土一批陶瓷器和陶俑。据买地券记载,墓主为宋琳,亡于后蜀广政十八年(955)(表 3-1,墓例 6)。

后蜀张虔钊墓位于成都市东郊黄土丘陵高坡之下,是一座长方形拱券三室墓,墓向 136 度,总长 27 米、宽 5 米、高约 4 米,墓顶已毁。墓室前为斜坡阶梯形墓道,长 8 米、宽 5.8～4.8 米,有 14 级阶梯。墓门外左右有八字墙,封门砖墙厚 1.7 米。前室长 5.2 米、宽 3.9 米,左右各有 1 个耳室,均长 0.96 米、宽 0.84 米、高 1.2 米。中室长约 10.6 米、宽 5 米,左右各有 3 个耳室。其中长约 1.4 米、宽 1.3 米、高 1.26 米的大耳室 4 个,耳室内两侧正中各有一凹形壁龛;长 0.9 米、宽 0.8 米、高 1.3 米的小耳室两个,内无壁龛。中室左右两壁在大耳室之间有三道肋拱。后室长 2.9 米、宽 2.8 米,左右两壁各有一拱形壁龛。墓内石板铺地，前后室地面比中室稍低。墓壁抹石灰，壁画已毁。中室有须弥座式红砂岩石棺床，长6.9米、宽3.6米、高0.82米。床身四周有16个长方形柱子，每边4个，高48厘米、宽28厘米，均刻力士像。力士披头卷发，高鼻大嘴，鼓眼赤足，一手叉腰，一手托棺。柱子之间镶嵌壸门，南北两面各3个，东西两侧各5个，壸门内刻马、狮、獬豸、羊、鹿等动物。棺床前置石缸一件。前室陈放墓志一合、买地券一方（表3-1，墓例7）。

张虔钊为唐代辽州（今山西左权）人，自天祐十七年追随李克用，屡任突骑军使等职。闵帝李从厚时，张虔钊讨伐潞王李从珂，兵败，与洋州武定军节度使孙汉韶一同归后蜀。广政十一年（948），任北路行营招讨安抚使，负责招降接应后晋晋昌节度使赵匡赞等，失败而返，卒于途中。

后蜀孙汉韶墓位于成都市城北驷马桥北1.5公里，地面封土高约7米，面积80平方米，略呈覆斗形。封土夯筑，边缘有砖砌的加固墙，残存东北部一段，长约5米、高0.6米、厚0.4米。墓葬方向270度，由前、中、后三室组成，残长18.8米。前室前部破坏，平面梯形，两壁微外侈，残长5.1米、内宽3.65米、高4.6米，两壁各有一长方形小龛。中室长约10米，宽3.8～4.3米，券顶已塌，残高4.8米，左右两壁各有两个对称的方形券顶耳室，长1.9～2.25、宽1.6～1.7、高1.5～1.6米，耳室内有1～2个小壁龛。中室内壁抹石灰，绘壁画，已毁。后室略呈方形，券顶高4米。整个墓室前低后高，地面铺砖。中室中部设须弥座石棺床，长6.45米、宽3.5米、高0.52米，四周镶嵌石雕壸门。壸门内浮雕狮、鹿、羊、虎、象等动物。棺床四周边角有长方形红砂石柱，高30厘米、宽20厘米，上雕卷发或戴幞头、袒胸赤足、双手叉腰、以肩托棺的力士像。石柱与壸门相间分布。棺床前放墓志一合，盖顶篆书"大蜀故守太傅乐安郡王赠太尉梁州牧赐谥忠简孙公内志"。出土陶俑多种，陶建筑模型1套，包括照壁、阁、过厅、亭、假山、素面墙、假山墙各1件。

孙汉韶为太原人，后唐应顺元年（934）潞王李从珂反，孙汉韶与山南西道节度使张虔钊以兴元、武定两镇之地降后蜀孟知祥，累官至武信军节度使，守太傅兼中书令，封乐安郡王。广政十八年（955）卒于成都县私第。

后蜀彭州刺史徐铎夫妇墓位于成都市城东无缝钢管厂，原有长约30米，宽约25米，高4～5米的墓葬封土。夫妇二墓共用一个封土堆、分穴合葬，相距1.3米。M1为徐铎墓，M2没有出土墓志，墓葬形制和墓砖与M1基本相同，应是同时建造的，可能是徐铎夫人张氏墓。徐铎夫妇墓按简报描述均为前后双室墓，由通道、前室、后室三部分组成，但从平面图上看，其形制和前、后蜀几例三室墓相同，只是将前室称为通道，本书仍将其作为三室墓。

M1，徐铎墓，为大型多耳室长方形券拱砖室墓，由前、中、后三室组成，全长10.8米，宽2.2～2.8米（最宽处2.8米似为3.8米之误），高2～4米。墓向南偏东23度。前室平面呈喇叭形，设砖砌门框、檐、额。门额上方用砖砌楣檐，构成斗栱形式。斗栱以三组一斗三升为主体，补间铺作间以人字栱相连。砖上施白膏粉，并以红、黄彩色绘成斗栱样式。墓门高1.93米、宽2.17米、厚0.8米，用两扇石板封门。前室长1.25米，宽2.2～2.4米。中室（即简报所说前室）长约6米、宽3.48米、高3.9米。东西两壁各有两个对称的拱顶耳室。中室内设砖包土的须弥座式棺床，长5.18米、宽2.2米、高0.56米。后室长2.5米、宽2.1米，内高2.33米，后壁向内积压成弧形。整个墓室地面北高南低，靠东西两壁铺地砖斜放，便于排水。墓室内顶刷石灰，绘壁画，已毁。棺床前端正中竖立墓志1合，棺床南端平放买地券1块。

M2墓向、形制与M1基本相同，距M1西侧仅1.3米，全长11.28米，宽2.1～2.75米，高1.35～2.45米。前室（即简报所说的通道）大部已毁，残长2米，宽2.22～2.4米，高2.45米。中室（即简报所说的前室）长约6.29米、宽2.69米、高约2.3米，无耳室。砖包土棺床南半部已毁，残长3米，宽1.48米，高0.28米。周围铺砖一层，靠东西两壁铺地砖略倾斜。中室比前室高出0.4米。顶涂白灰膏泥，绘彩色图案，残存长约4.45米，宽约3米的部分，集中在东、西两壁起拱线至顶部，主要图案有宝相花及藤枝蔓叶和天鹅等。后室长约2.15米，宽2.1米，高1.18～1.5米，底铺砖一层。

徐铎（888～951），字宣武，高平人，曾任后唐庄宗李存勖左羽林效义指挥第二都军使。广政十四年（951）冬十月，授使持节彭州诸军事，守彭州刺史。其年冬十二月二十二日死于宁江军屯驻官舍，终年63岁。广政十五年四月葬于华阳县普安乡沙坎里。夫人为清河县君张氏。

1957四川省华阳县杨柳乡修水渠时发现后蜀李韡墓[1]，仅余很少一部分砖基墙足，总长约9米，似分前、中、后三部。在墓前室部分发现墓志一方，根据铭文知是"蜀故光禄大夫检校司守左领军卫大将军兼御史大夫上柱国"[2]李韡之墓。李韡广政二十一年三月十七日薨于华阳县文翁坊。

除了以上三型外，成都还存在大型穹隆顶单室砖墓，目前仅知后蜀宋王赵廷隐墓一例[3]。因墓葬发掘资料尚未正式发表，仅能从零星报道中了解

---

[1] 任锡光：《四川华阳县发现五代后蜀墓》，《考古通讯》1957年第4期。
[2] "光禄大夫检校司"之"检校司"不可解，疑当为"检校司徒"或"检校司空"之讹。
[3] 王毅、谢涛、龚扬民：《四川后蜀宋王赵廷隐墓发掘记》，《中国社会科学报》2011年6月29日；王毅、谢涛、龚扬民：《成都市龙泉驿区后蜀宋王赵廷隐墓》，《中国考古学年鉴》，文物出版社，2012年。

大概情况,故暂不单独列为一型。

赵廷隐墓位于成都市龙泉驿区十陵镇青龙村一组,其北侧为斜坡,南侧和西侧为台地,墓顶残存直径40米、高约4米的圆形封土。墓葬坐西向东,墓向85度,是一座带斜坡墓道的竖穴砖室墓,由墓道、封门墙、墓门、甬道、主室和南、北、西三个耳室组成,总体呈中字形。墓道平面呈东宽西窄的梯形,长约40米、宽约5米,最深处约3.6米,底部近封门处呈阶梯状,用砖铺地,其东侧为斜坡,用膏泥做底。两壁施厚1厘米的石灰层。墓门外侧用砖和石板封门,共三层。墓门宽9米、厚1.5米,上部砖砌仿木结构屋檐、斗栱,彩绘卷云、草叶、建筑构件等。甬道平面呈长方形,券顶,用红砂石板铺地。墓室东西长16.7米、南北宽18.8米。主室长11.2米、宽10.9米,平面呈亚字形,顶部已塌,推断为十字穹隆顶,内壁绘彩。地面铺长方形红砂石板,中部南北向横置须弥座状棺床,棺床上铺红砂石板,下部砌砖。耳室规格一致,平面长方形,券顶,长约3.5米、宽约3米、深约3米,用长方形砖铺地,底部高于前室0.5米。出土器物包括陶瓷器、陶俑和少量金属器。陶瓷器40余件,各类彩陶俑59件,包括文官俑、武士俑、伎乐俑、神怪俑等,部分描金。还出土陶庭院一套、赵廷隐墓志及买地券各1件。

赵廷隐在《旧五代史》《新五代史》《九国志》《资治通鉴》及《十国春秋》等史籍中有记载,他生于唐中和四年(884),先事后梁,任荆州兵马都监,后降唐庄宗。同光三年(925),随魏王继岌伐蜀,以功除左厢马步军都指挥使。孟知祥镇川西,赵廷隐助其北拒后唐军、东兼董璋,为后蜀建国立下大功,官至太师、中书令,封宋王,因"风疾"卒于后蜀广政十三年冬(950),享年66岁,追赠太尉、徐兖二州牧。

二、墓葬因素分析

(一)墓葬等级制度

目前发现的前、后蜀墓葬,墓主明确者多是节度使和节度使幕僚等高官的墓葬。晋晖,为前蜀武泰军节度使、弘农王,追赠太师。王宗侃是王建的假子,封魏王。高晖为后蜀西川节度押衙、□监都作院使。张虔钊为后蜀山南西道节度使,追赠太子太师。孙汉韶为后蜀武泰军节度使,追赠太尉。徐铎,为后蜀使持节彭州诸军事,守彭州刺史。李𰷺为后蜀"守左领军卫大将军兼御史大夫上柱国"。赵廷隐为后蜀太师、中书令,封宋王。其中除了使用单室砖墓的高晖为节度使幕僚外,其余均为节度使或高级武官,甚至拥有王爵,地位显赫。

前后蜀高官多使用三室墓。王宗侃夫妇墓虽然分别使用单室,但每室均长8.81米、宽4.60米、高3.9米,远大于高晖的长3.5米、宽2.26米的单室墓,而和宋琳、徐铎、李韡的三室墓接近。前、后蜀高级官员使用三室砖墓应该已经形成了制度,三室砖墓的等级高于单室砖墓。

后蜀宋王赵廷隐墓是唯一的穹隆顶砖室墓,其使用穹隆顶主室附加耳室的形制与孟知祥和陵相似,比和陵还多一个耳室。前后蜀帝王和高官虽然多来自北方,但墓葬却使用南方特色的长方形券顶形式,和陵和赵廷隐墓是仅有的两座使用方形穹隆顶的墓葬。赵廷隐墓使用一个方形主室附加三个耳室墓葬形制,更接近北方地区的冯晖墓和王处直墓。这种大型穹隆顶砖室墓应是来自北方墓葬传统,与其他高官的三室墓处于同一等级。

虽然高官墓多使用三个墓室,与王建永陵墓室数相同,但均为砖砌墓室,没有使用石砌墓室的情况,石室墓仅用于帝陵。赵廷隐墓形制与规模与和陵相似,但仍存在砖室和石室的区别。这说明在前、后蜀墓葬等级中,陵和墓的主要区别在于使用石室还是砖室,在墓室多少上的区别并不十分严格。

前后蜀大型墓葬往往使用棺床,有石棺床和砖棺床两种形式。帝陵和节度使级别的高官多使用石棺床,如永陵、和陵、张虔钊墓、孙汉韶墓、赵廷隐墓都使用了须弥座式石棺床,棺床周围浮雕壶门和抬棺力士。刺史级别的徐铎墓、徐铎夫人墓使用了砖棺床。前蜀魏王王宗侃夫妇墓本应使用石棺床,却使用了砖包土棺床,但该墓使用了红砂石铺地。可能前蜀尚未形成严格的使用棺床制度,到后蜀时期,才逐渐形成石棺床用于帝陵和高等级大墓的制度。

对前、后蜀的墓葬制度,张肖马做了初步的研究。他认为前后蜀帝陵用石构三室之制,文武大臣用砖构三室、双室或单室之制,一般官吏只能用砖构单室墓。这一结论基本反映了前后蜀墓葬制度的情况。张肖马还指出前蜀永陵(王建墓)和后蜀和陵(孟知祥夫妇墓)封土为圆形,下部界以石条;文武大臣墓封土略呈圆锥形,封土下部砌以青砖或者不砌砖。这种封土上的差别反映出的也是帝陵和大臣墓的等级差别[①]。

使用三室墓的墓主,基本上都是来自北方的人物。墓室高大如屋,前有斜坡或阶梯墓道,也都是北方墓葬的特征。而中小型的墓葬,仍然延续着唐代以来长江上游地区的本地特征,多为小型砖椁墓,墓室狭小低矮,甬道底低于墓室底,多无墓道。而北方人物的墓葬,除了孟知祥和陵与赵廷隐墓使用了北方墓葬传统的穹隆顶外,均为南方常用的券顶,且多采用本地区特有的肋拱加固墓室,也说明南北墓葬特征在这里产生了交融现象。

晋晖墓和宋琳墓券顶之上,又覆盖平砖或卵石,再铺一层石板,似乎是一种防盗设施,与南唐陵墓的做法相似。晋晖墓耳室内砌供台置随葬品的

---

① 张肖马:《前后蜀墓葬制度浅论》,《成都文物》1990年第2期。

做法在南唐二陵也存在。

（二）并列双室墓

四川地区五代墓中的并列双室砖墓,双室之间以通道连接,是一种很有特色的墓葬形制。这种墓葬形制应源于夫妻并穴合葬的传统。

六朝隋唐时期的夫妻合葬墓一般是同穴合葬,先亡的一方埋葬后封闭墓葬,待后亡者合葬时再打开墓穴葬入。但江浙地区在汉代就已经存在夫妻并穴合葬的土坑木椁墓了,如浙江老和山汉墓中共发现并穴合葬墓8组16座。"两个墓坑分两次建造,方向相同,前后两壁略有错位,墓底有高差,每个墓葬各有一套随葬品,且两组随葬品组合、器物形态特征比较一致,年代比较接近(图3-5,左),这种特殊形式的夫妻合葬形式即同穴异室合葬(习惯称为'并穴合葬'),在西汉中晚期流行,东汉早期依然存在。"如东汉早期的M133与M139,M139长方形竖穴土坑墓,M133后建,与M139并穴,墓坑平行打破M139,打破宽度10厘米,北壁对齐,南壁M133短10厘米。M157和M156两墓并列,两墓坑相距20厘米,墓向相同。"两汉之际,砖椁墓出现,并穴合葬的习俗移植到砖椁墓上,券顶砖室墓更为同室合葬创造了条件。"①

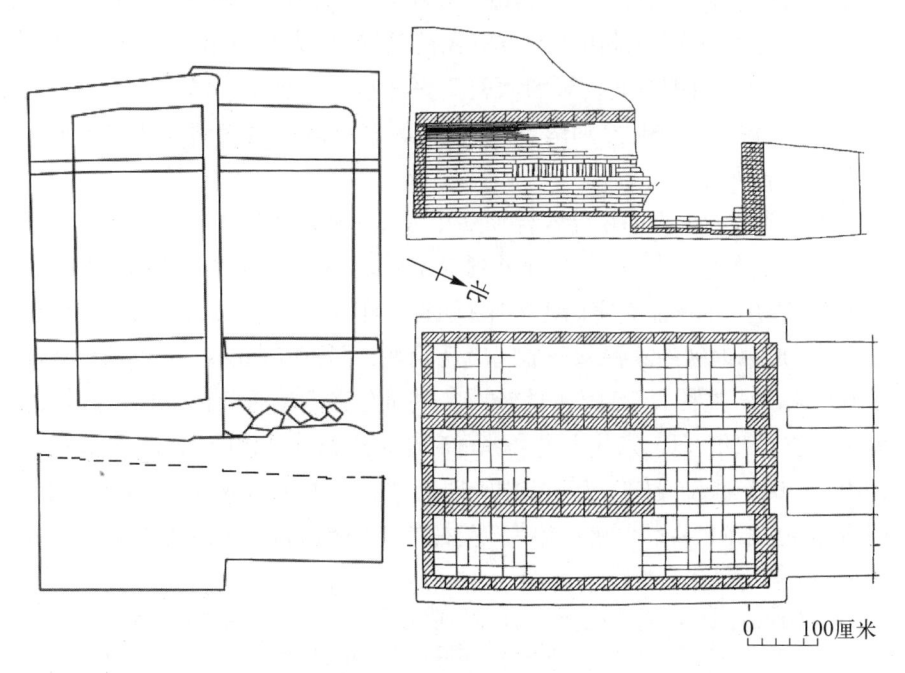

图3-5 杭州老和山汉墓M118、M121平剖面图(左)及广东乳源唐墓M11平剖面图(右)

---

① 浙江省文物考古研究所:《浙江省杭州市老和山汉墓发掘报告》,载《浙江省文物考古研究所学刊》第七辑,杭州出版社,2005年,第404页。

长江中游地区的六朝砖室墓中，也出现了双室并列，隔墙有过道相通的墓葬形制。如1993年鄂州市南郊发现六座砖室墓，其中M1、M3、M4为平面长方形券顶单室墓。M2、M5、M6为并列双室砖墓，分为南北两室，均为长方形，各置棺床，两室中间有隔墙，隔墙上有过道相通[1]。隋唐时期，长江中游的长沙、武汉地区仍存在夫妻并穴合葬的砖室墓。据周世荣研究，长沙地区隋至唐初的双室砖墓可分为"H"型和双"凸"字形两式，为并列双室，两室中腰处有通道相连，两室设棺床[2]。

广东省韶关市乳源瑶族自治县泽桥山墓地是一处以砖室墓为主的大型墓地，共发掘了99座墓葬，砖室墓占95座。砖室墓分单室墓及合葬墓两种。单室墓据墓室平面分为凸字形和长方形两类；合葬墓平面均呈长方形，据组合形态分为双室合葬与三室合葬两类。9座合葬墓的墓室间设门相通，18座不通，4座不详。砖室墓墓室有在前端或后端砌置承券的做法。承券是墓室内部加砌的一道券，多靠近封门或后壁，可加固券顶。由于承券的设置，使原本为单券的墓顶在局部变成了重券或多重券[3]。据研究，该墓地"双室合葬墓在东晋晚期至隋均比较流行，初唐墓皆合葬墓且形制相仿；三室合葬墓只见于隋及初唐，比例较低"（图3-5，右）。六朝时期今乳源县所属的晋始兴郡、宋广兴郡由于北方流民的迁徙，成为岭南第一人口大郡，墓葬数量也较多，目前粤北发现的六朝墓葬基本上分布于流民入粤的交通要道上[4]。乳源县西北毗邻湖南省，双室合葬墓可能就是受到长江中游地区的影响而出现的。

成都地区的夫妻同坟异穴合葬墓在唐代中晚期才出现。如成都市龙泉驿区洪河大道南延线M1是一座并列双室砖墓，双室间有两条通道，整个墓葬平面呈"井"字形。右室出土一座石刻女坐像。简报推测其为唐代中晚期墓葬[5]。成都地区的这种墓葬形制出现较晚，流行时间也晚，可能是从长江中游传来的。这种夫妻墓室同坟异穴、中间有过道相通（有的没有过道）的做法开创了四川五代、宋代夫妻合葬墓广泛采用此种结构的先河。如成都元祐八年（1093）张确夫妇墓为北宋中晚期墓，是一座长方形双室券顶砖墓，由封门墙、甬道、石门、墓室和壁龛组成。左右二室以墙相隔，隔墙上至少有一个龛

---

[1] 鄂州市博物馆：《鄂州市观音垱南朝墓发掘简报》，《江汉考古》1995年第4期。
[2] 湖南省文物考古研究所编、周世荣著：《湖南古墓与古窑址》，岳麓书社，2004年，第138页。
[3] 广东省文物考古研究所：《乳源泽桥山六朝隋唐墓》第二章《墓葬综述》，文物出版社，2006年，第12—16页。
[4] 广东省文物考古研究所：《乳源泽桥山六朝隋唐墓》，文物出版社，2006年，第171、177页。
[5] 成都市文物考古研究所等：《成都市龙泉驿区洪河大道南延线唐宋墓葬发掘简报》，《2001成都考古发现》，科学出版社，2003年。

形券顶过洞沟通两室,过洞宽0.74米、高1.04米、进深0.85米。墓内设长方形砖棺床,棺床中部有一正方形腰坑。两室同时修筑,结构、大小基本一致,属同坟异葬的合葬墓①(图3-6)。成都市龙泉驿区十陵宋墓M6形制与张确夫妇墓相似②。

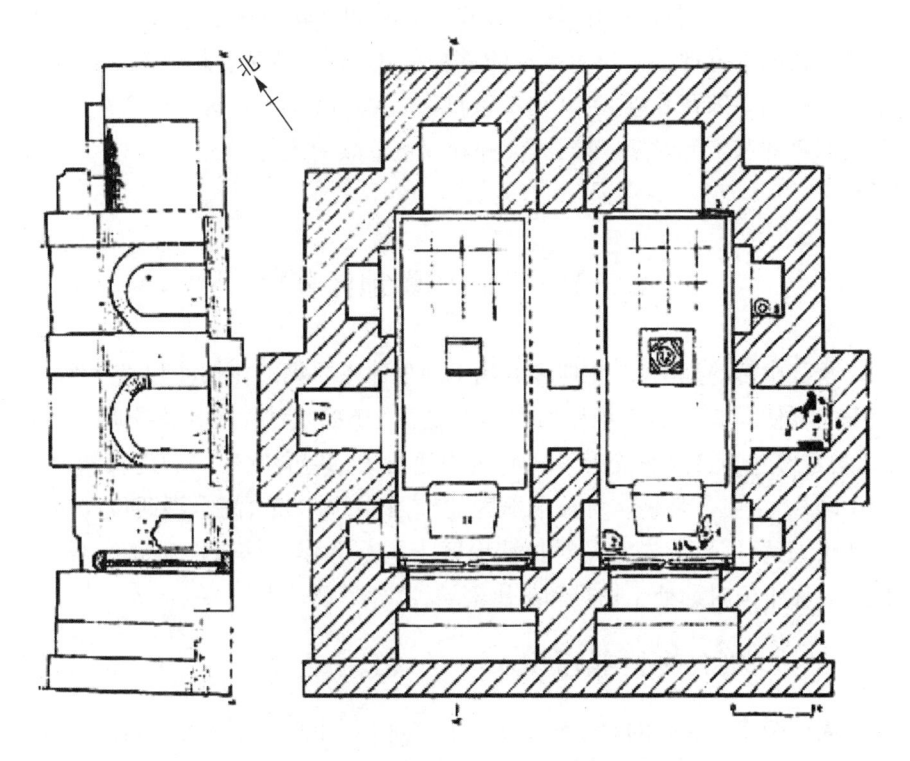

图3-6 成都东郊北宋张确夫妇墓平剖面图

在宋代,同坟异穴、两室相通的夫妻合葬墓已经成为四川地区墓葬的重要特征,并在重视孝道的时代背景下被赋予一种特殊的意义。苏轼在《东坡志林》中说:"诗云:'谷则异室,死则同穴。'古今之葬者皆为一室,独蜀人为同坟而异葬,其间为通道,高不及眉,广不能容人。生者之室谓之寿堂,以偶人被甲执戈,谓之寿神以守之,而以石甓塞其通道。既死而葬,则去之。某先夫人之葬也,先君为寿室,追为先人墓志,故其文曰:'蜀人之祔也,同垄而异圹。'君实谦以为己之文,不敢与欧阳公同藏也。东汉寿张樊恭侯遣令:'棺柩一藏,不宜复见,如有腐败,伤孝子之心,使与夫人异藏。'光武善之,书

---

① 翁善良、罗伟先:《成都市东北郊张确夫妇墓》,《文物》1990年第3期。
② 成都市文物考古研究所等:《成都市龙泉驿区十陵宋墓发掘简报》,《2001成都考古发现》,科学出版社,2003年。

以示百官,盖古亦有是也。然不为通道,又非诗人同穴之义,故蜀人之葬最为得礼也。"①可见,苏轼很以家乡的同坟异穴合葬墓而自豪,认为它最符合礼制上孝道的要求。此处所说的东汉寿张樊恭侯与夫人异葬葬法,正是汉代夫妻并穴合葬墓的注解。

这种夫妻并列双室的同坟异穴葬法并非如苏轼所说独为蜀人所有,而是在宋代的南方地区都较为常见的墓葬形式,甚至出现了并列多室的合葬墓。如福州南宋黄昇墓,为并列三室墓。"从苏州郊区的明墓材料来看,明初民间墓葬和宋元时期一样,夫妻并列双室墓颇为流行。"②

第二节 长江中游地区墓葬

长江中游的湖南、湖北地区五代十国墓葬主要集中在长沙和武昌地区。武安节度使马殷于907年受后梁封为楚王,建都长沙。楚国经马殷、马希广、马希萼和马希崇的统治,951年为南唐所灭,共历45年。湖南长沙地区的十国墓,主要是楚墓。对长沙地区的十国墓,周世荣、高志喜两位先生最早作了综述,周世荣先生又对长沙地区十国墓葬作了综合性研究③。湖北地区五代十国时期处于杨吴和南唐疆域,墓葬发现较少。

一、长沙地区的十国墓类型

周世荣先生编著的《湖南古墓与古窑址》一书的中卷《长沙隋唐五代、十国楚、两宋元明墓》内容包括了1952～1961年长沙出土的1111座隋唐至元明墓考古发掘资料,隋唐五代墓有514座,其中五代墓的数量占4%;十国楚墓310座(该书将十国楚墓和五代墓分别归类,但文化面貌上没有什么区别)。1964年湖南省博物馆在长沙市郊又清理了五代墓41座,均为土坑竖穴墓,分为一般的土坑竖穴墓、带台阶土坑竖穴墓和带头龛土坑竖穴墓三型④(图3-7)。

据周世荣先生研究,长沙地区隋至唐初(相当于隋代至开元天宝时期,

---

① (宋)苏轼:《东坡志林》卷七,《景印文渊阁四库全书》子部863册,第68页。
② 夏寒:《明代江南地区墓葬研究》,2006年南京大学博士毕业论文,第20页。
③ 高至喜:《湖南古代墓葬概况》,《文物》1960年第3期;周世荣:《略谈长沙的五代两宋墓》,《文物》1960年第3期;高至喜:《长沙出土唐五代白瓷器的研究》,《文物》1984年第1期;周世荣:《湖南出土盘口瓶、罐形瓶和牛角坛的研究》,《考古》1987年第7期。湖南省文物考古研究所编、周世荣著:《湖南古墓与古窑址》,岳麓书社,2004年。
④ 湖南省博物馆:《湖南长沙市郊五代墓清理简报》,《考古》1966年第3期。

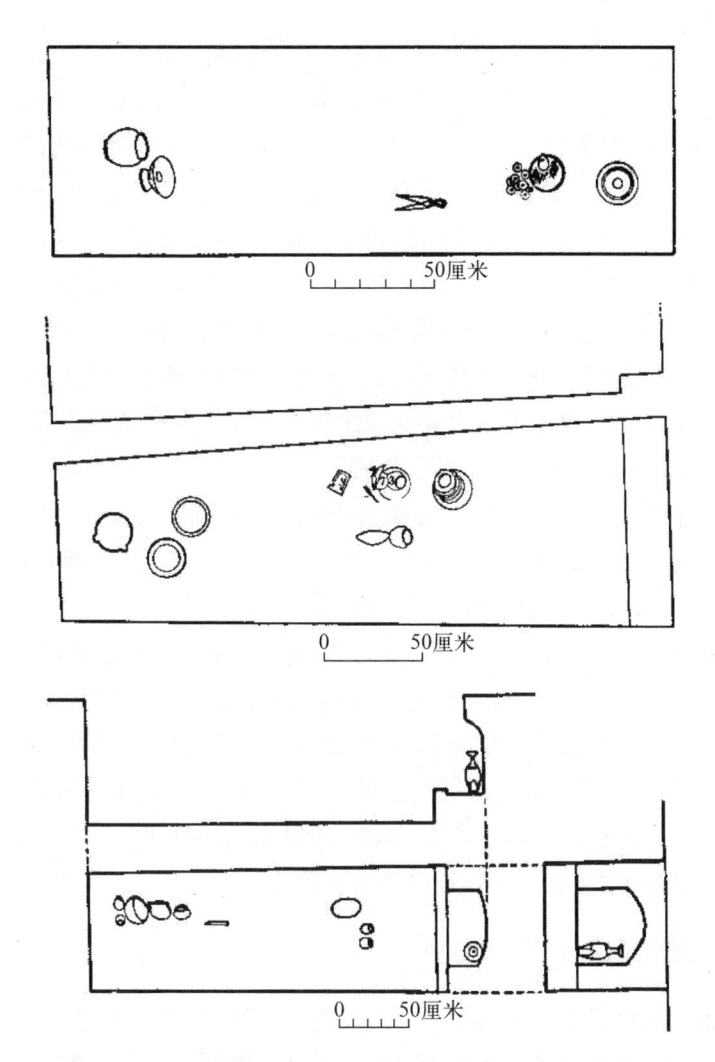

图 3-7 长沙市郊五代土坑竖穴墓(上：一般土坑竖穴墓,M194；中：带台阶土坑竖穴墓,M37；下：带头龛土坑竖穴墓,M266)

581～756)的墓葬绝大多数是砖室墓,主要继承汉晋南朝的形制,有单室砖墓和双室砖墓两型。单室砖墓按平面形制可分为长方形、凸字形、十字形三式；双室砖墓可分为"H"型和双"凸"字形两式,为并列双室,两室中腰处有通道相连,两室设棺床。中晚唐以来,土坑墓取代了砖室墓。土坑墓可分为七式。一式,带墓道土坑竖穴墓。二式,带墓道有底穴的土坑竖穴墓。三式,台阶式土坑竖穴墓。四式,带棺台土坑竖穴墓。五式,带墓道设水管的土坑竖穴墓。六式,设头龛式土坑竖穴墓。七式,刀形土坑竖穴墓。总之,都是土坑竖穴墓,只是细部设施有所区别。

  土坑竖穴以长条梯形墓为主,占总数的 82%。其他形式有矩形与凸字形两种。矩形墓室多带台阶，个别的墓室平面四角作鱼尾状。凸字形墓发现很少。这些墓室有仿砖室建筑式样的龛坑与仿椁式结构的二层台等。龛坑以头龛为主，还有侧龛与足龛。头龛多半是放置主要随葬品用的，龛底与墓底近平，个别为吊龛，侧龛与足龛等多半是三角形小龛，这种小龛都不放置器物。台阶或称二层台，有一端、两侧、四周三种，而以一端式最多，这是长沙五代墓的时代特征。除一般二层台外，亦有"拜台"，多呈方形，位于墓室一端，如凸字形墓葬所设的方形台就是比较典型的例子。"拜台"上置石墓志。墓内人骨架一般位于墓室较宽的一端，此处往往置有盘口瓶或首饰，或以碗枕塞头颅。尚未发现火葬或二次葬。一般习俗多随葬贮器——酒樽（瓶）等，而以饮食器作为主要附属器皿。

湖南省博物馆在湖南资兴发现过一座竖穴土坑墓，方向 70 度，墓底四周用断砖平砌两层形成椁室，中间置棺，已腐朽不存。墓底不铺砖。出土陶多角坛 2 件、陶瓶 1 件、白瓷碗 3 件、青瓷碗 1 件[1]。

湖南地区五代墓也有砖室墓，是唐代前期墓葬形制的遗留。1989 年湖南安仁县清理了一座长方形竖穴带券拱砖砌双室墓，外形如两个等大的券顶砖墓拼联（即 H 形墓），总长 2.60 米、宽 2 米，顶高 0.88 米。西室墓顶发现一块纪年砖，上刻"龙德元年"、"周□□"字样，为砖坯未干时所刻。"龙德"为五代后梁末帝朱瑱的年号，龙德元年为公元 921 年。墓葬用砖统一，不是利用废砖，纪年和墓葬年代应该是一致的[2]。

二、武汉地区的十国墓类型

湖北地区隋唐墓主要集中在今武汉地区，以砖室墓为主，有少量的竖穴土坑墓。杨宝成先生依据形制、尺寸、随葬品的数量和组合以及壁画装饰的不同，将湖北地区的隋唐砖室墓分为三型：Ⅰ型墓为带长斜坡墓道和甬道的砖室墓，墓顶为穹隆顶或四角攒尖顶，墓室平面为方形、弧方形或斜方形；Ⅱ型墓有甬道，券顶，墓室平面为长方形，墓内装饰花纹砖和造像砖；Ⅲ型墓为单室或并列双室长方形砖室墓，一般无甬道，一般不用花纹砖和造像砖[3]。Ⅰ型墓都是大型墓，模仿了长安地区墓葬形制，使用者都是流放南方的李唐皇族，属于外来因素；Ⅱ型、Ⅲ型墓是本地传统的墓葬形制。

湖北地区五代十国时期墓葬发现很少，所发现的都是土坑墓，不见砖室

---

[1] 湖南省博物馆：《湖南资兴隋唐五代宋墓》，《考古》1990 年第 3 期。
[2] 柴焕波：《湖南安仁发现一座五代墓》，《考古》1992 年第 10 期。
[3] 参杨宝成主编：《湖北考古发现与研究》，武汉大学出版社，1995 年，第 304 页。

墓,和长沙地区的情况相似。如武汉市阅马场发现的4座土坑木棺墓,其中的M1、M2两座墓葬并排,间距2米,方向一致。土坑竖穴平底。木棺保持完好,前宽后窄呈长方匣形,由盖板、前后挡板、左右侧板合成,榫卯结构。随葬品分别放置在棺外前端空档处和棺内。出土随葬品有铜器、瓷器、银器、漆木器、竹编器、铜钱、木质买地券等。其中有木片俑两件,用一圆杉木一剖为二制成,稍加刻饰,人形抽象。两墓各出木质买地券一方,M1所出者文字清晰,可知是五代杨吴乾贞二年(928)墓,墓主姓王,吴国鄂州府江夏县(今武汉市)人。两墓可能是同茔异穴夫妻合葬墓①。墓中所出买地券,冻国栋先生曾做过详细考证②。

1999年湖北剧场扩建工地发现5座墓葬,其中M1为长方形土坑墓,使用内外髹漆木棺。出土一件买地券和三件木俑。木买地券1件,近方形,正面自右至左墨书文字:"维唐武义元年岁次己卯十一月乙丑朔四日戊辰鄂州江夏县右亲……"武义是五代十国时期吴高祖杨隆演的年号,武义元年当后梁贞明五年(919),使用唐的国号,却仍使用吴国纪年,可能是习惯使然③。也说明这种地券可能是依照某种固定格式抄写,人们在意的是使用了地券并举行了相应的仪式,至于年号、国号这些具体内容的正误并不重要。

长江中游的长沙、武汉地区的隋和唐初期墓葬均以砖室墓为主,而中晚唐至五代十国时期,墓葬整体风貌突然发生转变,砖室墓基本消失,土坑墓盛行。这样的突变绝非墓葬本身自然演变的结果,应当是受到了外力的影响。究竟在中晚唐发生了什么社会变故,从而导致土坑墓取代砖室墓呢?

最容易想到的突发事件是天宝十四载(755)爆发的安史之乱。安史之乱是唐代由盛转衰的转折点,在考古学上,也是划分时期的标志性事件。但安史之乱的冲击地主要在北方地区,对长江中游的影响并不大。今湖北地区在唐代主要包括荆、襄、鄂三大镇,战略地位非常重要。安史之乱爆发后,唐政府设置了襄阳防御使,加强对南方地区的防卫。安史叛军一度南犯,但最终在襄阳受挫。至安史之乱平定,除了襄阳发生几起小规模兵变外,南方地区基本稳定,受到战乱的影响非常小。安史之乱以后,各地藩镇纷纷割据称雄,而长江中游地区的藩镇基本上保持着忠于朝廷的立场,甚至成为中央

---

① 武汉市博物馆:《阅马场五代吴国墓》,《江汉考古》1998年第3期。
② 冻国栋:《跋武昌阅马场五代吴墓所出之"买地券"》,《魏晋南北朝隋唐史资料》第二十一辑,武汉大学出版社,2004年。
③ 湖北省文物考古研究所、武汉市博物馆:《湖北剧场扩建工程中的墓葬和遗迹清理简报》,《江汉考古》2000年第4期。

政权的政治、军事、经济支柱。因此,战乱恐怕不太可能是墓葬面貌发生变化的原因,真正的原因也许应该向社会经济方面的变化中去寻找。

第三节 长江下游地区墓葬

长江下游地区的十国墓葬,除了今江苏、浙江地区杨吴、南唐、吴越国的墓葬外,还包括安徽、江西发现的一些杨吴、南唐墓。这些地区的文化特征虽然也各有地方特色,但大体上属于同一个文化区,墓葬形制也具有很多共同特征。

一、墓葬形制的类型学分析

长江下游地区的墓葬根据建筑材料可分为石椁墓、砖室墓和土坑墓三类。砖室墓根据中轴线上的墓室数目可分为 3 型:A 型,单室砖墓;B 型,双室砖墓;C 型,三室砖墓。按照墓室平面形状的不同,单室砖墓又可分为 Aa 型(长方形单室砖墓)和 Ab 型(船形单室砖墓)两个亚型,双室砖墓又可分为 Ba 型(长方形双室砖墓)、Bb 型(前室圆形后室长方形双室砖墓)和 Bc 型(船形双室砖墓)三个亚型。如表 3-2 所示:

表 3-2 长江下游地区墓葬形制表

类	型	墓 葬
石椁墓		
砖室墓	Aa	

续 表

类	型	墓　葬
砖室墓	Ab	4 5
	Ba	6
	Bb	7

续　表

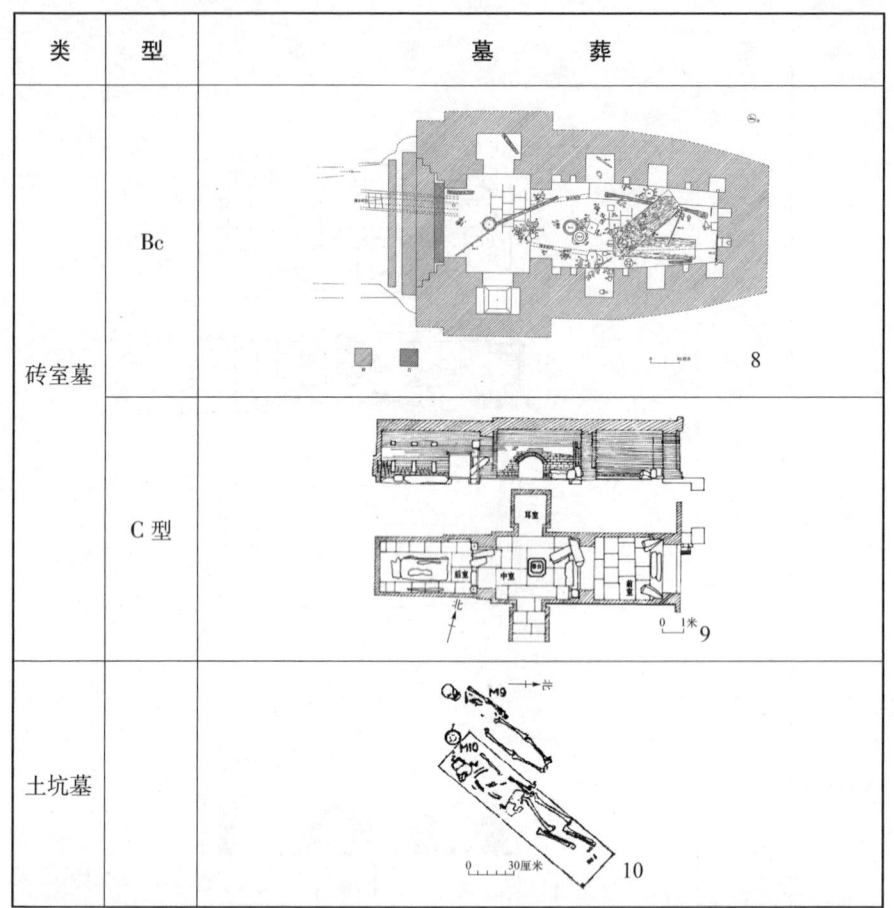

类	型	墓　葬
砖室墓	Bc型	8
砖室墓	C型	9
土坑墓		10

墓例说明：1. 钱元玩墓(临 M20)；2. 青阳县南唐砖室墓；3. 连云港 1 号墓；4. 常州市半月岛五代墓；5. 扬州李娀墓；6. 南京尧化门五代墓；7. 连云港砖厂 4 号墓；8. 晚唐水邱氏墓；9. 苏州七子山五代墓；10. 扬州五台山五代墓 M9、M10。

第一类，石椁墓。

石椁墓是在土圹内用石板构筑石椁作为墓室的墓葬，有的墓葬在石椁外再加砖砌券拱。石椁从功能上看相当于石室，而不是作为棺之外的葬具，但因其是用大型石板构筑而成，并且外面还可以再加砖券，又有别于常见的用石块砌筑的石室。目前所知的石椁墓均为杭州地区的吴越国王室墓，应是吴越国王室特有的墓葬形制。石椁选料严格，采用红色砂砾岩厚石板构筑，此种石料不产于杭州地区，来自外地，其成本也非普通人能承担。石椁墓有钱元瓘墓(杭 M27)、马氏康陵(临 M25)、吴汉月墓(杭 M26)[①]和钱元

---

① 浙江省文物管理委员会、杭州师范学院历史系考古组：《杭州郊区施家山古墓发掘报告》，《杭州师范学院学报》1960 年第 1 期。

玩墓(临 M20)①四座,其中钱元瓘墓和马氏康陵已经在五代十国帝王陵墓部分介绍。

钱元瓘次妃吴汉月墓(杭 M26)位于杭州市郊施家山南麓,西距钱元瓘墓约 400 米,是一座土坑石椁墓,方向 163 度。墓室前有 5 米长的斜坡墓道。墓室长方形,分前后两室,全长 7.6 米、宽 2.87 米、深 3.1 米。前室和后室门都有青石凿成的门框,形制相同,其余如门扉、前后室墓顶、墓壁及底板、均系红砂石板,皆以榫卯结构组合。前门扉残长 1.14 米、宽 1.18 米,上雕乳钉、铺首及全身女像,门环贴金涂朱。前室平面长方形,顶为整块石板,左右两壁有壁画痕迹,东壁隐约可见红色椭圆形花朵三五朵。后室平面也呈长方形,长 5 米。后室侧壁由大小两块石板组成,后壁为整块石板。后壁正中和墓底石板被破坏。后室顶也是整块石板,厚 0.4 米,内面刻有天文图。

前门扉浮雕女像 2 个,其中一个只存一半;另一个完整,高 0.88 米,头梳双高髻,髻顶及前发上各有圆形簪花二朵。穿广袖直襟长衣,下着裙,拖垂盖住足面,露出方端鞋。双手拢在胸前持一幡。

后室各壁雕刻分上、中、下三部分。上沿四周是带形牡丹花叶浮雕,由一大一小两瓣组成,大花心涂金色,花瓣涂红色,叶涂石绿色;小花瓣红色,叶金色。中部雕四神,突出于壁面。青龙全长 2.45 米、高 0.7 米,颈部刻方形圆心花纹,背鳍及牙齿涂朱。下部在凹龛内雕十二生肖神像,自北壁正中起顺时针排列,完整的有 7 个,为丑、寅、卯、辰、申、酉、亥。生肖像作道童状,头戴方瓣莲花冠,穿方领对襟长衣,下袭裙状涂朱,足着方端鞋,双手拱于胸前,怀中置生肖动物。后室墓顶后侧三分之二处刻天文图,中心为一小圆,直径 0.426 米,外缘依次刻三个同心圆,最大圆直径 1.8 米。

出土石座 1 件。壶、罐、碟、盘、碗等 13 件瓷器,除白瓷碗 1 件外,其余为秘色青瓷。玉器 1 件。开元通宝钱 1 枚。鎏金与银饰物多件。

发掘简报根据《钱氏家乘》中"文穆王……次妃吴氏……葬杭州慈云岭西原"和《吴越备史》卷四"(广顺)秋八月丁酉,改葬恭懿夫人于钱塘慈云岭之西原"的记载,推测该墓是吴越国王钱元瓘次妃吴汉月墓。

吴越王钱镠第十九子钱元玩墓(临 M20)位于临安县(今杭州市临安区)城南二里功臣山下,为土坑石椁墓,石椁外又加筑拱顶砖室。墓门用石板封堵,石板外砖砌三层封门墙。墓室分前后两室,均为长方形,两室之间

---

① 浙江省文物管理委员会:《杭州、临安五代墓中的天文图和秘色瓷》,《考古》1975 年第 3 期。

有窄过道、石门。前室东南角放墓志。前室原有彩绘,已不清楚。后室各壁雕刻图案,内容、施色、布局和钱元瓘墓、吴汉月墓相同,总体分三部分:四壁上沿雕刻宽带状牡丹花图案,中部为四神浮雕,下部浮雕十二生肖神像(表3-2,墓例1)。

吴汉月墓和钱元玩墓都是吴越国王室墓葬,与钱元瓘墓和马氏康陵一样,使用了石椁,在后室雕刻四神、十二生肖和天象图,但区别在钱元瓘墓和马氏康陵有前、中、后三室,此两墓仅有两室。在吴越国墓葬制度中,石椁墓是王室使用的墓葬,但三室石椁墓代表了王陵等级。

第二类,砖室墓。

A型,单室砖墓。根据墓葬平面又可为长方形单室砖墓、弧长方形(船形)单室砖墓两个亚型。

Aa型,长方形单室砖墓,平面为长方形,墓顶构筑方式有券顶、石板顶两种,分别用砖砌拱券或石板作为盖顶。有江西会昌县西江五代墓①、安徽青阳县南唐砖室墓②、合肥南郊王小郢五代李赞墓③、江苏连云港市1号墓和3号墓④、江西九江县南唐周一娘墓⑤、江西会昌县西江镇晚唐至五代墓⑥、江苏扬州钱匡道墓⑦等。

安徽青阳县南唐砖室墓(M1)发现于青阳县博物馆门前高地上,长方形单室砖墓,券顶已毁,内长3.1米、宽0.94米、残高0.72米。两侧壁各设有4个小龛,两头各有2个龛,龛高22厘米、宽12厘米、深8厘米,龛前用2块砖平铺成台阶。墓底用单砖平铺。墓葬被盗,随葬品尚存四系瓷罐1件、瓷灯盏2件、五出梅瓣口黄釉碗1件、五出梅瓣口青瓷碗1件、陶碗2件、箕形陶砚1件。另有剪轮五铢、开元通宝、乾元重宝、唐国通宝、大唐通宝等钱币42枚。墓葬形制和随葬器物具有晚唐五代特征,当为南唐时期墓葬(表3-2,墓例2)。

安徽合肥南郊王小郢李赞墓,墓室破坏严重,推测可能是长方形单室券

---

① 会昌县博物馆:《会昌县西江发现一座五代墓》,《南方文物》1987年第2期。
② 青阳县文物管理所:《青阳县南唐砖室墓清理简报》,《文物研究》第九辑,黄山书社,1994年;青阳县文物管理所、黄忠学:《安徽青阳县发现一座南唐砖室墓》,《考古》1999年第6期。
③ 合肥市文管处:《合肥南郊王小郢五代墓清理简报》,《文物研究》第十四辑,黄山书社,2005年。
④ 南京博物院、连云港市博物馆:《江苏连云港市清理四座五代、北宋墓葬》,《考古》1987年第1期。
⑤ 刘晓祥:《九江县五代南唐周一娘墓》,《江西文物》1991年第3期。
⑥ 池小琴:《江西会昌县发现晚唐至五代墓葬》,《南方文物》2001年第3期。
⑦ 刘刚、薛炳宏:《江苏扬州出土钱匡道墓志考释》,《东南文化》2014年第6期。

顶墓。西半部残留墓门和南北两个对称的壁龛,龛内各有1个四系罐,罐口均放置青石一块。出土四系罐、木俑、买地券等器物4件和髹黑漆的木屋模型木板。李赞买地券,木板状,长37.5厘米、宽29.5厘米、厚1.5厘米,墨书20行,397字,正面3处墨书"合同"。李赞葬于吴睿帝杨溥大和三年(931)。

1982年在连云港市砖厂发现4座五代到北宋的墓葬,其中1号墓平面近长方形,通长3.31米、残高0.9米,大端宽1.38米、小端宽1.23米,墓向145度。墓底铺砖。墓内棺木已朽(表3-2,墓例3)。3号墓平面长方形,通长3.24米、宽0.8米、深0.47米,墓向115度。无前壁,其他三壁乱砖叠砌,墓顶用4块大石覆盖,无铺地砖。墓内狭窄,不能容棺,未见人骨。简报推测1号墓相当于五代晚即南唐时,3号墓时代在五代末至宋初。

江西省九江县南唐周一娘墓为平面呈长方形的单室墓,墓壁用青砖错缝叠砌21层,用8块青石板横铺封顶。墓室内长3.75米,宽1米,高0.95米。无甬道、墓门、铺地砖。墓室左、右、后三壁下部砌有13个长方形小龛,左右壁各6个,后壁1个,左右对称,大小一致。高37厘米、宽12厘米、深12厘米。壁龛内各放置一件青瓷盏。随葬器物有铜镜、青石质买地券、青瓷盏等22件。据地券,墓主周一娘葬于南唐保大十二年(954)。

钱匡道墓发现于扬州市城北乡三星村夏庄,是一座小型砖室墓,方向66度。坑口长4.8米、宽2.1米,墓室较小,仅能容棺。早年被盗,砖筑墓顶和四壁被破坏,出土有木俑、铜钱、墓志等少量随葬品。据墓志记载,墓主钱匡道出自吴越国钱氏,是钱宽之孙,钱镠之侄。其父钱镖因受猜忌逃奔杨吴,任宣义军节度使等职,封吴兴郡开国侯。钱匡道卒于始官千牛卫长史,天祚二年卒于都城私第,享年二十二,天祚三年二月十二日葬于江都府江都县同轨里。

Ab型,船形单室砖墓。墓室两侧壁中部向外扩成弧形,墓室平面如弧长方形的船状(或称"壶瓶形")。此型墓有连云港市吴大和五年(933)太原县君王氏墓①、常州半月岛五代墓②、浙江上虞驸山五代墓③和江苏扬州杨吴李娥墓④。

太原县君王氏墓位于连云港市海州东门外,墓门朝南,前有砖墙封堵。

---

① 江苏省文管会:《五代——吴大和五年墓清理记》,《文物参考资料》1957年第3期。
② 常州市博物馆:《江苏常州半月岛五代墓》,《考古》1993年第9期。
③ 浙江省文物考古研究所:《上虞驿亭谢家岸后头山古墓葬发掘》,《沪杭甬高速公路考古报告》,文物出版社,2002年。
④ 刘刚、池军、薛炳宏:《江苏扬州杨吴李娥墓的考古发掘及出土墓志研究——兼及徐铉撰〈唐故泰州刺史陶公墓志铭〉》,《东南文化》2016年第3期。

墓室内长7.7米、南宽(门宽)2.80米、南顶至底(门高)2.16米、中宽2.75米、北宽1.21米、北顶至底高1.73米。东、西、北三壁向里收缩至中部汇合成圆形拱顶。墓壁高43厘米处筑有"凸"字形壁龛12个(东西壁各5龛,北壁2龛),龛高40.5厘米、宽21厘米,进深19.5厘米,内有木俑。墓底铺砖。椁与东壁之间砌四道砖墩以防倾斜。棺椁外表髹漆已脱落,四壁与底盖都用整块木料,榫卯结构。内有骨架一具,头向墓门。随葬器物有瓷器、陶器、木梳篦、木俑、木盘、木架、漆器,金银器等。石墓志一方,竖立于近门处。墓的年代为吴大和五年(933),墓主为吴国撼敌将军光禄大卿检校司徒□□郎海州□军事守海州刺史赵思虔夫人太原县君王氏。简报无墓葬线图,根据该墓南宽于北,东、西、北三壁收缩结顶的特征,参考墓葬照片,可知属于船形墓。

常州半月岛五代墓,由封门墙、甬道及墓室组成,墓向155度,通长5.84米。墓室左右两壁外弧,平面呈卧置的"壶瓶形"。甬道南端砌封门墙,封门墙外侧上半部用三块边长50厘米的方形青石横排堵挡,石块外侧的上半部又用两段槽形条石挡拦。甬道长89厘米、壁厚45厘米、残高130厘米。墓室顶为穹隆顶,已塌。墓室东、西、北三壁在高53厘米处各等距离设三个圭形壁龛,高39厘米、顶宽6~8厘米、底宽14.5~18.5厘米、进深15厘米。东壁上部砌直棂假窗,西壁残。墓室内长466厘米,最宽处229厘米;北壁完整,高130厘米、上宽121厘米、下宽151厘米。墓底单砖平铺成人字纹,南低北高,落差7厘米。近封门墙处地砖下开有排水沟。墓室后部正中置木棺一具,盖、帮、底板均为整块楠木板,榫卯结构,底板下横向加三根垫木。木棺内用木板分隔出头仓和脚仓。木棺外髹黑漆,内髹朱漆,置于木质垫框架上,下用砖块衬垫,东西墓壁内侧各砌两个砖墩稳固木棺。根据木棺前遗存有木质望柱、木雕莲花头饰件及其他朽木残片的情况看,可能曾有木屋、木桥及围栏等装饰(表3-2,墓例4)。

在木棺与墓壁之间垒砌砖墩的做法,和连云港市吴大和五年太原县君王氏墓相似。该墓的砌筑方法、墓室结构、小龛形式等特征和南唐二陵、江苏邗江蔡庄墓、浙江临安板桥墓等众多五代时期的墓葬相似,出土器物具有五代特色,简报认为属五代南唐后期。

上虞驮山五代墓(M23),为凸字形券顶砖室墓,墓室弧长方形,长4.3米、宽1.4~1.88米、残高0.96米。甬道长1.4米、宽0.96~1米。墓壁两砖宽。墓底斜向人字形铺砖一层。后部有砖砌棺床,长3.36米、高6厘米。墓内填土中发现残铁镜、青瓷盘口壶、青瓷圈足碗和青瓷罐等碎片。简报根据墓葬形制和残存的青瓷碎片推断此墓可能为五代时期墓葬。

扬州市三星村杨吴李娥墓,是一座砖结构单室墓,平面呈船形,墓向57度。砖室构筑在梯形的土坑内,无墓道。墓顶不存。坑口长3.85米、宽1.85米,墓底距地表约4.0米。砖室长3.75米,西宽1.34米、东宽1.4米、中间宽1.55米。墓壁略呈弧形,厚0.3米、残高0.75米,砌法为两顺一丁或三顺一丁。四壁各有三个壁龛,壁龛高0.45米、宽0.14~0.18米、进深0.12米,内置十二生肖木俑。墓底单砖平铺成人字纹样。墓室内放置木棺1具,仅存杪木质棺底板,棺前置石质墓志一合。据墓志可知,李娥为陶敬宣之妻,李承嗣之女,卒于杨吴大和六年(934)8月,享年二十九。该墓墓圹没有墓道,四壁各有三个壁龛,虽然墓顶已毁,仍可判断应为不设墓门的砖椁墓。

B型,双室砖墓。双室砖墓按主室的形状可以分为长方形前后室双室砖墓、前室圆形后室长方形双室砖墓、船形双室砖墓三个亚型。有的主室还带有数量不等的侧室或耳室。

Ba型,长方形前后室双室砖墓。有南京尧化门五代墓[1]、南京铁心桥杨吴宣懿皇后墓[2]、合肥西郊南唐汤氏县君墓[3]、合肥城东姜氏妹婆墓[4]。

南京市尧化门五代墓位于南京市东北尧化镇,方向60度,全长7.4米,总宽5.63米。墓底铺砖一层。前室长1.64米、内宽1.16米、残高1.5米。前后墓室间短过道长0.57米、宽0.94米、高1米。后室长4.4米、内宽1.6米、高1.94米。后室中央有砖棺床,长4米、宽1.4米。棺床中部有一方形"金井"(腰坑),长0.5米、宽0.4米,其上覆砖一层,已碎裂,底不铺砖。棺床与墓壁间留排水沟隙。后室两侧对称分布两个凸字形耳室,耳室甬道长0.58米、宽0.74米、高1.01米,耳室长1.05米、宽0.96米、高1.36米。过道和耳室甬道为券顶,前后室和耳室为穹隆顶。前后室墓壁共有12个大凸字形壁龛,其中前室封门墙内侧两旁各有一个,后室前壁两侧各有一个,两侧壁及后壁各等距离分布3个。壁龛长17厘米、高43.5厘米、深15厘米,距墓底18厘米。两耳室后壁各有一个小凸字形壁龛。墓已被盗,仅前室出土6件残褐釉瓷碗,1合墓志,字迹不存。在棺床"金井"内发现一些水银(表3-2,墓例5)。

---

[1] 南京市博物馆等:《南京尧化门五代墓清理简报》,载南京市博物馆编:《南京文物考古新发现》,江苏人民出版社,2006年。
[2] 邵磊、贺云翱:《南京铁心桥杨吴宣懿皇后墓的考古发掘与初步认识》,《东南文化》2012年第6期。
[3] 石谷风、马人权:《合肥西郊南唐墓清理简报》,《文物参考资料》1958年第3期。
[4] 葛介屏:《安徽合肥发现南唐墓》,《考古通讯》1958年第7期。

杨吴宣懿皇后墓位于南京市雨花台区铁心桥尹西村，墓葬形制与南京尧化门五代墓相似，而规模略小，墓向290度，由甬道与墓室、耳室等部分组成，平面呈"中"字形，内长5.32米，宽约2.46米。甬道为长方形券顶，内长0.8米、宽0.9米、残高1.18米，原有砖封门。墓室由主室、耳室与壁龛构成，内长4.52米、宽1.52米、残高1.12米。墓顶已塌，由残余结构推断为四边叠涩式穹隆顶。参照尧化门五代墓的形制，并从墓室长宽比例看，主室应可分为前室和后室。耳室位于前室左右两壁，右耳室已毁，左耳室为长方形券顶结构，宽70厘米、高98厘米、进深47厘米。后室三壁和前室南壁设接地壁龛，尚存6个，均为拱形，宽13厘米、高40厘米、进深13厘米。甬道、墓室与耳室皆有铺地砖。后室前部中间用砖砌出一个长方形匣状腰坑，以砖封盖，长30厘米、宽14厘米、深8厘米，坑内满贮水银，水银上浮有一具木俑，脸朝下。墓室及甬道四壁刷黄褐色粉浆。木棺被劈碎，表面髹红漆，部分残件上可见梅花形银钉帽等装饰物。出土和征集瓷、木、银、铜、铁、石等材质遗物共计40件，包括石墓志与石地券。墓志盖篆书"故吴宣懿皇后墓铭"两行八字。经发掘者考证，墓主宣懿皇后是被追谥为宣皇帝的杨隆演的妻室，卒葬于南唐后主时期，享年71岁。

合肥南唐保大四年汤氏县君墓位于合肥西郊安徽农学院农场，墓向160度，分前后两室，全长4.35米。前室长1.19米、宽1.2米、高1.2米，通往后室的拱门顶有一道横壁，高1.12米。后室长2.9米、宽0.44米、高1.1米（图3-8）。前室出土大批已腐朽的竹棒和木片，从放置的位置看是木屋。两侧放有陶瓶2件，插头木俑3件，扁体俑2件，中间木板上放木胎漆碗1件。后室棺木前有木俑两件、墨书木板买地券一方，棺盖上放扁体俑2件，棺外两侧各放扁体俑5件，棺后放釉陶罐2件。棺内多实用器皿。头骨左侧放白瓷器6件，漆盘1件，金银镶玉步摇3件，银钗3件，银扒1件。棺内两角放木梳、铁剪。骨架中部放铜镜1面，镜下盖有竹篦和铜钱，在棺内两端还有竹篮和成块的布纹痕迹。买地券共208字，首句为"维保大四年岁次丙午四月辛酉朔十二故范阳郡汤氏县君遗寿行年五□□□，不幸于三月三日身已亡殁"，背面有"合同"

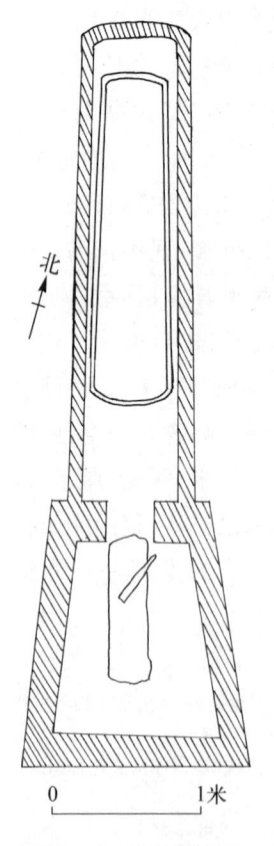

图3-8 汤氏县君墓

二字。

合肥城东南乡发现的南唐保大十一年姜氏妹婆墓,墓券及墓室结构,与合肥西郊南唐保大四年汤氏县君墓形制相似。出土南唐保大十一年木质买地券一块,墨书十四行,行文自左而右,227字,背后有"合同"二字。

合肥汤氏县君墓和姜氏妹婆墓虽然是双室墓,但墓室狭小低矮,只能容棺,应属于砖椁墓。

Bb型,前圆后长方形双室砖墓,有连云港砖厂2号墓和4号墓①。

连云港市砖厂发现4座五代末至北宋初墓葬。其中2号墓为砖砌前后双室墓,前室平面近椭圆形,东侧有一个小耳室,后室为长方形,墓向为157度。前室墓壁用双层砖,后室及耳室墓壁用单层砖砌筑。前室无墓门结构,中部有一阴井,后室中间贯穿一条排水沟。前后室皆平铺地砖,耳室未铺砖。通长4.57米、前室宽2.57米、后室宽1.43米、残高0.46米。耳室长0.94米、宽0.57米。

4号墓为带短甬道的前后双室砖墓,墓向152度。前部有一小甬道,长0.2米、宽0.8米,砌成高台形。前室近圆形,后室为长方形。前后室皆无铺地砖。墓通长3.76米、残深0.57米、前室直径1.67米、后室宽1.03米。墓门以三块长方形石头竖立封门,后室用一块长方形石头封堵,另加"丁"形石从外边抵住。墓顶结构不详。后室见棺木一具已扰乱(表3-2,墓例6)。

Bc型,前室方形、后室船形砖室墓。

船形墓,是对前宽后窄的弧长方形墓的俗称,又称为"壶瓶型墓"、"舟形墓"等,这是一种中晚唐时期流行于江浙地区的墓葬形制。吴越国早期墓葬常使用这种形制,墓主多是吴越国钱氏家族成员或者吴越国大臣,目前发现的有钱宽墓②、钱宽夫人水邱氏墓③、浙江临安板桥五代墓④、杭州三台山五代墓⑤、临安太庙山临M22⑥、临安青柯两座五代墓⑦。钱宽墓和水邱氏

---

① 南京博物院、南京市博物馆:《江苏连云港市清理四座五代、北宋墓葬》,《考古》1987年第1期。
② 浙江省博物馆、杭州市文管会:《浙江临安晚唐钱宽墓出土天文图及"官"字款白瓷》,《文物》1979年第12期。
③ 明堂山考古队:《临安县唐水邱氏墓发掘报告》,《浙江省文物考古所学刊》,文物出版社,1981年。钱宽夫妇墓最新材料见浙江省文物考古研究所等《晚唐钱宽夫妇墓》,文物出版社,2012年。
④ 浙江省文物管理委员会:《浙江临安板桥的五代墓》,《文物》1975年第8期。
⑤ 浙江省文物考古研究所:《杭州三台山五代墓》,《考古》1984年第11期。
⑥ 浙江省文物管理委员会:《杭州、临安五代墓中的天文图和秘色瓷》,《考古》1975年第3期。
⑦ 浙江省文物考古研究所等:《临安青柯五代墓葬发掘报告》,作为"附录一"收入《晚唐钱宽夫妇墓》,第118—127页。

墓虽然是晚唐时期的墓葬，但其墓葬形制后来为吴越国钱氏墓葬所继承，与五代吴越国墓葬属于同一系统，故仍可视为五代早期墓。江苏扬州杨吴寻阳公主墓①也属于此型。

扬州邗江蔡庄五代墓，位于邗江区西的蜀岗上，据考证为杨吴寻阳长公主墓，依山营建，墓向147度，分墓道、甬道、前室、后室和侧室五个部分（图3-9）。斜坡墓道，下宽3米，坡度8度，底铺石灰糯米汁胶浆，厚约10厘米。甬道长1.53米、宽2.2米。券顶已毁，封门墙用二横一丁砖砌到顶，厚0.48米。封门墙外东西两侧各有砖砌的墙垛。甬道近前室口处有两道封门石，石块叠成四层，总高58厘米，甬道底铺砖。墓室全长14.4米、宽10.68米。主室、侧室之间均有甬道连接。主室内壁涂深红色，侧室及小甬道涂绿色粉浆。墓壁砖墙厚66厘米，残高2米左右，各壁均呈外弧状。墓底砖下有排水设施。

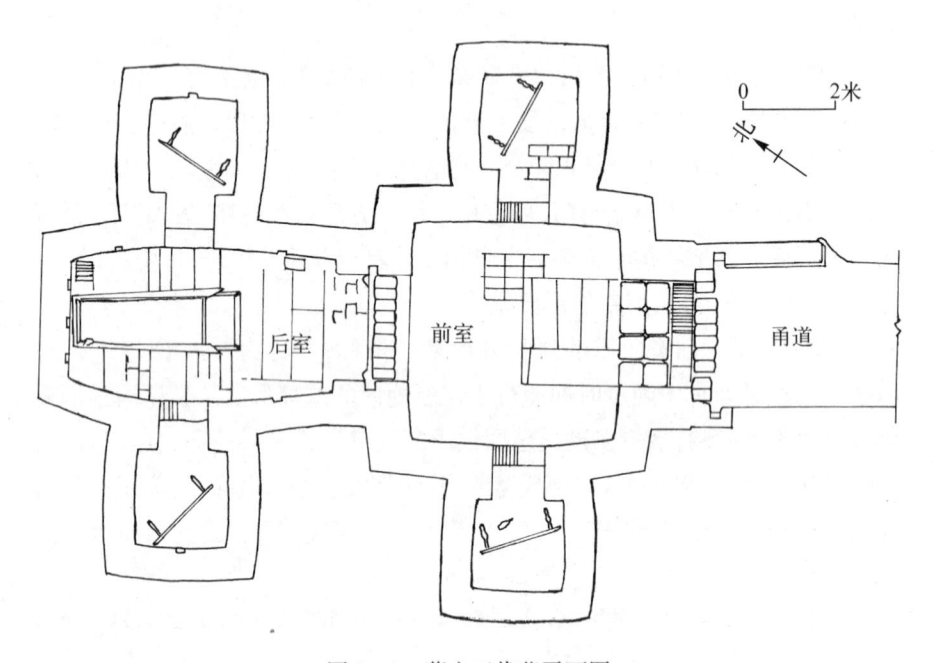

图3-9 蔡庄五代墓平面图

前室北壁长4.8米，另三壁长4.4米，残高3米，顶已毁。室底铺一层4厘米厚的木板，下垫木楞（龙骨），近西南角木楞间有砖砌方形小坑，深24厘米，边长36厘米，内置青釉瓷碗一件。木板上有一座砖砌的凹形台，缺口正

---

① 扬州市博物馆：《江苏邗江蔡庄五代墓清理简报》，《文物》1980年第8期。吴炜、徐心然、汤杰：《新发现之杨吴寻阳长公主墓考辨》，《东南文化》1989年第4—5期。

对墓门,砖台高0.88米。前后室之间的甬道长1.62米、宽2.2米,券顶已破坏,地面铺砖,中间有木门框、门槛槽。门槛南面有一道封门石墙,共三层长方形石块,高0.3米、宽0.46米。

后室长5.68米、前宽2.8米、后宽2.5米。壁上共有7个小壁龛,东西壁各2个,后壁3个。墓底用0.1米厚的青石板夹缝平铺,共九排十八块。在第六排两块青石板间留有一个金井,长40厘米、宽20厘米、深10厘米,内放木制跪俑1件。后室后部中间置须弥座式木棺,前和处原有木屋设置。后室顶已坏,推测其结构是先铺一层木梁,梁上铺石板,石板之间用铁巴加固,其上再铺一层大方砖。木梁下有一层薄木天花板。其外形为长方形平顶,与李昇陵后室顶相似。

前后室各有对称的侧室两个,均有甬道连接主室。侧室长宽均约2米,穹隆顶,高2.7米。后室两侧室各有小壁龛一个,每个侧室均有放置随葬品的木床一张,长1.8米、宽0.92米、高0.50米。

钱宽墓(临M23)与其夫人水邱氏墓(临M24)位于浙江临安县(今杭州临安区)西5里明堂山,水邱氏墓在东,钱宽墓在西,两墓相距6米,埋于同一封土堆下。封土东西径45米、南北径30米。

钱宽墓为船形多耳室券顶砖室墓,方向160度,全长6.78米。墓道未清理。前室南端有短甬道,甬道口有两层封门,外层是一块大石板,内层砖砌,外壁抹白灰。封门外有砖砌封门墙。前室扁方形,南北长1.3米、东西宽1.86米,穹隆顶,高1.94～2.26米,东西各有1个耳室。前后室间短过道长0.5米、宽1.44米、高1.72米。甬道和过道两侧壁分别有小孔一个,为装木门处。后室平面略呈船形,两壁向尾部收弧,长3.84米、宽1.48～1.9米,顶盖略呈半椭球状,内高1.5～2.22米,顶厚0.96米。东西两壁都有大小不等的耳室和壁龛各2个。墓室后壁上部略内倾。第四层平砖以上有壁龛3个,第15层平砖以上有居中壁龛1个。墓底斜铺2层方砖。后室设砖棺床,高10～15厘米。后室两侧有水沟通向前室,墓门右侧底下有砖砌水沟向外斜伸(图3-10)。

前后室都彩绘壁画,前室两耳室之上绘红心绿叶花各一盆。穹隆顶绘三重圆,中心小圆内绘金色圆点二十八个,其外绘八角形,每角外绘花叶组成的"文"字样。后室两耳室和壁龛周围施红绿相间的宽带状彩绘,顶部绘天文图。

水邱氏墓与钱宽墓方向相同,分墓道、墓门、甬道、前室过道和后室四部分。墓长8.4米,墓底倾斜,前后高差0.13米(表3-2,墓例7)。墓道用五花土夯填,北半部分层铺卵石,西侧底下设一条砖砌排水暗沟。墓门

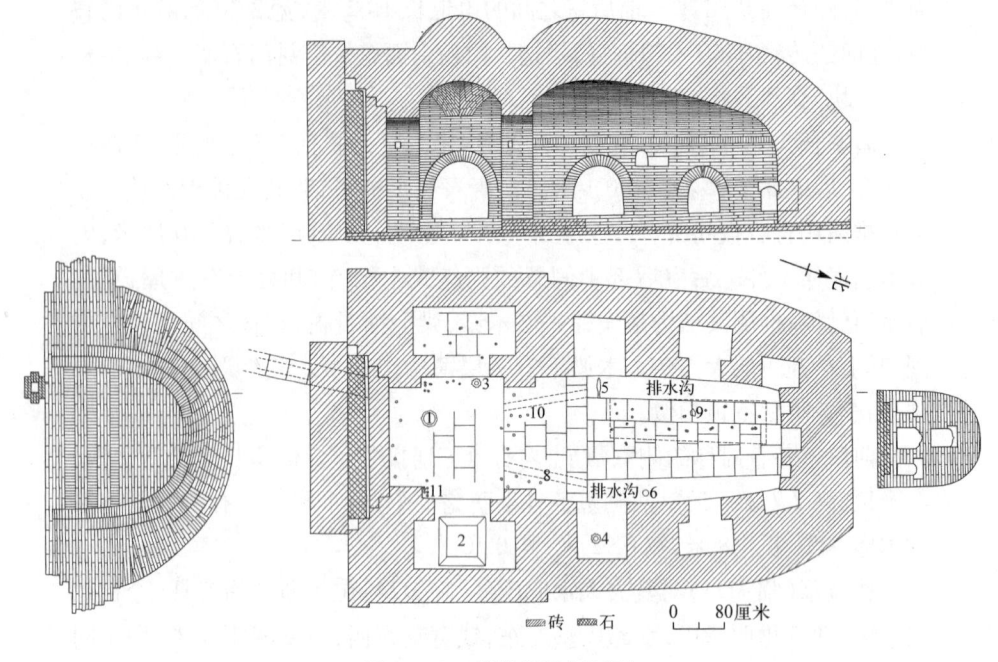

图 3-10 钱宽墓平剖面图

发券五重，拱券上端和两侧再平砌砖墙，立面呈长方形。门外砌两道砖墙，其后是一扇舌形大石门，高 2.12 米、宽 2.17 米。甬道和过道的两侧上部，各有一个装木门的孔，甬道和过道内发现大量铜门钉、门环、锁和铁构件。

前室南北长 1.75 米、东西宽 2.27 米，东西侧各有耳室一个。穹隆顶，高 2.54 米，中心偏西处有八角形暗窗，宽 18 厘米、深 5 厘米，内涂朱色。墓底铺一层长方砖，其上再铺磨光方砖。多在砖角模印楷书阴文"钦"字，个别为"言"字（后室同）。后室平面呈船形，南北长 4.58 米、东西宽 1.9～2.3 米，两侧壁和后壁共设耳室四个，壸门 12 个，壁龛 6 个，其中东西两壁各设对称的耳室 2 个，壸门 5 个，壁龛 1 个。中部砖砌棺床，棺床南端中部设头坑，上盖方砖，砖中心凿一个直径 6 厘米的小孔。在棺床部位发现幔帐遗迹。后室墓顶南部宽高，北部窄低，如半只蛋壳，在最高处正中设有一个八角形暗窗，内置铜镜 1 面。木棺头南脚北，头部下有头坑，上对墓顶暗窗。

墓室内壁彩绘壁画和天文图。在甬道券和过道券的北侧上绘红色云气纹，在过道券的南侧彩绘出叶绿蕊红的连枝花卉。前室顶部暗窗周围有大红幡形彩绘。后室东西两壁对称彩绘花卉五枝，后壁最上面龛内也绘花一枝,并用红绿色宽边饰于龛门两边。

前室正中置石刻莲花灯台、青瓷钵形灯。东耳室放墓志一合,西耳室发现箱类漆木片。过道口放酒壶、酒杯、碗和碟子等白瓷12件和银碗1件。后室前端正中放一只褐彩青瓷大香炉,香炉旁放青瓷盖罂,东南角是一套银质小件冥器。死者头旁放银罐、银唾盂、银碟、银筷、银匙等,两手各握铜钱一串和小砾石一颗,两足也各放小砾石一颗。棺内原有藤胎漆奁盛装的一组以铜镜为主的梳妆用品。后室第一对耳室内放置众多盛食物的青瓷罐,第二对耳室内发现一层碎贝壳。后室十二个壶门内可能原有十二生肖木俑。

浙江临安板桥五代墓(临M21),位于临安区东南10公里的南山坡上。前室封门外有大石板两层封堵,墓室周围用不规则条石竖垒砌筑。该墓为船形多耳室竖穴券顶砖室墓,墓向181度,全长6.16米、高1.57～1.94米。前室南端有甬道,长36厘米,前后室间有过道,长38厘米。甬道口、过道口都用砖墙封堵,在过道口两侧壁上下有装木门的小孔(图3-11)。

前室长方形,长1.8米、宽1.58米、高1.94米。穹隆顶,墓顶中心圆形暗窗内置圆形铜镜一面。东西两壁各有耳室。前室中部高70厘米的圆形砖台上置青瓷洗1件。墓壁及砖台均残留1厘米厚的石灰和彩绘痕迹。后室呈船形,长3.62米、宽1.38～1.6米、高1.6米。顶部长方形暗窗内置圆角方形四神八卦铜镜一面。东西壁各有大小不等的耳室、壶门和壁龛各2个,壁龛距墓底高14厘米;在距墓底高60厘米的第二组侧砖处,东壁有龛3个,西壁有龛2个。墓室后壁在第一层侧砖处有壁龛3个,第二层有壁龛2个,再上为1个。墓底铺砖四层,自北向南倾斜,在前后墓室之东耳室下有水沟一条。

出土随葬品共30件,除1件瓷洗置于前室砖台外,其余皆置于后室。墓志1方,置于前室东耳室,铭文模糊,仅首行"王国功臣镇海吴随□墓志铭并序"等字可辨。

临安太庙山五代墓(临M22)位于原临安区太庙山下,与板桥五代墓结构基本相同。砖券拱顶,方砖铺地。前后两室,左右砌六个耳室,后室船形,中设棺床,棺床有方形腰坑,砖砌排水沟通向墓外。石板封门,外加厚砖墙。出土一批木俑、瓷器、铜附件等①。前室西耳室有木箱和锁的残迹,前室东耳室有石灰岩墓志一方,字迹漫漶。该墓在武肃王钱镠墓东侧100多米,推

---

① 据浙江省文物管理委员会:《浙江临安板桥的五代墓》,《文物》1975年第8期。

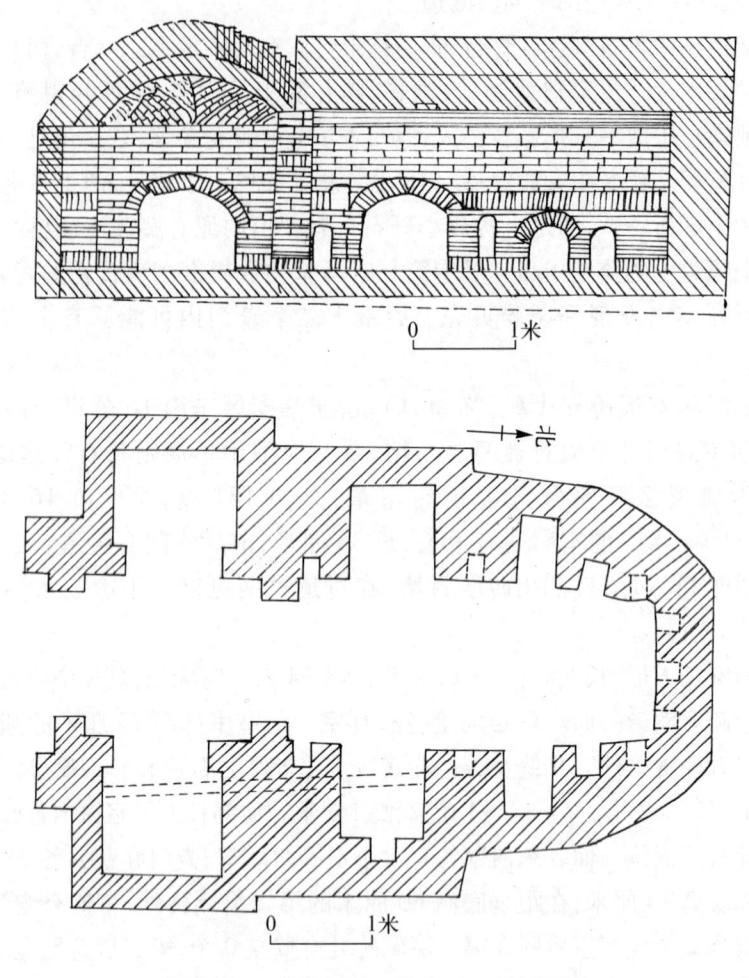

图 3-11 临安板桥五代墓 M21 平剖面图

测属于钱氏家族成员或某宠臣墓。

杭州三台山五代墓(杭 M32)位于杭州三台山东麓,墓向63度。墓室全长4.95米,分甬道、前室、后室三部分。甬道长0.38米、宽0.98米、高1.10米,两侧上下各开一个装木门的小孔。甬道口以大石板封堵,外砌砖墙。前室长方形,东西长1.10米、南北宽1.28米,穹隆顶残高1.62米。南北两壁各有1个耳室,高0.68米、宽0.74米、进深0.78米。后室平面船形,长3.47米、宽0.47~1.15米、高1.02~1.3米。墓壁有安装木门的小孔、耳室、壁龛和壸门。后室中部设棺床,高5厘米。棺床下有一小坑,长24厘米、宽12厘米、深5厘米。墓顶为中间高前后低的覆船形券顶(图3-12)。尚存陶器、青瓷器、石座、墓志、铜钱等24件随葬品。

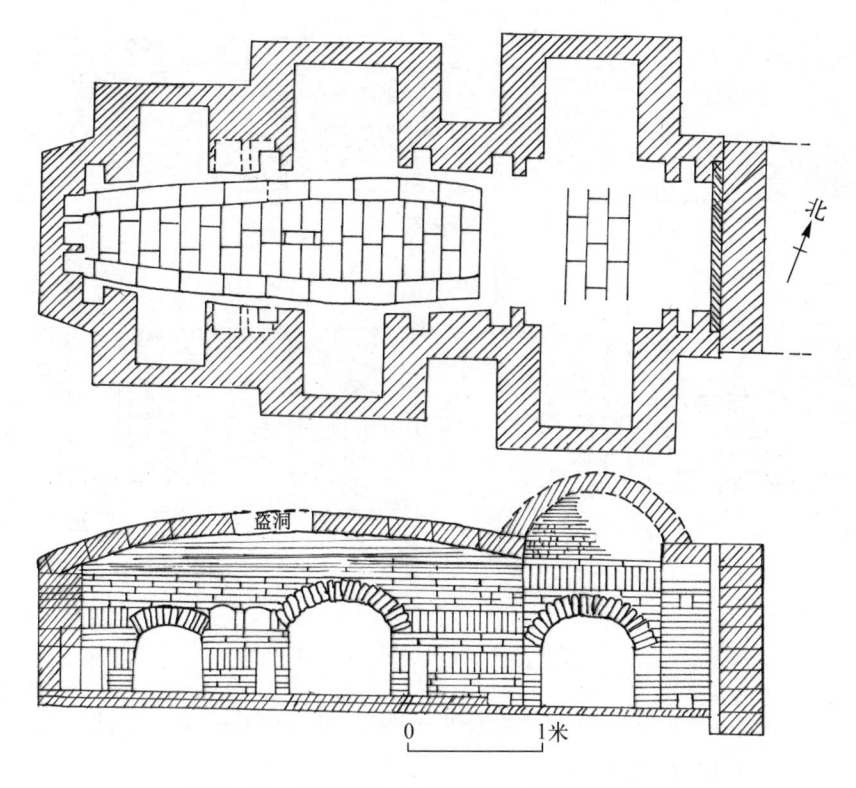

图 3-12　杭州三台山五代墓（杭 M32）平剖面图

C 型，三室砖墓。

三室砖墓目前仅发现苏州七子山一号墓①，位于苏州城西南横山山脉的九龙坞（俗称七子山）中。简报引《吴县志》载："山下九龙坞正中，是吴越王钱元璙墓所在地。"七子山一号墓即在钱元璙墓西边、祝家山山坡上。墓上封土高 2.5 米。

墓室全长 14.34 米，分前中后三室，前中两室宽 3.05 米，后室宽 2.45 米。中室两侧各附有一个耳室。墓室券顶，弧度较平。拱形墓门，高 2 米、宽 2.33 米。门洞内有封门砖墙，门洞右下角有一个宽 0.44 米、高 0.3 米的排水洞，外有一段排水沟，向右转弯通向一石板做成的阴井（图 3-13）。

前室长方形，长 3.65 米、宽 3.05 米，高 2.35 米。室前有断裂的门额、门框，木门已朽，残存铜门环。前后壁各辟一个拱券门。中室平面长方形，长 4.75 米、宽 3.05 米、高 2.35 米，两侧各有一个耳室。前后各有一拱券门通向前后二室，有青石门额、门框，木门已朽，残存铜锁和门环。后室长方形，东

---

① 苏州市文管会、吴县文管会：《苏州七子山五代墓发掘简报》，《文物》1981 年第 2 期。

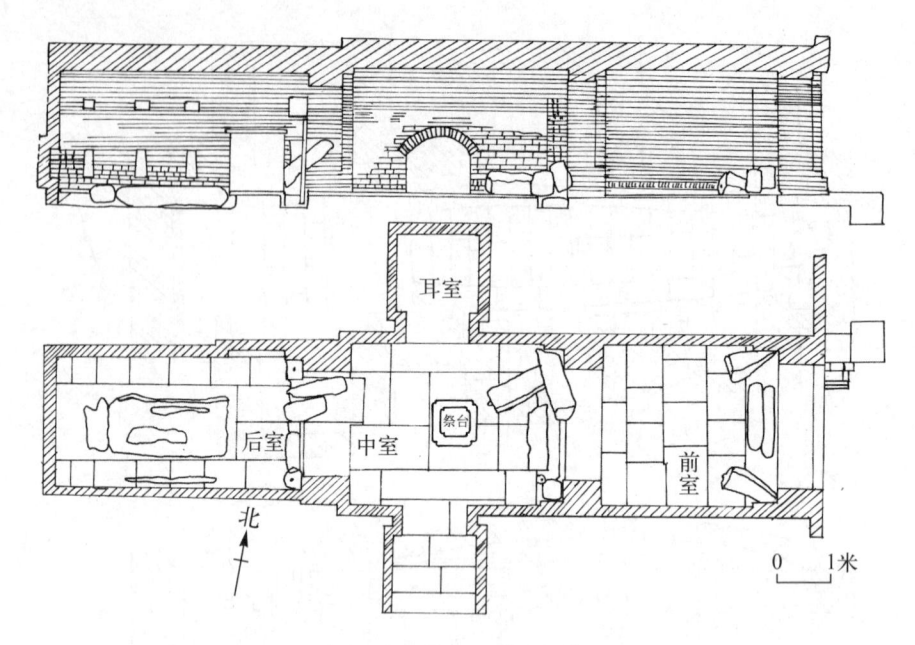

图 3-13 苏州七子山五代墓

西长 5.94 米、南北宽 2.48 米。前壁正中辟拱形门,有石门额、石门框、石门。三室地面均铺青砂石板。

中室正中置有方形祭台,边长 0.9 米,砖砌台座,倭角方形青砂石台面。台上放一双铜筷,南耳室附近发现铜碗残片。后室有楔形壁龛 9 个,每壁 3 个。左壁龛上面另有 2 个小龛,右壁龛上面有 3 个小龛,左壁靠石门旁有一个大壁龛,似为放置墓志用,但未见墓志。后室中后部置青石棺床,长 2.65 米、宽 1.13 米。左右两个耳室长 1.46 米、高 1.9 米,穹隆顶。地面铺石板。

吴越国已经发现的三室砖墓只有三座,除此墓外,另外两座是钱元瓘墓和钱元瓘元妃马氏康陵,均为王陵。

第三类,长方形竖穴土坑墓。

长方形竖穴土坑墓是最普遍的墓葬形式,使用者多是平民,因木葬具容易腐朽,随葬品少等原因,易遭彻底破坏,报道不多。已发现的土坑墓有:合肥南郊王小郢五代土坑墓[1]、江苏扬州五台山五代墓[2]、扬州南唐田氏墓[3]、扬

---

[1] 合肥市文管处:《合肥南郊王小郢五代墓清理简报》,《文物研究》第十四辑,黄山书社,2005 年。
[2] 江苏省文管会、南京博物院:《江苏扬州五台山唐、五代、宋墓发掘简报》,《考古》1964 年第 10 期。
[3] 扬州市文物考古研究所:《江苏扬州南唐田氏纪年墓发掘简报》,《文物》2019 年第 5 期。

州市秋实路杨吴康周墓①、扬州市城东路五代土坑墓②、江苏盐城城区M4③、浙江乐清县五代墓④等。

2004年在合肥南郊王小郢发现两座墓葬,编号M1、M2。其中M2为竖穴土坑墓,墓底距地表4米。清理时棺盖板已遭破坏,棺南北向,长2.55米,宽0.5～0.64米。棺南侧有一个木屋模型,已坍塌。共出土器物14件(套),有木俑、葫芦瓶、水盂、盘口壶、白瓷碗、白釉钵、双鸾双兽纹铜镜、圆形和海棠形银粉盒等。器物有晚唐五代风格。该墓西北25米的M1为杨吴大和三年砖室墓,推测该墓与M1属于同一家族墓地,也应是五代墓。

扬州五台山五代墓。1963年在江苏扬州市东北的五台山东部发掘了一批唐、五代、宋墓,其中五代墓共5座(M2、M9、M10、M15、M22)。墓葬分布密集,均为小型土坑墓,因土层破坏,已找不到墓圹。距地表深1.1～2.05米。葬具多已腐朽,仅留铁棺钉。根据棺钉测知棺一般长约2米,宽约0.5米。人骨架多保存完好,均为仰身直肢葬(表3-2,墓例9)。

2015年1月,扬州市邗江区西湖镇蜀冈村蜀冈丘陵南坡发掘了一座竖穴土坑墓(2015YSGM1)。墓圹坑口东宽西窄,平面呈梯形,东西长2.9米、南北宽0.6～1米、深3米,方向125度。葬具为杉木棺,呈前高后低的船形。棺身下为木质须弥座,须弥座前端有四个壸门,上沿为栏杆,栏杆开口处插两根望柱。棺前档板为双层,内侧为整木板,外侧做成由门楣、门扇、门柱组成的仿木门。一座木质模型拱桥连接仿木门底端和棺底板,底板嵌入须弥座式棺座内。木桥前端两侧也有八边形望柱。

出土器物主要放置在棺内墓主头部,包括瓷执壶、瓷盂、瓷盒、木梳、木奁、铜耳勺、锡镜及发饰等,棺前档外放陶器1件,木桥下放置木棺模型1件。棺盖前档板顶部俯置木质买地券1件,长40.5厘米、宽33厘米、厚2～5厘米,背面中部纵向墨书"田氏地券"4字,正面自左向右纵向墨书11行,165字。买地券载:"维昇元元年岁次丁酉十二月庚辰朔,于十二月十八日辰及巳前巽时寿终,廿一日庚子安殡葬于大吴城江都县兴宁乡,殁故田氏年廿三,乙亥火命,生居城邑,死迁幽室。"可知墓主田氏,卒年23岁,卒于昇元元年(937)十二月十八日,葬于当月二十一日。

---

① 南京大学历史学院文物考古系等:《江苏扬州市秋实路五代至宋代墓葬的发掘》,《文物》2017年第4期。
② 李则斌:《扬州城东路出土五代金佛像》,《文物》1999年第2期。
③ 俞洪顺、梁建民、井永禧:《江苏盐城市城区唐宋时期的墓葬》,《考古》1999年第4期。
④ 温州市文物处:《浙江乐清县发现五代土坑墓》,《考古》1992年第8期。

2016年,在扬州市东北秋实路前吴庄缓坡地带发现一处墓地,墓地北高南低,共有13座墓葬,形制基本相同,其中M5和M9保存稍好。

M5为竖穴土坑墓,方向106度,墓口平面呈梯形,长3.25米、宽1.06~1.34米,坑口距地表约2.35米。直壁,平底。墓内填青膏泥。葬具由木棺、木质须弥座两部分组成。根据出土的大都功板和买地券,墓主康周卒于"顺义□□甲申四月己巳朔廿三日辛卯",推算此年为杨吴顺义四年(924),由此可知康周终年67岁,是一位经历了唐末五代初期的道官。

木棺主体近梯形,盖板、侧板、底板三部分通过榫卯搭接,用铁钉固定。盖板总长2.6米,脚端宽0.52米、最大厚度0.06米,头端宽0.76米、最大厚度0.1米。盖板上头部位置放置一方木质买地券,墨书朝下。棺内髹朱漆,外髹黑漆。棺内发现了铜镜、铜钱、陶砚、木俑、木牍等随葬品。

扬州市城东路邮电职工宿舍工地五代土坑竖穴墓,墓坑坑口长2.54米、宽0.78米,坑底长2.5米、宽0.75米,深1.48米。方向345度。坑内置一具杉木棺,长2.29米、宽0.53~0.62米、高0.72米,榫卯结构。棺盖头宽尾窄,首端为弧形,内髹朱漆,外髹黑漆。墓中出土金佛像1件、金耳坠2件、银簪1件。铜器数十枚,多散失,仅剩"周元通宝"两枚。

江苏省盐城市区发现一批唐五代和北宋时期墓葬,绝大多数是竖穴土坑墓。清理发掘的土坑墓有M1、M2、M4、M5和M6。M4、M5、M6均位于凌桥路与剧场路之间的一处墓地,此墓地发现13座墓,除了M4位于北部外,其余均在M4南侧一字排列,且与M4方向不一致。M4存有部分棺木,棺底长2.1米、宽0.55米,距地表2.8米。棺木为榫卯结构,无棺钉。随葬青瓷执壶、碗和釉陶罐各1件,开元通宝钱14枚,唐国通宝钱7枚。

浙江省乐清县盘石乡四房山发现三座五代竖穴土坑墓,编号为M1、M2、M3。墓坑平面均呈长方形,墓壁为风化石层,墓底有一层较薄的木炭,未见棺木和人骨。M3墓底发现一些棺钉。M1长2.2米、宽0.9米、深0.6米,出土罐、碗、壶。M2长2.4米、宽1米、深0.9米,出土罐、碗、盘、盘口壶、盏、小碗、带饰板。M3长2.8米、宽1米、深1米,出土罐、碗、壶、小碗、铜镜、发笄等。

另外,1960年江苏宝应县泾河镇出土了两具南唐时期的木棺,相距20多米,方向皆133度,样式相同,在棺的前和部位分别有木屋、桥梁等模型,与扬州秋实路杨吴康周墓及扬州南唐田氏墓所出木棺相似。推测出土两具木棺的原址也应该是土坑墓[①]。

---

① 黎忠义:《江苏宝应县泾河出土南唐木屋》,《文物》1965年第8期。

二、墓葬因素分析

（一）墓葬形制与墓葬等级

长江下游地区墓葬涉及杨吴、南唐、吴越几个政权，很难用统一的等级制度标准来分析，但大致仍能从墓葬形制的差别中看出等级差异。最高级别的墓葬应是石椁墓与三室砖室墓。两座吴越国石椁墓分别是钱元瓘次妃吴汉月墓（杭M26）和钱元玩墓（临M20），苏州七子山五代墓据推测可能是吴越国王钱镠之孙、中吴军节度使钱文奉之墓①，三座墓都是等级仅低于王陵的吴越国王室墓葬。

第二等级是长方形双室砖室墓和船形双室砖室墓，应为皇（王）室贵族或高官墓葬。南京铁心桥杨吴宣懿皇后墓和常州蔡庄五代墓都与杨吴皇室有关，吴越国发现的几座双室砖室墓都是吴越王室或高官宠臣墓葬。

第三等级是单室砖室墓和墓室狭窄的双室砖室墓（或椁室墓），应属于中下层官吏或富民阶层的墓葬。使用单室砖墓的钱匡道虽然出身贵族，但死时官职只是起家官千牛卫长史。太原县君王氏，其夫为吴国撼敌将军光禄大卿检校司徒□□郎海州□军事守海州刺史赵思虔，属于中等官吏。合肥汤氏县君墓和姜氏妹婆墓虽然是双室墓，但墓室狭小低矮，只能容棺，应属砖椁墓，等级低于大型的双室砖墓。汤氏县君可能是与太原县君王氏一样，其夫或子为地方中等官吏。而连云港发现的前圆后方砖室墓，可能也是中下层官吏墓葬。

第四等级是土坑竖穴墓，一般没有墓主信息，大多数应为平民墓。扬州发现的杨吴康周墓，墓主是一位道官。

（二）船形墓的渊源与传播

长江下游地区的墓葬形制比较多样化，其中最有地域特色的是所谓船型墓（或称为腰鼓形墓、壶瓶形墓），包括船形单室砖墓和前室长方、后室船形双室砖室墓两种形制。

船形墓是继承了六朝早期以来长江下游地区椭圆形墓传统的一种墓葬形制。1953年南京博物院在江苏宜兴市周墓墩发掘了两座周氏家族墓葬（M1、M2），其中M1为西晋元康七年（297）"平西将军"周处墓②。1976年又发掘了四座（M3~M6），其中两座有纪年，M4纪年为西晋永宁二年（302），M5纪年为西晋建兴四年（316）。M4为带甬道、石门的前后双室墓，前室方

---

① 陈元甫：《五代吴越王室贵族墓葬形制等级制度探析》，《东南文化》2013年第4期。
② 罗宗真：《江苏宜兴晋墓发掘报告——兼论出土的青瓷器》，《考古学报》1957年第4期。

形、穹隆顶,边长3.54米,高3.38米;后室长方椭圆形,穹隆顶,长5.5米,宽3.58米。M5 形制与 M4 相似,但前室多两个侧室①。M6 则是长方椭圆形券顶单室墓。其 M4、M5 后室以及 M6 墓室的形制和晚唐五代时期船形墓室完全相同(图3-14)。

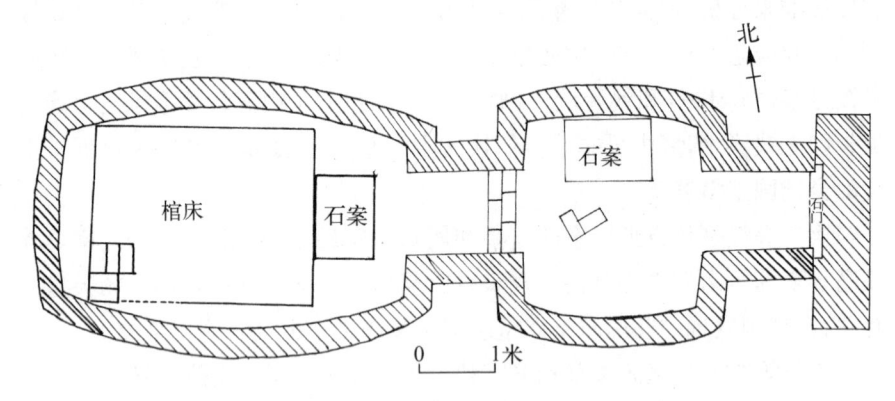

图3-14　江苏宜兴周墓墩晋墓 M4 平面图

　　根据研究,长江下游地区的南朝晚期墓葬,总体上由长方形变为椭圆形。《上虞周家山古墓葬发掘》公布的东晋早期至南朝的6座船形砖室墓和《上虞牛头山古墓葬发掘》公布了六朝时期的10座船形墓,基本形制是长方形砖室墓,左右两壁略外弧,后壁也略外弧,墓前有砖砌排水沟②。如上虞牛头山 M15,为船形砖室墓,墓室长4.8米、最宽2.5米、残高2.8米。甬道分三段,总长3.32米。墓室有纵向排水沟通往墓外。后壁有壁龛。

　　唐代长江下游地区仍然流行椭圆形砖室墓,目前发现的主要是中晚唐墓葬。如江苏镇江市发现的8座中晚唐时期的砖室墓,结构常见券顶,平面呈长方形或近似椭圆形,底砖铺成席纹,墓壁多以三横一竖式砌筑。墓前设砖瓦结构的排水管道,墓志置于墓内前部或后部。其中 M5 为贞元十一年(795)处士徐巽墓,平面近椭圆形,墓室长3.9米、宽1.56~2.3米,甬道长0.52米、宽1米。墓室中部砖砌棺床,棺床前有砖志一合(图3-15)③。

　　今浙江地区晚唐时期的船形墓常使用耳室和壁龛。1996年宁波祖关山清理了13座墓葬,其中 M11 为唐大中四年(850)的带双耳室船形砖室墓,由甬道和墓室两部分组成(图3-16)。墓室内长3.7米、最宽1.6米、残高1.1米,券顶已塌。甬道长0.52米、宽1.32米,两壁设置对称壁龛2个。

---

① 南京博物院:《江苏宜兴晋墓的第二次发掘》,《考古》1977年第2期。
② 浙江省文物考古研究所:《沪杭甬高速公路考古报告》,文物出版社,2002年。
③ 镇江博物馆:《江苏镇江唐墓》,《考古》1985年第2期。

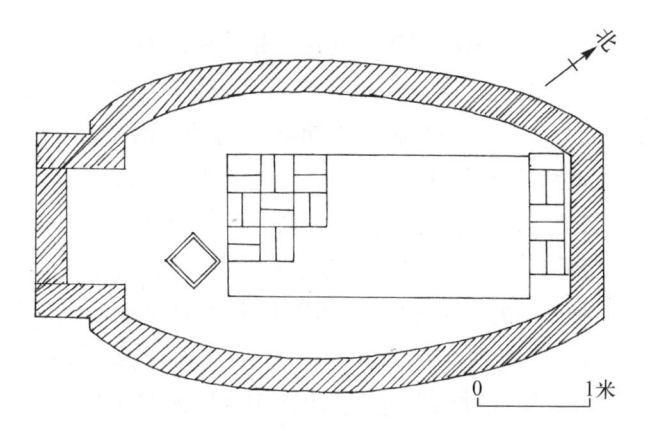

图 3-15 镇江唐代徐巽墓平面图

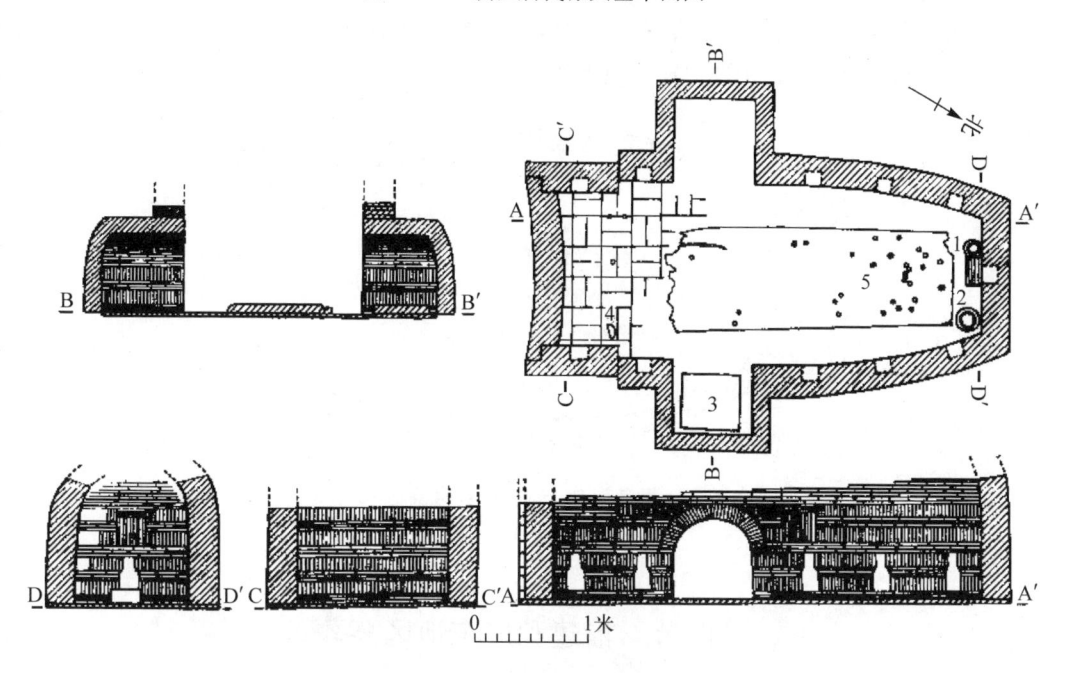

图 3-16 宁波祖关山唐墓 M1

墓室平面呈船形。前半部左右墓壁设置壁龛和耳室。壁龛（原报告称为壸门，其性质实为壁龛，故统一改称壁龛）呈方形，宽 0.14 米、高 0.13 米、深 0.13 米。壁龛北侧为耳室，左右耳室皆为券顶，高 0.7 米。左耳室平面方形，边长 0.72 米；右耳室长 0.72 米、宽 0.64 米。墓室后半部左右两壁和后壁共有 7 个壁龛，3 个直棂窗。其中后壁设壁龛和直棂窗各一个，其余壁龛和直棂窗在左右两壁等距离对称设置。墓底及甬道铺地砖，中间高，两侧略下倾。地面上置整块木板做成的棺床，略呈梯形，长 2.5 米、前端宽 0.95 米、后端宽 0.8 米、厚 0.08 米。棺木已朽。M12 时代也是唐代中晚期，与 M11 形制基本相同,但没有壁龛①。这种墓葬形制是五代吴越国使用船形墓的直接源头。

唐代船形墓不仅在长江下游地区流行,而且在河北地区也曾出现。如1983年河北省晋县发现的一座唐代中期墓葬,坐北朝南,是一座券顶单室砖墓,分墓室和甬道两部分,甬道南北长0.66米、东西宽1.25米、高1.4米。墓室南北长2.8米、东西宽1.7米、墓底至券顶高1.7米。墓壁东西壁向外弧凸。封门以长条砖砌成菱形牙子封门。墓门顶上及其左右用平砖砌成翼墙,残高1.5米、宽2.1米(图3-17)。这种墓葬形制常见于河北地区中晚唐中小型墓葬②。2007年4至5月河北定州市也发现了7座唐代船形砖室墓③。此外在辽宁省朝阳市也发现过船形墓④。唐代中晚期南北方都存在着这种形制的墓葬,之间是否有某种联系呢？从时间的早晚和传承看,显然江南地区的船形墓出现得早,而且从东晋到唐五代传承不断,一直存在于江浙地区。河北地区和朝阳地区唐代中期以后才出现船形墓,可能是受到南方墓葬影响的结果。

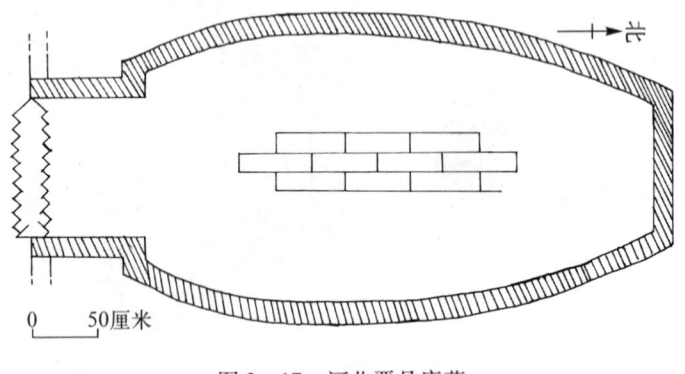

图3-17 河北晋县唐墓

第四节 福建和广东地区墓葬

五代闽国墓葬发现不多,见诸报道的有闽国奠基人王潮墓⑤、王审邦墓、王审知夫妇墓、闽国第三主王延钧之妻刘华墓、福州西郊洪塘金鸡山五

---

① 宁波市文物考古研究所:《浙江宁波市祖关山冢地的考古调查和发掘》,《考古》2001年第7期。
② 石家庄地区文物研究所:《河北晋县唐墓》,《考古》1985年第2期。
③ 《燕赵都市报》2007年6月7日。
④ 万欣:《朝阳市衬布总厂唐墓》,《中国考古学年鉴》1990年;辛岩等:《重庆市重型厂唐墓》,《中国考古学年鉴》1990年;张洪波:《试述朝阳唐墓形制及其相关问题》,《辽海文物学刊》1996年第1期。
⑤ 惠安县文化局编:《惠安县文物志》第二章,1990年。

代闽国墓、福州马坑山林十七娘墓、福州外兰尾山五代道士王绍仙墓①、福建永春五代墓、漳浦县湖西畲族乡五代墓、泉州市郊瑞风岭五代砖墓等②。其中王潮墓、王审邽墓都是唐末墓葬，可作为五代墓研究的参考。根据墓葬的规模、用材和构筑方法，可分为石室墓、砖室墓和土坑墓三种形制。岭南地区除了广州发现了几座南汉皇族陵墓，广州市也发现了几座南汉时期的墓葬③。广东省和平县发现过三座五代时期的小型长方形砖室墓和土坑墓④。

一、福建地区晚唐五代墓

（一）石室墓

王潮、王审知夫妇和刘华等闽国王室成员使用石室墓，王审邽墓为砖石混筑。这类墓的地表一般有大型的封土堆，墓前有神道，神道两侧依次排列石雕翁仲和石虎、石狮、石马、石羊等石像生。墓室为石构券顶，由封门、甬道、墓室组成。

王潮（846～897）是闽王王审知之兄，光州固始人，唐僖宗时随王绪入福建，后王绪被杀，王潮被推为主。唐朝授其武威军节度使，卒后封秦国公。王潮墓在惠安县螺阳乡盘龙村西北凤旗山东麓，东临盘龙山、西邻五虎山，前对鼓山，封土堆残高 1.5 米，坐北朝南，为一座"干"字形石室墓。全墓分封门、甬道、前厅、前室、中室、后室等部分，南北长 18.24 米，东西最宽 7.39 米、高 5 米。墓门以楔形石起券，门扇以两片花岗石做成，高 1.8、宽 1 米、厚 0.2 米，上雕圆弧花瓣。甬道长 1.95 米。前厅长 3.7 米、宽 2.15 米、高 4.62 米，上为八角九层攒尖顶。前中后室均为拱券顶，以过道相通。前室长 2.52 米、宽 7.39 米，中室长 6 米、宽 3.15 米，后室长 2.06 米、宽 7.08 米。中室东

---

① 林桂枝：《福建福州外兰尾山五代墓志简报》，《南方文物》2010 年第 3 期。
② 曾凡：《福州洪塘金鸡山古墓群》，《考古》1992 年第 10 期；福建省博物馆：《福州马坑山五代吴越国墓葬清理简报》，《福建文博》1999 年第 2 期；《泉州发现的五代砖墓》，《考古通讯》1958 年第 1 期；晋江地区文管会、永春县文化馆：《福建永春发现五代墓葬》，《文物》1980 年第 8 期；漳浦县博物馆：《漳浦唐五代墓》，《福建文博》2001 年第 1 期。
③ 马建国、易西兵：《广州市太和岗春秋汉唐五代墓葬》，《中国考古学年鉴·2010》，文物出版社，2011 年，第 340—341 页；易西兵：《广东广州机务段生活小区建设工地汉至五代墓葬》，《中国考古新发现年度记录·2010》，中国文物报社，2011 年，第 475—479 页；广州市文物考古研究院：《广州富力唐宁花园五代南汉大宝三年墓》，《东南文化》2016 年第 3 期；广州市文物考古研究院：《广州市江燕路五代南汉乾亨九年墓》，《考古》2018 年第 5 期。
④ 广东省文物考古研究所、和平县博物馆：《广东和平县晋至五代墓葬的清理》，《考古》2000 年第 6 期；易西兵：《广东广州机务段生活小区建设工地汉至五代墓葬》，《中国考古新发现年度记录·2010》，中国文物报社，2011 年，第 475—479 页。

西两壁高2.5米的石缝中有对称的大铁钉2对。后室铺地石板上浮雕莲花。在墓前约15米处地面上遗留有残损的石雕文官、武士各1件,石马、石羊各1对。据地方志记载,王潮墓在明万历年间就已经被盗。

1997年在福州市西南郊马坑山发现一座长方形石椁墓,长3.2米、宽0.8米、高1.2米,方向100度(图3-18)。墓四壁用长条形石板错缝垒砌,底部用石板错缝顺向平铺,顶部则横向平铺。石板长0.4~1米不等,宽约0.15~0.25米,厚约0.2米。墓室内砌出长2.5米、宽0.7米、高0.1米的棺床,上置棺木和陶俑等。墓室后部以两根石柱隔出一个宽0.8米、进深0.5米、高0.7米的后龛,内置买地券、陶瓷器等随葬品。买地券嵌在浮雕双层仰莲的石座上,通高63.6厘米,券高46厘米。券文楷书阴刻,记述了墓主的姓名和卒年:"维广顺二年(952)岁次壬子朔十二年壬午三日甲申,侯官县桂枝乡永福里故济南郡林十七娘,享年五十二岁,当年八月九日倍阳向阴去于蒿里……"出土陶俑16件,包括12件生肖俑以及文吏、武官、侍女、蒿里老翁俑(老人俑)各一件。陶瓷器有多角罐1件、高颈盖壶3件、小盖罐12件及小盒1件①。

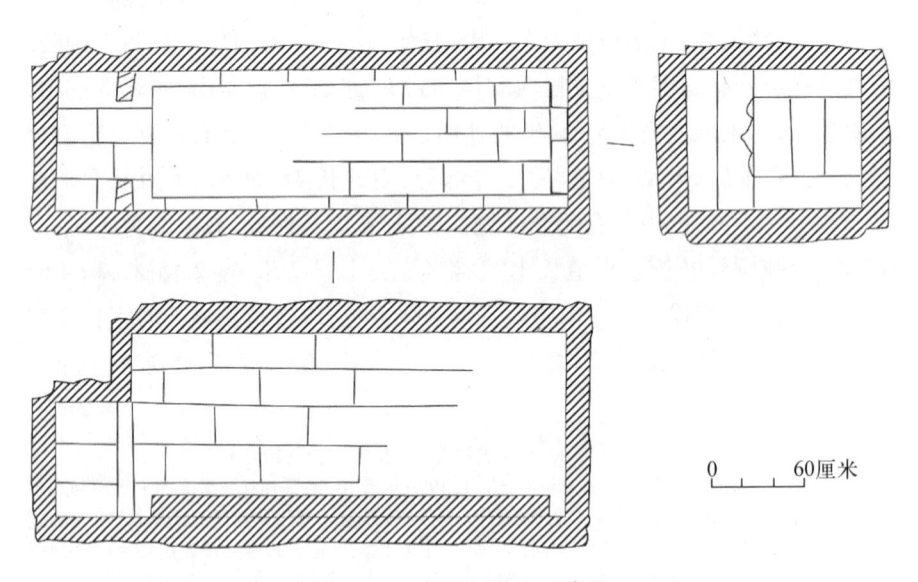

图3-18 福州马坑山五代墓

由于闽国王室内乱,公元949年,福建地区形成了建州、汀州属南唐,福州属吴越,泉州、漳州属留从效的三分局面,直至公元978年北宋统一福建。"广顺"为五代后周年号,为当时统治福州地区的吴越国所用的年号,因此简

---

① 福建省博物馆:《福州马坑山五代吴越国墓葬清理简报》,《福建文博》1999年第2期。

报将此墓定为吴越国墓。但丧葬文化因素不会因政治而迅速改变,此墓的随葬品仍然具有福建地区特色。墓主林十七娘身份当为平民,这说明平民可以使用小型的石椁墓。

(二) 砖室墓

福建地区砖室墓一般为长方形券顶或叠涩顶的单室或双室墓,棺床上往往设有腰坑。随葬品有陶瓷、铜、铁器等数十至上百件不等,以陶制人物、动物俑为主,其次为陶瓷用具。

唐故泉州司马王福墓,位于泉州市丰泽区北峰招丰村,是一座前后双室砖室墓,全长 6.72 米,包括墓门、前室和后室三部分,整体平面呈葫芦形(墓葬方向不明)。前室之前为墓门,残存 0.4 米高的封门墙。前室略呈椭圆形,从下起 6 层平砖后有一层立砖侧棱相砌形成一周装饰带,周壁 1.05 米高处逐渐内收作穹隆顶,顶部已毁。封门墙之内,前室门口中间置一通带座的碑形墓志。后室两头略窄,中间宽,呈船形(简报称橄榄形),内长 3.08 米,宽 0.84～1.75 米,墓壁从高 1.2 米处由两侧向顶部逐渐叠涩形成墓顶。墓室后部用平砖交错铺砌棺床,长 1.98 米、高 0.5 米。墓壁两侧下部各有 5 个凸字形壁龛,深 0.2 米、宽 0.25 米、高 0.44 米(图 3-19)。

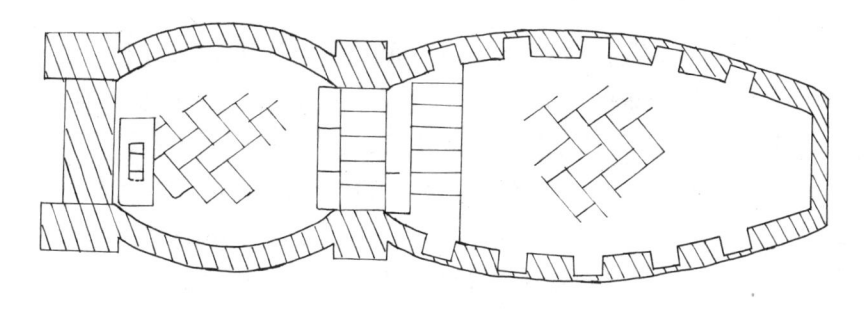

图 3-19 王福墓平面图

随葬品大部分发现于前室,有陶瓷器、钱币、铜镜、铜洗、玻璃器以及石质墓志等共 84 件。其中玻璃残片 4 块,包括口沿残片和器壁残片各两块,深蓝色,透明,素面上有横向细旋痕,玻璃内有零散的细长气泡。

墓志为花岗岩质地,碑形,包括志石和底座,志石上宽 33 厘米、下宽 51 厘米、长 72.5 厘米、厚 14.5 厘米,抹角,正面向外微方,上刻楷书铭文 500 余字,下端有榫头。底座长 79 厘米、高 23 厘米、厚 48 厘米,上凿插墓志榫头的凹槽。墓志首题"唐故泉州司马银青光禄大夫检校刑部尚书兼御史大夫王公墓志铭"。墓志记载:王福"癸酉岁……正月十四日……终于泉州之私第,享年六十有九……其年三月六日葬于南安县唐安乡招贤里"。简报考证志文撰者杨赞图为唐乾宁四年（897）进士科状元，曾任唐万年县尉、弘文馆直学士，天祐元年（904）为避乱携家来到泉州，成为进入招贤院的中州名士之一，因此王福墓志书写时间不早于天祐元年。天祐元年后的癸酉年为后梁乾化三年（913），此时泉州属王审知统治的闽国，墓志仍称以唐官，可能王福因年老，并未出仕闽国。

据墓志记载，王福曾祖锐，任光州司马；祖泛，任蔡州录事参军；父居，任寿州司法参军。王福为王居长子。王福祖上任职地与王潮、王审邽、王审知起兵地光州、寿州关系密切，因此简报推测王福应是随"三王"一起来福建的中州同乡或族人。但王福既然曾任唐泉州司马，更可能是任职于泉州不再北归的唐官。王福有三子三女，长子王泽，检校国子祭酒兼侍御史。王福卒后，"赐赠皆优，葬祭无缺"，除了因他是唐朝官员，也与他长子王泽任职于闽国有关。

泉州发现的南朝、隋唐墓多由模印花纹砖砌成，呈长方形、刀形或凸字形，两侧起券成拱券顶，王福墓由较薄的素面青砖砌成，平面呈葫芦形，四面叠涩成穹隆顶，与本地区早期墓葬明显不同。2005年厦门发现的唐晚期（855）陈元通墓与之相似，皆有十个壁龛。王潮墓墓室为近似椭圆形的八角形。

王福墓发掘简报将墓葬描述为一个单室墓，但从墓葬平面图看，实为前后双室船形墓，简报说的甬道，实际是前室。王福墓可注意的地方有两点：第一，后室平面呈船型，两壁各有五个小龛，与江浙地区五代船形墓形制接近。而前室呈椭圆形，前后室之间有狭窄的短通道，整体上像亚腰葫芦状，是此墓的特点。第二，此墓前室进门处立一碑形墓志，和南汉康陵哀册文碑的设置类似。而此墓比康陵时代要早，考虑到南汉与闽国相邻，联系较多，推测康陵的哀册文碑也与福建葬俗有一定的联系。

道士王绍仙墓。1975年，福建省博物馆在福州市西门外兰尾山南麓清理了一座五代长方形单室砖墓。该墓用素砖砌筑，墓顶塌陷，墓室前部压在公路之下，未发掘。墓室后部残长1.2米、宽0.8米、高约1.3米，方向160度。后壁正中设壁龛，高0.38米、宽0.14米，内置陶俑2件，龛外紧贴一块长方形墓志立石。靠后部的两壁各有一龛，内置陶俑3件。墓底近左右两壁及后壁有一条沟槽，槽内靠壁立一列陶俑。随葬器物共32件，多已残破。有多嘴壶2件，陶俑20件，石砚1件，陶圹志1件，石墓志1块。陶俑包括武士俑、三角冠侍俑、"王"字冠侍俑、女侍俑、戴冠侍俑、幞头侍俑、风帽侍俑、双层冠侍俑、双角冠侍俑等种类。

墓志长方形，长1米、宽0.38米，志额篆书"两街都监大德赐紫太原王君塚铭"。志文楷书，首题"大闽国故左右两街都监大德赐紫王君塚铭并序"。据墓志，墓主王绍仙，字应臣，为梁怡山冲虚观王真君十五代孙，幼年悟道，九岁诣都监蒋君门下出家。初读道德经，次授大洞真经。十五岁，上表请脱白住祖观，俨香火以焚修。开平二年，诣三洞法师洞真先生戴君门下，传授经箓。太祖诏入内庭，乾化四年，充表赞大德，玄纲大整，法会将隆，式迁授两街都监大德。龙启元年(933)，惠宗以其供奉之勤，恩赐紫衣。"今上"以仙裔传家，赐其弟子德号，诏入内道场，赐紫。别降天书，充玉清宫监斋大德。三年冬十二月十一日，奄于道院。甲子六十一。教主充国公怛悼莫已，追赠之礼与学友以相肩。明年三月八日卜于院之坤吉地以秘焉①。

墓志提到的"今上"在惠宗王延钧之后，是闽国康宗王昶。王昶在位4年，年号通文，则墓主死于通文三年(938)，葬于四年(939)。墓志首题下刻"翰林兼监察御史林欢书并勒字篆额"，又曰"斑幼岁即与君同诣戴君门下，颇熟道风，聊兹纪述"。可知墓志撰写者名"斑"，曾与墓主同时在洞真先生戴君门下修道。墓志书丹和篆额者皆为翰林兼监察御史林欢。林欢书丹的闽国墓志还有几方。

虽然墓葬残缺，但仍可看出是一座长方形小型单室砖墓。墓主作为当时地位较高的道士，使用的墓葬形制和随葬品与世俗士人墓葬并没有太大区别。

福建漳浦县刘坂乡砖室墓②，平面长方形，全长5.08米、宽1.1米、高1.4米，方向150度。墓顶用砖叠涩砌成锥形，距地表1.5米。墓葬由主室和南北两个壁龛组成(简报称两个壁龛为"门道""后室"，但此墓为椁形墓而非屋形墓，没有墓门，所谓"门道""后室"实为足龛和头龛)，南壁龛长0.5米、宽0.82米、高0.98米，两壁平砌至0.4米开始叠涩，底部铺砖三层。北壁龛比南壁龛长8厘米。墓室长4米、宽1.1米、高1.4米，在壁高0.84米时向内叠涩聚成墓顶。东西两壁各在高3厘米处砌出对称小壁龛5个，间隔56厘米，龛深14厘米、宽18～25厘米、高31～33厘米。在每个小壁龛外，贴墓壁外侧多砌一个高46厘米的砖柱作为壁龛后壁。墓底铺砖，在墓室前部和后部用砖隔出两个边长26厘米的正方形坑，内置陶俑等器物(图3-20)。

随葬品有陶器、瓷器、木器、铜器及铁棺钉等113件。墓室两壁的10个小

---

① 简报对墓志的释文错讹较多，鹏宇曾作校补，见鹏宇《〈王绍仙墓志铭〉释文校补》，《南方文物》2011年第3期。
② 福建省文管会：《福建漳浦县刘坂乡唐墓清理简报》，《考古》1959年第11期。

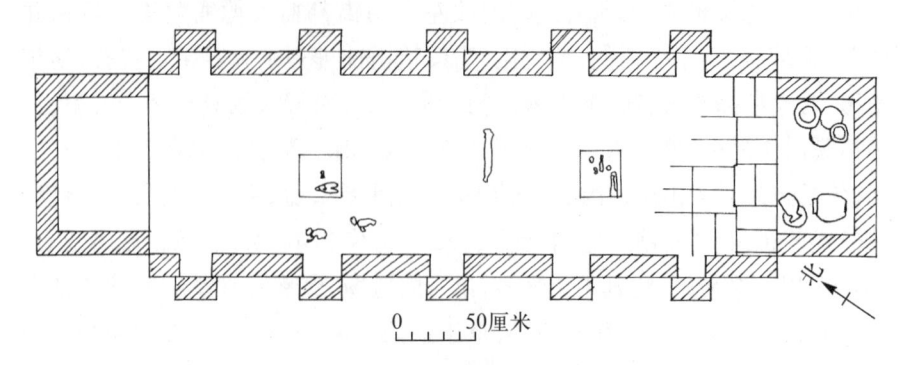

图 3-20　福建漳浦县刘坂乡唐墓平面图

壁龛内各置陶俑1～3件，共20件，南壁龛两边放置8件瓷器，北壁龛放各种陶俑。陶俑共45件，有高冠立俑、女立俑、双髻女俑、坐俑、人面兽身俑，人面鱼身俑，人面龙身俑、马头鱼身俑、鳖形俑、镇墓兽、狗俑、鸡俑、鸭俑等。北壁龛内的一件男俑，高19厘米，背后朱书"千岁老人"。人面鱼身俑2件，长条形，长13厘米、高4.8厘米，背上有脊，前方左右各有一鱼鳍，脸微下俯。马头鱼身俑1件，前端残缺，出土时马头置于鱼身前端，残长16厘米。陶瓷器有陶灶、青瓷盘口壶、青瓷双耳罐、青瓷碗等。另有木梳一件，铜牌一个，开元通宝钱44枚。

六朝隋唐福建地区砖室墓多是券顶花纹砖墓，多随葬瓷器，这种叠涩锥顶砖室墓发现较少，此墓又多随葬陶俑。简报推断此墓年代不早于中唐，下限不出五代。

福建永春五代墓[①]，位于永春县城西约5公里的东关山上，墓顶封土残留约1.5米，为一座长方形单室券顶砖室墓。墓室长3.9米、宽1.39米、高1.4米。墓室两壁砌砖至67厘米处叠涩起券。墓室平于墓门，后壁有一凸字形龛，高20厘米、宽20厘米，内置灯盏。墓底铺砖，正中高出一层砖作为棺床，长2.1米、宽1米。棺木、人骨均朽。棺床中有腰坑三个，内置镇墓兽和跪拜俑。其余随葬品均放置在墓室四周。随葬品共155件，主要是陶俑和陶瓷生活用品。其中有文官俑12件，武士俑12件，侍从俑12件，三种俑互相搭配，三件一组，共十二组，分置于墓室四周。还有跪拜俑、女立俑、坐俑、动物俑、镇墓兽等。陶瓷器有唾盂、瓷盖罐、青瓷罐、陶灯盏等。另有开元通宝铜钱20枚，铁棺钉34枚。几种不同的陶俑放置在墓门内两侧及后面，排列有序，应是一种整体的组合。墓葬无纪年，根据墓葬结构和随葬品

[①]　晋江地区文管会、永春县文化馆：《福建永春发现五代墓葬》，《文物》1980年第8期。

特征推测为唐末五代时期。

砖室墓中又有一种火葬墓，以泉州市郊瑞凤岭五代砖墓为代表。墓穴向南，正方形，边长0.95米。墓穴上用两块石板封盖。底部铺花纹砖，有四神、古钱图案。有四块纪年砖，其中一块印文为"长兴二年（931）辛卯岁二月祀"。墓穴底部中央放一个粗瓷坛，连盖高46厘米，腹径28厘米，内装骨灰。墓穴四隅置青龙、白虎、朱雀、玄武四神[1]。

（三）土坑墓

漳浦县湖西畲族乡五代墓[2]。该墓位于一座山丘上，墓向220度，因地表下有岩石，墓穴不甚规整，长3.7米、深0.9～1米，中部宽1.1米。穴底中部有一个约20厘米见方的腰坑。葬具、人骨无存，随葬品有铜簪、瓷碗、瓷罐、瓷盘、四系陶罐、小陶罐、仪鱼俑、跪拜俑、人首龙身俑、马头俑、双首墓龙、人物俑等（图3-21）。

出土陶俑36件。拱手立俑约有30件，多残损，均着对襟长广袖服，长裤及足，戴方形平顶冠，冠正面划一"王"字，通高20.5厘米、宽6厘米、厚3.5厘米，出土时三件一组分列于墓穴周围。跪拜俑、双首墓龙、仪鱼、马头俑、人首龙身俑各一件，均出土于腰坑中。

漳浦县赤湖镇赤水村五代墓，是竖穴土坑墓，墓坑已破坏，出土陶器54件。有多嘴罐、小陶罐、青瓷碗、买地券、男女侍俑、十二生肖俑、仰观俑、伏听俑、墓龙、禽俑等。砖质买地券已残损无法辨认字迹[3]。

武夷山市五代长方形竖穴土坑墓，长约3.5米、宽1.1米，头部和墓壁两侧设有壁龛放置随葬品，随葬品有瓷器、釉陶器和铁器等生活用具[4]。

福建地区的五代时期墓葬，闽国王室成员的墓葬为有墓道、墓门的屋形石室墓或砖石混筑墓。官僚阶层墓葬，如王福墓，也使用了有墓门的双室砖室墓。其余墓葬，无论是石室还是砖室墓，均为没有墓道和墓门的椁形小墓。带墓道、墓门的屋型墓葬相对宽敞高大，葬具和随葬品可以从墓门进入，这种形制可能有外来的墓葬因素，和北方移民身份有关。椁形小墓空间窄小，葬具和随葬品需从墓圹上部放入墓室，然后叠涩或券顶。这种形制可能是福建地区的传统墓葬形制。墓室中或棺床上设置一个或多个腰坑，也是福建地区晚唐五代墓葬的重要特征。

---

[1] 吴文良：《泉州发现的五代砖墓》，《考古通讯》1958年第1期。
[2] 王文径：《漳浦县湖西畲族乡五代墓》，《福建文博》1988年第1期。
[3] 漳浦县博物馆：《漳浦唐五代墓》，《福建文博》2001年第1期。
[4] 参梅华全、林存琪：《福建晚唐五代考古与王审知治闽》，载《冶城历史与福州城市考古论文选》，海风出版社，1999年。

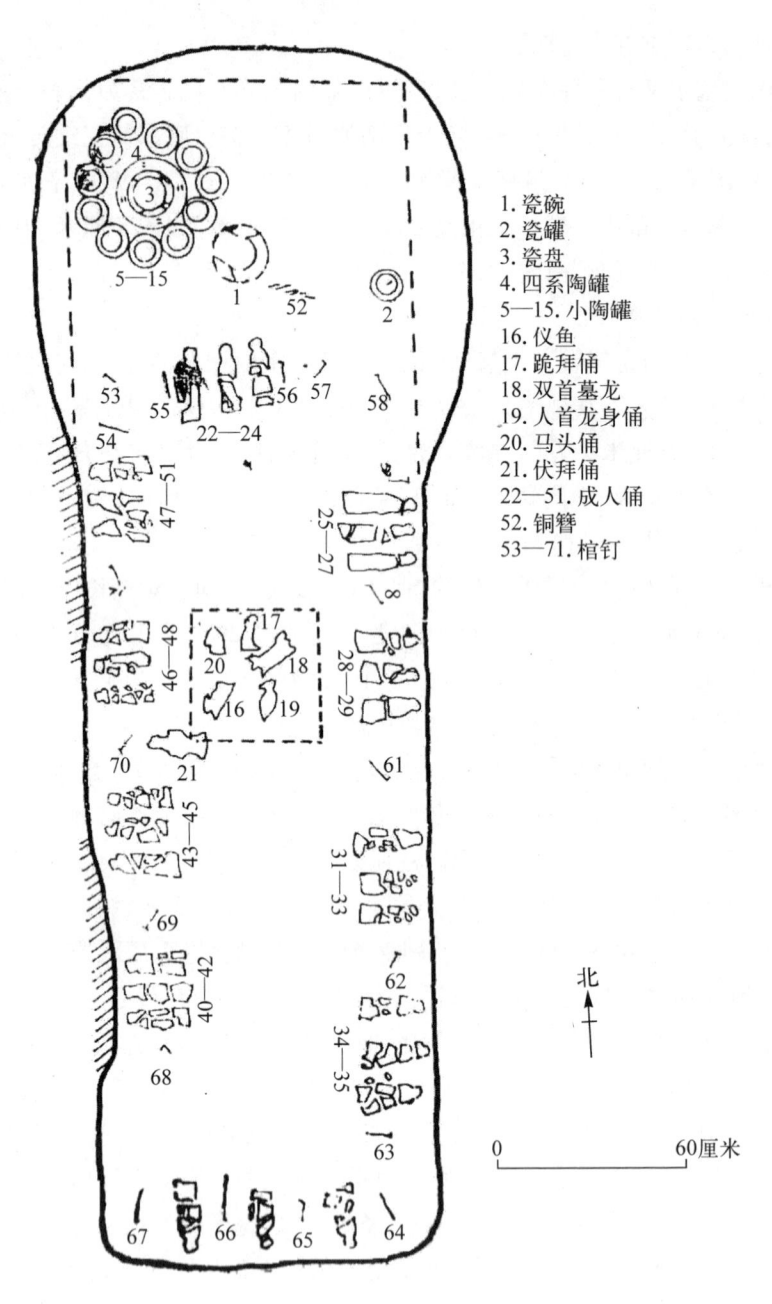

1. 瓷碗
2. 瓷罐
3. 瓷盘
4. 四系陶罐
5—15. 小陶罐
16. 仪鱼
17. 跪拜俑
18. 双首墓龙
19. 人首龙身俑
20. 马头俑
21. 伏拜俑
22—51. 成人俑
52. 铜簪
53—71. 棺钉

图 3-21　漳浦县畲族乡五代墓

  晚唐五代时期，北方地区的墓葬随葬品比之前缩减，主要随葬一些日用陶瓷器和生活用品，很少随葬俑类。而福建地区上至王室成员墓葬，下至平民墓葬，却依然随葬大量的俑，其中除了男女侍俑、动物俑之外，还有各种神怪俑，这也是南方十国墓葬的一个特征。

二、广东五代墓葬

广东地区五代墓葬发现较少,除了三座南汉陵墓外,仅发现过十余座普通墓葬,墓葬形制有砖室墓和土坑墓。有明确纪年的南汉墓葬仅有广州的光天元年(942)康陵、大宝三年(960)刘氏二十四娘墓和乾亨九年(925)李十一郎墓三座,在广州以外未发现有明确纪年的南汉墓葬。

2011年7月,广州市富力唐宁花园建设工程地块清理了一座南汉时期砖室墓(M175),墓葬位于山冈顶部偏北,长方形砖室,墓向252度。墓坑平面长方形,坑底收缩,头龛、足龛伸入坑壁。墓室长3.54米、宽1.56米,墓底以平砖纵横交错平铺。墓壁砌砖18层,半砌于墓底砖上。四壁各有3个叠涩顶壁龛。头龛宽0.4米、深0.5米、高0.5米。足龛宽0.54米、深0.64米、残高0.8米。头龛、足龛底部比墓室底部低0.05米。足龛以残砖铺底,龛口有一道以深灰色泥、炭粒和石片混合筑成的"屏","屏"上部收窄变薄,原应刚好封住足龛口。其他10个壁龛形制相近,大小略不同,龛底距墓室底部0.14~0.2米,7个壁龛以立砖作后壁,其余壁龛直接以墓坑壁为后壁。墓室底部铺一层炭,厚约5厘米。棺位在墓室中部,仅存极少棺底板。

墓砖是拆的周边晋至南朝时期墓葬的砖。随葬器物15件(组)。头龛内置放1件青瓷四耳盖罐和5件青瓷四耳罐,四耳盖罐大于无盖的四耳罐;头龛两侧龛内各置1件青瓷四耳罐;左壁靠近头端的壁龛置1件青瓷四耳罐;右壁中部壁龛置2件青瓷四耳罐。棺位中部右外侧置1方石质买地券。棺位头部位置随葬多件银钗和1件残铁片,靠近头部和左右臂位置各随葬一堆"开元通宝""乾元重宝"铜钱。

买地券长38厘米、宽22厘米、厚3厘米,正面打磨光滑,背面粗糙,出土时断为两截,背面断口处有两个榫孔,出土一枚石榫钉。应该是刻写时断裂,又用石榫拼合加固。正面两侧各有一道竖向边栏,九道横栏。券文行楷字体,一正一反刻写,共18行238字。券文曰:"维大宝三年岁次庚申七月戊戌二十四日辛酉,南赡部洲大汉国右金吾街修文坊殁故亡人刘氏二十四娘,用钱九万九千九百九十九贯九百九十九文九分,于地主天皇买得本音大私地一面造塚墓。"可知墓主为刘氏二十四娘。"大宝"为南汉后主刘鋹的年号,"大宝三年"即960年。"南赡部洲"是佛教用语,买地券上出现"南赡部洲",反映了佛教因素与道教因素在丧葬中的结合。

发掘简报概括了此墓的几个特点:第一,没有墓道,墓室四壁上部平整,可能用木板平铺作顶。第二,墓内四壁共有12个壁龛。第三,足龛规模大于头龛,底部比墓底低一层砖,龛口以灰泥、炭和碎石片混合构筑的"屏"

封堵。足龛可能是象征性的墓门，"屏"则相当于封门。第四，1件青瓷四耳盖罐和10件青瓷四耳罐分置于五个壁龛内。简报认为青瓷四耳盖罐放置在头龛内，其余10个壁龛原来应该各有1件青釉瓷四耳罐，后来打破该墓的宋墓墓主人下葬时，将各壁龛内的随葬器物作了移动。第五，该墓用了其他早期墓的砖，墓砖全部是晋、南朝时期的墓砖①。

2016年，广州市江燕路发现了南汉乾亨九年李十一郎墓(M3)。该墓位于山岗西北坡，为长方形单室墓，无墓道，方向241度。墓坑平面呈长方形。墓室内长2.87米、宽0.82米、深0.8米。顶部不存，结构不明。墓坑底部四壁留有生土台，生土台上砌墓壁12层，高0.66米。墓葬首尾两端的砖壁顶面用两组各两层残砖结砌，分隔成三个凹缺，各宽0.12～0.2米，两端对应。墓室底部以单层砖砌长方形棺床，长2.82米、宽0.64米。葬具和人骨均不存，仅残存铁棺钉枚。墓砖较杂乱，墓壁用砖多为东汉墓砖。棺床用砖以青灰色、黄灰色素面砖为主，一般长32厘米、宽14厘米、厚4厘米，与广州地区中晚唐时期墓砖相近。随葬器物4件，墓室西南部有瓷四耳罐、碗各1件；棺床右侧靠足端贴墓壁置1道石合同券，棺床左侧中部贴墓壁放置侧立的石地券1道，文字均朝向棺位。

石合同券长28～28.1厘米、宽16.9～17.4厘米、厚1.4～1.7厘米。右侧券首刻"合同券一道"。券文楷体，自右向左竖行刻写16行，共251字。券尾另起一行，自上而下分别刻画两个星图、"华盖"及两个道符。

石地券长27.6～27.8厘米、宽16.9～17.6厘米、厚1.4～1.8厘米。左侧券首刻"地券一道"。券文楷体，自左向右竖行刻写18行，共250字。文中除"买地名程界莲花塘侧"与"大利甲向地一所"之间比合同券少一个"作"字外，其他内容与之完全一样。券文最后一行下方也刻星图和道符，除最后一个道符外，其余与合同券所刻完全相同。合同券和地券均有"维乾亨九年岁次……大汉国"纪年。"乾亨"为南汉高祖刘䶮的年号，"乾亨九年"(925)是南汉国早期。据券文，墓主李十一郎，南海县人，享年81岁。

据简报分析，该墓的形制结构还具有如下特征：第一，墓室四壁顶部基本平齐，室内极少发现散墓砖，墓室两端墓壁的上部分别有三个凹缺，两两对应，可判断原墓室顶部应是架设纵向的木枋后，再用木板平铺作顶，而非砖券顶或叠涩顶结构。第二，墓坑四壁下部保存生土台，土台上砌砖，这一

---

① 广州市文物考古研究院：《广州富力唐宁花园五代南汉大宝三年墓》，《东南文化》2016年第3期。

结构在其他南汉时期墓葬中未见。第三，已发现的南汉墓葬中，多龛是一个显著特征，而此墓室四壁无壁龛①。

2008年6月至2009年4月，广州市东北郊太和岗清理了一批古墓，其中有南汉时期砖室墓两座。M88分前、后室，后室中部用砖砌棺床。前室出土一件青釉盖罐。棺床上出土一串铅钱②。

2009年6至7月，广州西北郊清理古墓葬72座，包括唐五代墓6座。其中M30保存最完整，为长方形券顶砖室墓，墓向113度。墓坑长3.54米、宽2米、残深1.86米，前有斜坡墓道，墓道口近封门处设砖砌祭台。墓室分前、后室，后室砌棺床。两侧墓壁中上部砌壁龛。随葬青瓷、端砚、铜质文物5件。M56为长方形砖木合构墓，墓底以拆来的隋代墓砖平铺，上铺一层木炭。头部设土壁头龛，内置青瓷四耳盖罐1件，棺室一侧随葬黑釉瓷罐8件，中部有开元通宝钱一串③。

广东省和平县发现过三座晚唐五代时期的小型长方形砖室墓和土坑墓④，其中HPDM6是一座长方形双层券顶砖室墓，墓室长3.9米、宽1.5米，高1米处起券，方向130度。墓底铺"人"字砖，随葬品置后端。墓砖为青灰色素面砖，有长方形、刀形两种。有青瓷四耳罐、青瓷葵口碗、青瓷双耳罐、白瓷碗、风字形陶砚、铁鼎等6件随葬品。HFZM1为长方形砖室墓，单层券顶，墓底铺砖。随葬品有青瓷双耳壶、青瓷双耳罐、青瓷葵口碗、风字形石砚、铁鼎、铁环首刀等6件。HDZM1是一座长方形竖穴土坑墓，前端破坏，残长1.5米、宽0.76米。有铁鼎、铁剑、青瓷碗、青瓷双耳壶、青瓷双耳罐等5件随葬品。这三座墓葬随葬品组合相似，从随葬品特征看，为晚唐五代时期墓葬。

总体来看，南方地区五代十国时期的墓葬，基本上可以分为长江上游地区、长江中游地区、长江下游地区和福建、广东地区四个地区，各地区墓葬基本上都延续了本地区前代墓葬的传统形制，同时都受到北方地区和相邻地区墓葬因素的影响，在保持了南方地区传统的无墓道、墓门的椁形墓的同时，出现了较多具有北方特征的带有墓道、墓门的屋形墓。屋形墓的使用者

---

① 广州市文物考古研究院：《广州市江燕路五代南汉乾亨九年墓》，《考古》2018年第5期。
② 马建国、易西兵：《广州市太和岗春秋汉唐五代墓葬》，《中国考古学年鉴·2010》，文物出版社，2011年，第340—341页。
③ 马建国、易西兵：《广州机务段生活小区西汉至五代墓葬》，《中国考古学年鉴·2011》，文物出版社，2012年，第382—283页。
④ 广东省文物考古研究所、和平县博物馆：《广东和平县晋至五代墓葬的清理》，《考古》2000年第6期。

主要是各国的统治阶层的成员。屋形墓比椁形墓高大宽敞,能够容纳大型的葬具和较多的随葬品,也方便在墓室中举行丧葬仪式,从而影响了南方地区的丧葬礼仪变化。北方墓葬的影响还表现在圆形墓室的出现和砖雕仿木建筑的使用等方面。南方各地区的墓葬形制也存在相互影响的现象,如夫妻同坟异穴合葬墓最初流行于长江中游地区,在唐末五代时期传播到了长江上游地区;长江上游地区的唐代砖室墓中使用肋拱的做法非常流行,五代十国时期南方其他地区也出现了较多使用肋拱的墓葬。另外,江浙地区和福建岭南地区的屋形墓封门往往由石板封门和砖封门组成,封门砖墙内或两道砖墙之间还有一道三块或四块石板砌成的封门,这种砖石复合封门形式可能不只是为了起到加固作用,应该还有某种宗教内涵。

第四章　唐宋变革期的墓葬装饰、
　　　　　丧葬礼俗与政治

　　丧葬艺术是丧葬礼俗的表现形式之一，而丧葬艺术最直观的载体就是墓葬装饰。包括平面的壁画和立体的雕刻在内的墓葬装饰是墓葬中极具时代特征的部分。不同时代的墓葬装饰既有历史渊源关系，也在表现题材方面各有侧重，在一定程度上反映了社会在宗教信仰、等级制度、生活方式、审美风尚等方面的变化。

　　墓葬本身是葬礼过程的终结点，也属于丧葬礼俗的一部分。葬礼复杂而冗长，使用到多种器物，仪式结束后，仅有一部分器物被留在墓中，成为随葬品，因此墓葬并不能表现丧葬仪式的全过程，但丧葬礼俗的某些特点仍能够从墓葬形制、随葬品和相关遗迹中得到验证。墓葬研究不仅要分析墓葬形制和随葬品的特征，还要能够进一步追溯它们的渊源，从更深层探索它们反映出的丧葬礼俗内涵。

　　丧葬礼俗包括礼和俗，礼主要是官方制定的行为规范，俗则是民间传承的习惯，在一定条件下，礼与俗也可以互相影响和转化。本章拟将五代十国时期的墓葬装饰和几种丧葬礼俗置于唐宋变革的时代背景中，尝试从图像学、宗教、政治、文化传播等角度进行研究。

第一节　五代十国墓葬装饰

　　墓葬装饰，指墓葬地下空间的壁面装饰，不仅包括墓道、甬道、墓室内壁面上用画笔和颜料绘制的图像，也包括以砖、石材料和拼镶、雕刻技法制作的壁面装饰，如线刻画、画像砖、画像石、仿木构建筑和家具砖雕装饰等，这些装饰虽然材质和制作方法不同，但从装饰墓葬和表达某种象征性的目的来说,具有相同的作用,可统称为壁画①。本书为叙述方便,有时也将各种墓内装饰统称为壁画。

中国古代用壁画装饰墓室的传统由来已久,据分析,在陕西省扶风县的西周墓内已发现简单的几何形图案花纹壁画②,洛阳西郊战国墓墓圹四周和墓道两壁也发现了彩绘痕迹③。一般认为,中国古代的壁画墓,出现在西汉前期,衰落于元明以后。俞伟超先生根据壁画内容将中国古代墓葬壁画大致划分为三大阶段。第一阶段是两汉,主要是西汉晚期至东汉末,壁画内容可分为八大类:一是天象,二是神怪,三是祥瑞,四是圣贤、忠臣、孝子、烈女故事,五是表现墓主身份和仕宦经历的出行、官署等场面,六是象征墓主财富的农业、畜牧业、手工业等庄园经济活动,七是墓主家庭的生活情景,八是各种装饰图案。第二阶段是北朝至唐和五代。这一阶段王室贵族大墓的壁画,有天象、仪仗侍卫、宫廷侍仆乃至打马球等宫廷生活;有些略小的官僚贵族墓中还有一些似为象征室内屏风上的人物故事画。第三阶段是宋辽金,这阶段的墓内壁画,除了墓室顶部还画出星象图以外,四壁所绘,主要是一些墓主日常生活中的家居活动,如墓主夫妇对座酒食、饮茶、散乐演奏、居宅建筑物及其附属装饰等④。

按照俞伟超先生的划分,北朝、唐、五代墓葬壁画同属于一个大的阶段,但如果再进一步划分,还可以将晚唐五代壁画单独作为一个小的阶段。很多研究成果表明,从中、晚唐时期开始,墓葬壁画发生了较大的变化。宿白先生将西安地区唐墓壁画分为五个阶段,其中第四阶段自天宝以降,大约包括肃、代、德三朝(756~805),下限到8、9世纪之际,唐墓壁画的特征在此阶段有了较大的改变。大约从元和以后以迄唐亡(806~907)的第五阶段,基本上是第四阶段的简化和延续⑤。唐代墓葬壁画主要发现于北方地区,南方地区的壁画墓,大多是流放南方的皇族或返乡官僚的墓葬,是受中原地区墓葬影响的产物⑥。处于唐宋之间的五代十国墓葬壁画,既继承了唐代

---

① 不少学者将线刻、画像砖等墓壁装饰作为壁画论述,是取"壁画"的广义。宿白先生《西安地区唐墓壁画的布局和内容》一文指出"不少大墓墓内安装了石门,有的还使用了石棺或石椁,这类石门和石葬具都施线雕,线雕内容与和它相应位置的壁画内容大体相似,因此在分析壁画内容时,个别地方也借用了这些线雕的资料"。对此问题更详细的论述参见郑岩:《魏晋南北朝壁画墓研究》,《引论》注释①,文物出版社,2002年,第16页。
② 扶风县图博馆、罗西章:《陕西扶风杨家堡西周墓清理简报》,《考古与文物》1980年第2期。
③ 考古研究所洛阳发掘队:《洛阳西郊一号战国墓发掘记》,《考古》1959年第12期。
④ 俞伟超:《中国古墓壁画内容变化的阶段性——〈河北古代墓葬壁画精粹展〉座谈会上的发言提纲》,《文物》1996年第9期。
⑤ 宿白:《西安地区唐墓壁画的布局和内容》,《考古学报》1982年第2期。
⑥ 参权奎山:《试析南方发现的唐代壁画墓》,《南方文物》1992年第4期。

壁画的部分题材内容,又包含了开启宋代新风的因素,将之与晚唐和北宋壁画进行比较,可以从中观察到唐宋墓葬壁画变革的线索。

五代十国墓葬本就发现不多,其中有壁画装饰的更少。目前所知的五代十国时期壁画墓有山西代县李克用墓、山西太原北汉太惠妃王氏墓、陕西宝鸡秦王李茂贞夫人墓、陕西彬县冯晖墓、河北曲阳王处直墓、河南洛阳发现的后晋孙璠墓等几座圆形砖室墓、成都后蜀孟知祥夫妇墓、后蜀彭州刺史徐铎夫妇墓、南唐二陵、江浙地区几座吴越国钱氏家族墓(晚唐钱宽和水邱氏夫妇墓壁画与其他钱氏家族墓壁画具有相同的特征,也视为五代壁画墓)等。有壁画保存下来的一般都是较大的石室墓或砖室墓,竖穴土坑墓、土洞墓和小型的砖室墓或砖椁墓没有发现使用壁画的情况。

一、五代十国墓葬装饰的内容和布局

墓葬装饰可分为墓道装饰、墓门和甬道装饰以及墓室装饰几部分。五代十国墓葬具有砖雕或壁画装饰的据统计有将近三十座,首先列表如下(见表4-1"五代十国墓葬装饰一览表",材料出处参见相关考古报告和简报)。

表4-1 五代十国墓葬装饰一览表

序号	墓葬	墓道、墓门、甬道装饰	墓室装饰
1	晋王李克用墓	墓门外墓道东西壁各有一座砖雕歇山顶建筑。墓门内甬道两壁各刻一男门吏像,头戴展脚幞头,身穿圆领短袍,双手于胸前托短杖。门吏后各浅雕彩绘出行图和仪仗图。出行图有5位骑士和5匹马。仪仗图东壁有9位武士,西壁有7位武士。	墓壁原来均涂朱色。墓室四壁砌出10根方柱,柱上雕有忍冬花纹,柱顶雕有斗栱。墓室东、西、北三面均浮雕有门、直棂窗或方格窗,门两旁各雕一男一女守门侍者像。东壁和西壁男侍都作披发状。墓室正中稍靠后横置束腰须弥座式石棺床,束腰部分雕9个壸门,壸门内有浅浮雕。穹窿顶正中有圆形封口石,向下一面雕刻青龙、白虎。
2	太原晋祠后晋王氏小娘子墓		墓室为仿木结构砖雕彩绘。周壁砌6根红色柱子,柱顶两侧绘黑彩阑额,上接一斗三升柱头铺作,再承平榑。立柱将墓壁分成6部分,除南壁外的5壁间有门窗。3个较大壁面设置仿木格子门,红色宽门框内置双扇门,门扇由槅心(或格心)和障水版(或裙版)组成,槅心由砖砌成菱格纹、方格纹,绘红、黑色,障水版绘成黄、黑色相间的直方棂条。2个较小壁面辟出仿木窗,窗边框宽厚,内嵌仿木破子棂窗,棂条呈三棱状。

续　表

序号	墓葬	墓道、墓门、甬道装饰	墓室装饰
3	太原北汉太惠妃王氏墓	甬道两侧绘门吏。西侧男吏头戴黑色直脚幞头，身着红色圆领广袖缺胯袍，后襟垂地，前襟扎进革带，脚穿长黝靴。叉手侍立。东侧男吏除服饰颜色外，与西侧男吏基本相同。	前室穹隆顶绘天象图，以银河为界一侧绘月亮，一侧绘太阳。天象图下为四神，立于祥云之上，相邻图像间以彩色流云为界。四神图之下为对鸟图。对鸟绘制于赭红色椭圆形框内覆莲台之上，翅羽舒展。椭圆框绕墓壁一周形成连续花纹带。对鸟图花纹带下为一圈垂帐纹。
4	河北曲阳王处直墓	墓门拱顶上部壁画脱落，两侧施一周菱形花纹带，外侧绘菊花。甬道壁与拱顶相接处和两壁龛四周绘赭色边框，龛顶绘火焰纹。	前室壁画分上下栏，用忍冬或团窠花及垂幔隔开。上栏为8幅云鹤图。下栏南壁墓门两侧各绘1幅男侍图，东西壁各绘5幅折扇屏风人物花鸟画。北壁正中绘1幅山水画。顶部绘天象图。耳室内壁、顶交接处绘边框，框内绘菊花，框下绘垂幔。东耳室北壁绘侍女、童子，南壁绘侍女，东壁上部绘山水图，下部绘置日常用具的长案，顶绘花卉云气。西耳室与东耳室类似。后室顶部涂红，四壁绘花鸟湖石树木。墓葬有汉白玉浮雕8件。四壁上部有12个壁龛，上部墨绘庑殿顶、鸱尾、屋檐和椽，龛内侧绘直棂窗，嵌十二生肖浮雕。后室浮雕侍奉图、散乐图。
5	张家口砖室墓		墓室周壁有砖砌斗栱六朵，斗栱下承六角形立柱。北壁有砖砌窗户。
6	固安五代墓M2		墓室残存砖雕仿木斗栱一朵，砖雕直棂窗一处。墓室内壁有彩绘痕迹。
7	秦王李茂贞夫人墓	37幅彩绘浮雕图案。端门东西厢各有妇人启门图，西厢顶端有乘凤驾鹤西游图。庭院东西壁有二人抬轿图、八人抬轿图。庭院东耳室南北壁有汉人牵马图，西耳室南北壁有胡人牵驼图，东西廊壁上部各有8幅鸳鸯牡丹图。后甬道东西壁各有9幅伎乐图。	墓室壁画脱落严重，可辨的有后室北壁右侧侍女图，后室西南壁花草图，后室东耳室口外南北壁上各有一捧物侍者图。

续 表

序号	墓葬	墓道、墓门、甬道装饰	墓室装饰
8	陕西彬县冯晖墓	墓门砖雕彩绘单檐歇山顶门楼，门楼正中半开红色仿木板门，浮雕一妇人袖手侍立门口。甬道两壁各嵌14幅彩绘浮雕乐舞画像砖，墙面绘满花卉作背景。	穹顶为天象图，绘银河、月亮、星宿。墓室和小龛壁画背景为白底淡黄色团花牡丹相间的图案。东、西壁侧室门两侧绘侍女。北侧室门左侧绘一执净瓶侍女，右侧绘执拂尘侍女。南壁甬道左侧绘幔帐，下有案，案上置钱贯及红、黄、蓝、白色绢布。右侧幔帐下的案上置带托注子、杯、盘、水果等。三个侧室绘满花卉图案。
9	河南洛阳伊川县后晋孙璠墓		墓室周壁砌八根方形抹角倚柱，上承铺作，柱间为阑额。倚柱和阑额涂朱。各壁面砖砌灯檠小桌，桌上的注子、盏及托、凳、障日板、七棂窗、格扇门、锁、柜、大方桌等。墓顶绘星象图。
10	伊川县后晋李俊墓		墓壁之间折角有柱，柱头有斗栱、瓦檐等，每隔一壁砖砌直棂窗，两窗之间砌方龛或桌椅。
11	洛阳孟津新庄壁画墓	甬道东西壁各绘3个门吏。东壁南侧门吏头戴黑色圆翅上翘幞头，穿黑色圆领窄袖长袍，束红带，穿白色长裤，绳鞋，两手斜握短棒于胸前。中间门吏叉手胸前。北侧门吏叉手斜抱套褐袋琴状物。西壁三人姿态类似。	墓室壁画已漫漶。墓室周壁被4根立柱平分为4个壁面。柱上一斗三升式斗栱，由坐斗、瓜、昂和升组成。二柱间补间斗1朵。柱与斗上涂红色。周壁用砖雕砌出仿木结构的门窗、桌凳等，涂红色。东壁从南向北依次为砖雕马球杆、门楼、高脚箱、桌子。北壁中间为仿木结构的门，门两侧是落地格子窗。西壁由桌椅、高擎灯、门楼组成。南壁甬道口两侧设长方形直棂窗。
12	洛阳苗北村壁画墓	甬道两壁内抹草拌泥外涂白灰。甬道两侧砌壁龛，龛内用砖砌雕刻出长条桌，桌下两腿间绘有柜形物，柜形物中间墨绘图案，已漫漶。	墓室壁面被红色倚柱隔成12幅图。由甬道口西侧开始按顺时针方向依次为：第1幅，一男一女站立在盆架两旁。第2幅，案后一人正在打开箱子。第3幅，一女子在砖砌灯檠旁拨弄灯芯；旁边站一女子，其右侧绘放有梳妆台的桌子。第4幅，砖雕桌椅，桌上放执壶、圈足托盘，盘内有石榴和杯。桌椅后站4人，一女子正在招待3个怀抱乐器的女子。第5幅，正对甬道口的两扇砖雕假门，两侧各有一砖雕窗户。第6幅，四位女子站在砖砌椅子侧面，一人手拿琵琶，着束腰长裙，余人残缺。桌后有一女子，残存裙摆，身边有一黑犬，桌上有果盘、执壶、杯盘。第7幅为"妇人启门图"。第8幅残存下半部，为一长裙云履女子站在条案后打开一盒子。第9幅壁面仅见半只线鞋。

续 表

序号	墓葬	墓道、墓门、甬道装饰	墓室装饰
13	洛阳邙山镇营庄村壁画墓	甬道两侧绘门吏侍卫。东侧前面绘一门吏，右手持骨朵握于胸前，左手放于腰部。后跟一侍卫，叉手胸前。西侧门吏右手握拳放于胸前，左手下垂握一骨朵。其后武士腰跨一马头形箭箙，内放弓箭。	圆形墓室内的砖雕壁画用8根抹角倚柱分成9组。从甬道西侧按顺时针的顺序：第1组，童子迎宾图，一童子身朝甬道，扭头面对墓室内，拱手而立；第2组，侍女劳作图，砖雕三支灯檠和三足盆架内侧绘两侍女。第3组，弹唱宴饮图，在墓室西壁，砖雕桌椅，桌上置果盘、茶盏、茶壶，桌后立7位伎乐女子；第4组，砖砌窗户图，上为直棂窗，下为两小窗；第5组，正对甬道砖砌大门图，分左右两扇，右门微向内开。第6组，砖砌窗户，与第4组对称。第7组，侍女理柜图，砖雕髹红漆带锁柜子左右各站一侍女，后面还存一侍女发饰。第8组，砖雕衣架后有一作起身状女子，地上还放有一鞋子。第9组，更衣图，厕所有砖砌横直棂窗和木马子，右边站一人。
14	洛阳龙盛小学五代壁画墓	甬道两侧各绘1个持长竹竿面南而立的男性人物。西侧男性，两手交叉横握棒于胸前。东侧人物头戴圆翅上翘幞头，身穿圆领宽袖袍，腰束带，两手交叉斜握棒于胸前。二人应为乐队指挥者。	墓室周壁砖砌6倚柱，倚柱之间连普柏枋，上为柱头铺作，周壁有柱头铺作6朵，补间铺作2朵，有栌斗、昂、泥道、散斗、替木。铺作间的阑额上有半圆形砖突出壁面，斗上有撩檐枋。壁面被倚柱分成7幅，由甬道口西侧按顺时针顺序为：第1幅绘两个女性人物。中年贵妇持帽，头梳高髻，身穿宽袖交领长裙，脚穿线鞋。仆人两手交叉握于胸前。第2幅是砖雕灯檠和一桌二椅。第3幅为砖雕长方形九棂窗。第4幅为砖雕门，正对甬道。第5幅为长方形九棂窗。第6幅画面为砖雕矮柜和衣架。第7幅绘青年贵妇和女仆。
15	洛阳道北五路壁画墓	甬道两侧各绘一对中年男子，面向墓门外方向。前面男子持细长的竹竿或骨朵。后面男子稍矮，拱手胸前侍立。与营庄村壁画墓画面相同。	与营庄村壁画墓内容相似。根据所附图片可推测共9幅画面，从甬道口左侧开始按顺时针顺序为：第1幅，一男侍拱手而立，身向墓门，扭头看墓内。第2幅，砖雕三足盆架和三支灯檠侧各绘1位女子。第3幅在西壁，宴乐图，砖雕一桌二椅，椅后各绘一侍女，桌后六七位伎乐女子。第4幅，砖雕直棂窗。第5幅，砖雕大门。第6幅推测应为直棂窗。第7幅为女子理柜图，砖雕柜子两侧各绘1位女子。第8幅应为女子小憩图，砖雕床榻（或衣架）后面绘一女子右手支颐。第9幅推测应为更衣图。

第四章 唐宋变革期的墓葬装饰、丧葬礼俗与政治 ·181·

续表

序号	墓葬	墓道、墓门、甬道装饰	墓室装饰
16	新郑后周恭帝柴宗训顺陵	甬道绘仿木结构部件。东侧绘文吏迎侍图，文吏2人，面有长须。右侧者穿红色袍服，左侧白色袍服。	墓室西侧绘武吏端斧图，武吏头戴黑色长角巾子，身穿红色圆领袍服，下穿白色束脚长裤，脚着云头靴，侧身侍立。两手攒握于胸前，斜执长柄斧。图像两侧各绘朱红色立柱，上部绘枋木及斗栱。
17	前蜀王建永陵		主室须弥座棺床四周有浮雕壸门，内刻伎乐，壸门柱子上雕刻莲荷花、鸾凤等。东、西、南三面壸门中浮雕24个女伎乐。壸门上下雕宝装仰覆莲荷花。棺床两侧雕12个半身立体圆雕抬棺床武士。
18	后蜀孟知祥和陵	墓门有仿木结构牌楼，彩枋四柱，柱上置栌斗，额枋，中间两柱刻青龙、白虎，屋面刻瓦垄、屋脊、鸱吻。门前左右有手执剑斧、身披甲胄的圆雕武士。牌楼内侧绘男女宫人。	主墓室内横置须弥座式棺台，座底绕有莲瓣，前后有裸体卷发力士5人；四角各有高浮雕身披甲胄的力士1人，作跪地负棺状；上层四周刻双龙戏珠浮雕。穹顶正中以蟠龙封顶。
19	后蜀彭州刺史徐铎夫妇墓	徐铎墓门砖砌仿木构门框、檐、额。门额上方砌楣檐，构成斗栱。以三组一斗三升为主体，补间铺作间以人字栱相连。	徐铎墓室内顶上原有壁画。夫人墓前室内顶壁绘花鸟图案基本保存，主要图案包括宝相花及藤枝蔓叶、严朵和天鹅。
20	南唐烈祖李昪钦陵	墓门左右隐出砖砌矩形倚柱，上面有柱、枋、阑额、斗栱等仿木构建筑部件，表面有彩绘。	三个墓室为砖砌仿木构建筑。倚柱、斗栱、立枋、阑额、柱头枋等建筑构件上均彩绘柿蒂纹、蕙草云纹、缠枝牡丹纹、宝相花、海石榴花等纹样。中室北壁两侧的立壁用巨大青石板砌成，高浮雕戴盔穿甲，手握长剑，足踩云朵，贴金涂朱守门武士像。青石横额上浮雕双龙戏珠图像。后室顶绘有天象图，青石板铺砌的地面上凿有江河之形。
21	南唐中主李璟陵		墓室砖雕仿木构建筑和壁画与钦陵相似。后室顶绘天象图，室顶西部残存一些用石青画的星星，西南角画一轮翠色明月。

续 表

序号	墓葬	墓道、墓门、甬道装饰	墓室装饰
22	常州半月岛五代墓		墓室东壁上部形成直棂假窗,西壁残。
23	钱宽墓		前室两壁耳室之上绘制红心绿叶花各1盆。穹顶,绘半径不等的圆三重,中心小圆内绘金色圆点28个,衬以绿底,其外绘八角形、花叶。后室两壁耳室和壁龛周围都施红绿相间的宽带状彩绘,顶部绘天文图1幅。
24	水邱氏墓	甬道和过道券顶的北侧上绘红色云气纹,在过道券的南侧用红绿蓝三种彩绘出叶绿蕊红的连枝花卉。	前室顶部暗窗周围有大红幡形彩绘。后室东西两壁对称彩绘5枝花卉,后壁最上面龛内也绘1枝花,龛门两边饰红绿色宽边。后室顶部绘二十八宿和北斗天文图。用金箔贴成星,同一星座的星用红线相连。星图之间分出三重椭圆曲线圈。星图东南方绘一轮红日。
25	钱元瓘墓		前室彩绘漫漶。后室四壁上沿雕刻宽带状牡丹花图案,每组由一大一小牡丹花组成。中部浮雕四神。下部浮雕十二生肖神像。
26	钱元瓘元妃马氏康陵	墓门及拱券绘朱红色缠枝牡丹花图案。	前室内壁原有彩绘图案。两耳室三壁各绘1株朱红色牡丹,前室左侧及后端转角上方绘3组斗栱;后侧门券上绘缠枝牡丹。中室左右壁均绘彩色图案,牡丹花用菱形金箔点缀。后室左右及后壁上部雕刻并彩绘上下两层宽带状牡丹。后室三壁及门背面中部浅浮雕四神。下部设十二个壸门龛,龛内雕刻怀抱动物的十二生肖人物。顶部刻星象图,用金箔贴饰218颗星。
27	吴汉月墓		墓前门扉浮雕女像2个,双手拢在胸前持一幡。后室顶刻天文图,中心为一小圆,外缘依次刻3个同心圆。后室各壁上沿四周是牡丹花叶浮雕带,中部浮雕四神,下部十二生肖神像底部凹进龛内。
28	钱元玩墓		前室原有彩绘。后室各壁有雕刻,内容、施色、布局和钱元瓘墓、吴汉月墓相同。上沿雕刻宽带状牡丹花图案,四壁中部为四神浮雕,四壁下部浮雕十二生肖神像。

综合表4-1内容,并与北朝隋唐墓葬装饰比较,可以发现五代十国墓葬装饰的几个特征:

第一,五代十国墓葬装饰依据题材大致可以分为人物、砖(石)雕仿木建筑、砖雕或彩绘家具器物、山水、花鸟、天象几种,其中以砖(石)雕仿木建筑、家具器物、花鸟图案等装饰题材为主,人物题材较少。唐墓壁画中常见的仪仗出行、狩猎等反映贵族生活的题材不再出现。吴越国钱氏家族墓葬装饰具有相似的特征,多用四神十二生肖浮雕、牡丹花、天象图等。

第二,从装饰分布的位置看,墓道装饰基本消失了,甬道装饰不常见,即使有也简化了,而以墓室装饰为主。北朝隋唐流行的墓道壁画,主要内容是青龙白虎引导的出行仪仗。出行仪仗是贵族的标志,墓道壁画的消失一定程度上反映了五代时期贵族制度的衰落。墓内装饰采用壁画和砖雕、画像石浮雕相结合的形式。

第三,北方地区五代墓流行砖雕仿木构建筑、家具和壁画相结合的墓葬装饰方式,装饰重心在墓室之内,由砖雕倚柱、斗栱分隔墓室壁面,建立整体的装饰空间格局,然后在分隔出的空间中进行布置。

二、五代十国墓葬装饰与唐宋墓葬装饰变革

五代十国墓葬装饰题材,大多是继承自唐墓的传统,也有晚唐五代新出现的特征。本节选择几种典型五代十国墓葬装饰题材,将其与唐宋墓葬中相关的装饰题材比较,对其渊源与发展略作探讨。

(一)砖雕仿木建筑和家具陈设题材

五代十国墓葬普遍使用砖雕仿木建筑,是继承了唐墓传统。唐代两京地区墓葬的传统是在墓壁上以颜料绘制建筑壁画,其题材有宫阙、寺观、柱、斗栱等。如懿德太子墓墓道东、西壁上绘两幅宫阙图,为三出阙,阙楼由屋顶、屋身、平坐、墩台四部分构成。屋顶为庑殿式,屋身面阔三间,进深三间,大门居中,两边为直棂窗,柱头斗栱为五铺作双抄偷心造,补间有人字栱三个。平坐上有阑额和由额,三个人字栱承托,下有替木[①]。类似的影作建筑壁画在两京地区大中型墓葬中普遍发现。而河北地区唐墓中流行砖雕仿木建筑传统,在墓门和墓壁上用砖雕的形式表现门楼、柱、斗栱等建筑,甚至还出现灯檠、桌椅等砖雕家具。五代十国墓葬的建筑装饰题材,主要是继承河北地区唐墓的传统。

河北地区唐墓使用的砖雕仿木建筑和家具还比较简单,一般只是在墓

---

① 陕西省博物馆等:《唐懿德太子墓发掘简报》,《文物》1972年第7期。

门上部和两侧砌出斗栱和砖柱,在墓室侧壁砌出门、窗,或沿墓室壁砌倚柱等,题材只有柱、斗栱、门窗、灯檠、桌椅数种。五代墓砖雕仿木建筑已经比唐墓稍复杂,出现的砖雕家具器物种类也有所增加。如洛阳伊川后晋孙璠墓墓室左右为对称的八根方形抹角倚柱,上承铺作,柱间为阑额。倚柱间各壁面砖砌有灯檠、小桌、桌上的注子、盏及托、凳、障日板、七棂窗、格扇门、锁、柜、大方桌等。

进入北宋后,这种墓葬砖雕建筑、家具又得到进一步的发展,砖雕更为复杂繁缛,种类也增多了。韩小囡对宋代砖石雕壁画墓做了综合研究,把宋代北方砖石雕壁画墓分为两期四段,并总结了其特点。前期(960~1085)分为初始阶段、萌芽阶段和发展阶段。初始阶段,是对五代的继承,这一阶段墓葬形制为圆形或方形的穹隆顶单室砖墓,墓葬装饰较简单,以砖雕仿木建筑为基本框架,壁面多为砖雕假门、假窗,以及由一桌二椅、灯檠、衣架、衣柜、剪刀、熨斗等构成的家具陈设组合,仿木建筑多为一斗三升斗栱,假门为版门,假窗为直棂窗或破子棂窗,家具陈设结构也很简单,椅子多为平板靠背椅,无人物形象。此后的萌芽阶段,墓葬形制仍以圆形、方形单室穹隆顶砖墓为主,墓葬装饰仍以砖雕仿木建筑为基本框架,壁面主要装饰仍是家具陈列组合,只是结构比前一阶段复杂了些,如仿木建筑砖雕多为四铺作,后壁砌歇山顶门楼,甬道出现鞍马与侍者,假窗为钱纹花棂窗,陈设的种类也较丰富,出现了梳妆台、笔架、砚台等。最后的发展阶段,北方砖石雕壁画墓普遍发展,平面仍为圆形和方形,可能已经出现多边形。出现了妇人启门、备侍等题材,这两种题材是宋墓装饰区别于晚唐五代墓的典型内容。晋东南地区还出现了有二十四孝故事的最早的纪年墓,豫中地区流行的墓主夫妇对坐像也应是这一时期出现的①。韩小囡的研究表明,北宋的砖雕壁画墓是在五代同类墓葬基础上发展起来的。五代十国时期的墓葬砖雕在唐宋墓葬砖雕的发展中是重要的一环。

从洛阳地区发现的几座五代壁画墓来看,其成熟程度已经超出了我们此前的认识。洛阳地区五代壁画墓的壁面装饰将砖雕与壁画完美结合,已经形成一定的模式,一般将整个墓室分成偶数壁面,正对甬道口的壁面(一般是北壁)砌出双扇大门,以甬道口和砖砌大门壁面连线为轴,其余壁面东西对称设置。大门两侧壁面均砌出直棂窗,西侧直棂窗以南壁面为宴饮伎乐场景和侍女挑灯备洗场景,东侧直棂窗以南为侍女理柜场景和女子小憩场景。甬道口的两侧壁面,通常是西侧男侍图,东侧更衣图。孟津新庄壁画

---

① 韩小囡:《宋代墓葬装饰研究》,山东大学 2006 年博士学位论文。

墓中尚未出现人物，正面墓门两侧为落地格子窗，再外侧为对称的桌椅、柜子、衣架等家具砖雕，甬道口两侧为直棂窗。龙盛小学壁画墓在甬道口两侧壁面出现了侍者壁画。营庄村壁画墓和道北五路壁画墓在砖雕家具旁边出现了伎乐、侍女等人物壁画。砖雕家具与人物壁画不是各自独立的单元，而是相互配合的整体，共同构成墓室装饰。

可以说，洛阳地区五代壁画墓吸收了河北地区的砖雕传统，结合本地的壁画传统，形成新型的墓葬装饰系统，开创了宋金墓葬壁画的先河。营庄村五代墓壁画和道北五路五代墓壁画中的灯檠与侍女挑灯、盆架与侍女备洗、一桌二椅（宋金时期出现墓主夫妇）与宴乐、砖雕柜子与理柜侍女、砖雕衣架与女子小憩等题材在后来的宋辽金壁画中都得到继承和发展。

（二）财富题材

五代冯晖墓壁画表现器物的方式显示出与北宋壁画相近的特点。墓室南壁甬道左侧绘幔帐，幔帐下有案，上置成串的铜钱及红、黄、蓝、白色的成匹绢布（图4-1，上）。右侧幔帐下的案上置带托注子、杯、盘、水果等。这种将器物置于案上的静物模式，在唐代及以前的中古时期壁画中很少见。唐代及唐代以前的壁画，器物往往作为人物活动场景的道具，每一种器物都有专门的人来捧执。这时期的壁画主要为作为贵族的墓主服务，捧执器物的侍者实质上和放置器物的案的性质是相同的。与此前壁画不同，五代时期出现了无需人捧执的如静物画一样的器物图，显示了壁画中贵族主义成分的减少。

冯晖墓壁画中的钱贯、布帛等是非常具有近世气息的代表性器物，不见于唐代及以前的中古墓葬壁画，而常见于宋、辽墓葬壁画中。这些钱贯、布帛等财物象征着墓主在物质财富上的富足，一般称为财富图。除了静物类的财富图外，大多数财富图与人联系在一起。白沙宋墓一号墓甬道东壁壁画绘三人，其中一人双手持一束筒囊，另一人左肩负钱贯，推测为向墓主人贡纳财物者。三号墓甬道东壁也绘有两人，其中一人左腋下夹一筒囊，右肩上扛一个筐篮，内置青色钱贯；另一人左手握钱贯，右肩负筒囊（图4-1，下左）。二号墓甬道壁也绘有持筒囊和钱贯者。白沙宋墓二号墓墓室东南壁阑额下绘悬帐，帐下绘三女子，左侧女子背后置一高足柜，柜面上画铤状物（银铤）二、青钱一贯、红色出焰明珠一枚等。出焰明珠的形状和冯晖墓室南壁右侧案上器物图中左下角两个珠状物相似，推测应是同一类器物。财物画在柜子外面，应该是一种表现方法，暗示柜子内存放了这些财物。宣化辽墓中韩师训墓（M4）后室西北壁壁画绘一方桌，桌上置一红色木箱，一女子正掀开箱盖查看。桌下椭圆形大木盆内置蓝色珠宝、银锭、犀角、铜钱，木盆前有两个筒囊,筒囊旁边站立一名妇女。另一红色方桌下有两贯铜钱,桌前一男子手捧一条玉带。这一男二女似乎在清点钱物(图4-1,下右)。

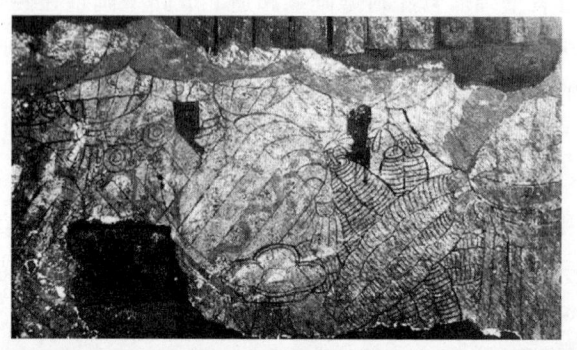

图4-1 冯晖墓室南壁西侧壁画(上)、白沙三号宋墓甬道东壁
贡纳财物图(下左)和宣化辽韩师训墓财富图(下右)

　　山西大同周家店辽代壁画墓是一座砖券圆形单室墓,甬道两侧壁面绘门神图。墓门西侧绘"收财帛图"壁画,画面宽1.32米、高1.5米。画面中心绘一个大箱,长0.86米、高0.31米。四周设紫褐色帐幕。箱面四角置有把手,箱上放置筒囊和软囊各两个。筒囊长度接近箱子宽度,纵向放置,呈细长圆筒状,外饰竖条纹,上下两端和中间有三道箍,外套的布囊朝外的一端口部束扎,其中一个筒囊露出里面的卷状物,推测为锦帛一类。两个软囊较小,形状弯曲如梭,相互交叉放置在箱面中央,可能是钱囊。左侧筒囊的左边还放置两个银锭状物。箱后站立一人,头戴硬角幞头,身着宽袖长袍,叉手胸前,两臂间横置丈量锦帛的长尺。箱左侧立一人,戴硬角幞头,着宽袖长袍,束黑带,右手执笔,左手捧一卷账册,躬身作记录状。墓门东侧绘"灯檠侍女图",画面左侧是砖雕高柄三盏灯檠,右侧绘一侍女,头梳高髻,身着长裙,左手平端油碗,右手持一长针,似欲挑拨灯捻和添油①。将两幅壁画

---

① 王银田、解廷琦、周雪松:《山西大同市辽墓的发掘》,《考古》2007年第8期。

结合来看,似乎暗示收财帛的时间是晚上。

2002年4月,北京市大兴区青云店镇发现两座圆形壁画墓,其中M1墓室北壁两根立柱中间绘两扇门,门的西侧绘有一红边木箱,箱子正面有一横置的黑色锁具,箱子顶面放置一直口仿编织篓状鼓腹容器,表面饰有垂环纹及折线,容器内盛满方孔圆钱,箱子后面有一高髻簪花、面部丰满、着浅色衣的女子坐于椅子上,肘部支撑于箱子顶部,右手托腮,右手中握着一根笔杆状物,似乎是在核算账目①(图4-2)。北京青云店辽墓理财图壁画与大同周家店辽墓收财帛图壁画寓意相同,均为统计财物。大同地区和北京地区的辽墓,很多是汉人墓,宋辽

图4-2 北京大兴区青云店辽墓"理财图"

边境地区的辽代汉人具有和宋朝人相似的经济生活和生活习惯,其墓葬也很容易受到宋墓的影响,使用宋墓常用的壁画题材。因此,在某些题材上,这些辽墓壁画也可以视作宋墓壁画。

象牙、犀角、珊瑚,都是来自域外的珍宝,自古就是财富和身份的象征。此前只有皇室和贵族才能拥有和使用。从文献记载、台湾故宫博物院藏传为唐阎立本所画《职贡图》和巩义宋陵前捧象牙犀角的客使石像看,象牙、犀角也都是万国来朝时所献的贡品,象征着外邦对中国的朝贡,具有强烈的政治象征意义。而宋辽墓葬壁画中出现的犀角、珊瑚等,与铜钱、丝帛、银锭等放在一起,明显象征着普通地主阶层所拥有的财富,褪去了政治象征的色彩。普通的地主富民阶层,可以得到犀角等珍宝,这不是画家凭空的想象。宋代对打着朝贡旗号的外来贸易一般是来者不拒,交换所得的大量外来物品,除了供应皇室和赏赐外,有一部分也转赐或者说转手交易给其他国家,还有一部分在民间交易。《宋史》卷一八六《食货下》:"天圣以来,象犀、珠玉、香药、宝货充牣府库,尝斥其余以易金帛、刍粟,县官用度实有助焉。"②一部分宝货被用来交易金帛、刍粟,交易的对象可能是民间商人或者其他国家。在宋辽边境的互市贸易中宋朝就出售香药、犀角和象牙。"契丹在太祖时,虽听缘边市易,而未有官署。太平兴国二年,始令镇、易、雄、霸、沧州各

---

① 北京市文物研究所:《北京大兴区青云店辽墓》,《考古》2004年第2期。
② (元)脱脱等:《宋史》,中华书局,1977年点校本,第4559页。

置榷务，辇香药、犀象及茶与交易。"①宣化辽墓壁画财富图中出现的犀角，可能反映了辽人通过宋辽边境贸易得到宝货的历史背景。

除了官方的交易外，民间也有宝货的贸易。"隆兴二年，臣僚言：'熙宁初，立市舶以通物货。旧法抽解有定数，而取之不苛，输税宽其期，而使之待价，怀远之意实寓焉。迩来抽解既多，又迫使之输，致货滞而价减。择其良者，如犀角、象齿十分抽二，又博买四分；珠十分抽一，又博买六分。舶户惧抽买数多，止贩粗色杂货。若象齿、珠犀比他货至重，乞十分抽一，更不博买。'"②博买，即官府收买外来商品。官府博买之余，才允许民间交易。具有一定经济实力的士人和富民家庭，也有机会获得这些外来的奢侈品。

除了以上的几例外，宋辽墓葬壁画中还有不少生活场景中出现了银铤、钱贯，可能是作为一种装饰背景出现的。在绘有钱帛财物的场景中，常有女性出现，她们或者参与清点计算财物，或者在箱柜中保存财物，显示出一幅女管家的姿态。

此类财富图一直到元代，依然是流行的墓葬壁画题材。辽宁凌源市富家屯1号元墓墓门外上部额墙上绘有一幅"启关图"，朱红色大门的门扉半启，门扉间三位侍女向外张望，侍女手中各持盘、杯、玉壶春瓶等器皿。从门隙中可见侍女身旁画有银铤。在墓门外西侧翼墙上画一幅侍女图，侍女四周地面上画大量银铤。墓门外东侧翼墙上画两位侍女，地面上画银铤等物③。山东济南历城区埠东村元代壁画墓的西壁绘了一门二窗，门左扉开启，门内放置一堆金光闪闪的宝物④。

中古时代的墓葬壁画反映了等级制度的严格，以及贵族阶层在宗教和精神上的追求，而近世墓葬壁画则更多地反映了普通富民阶层世俗生活的细节和对物质财富的追求。钱贯、珠宝、银铤、布帛等物，无疑是现实中最硬通的财富，因此也是墓葬壁画中最能代表物质财富的题材，包含了生者对死者在另一个世界能够生活富足的希冀。

宋代以后的近世社会，是一个平民社会，以血缘论贵贱的贵族制度已经被彻底摧毁。近世社会在经济上最明显的特点是租佃关系的发达，地主和佃户的本质区别，不在于身份的贵贱，而是在于拥有土地和财富的多少。这种比中古时期更加自由的生产关系促进了生产力的迅速发展。随着社会经济的繁荣，出现了一个主要由中小地主和商人构成的富民阶层。宋金时期

---

① （元）脱脱等：《宋史》卷一八六，第4562页。
② （元）脱脱等：《宋史》卷一八六，第4566页。
③ 辽宁省博物馆、凌源县文化馆：《凌源富家屯元墓》，《文物》1985年第6期，第60页。
④ 刘善沂、王惠明：《济南市历城区宋元壁画墓》，《文物》2005年第11期。第69页，图35。

出现的精美繁缛的砖雕壁画墓，绝大多数都是富民阶层的墓葬，这与中古时期壁画墓为贵族所使用恰恰相反。墓葬壁画中的财富图，反映的正是近世社会这种重视物质财富和现世幸福的社会氛围和价值取向。这种壁画题材正是萌芽于五代时期。

（三）侍奉、乐舞题材

墓葬装饰的人物题材中，侍奉、乐舞、侍女、门吏等是唐墓壁画的传统题材，这些题材在五代十国墓葬装饰中也得到继承和发展。唐墓壁画中的人物形象一般为彩绘壁画形式，也有一些是墓门、石椁上的线刻。描绘侍奉场面的壁画最著名的是永泰公主墓前室东壁的宫女图，南首、北首各一幅，描绘的是在影作仿木建筑之下，两组相对而行的宫女。南首的一幅，共九人，分为两行徐行，疏密有致，构图合理。为首者头梳高髻，肩披披帛，身着襦衫和裙，双臂交叉于胸前，神态雍容自若。其后跟随各人手执玉盘、方盒、烛台、扇、高脚杯、拂尘、包袱等物（图4-3，上）。北首一幅7人，分前后两排向南缓行，其构图方式、内容与南首一幅相似。这两幅壁画表现的可能是宫女们在夜晚列队前去侍奉主人的宫廷生活情景[1]。类似的侍奉图在其他唐墓壁画中也有，如懿德太子墓前室东西两壁和后室东壁均绘有成组的宫女捧物侍奉图[2]，新城长公主墓室四壁均绘成组的宫女持物侍奉图。

五代王处直墓后室有汉白玉浮雕两件，镶嵌于东西壁南部下方，东壁为侍奉图，西壁为散乐图。东壁浮雕侍奉图，长1.36米、高0.82米、厚0.17～0.23米。共雕出14人，左下角为一男性侏儒，捧盘口细颈瓶，其余13名侍女分成三排，手持各种日常生活用具（图4-3，下）。此浮雕侍奉图和唐永泰公主墓侍奉图性质相同，应是沿用唐代传统题材，只是在表现方式上变彩绘为浮雕。冯晖墓三个侧室门两侧均站立一侍女，或拱手，或捧物。东壁侍女保存较好，左侧侍女头梳双髻，扎粉红色锦带，额饰红点，戴红色耳坠，身着红底黄团花对襟宽袖袍，内着红色抹胸，红色长裙，长裙上套白底绣白色团花的圆边围裙，脚着尖履。左手臂搭绣花白色长巾。右侧侍女双手捧唾盂侍立，额饰红点，戴红色耳坠，身穿淡红色对襟宽袖女袍，内着淡黄色抹胸，淡黄色曳地长裙，裙上套绣白团花圆边围裙，脚着尖履。二人皆面向侧室门相对而立。王处直墓前室南壁两侧各有一幅男侍图，每组两人，面皆无须。这种门侧两个（组）侍女或男侍相对侍立的题材在唐墓壁画中也存在。如新城长公主墓第二、三、四、五天井东西两壁龛口及第五天井北壁过洞口

---

[1] 陕西省文管会：《唐永泰公主墓发掘简报》，《文物》1964年第1期。
[2] 周天游：《懿德太子墓壁画》，文物出版社，2002年。

图 4-3　永泰公主墓侍奉图(上)和王处直墓侍奉图(下)

两侧均绘相对侍立的侍女[①]。而李宪墓中的同类题材，龛两侧站立的不是侍女，而是男侍。

　　王处直墓后室西壁散乐图浮雕尺寸与东壁浮雕同，乐队由 15 人组成，右边第一人为男装女性，横握一棒，似为乐队指挥。右下角两男性侏儒似在表演，其余两排 12 名演奏者皆为女子。五代冯晖墓甬道东西两壁各嵌 14 幅彩绘浮雕乐舞画像砖。东壁 14 人均为男性，第一人在圆角花毯上起舞，似为胡旋舞之类，其余 13 人分别演奏乐器或作舞蹈动作。西壁 14 人均为女性，与东壁相对称，所持乐器也一样。乐队使用的乐器有方响、筝篌、拍板、腰鼓、曲颈琵琶、答腊鼓、横笛、筚篥、芦笙、排箫。两壁的乐舞队伍前面(北部)各有一持杆乐队指挥，东壁为男性，西壁为女性。成都前蜀王建永陵主室的须弥座

[①] 陕西省考古研究所等：《唐新城长公主墓发掘报告》，科学出版社，2004 年，第 94—103 页。

式棺床四周有浮雕壸门，内刻伎乐，壸门柱子上雕刻莲荷花、鸾凤等。东、西、南三面的壸门中浮雕24个女伎乐人，组成了一组完整的伎乐场面。

这些乐舞题材在唐墓壁画中也有所本，如李寿墓石椁内部阴线刻伎乐图，椁内西壁北部为舞伎图，由六名舞伎分作三列，两两相向而舞。椁内北壁紧靠舞伎图是坐部乐伎图，共有女伎12人，分作三排，所持乐器是竖箜篌、直颈琵琶、曲颈琵琶、筝、笙、横笛、排箫、筚篥；铜钹、答腊鼓、腰鼓、贝。椁内东壁南部是立部乐伎图，所执乐器有笙、排箫、竖笛、铜钹；横笛、筚篥、琴、筝；曲颈琵琶、竖箜篌。表现了唐代坐部伎和立部伎表演的情景。此外，李寿墓室北壁绘庭院一座，院内左下角绘乐舞一组，五名踞坐的女伎分别持竖箜篌、筝、四弦琵琶、五弦琵琶、笙等乐器在演奏。乐伎前有一舞伎[1]。李爽墓墓室四壁彩绘梁柱斗栱，柱之间站立男女侍者及乐人。东壁向北数第四人为一男乐人，手执箫，面稍偏向北作吹箫状。北壁向西数第一人为一女乐，手持横笛作演奏状；第二人也是女乐，双手持排箫，面向右作演状[2]。唐李宪墓墓室东壁南端绘由6位乐手构成的乐队，跪坐于方形地毯上演奏；东壁中部绘一男一女共舞；东壁北端绘四位正在欣赏乐舞的女子[3]。五代十国墓葬乐舞图虽然多用浮雕形式表示，但其源头还可追溯到唐墓壁画或石椁线刻图的同类题材。

（四）"楼阁人物"题材

冯晖墓墓门上有仿木结构砖雕彩绘单檐歇山顶门楼，门楼正中半开红色仿木板门，浮雕一妇人袖手侍立门口（图4-4，右）。这种妇人立于门缝处的题材类似于宋代壁画墓中流行的妇人启门图，但宋墓壁画妇人启门图中妇人是在墓室内半掩半闭的门中露出半身，不是在门楼上全身在门外。楼阁人物的题材也可以追溯到唐墓壁画。如唐新城长公主墓墓道北壁过洞口上绘阙楼图，尚有残存画面，东侧绘卷帘，下有栏杆，内绘一宫女，面向东坐于榻上，右手抚膝，左臂屈肘抬起，面容似怠倦，欲作小憩状（图4-4，左）[4]。唐李宪墓墓道北壁过洞上绘城楼图，楼阁建筑为四柱三开间，自上而下挂细密的竹帘，透过东开间竹帘，隐约可见一戴硬脚幞头躬身下眺的书生侧影轮廓[5]。唐墓中此类楼阁人物题材为壁画形式，绘于墓道北壁门洞上，而五代冯晖墓变为砖雕彩绘，位置也转移到了墓室前的门楼上。

---

[1] 陕西省博物馆、文管会：《唐李寿墓发掘简报》，《文物》1974年第9期。
[2] 陕西省文管会：《西安羊头镇唐李爽墓的发掘》，《文物》1959年第3期。
[3] 陕西省考古研究所：《唐李宪墓发掘报告》，科学出版社，2005年，第151—154页。
[4] 陕西省考古研究所等：《唐新城长公主发掘报告》，科学出版社，2004年，第78—79页。
[5] 陕西省考古研究所：《唐李宪墓发掘报告》，科学出版社，2005年，第130—131页。

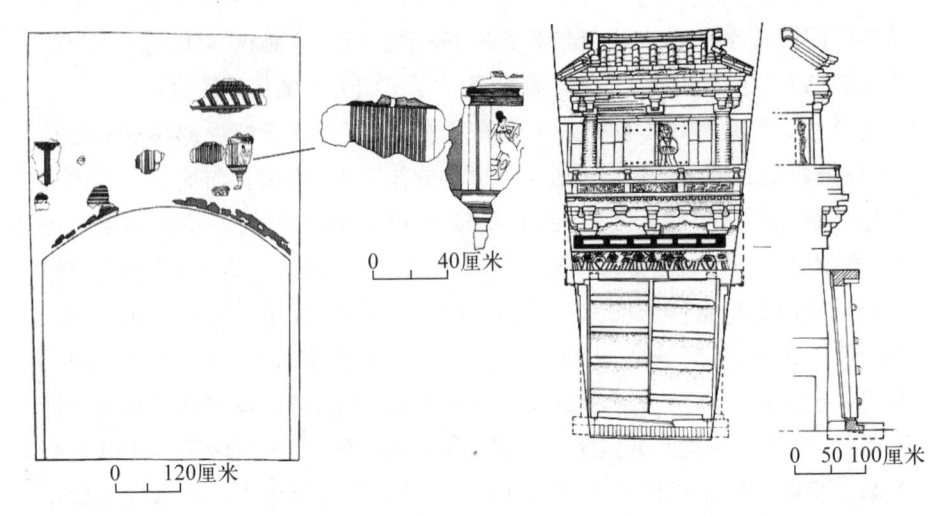

图4-4 唐新城长公主墓墓道北壁阙楼图(左)和冯晖墓门楼正视、侧视图(右)

类似冯晖墓门楼上的楼阁人物图,也存在于宝鸡五代李茂贞夫人刘氏墓门楼。刘氏墓门楼用青砖雕出仿木门窗、斗栱、护栏、筒瓦和人物。中为三间"正殿","正殿"两侧的"偏殿"处各有一门,门后站立一侍女。刘氏墓楼阁人物砖雕更接近宋代的妇人启门图。

早在东汉晚期,四川地区的石棺上就出现了类似妇人启门题材的画像。1942年出土于四川省芦山县沫东乡石羊上村的王晖石棺,是东汉上计史王晖的葬具,建造于建安十六年(211),通长2.5米、宽0.83米、高1.01米,棺体和棺盖各为整石雕造,图像均为高浮雕。棺体前端刻双门,左门紧闭,刻汉隶35字:"故上计史王晖伯昭以建安拾六岁在辛卯九月下旬卒其拾七年六月甲戌葬呜呼哀哉"。右门半掩,门缝中一人微露半身,似为女性,头戴步摇,衣带飘拂,右腿胫下着甲(或鳞片),右手抚左门,作候望之态。石棺后端雕玄武,左右两壁分别雕青龙、白虎①。石棺前和门缝中人,裤脚有鳞甲装饰(图4-5)。观察图片,

图4-5 东汉王晖石棺前面

---

① 周日琏:《郭沫若与王晖石棺画像研究》,《四川文物》1993年第6期。图见《中国画像石全集》第7卷《四川汉画像石》,河南美术出版社、山东美术出版社,2000年,第72页。

该人物右侧露出门外,右肩有一细长状饰物向上扬起呈倒S形,下身小腿以下外侧有钩状饰物垂下,总体类似羽人图像的羽饰。此人代替了四神中朱雀的位置,又有类似羽人的装饰,推测可能属于神仙。四川地区发现的石棺很多,前和位置多刻双阙,有人认为是道教的"天门"。王晖石棺所刻"羽人"应该也同道教信仰有关。

类似的石棺在唐代也存在。河北赵县城内北门村观音庵遗址发现过一个完整的唐代小型石棺,棺槽内盛满骨灰。石棺由棺盖、身、座三部分组成,棺身和棺座为连体。棺盖半圆形,呈瓦状,上部长81厘米,下部长62厘米,大头宽34厘米,小头宽25厘米。棺盖前面正中线刻一朵牡丹花。棺身通长61厘米,前宽28厘米、高26厘米,后宽24厘米、高16厘米。棺身前端左右各浮雕一尊5厘米高的僧人。棺身左面浮雕一青龙,右面雕一白虎。棺身背后面下半部位浮雕玄武。棺座四角部位各浮雕一尊金刚力士支撑着棺座上檐。正面浮雕两只小狮子。棺座左右两侧均分为三格,每格浮雕一只奔跑的小狮子。另外在赵州柏林寺旧地也出土了一具石棺,造型类似观音庵石棺①。

从两石棺出土地点和浮雕僧人形象来看,应都是僧人盛放骨灰的葬具。其形制和东汉王晖石棺相比,都是在左、右、后浮雕青龙、白虎、玄武,前面朱雀换成人物。王晖石棺人物体现了升仙信仰,而观音庵石棺体现了佛教信仰,虽然时代不同,表现方式却是相同的。

北方的石棺椁葬具出现要晚于四川地区,据巫鸿先生研究,北方的石椁最早出现在北魏,是"力图华化"的外族人学习汉文化的产物,使用石椁的传统是随着道教的传播而从四川地区传到北方的②。隋唐时期北方地区发现的石椁增多,一般都发现于西安地区的高等级墓葬中。僧人使用的盛放舍利或骨灰的石棺,应该是效仿了世俗所用的石椁。

墓葬中使用门楼装饰,是中原地区汉晋以来的传统,东汉的弘农杨氏家族墓就出现了砖雕仿木建筑的门楼,魏晋时期门楼又流行于河西地区。但这些门楼都没有人物形象。冯晖墓和李茂贞夫人刘氏墓门楼上出现的人物,是将东汉以来石棺前面的雕刻转移到墓门门楼上,其性质仍然可能和升仙信仰有关。这一题材到了宋辽时代,逐渐发展为墓室内的"妇人启门图",常常位于墓室后壁或左右壁。

---

① 刘运田:《赵县城内发现唐代石棺》,《文物春秋》1996年第1期。
② 巫鸿:《华化与复古——房形石椁的启示》,载《礼仪中的美术——巫鸿中国古代美术史文编》,三联书店,2005年,第659—670页。

(五) 画像砖、画像石的复兴

五代十国墓葬装饰中,人物题材在继承唐墓壁画的基础上,呈现出立体化的倾向,如冯晖墓和王处直墓侍奉图、乐舞图浮雕,均为唐代同类题材壁画的立体化表现。此外,门吏、武士形象也有从平面壁画变为浮雕的倾向。唐代及以前的墓葬壁画中,门吏、武士形象均为平面的彩绘壁画或石门线刻,而五代十国墓葬中的门吏、武士以及由此发展出来的门神,常常做成浮雕或圆雕形式。如后蜀孟知祥和陵墓门前左右两侧各有一手执剑斧、身披甲胄的圆雕武士。南唐先主李昇钦陵中室北壁两侧的立壁用巨大的青石板砌成,立壁上各高浮雕一戴盔穿甲、手握长剑、足踩云朵、贴金涂朱的守门武士像;武士像上为浮雕双龙戏珠图像的青石横额(图4-6)。王处直墓前室南壁下部两个壁龛和甬道两壁的两个壁龛内的汉白玉浮雕已经被盗,简报推测可能是门神武士之类。

图4-6 南唐李昇钦陵中室墓门武士和双龙

李茂贞夫人墓端门、庭院和后甬道清理出彩绘浮雕砖共72块,构成完整图案37幅,包括"妇人启门图""乘凤驾鹤西游图""二人抬轿图""八人抬轿图""鸳鸯牡丹图""汉人牵马图""胡人牵驼图""伎乐图"等。从制作工艺看,浮雕砖是先制成砖坯,在砖坯未干时,以锐器雕成,晾干后入窑焙烧,打磨后,再施彩绘①。最大的单个图案为八人轿子图,用6块雕砖拼接而成。后甬道的两组伎乐图分别由9人组成,每个人物由两块砖拼成,每组伎

---

① 宝鸡市考古研究所:《五代李茂贞夫妇墓》,科学出版社,2008年,第40页。

乐图用雕砖18块。这些大幅拼镶彩绘砖雕,有南朝壁画墓拼镶砖画的特征。南朝拼镶砖画主要用砖的侧面表现图案,而李茂贞夫人墓浮雕砖画主要用砖的正面表现图案。

同样的变化也发生在四神、十二生肖题材上。唐代的四神、十二生肖图常常出现于相应方位的墓壁上,也常见于墓志线刻纹饰,通常都是平面形式。五代十国墓葬中出现的四神、十二生肖往往呈浮雕形式。如王处直墓前室墓壁上栏有十二个壁龛,龛内镶嵌十二生肖及人像汉白玉浮雕,现仅存鼠、龙、蛇、马、羊、鸡,共6件。王处直墓志盖四杀上的四神形象也是浮雕,并在局部施彩绘、贴金。吴越国钱氏家族几座墓葬也有四神、十二生肖浮雕。

《五代王处直墓》考古报告的"结语"也指出:"五代时期墓室高浮雕作品明显增多,已知较早的有成都前蜀永陵王建墓、成都高晖墓、江苏江宁南唐钦陵李昇墓、杭州钱元瓘墓、钱元瓘次妃吴汉月墓、临安钱元玩墓、四川彭山宋琳墓、后蜀孟知祥墓、孙汉韶墓等,全部位于南方。在北方地区,除王处直墓之外还未见发现。"①"结语"所说的"高浮雕"显然专指石雕,因此未及五代冯晖墓浮雕乐舞画像砖。

这种将传统的平面壁画立体化的倾向,可能是受到了南方六朝隋唐时期以来以画像砖装饰墓室的传统的影响,砖雕画像可能也受到河北地区墓葬流行砖雕装饰葬俗的影响。南北朝墓葬壁画的格局,就是北方多使用彩绘壁画,而南方因为地下潮湿,壁画不宜保存,多使用拼镶砖画②。南方隋墓仍然保持了使用画像砖的传统,如武汉东湖岳家嘴隋墓前室东、西壁中间各嵌一对男、女侍画像砖,过道东、西壁各嵌两对男、女画像砖,主室东西壁分别嵌青龙、白虎画像砖。墓室用模印花纹砖砌筑,花纹有卷草、女侍、持幡羽人等③。武汉市郊周家大湾241号隋墓也是用花纹砖砌成,前后甬道及耳室嵌有"造像砖",主室左右嵌有"青龙""白虎"砖,墓室底部铺有莲花纹砖④。

南北朝分裂时期至隋唐,南方与北方的交流从未中断,江南的制度、文化不断地对北方产生影响。南北统一后,分裂时期的种种差异逐渐缩小。唐代的经济、政治、军事以及文化诸方面都发生了显著的变化,这些变化或

---

① 河北省文物研究所等:《五代王处直墓》,文物出版社,1998年,第55页。
② 参杨弘:《南北朝墓的壁画和拼镶砖画》,原载《中国考古学论丛》,科学出版社,1993年。又收入氏著《汉唐美术考古和佛教艺术》,科学出版社,2000年。
③ 武汉市文管处:《武汉市东湖岳家嘴隋墓发掘简报》,《考古》1983年第9期。
④ 湖北省文管会:《武汉市郊周家大湾241号隋墓清理简报》,《考古通讯》1957年第6期。

者说这些变化中的最重要部分,乃是对东晋南朝的继承。陈寅恪、唐长孺先生将这一变化称为"南朝化"。陈寅恪、唐长孺、牟发松、王素等先生都曾就这一问题做过深入的研究①。前贤对于"南朝化"的研究多集中于制度、学术、文化等领域,而对物质文化领域的研究较少。虽然隋唐已经是大一统的王朝,北方已经在多个领域建立起了相对的优势,但南方地区在某些方面尤其是文化方面可能依然对北方有所影响,有必要从考古学的角度考虑唐代南方地区和北方地区的物质文化交流情况。

五代十国墓葬较多地使用画像砖和画像石浮雕装饰,并非偶然现象,这一特征也被宋代墓葬继承下来。宋代墓葬使用砖石雕壁画装饰,是一大特征,北方地区多使用砖雕壁画形式;南方地区出现了一些画像石墓,墓壁使用画像石装饰,浮雕内容有四神十二生肖等内容。

三、五代十国墓葬壁画和唐宋变革

晚唐五代时期,墓葬装饰发生了一些变化,并影响到了后来的宋辽墓葬装饰。由唐至宋,墓葬壁画主要有两方面的变化:一是壁画内容方面,唐代壁画主要表现贵族生活,而宋代壁画主要表现富民日常生活;二是墓葬壁画使用者的身份,由唐代的官僚贵族变为宋代的普通地主、富民,而宋代官僚的墓葬反而不常使用繁缛的砖雕壁画装饰。韩小囡在其博士论文中也指出,唐墓壁画的特点是"表现仪仗、出行、列戟、建筑等以象征等级身份,绘制狩猎图、马球图、乐舞及侍女等以反映非同一般的贵族生活。早期宋墓装饰以砖雕仿木建筑与家具陈设组合为特点,而北宋中后期的典型装饰体系多以启门图、墓主夫妇对坐像、备侍图(包括备食、备洗、备寝等)、乐舞图等为主,并且形成了较固定的组合形式,在内容与形式上均区别于唐墓壁画。由唐入宋的这一变化并非始于宋朝的建立,而是在晚唐五代时期的墓中就已悄然出现了"②。

经过晚唐五代时期的变革,墓葬装饰从表现等级制度和贵族生活的仪仗、出行、列戟、马球等内容转变为表现夫妇对坐、备侍、备食、备洗、备寝等表现富裕平民日常生活的内容。"墓葬装饰内容从对等级制度的恪守与炫耀转向了对个人日常生活的关照"③,这种变化不仅仅是艺术领域的变化,

---

① 唐长孺:《魏晋南北朝隋唐史三论》,武汉大学出版社,1993年,第496页;牟发松:《略论唐代的南朝化倾向》,《中国史研究》1996年第2期;王素:《敦煌儒典与隋唐主流文化——兼谈隋唐主流文化的"南朝化"问题》,《故宫博物院院刊》2005年第1期。
② 韩小囡:《宋代墓葬装饰研究》,山东大学2006年博士学位论文,第103页。
③ 同上。

也是社会领域变革的反映。

20世纪日本学者内藤湖南提出了著名的"唐宋变革说",晚唐五代开始发生的壁画领域的变革,也被他作为唐宋变革的标志之一。他指出:"六朝隋唐盛行壁画,以彩色为主。虽然盛唐时白描水墨转盛,不过有唐一代,新派并未压倒旧派。从五代至宋,壁画渐改为屏障画,金碧山水衰退,墨绘日益发达。以五代为分界,以前的画大多强调传统风格,画无非是作为说明事件而有意义的一件物品;新的水墨画则采用表现自己意志的自由方法。画在以前是贵族的道具,作为宏伟建筑物的装饰物之用;卷轴盛行后,画虽然并未因此而大众化,但却变为平民出身的官吏在流寓之际也可以携带享乐的一种物品。"①

内藤湖南的时代,并没有大量的墓葬壁画发现,他的议论,主要是从建筑物上的装饰壁画和文人卷轴画上立论,但基本上也符合唐宋墓葬壁画变化的规律。内藤湖南区分唐宋绘画艺术的重要标准是:它们分别是贵族和平民的象征。这也正是中古和近世的区分标准。六朝隋唐属于中古,是贵族主义的时代;宋代属于近世,是平民社会。唐宋墓葬壁画的变化正契合了中古向近世转变的时代特征。

内藤湖南强调的山水画由青绿山水发展为水墨山水,主要是发生在卷轴画上。水墨山水在艺术上更能表达文人内心的感受,其题材也往往包含代表文人意境的亭、园、山石等,与近世社会重视个人和平民化的趋势一致,所以能够在取代青绿山水后,长盛不衰,成为此后中国绘画的代表。但在墓葬壁画中,彩绘壁画即使在宋代以后,也仍然占据主要地位,这与主要作为文人画的卷轴画不同。其原因大概在于文人画主要是作为文人个体或群体思想意识的反映,主要与"人事"相关,是一种表达人的意境和情绪的工具;而墓葬壁画除了装饰墓葬,表现墓主人理想的日常生活外,还承担着一定的宗教功能,与墓主人的来世信仰有关。要体现壁画的这些功能,彩绘壁画在视觉上效果更好。

第二节 唐宋墓葬中所见的"仪鱼"葬俗

晚唐以后,墓葬随葬品已经大量减少,尤其是不再大量随葬俑类。齐东方先生指出这一变化与唐后期丧葬活动的重点由地下的葬转移到地上的

---

① 内藤湖南:《概括的唐宋时代观》,《日本学者研究中国史论著选译》第一卷,中华书局,1992年。

丧、祭上来有关①。虽然如此,隋唐五代宋元墓葬中仍常出土一些神怪俑。神怪俑,或曰神煞俑,是指墓葬中随葬的有镇墓、辟邪、压胜作用的人物俑、动物俑或其他造型特殊的俑类,一般包括天王武士俑、镇墓兽、十二生肖俑、人首鱼身俑、人首蛇身俑、人首鸟身俑、伏卧俑、铁牛、铁猪、"金鸡"、"玉犬"等。神怪俑在随葬俑类中的地位比较独特,较之仪仗俑和侍仆俑,更能深刻地反映出人们的丧葬意识、灵魂观念的发展及演变②。关于神怪俑的研究,前人已经有了不少成果③,其中以张勋燎先生和白彬先生合著的《中国道教考古》的搜罗考证最为详尽。本节拟在前人研究的基础上,通过梳理人首鱼身俑的形制特点和分布情况,对唐宋时期墓葬中放置人首鱼身俑葬俗的传播和演变情况进行探讨。

人首鱼身俑,或称为人面鱼,是一种人首和鱼身相结合的墓葬神怪俑,徐苹芳先生考证其为《大汉原陵秘葬经》(以下简称《秘葬经》)中记载的"仪鱼"④。受此观点影响,很多考古简报都直接用"仪鱼"称人首鱼身俑。虽然有学者对此观点存疑⑤,但为了行文方便,本书仍用"仪鱼"来称呼人首鱼身俑。

一、仪鱼的发现情况和型式

仪鱼的材料,仅就笔者所知,如表4-2:

表4-2 仪鱼出土材料一览表

序号	墓葬及年代	仪鱼形制及出土时情况	墓主身份	资料来源
1	北京隋墓(约605)	四足,身上有鳞,脊骨突出,两边有鳍,头缺失。腹部直书"大业元年造"五字。残高7.8厘米、长16厘米、宽9厘米。出于扰土中,疑原为墓葬,被破坏。		高桂云:《北京出土青釉红陶人首四足鱼身俑》,《文物》1983年第12期

---

① 齐东方:《唐代的丧葬观念习俗与礼仪制度》,《考古学报》2006年第1期。
② 张勋燎、白彬:《中国道教考古》贰拾《隋唐五代宋元墓葬出土神怪俑与道教》,线装书局,2006年,第1611页。
③ 徐苹芳:《唐宋墓葬中的"明器神煞"与"墓仪"制度——读〈大汉原陵秘葬经〉札记》,《考古》1963年第2期;白冰:《雷神俑考》,《四川文物》2006年第6期;耿超:《观风鸟源流研究》,《文物春秋》2007年第1期;郝红星、张倩、李杨:《中原唐墓中的明器神煞制度》,《华夏考古》2000年第4期;张勋燎、白彬:《中国道教考古》,线装书局,2006年。
④ 徐苹芳:《唐宋墓葬中的"明器神煞"与"墓仪"制度——读〈大汉原陵秘葬经〉札记》,《考古》1963年第2期。
⑤ 白冰:《雷神俑考》,《四川文物》2006年第6期。

续 表

序号	墓葬及年代	仪鱼形制及出土时情况	墓主身份	资料来源
2	辽宁朝阳黄河路唐墓（8世纪前叶）	身体弯曲呈倒"S"形，身上有鳞，下连座，长20.5厘米、通高8.5厘米。		辽宁省考古所等：《辽宁朝阳市黄河路唐墓的清理》，《考古》2001年第8期
3	辽宁朝阳中山营子村唐墓（唐高宗时期）	泥质灰陶，器表彩绘，身体直线形，人面朝前，背鳍、尾鳍完整，无底座。长20.9厘米、宽4.1厘米、高6.2厘米。		辽宁省考古所等：《朝阳市双塔区中山营子村唐墓出土文物简报》，《朝阳隋唐墓葬发现与研究》，科学出版社，2012年
4	河北文安麻各庄唐董满墓（673）	人面朝前，鱼身侧扁，背有脊，两侧有鳍，通身画鳞，长方形底座，身呈浅红色。长26厘米、高9厘米。墓扰乱。	版授藁城县令	廊坊市文管所等：《河北文安麻各庄唐墓》，《文物》1994年第1期
5	河南安阳唐杨偘墓（675）	人面朝左，尾右摆，呈倒"S"形，有座。墓扰乱。	平民	安阳市博物馆：《唐杨偘墓清理简报》，《文物资料丛刊》6，文物出版社，1982年
6	河北元氏县吕众墓（685）	人面，高鼻鼓睛，口涂朱。卧于台座上，弯曲呈倒"S"形。有背鳍和腹鳍，通身刻鳞。腮、鳍、尾涂黑彩。高9.5厘米、长22.9厘米。墓破坏。	北齐故魏州司功参军	刘超英、冀艳坤：《元氏县大孔村唐吕众墓》，《文物春秋》1999年第2期
7	河北南和唐代郭祥墓（688）	人面朝左，尾向右摆，呈倒"S"形。俯卧于长方形座上。长17.5厘米、高7厘米。	宾从县令	辛明伟、李振奇：《河北南和唐代郭祥墓》，《文物》1993年第6期
8	河北南和东贾郭唐墓（时代接近郭祥墓）	人面鱼身，头发中分，鱼脊突出，身饰鳞，脸向左，尾向右摆，身体置于座上。长23厘米、高10厘米。扰乱。		李振奇、辛明伟：《河北南和东贾郭唐墓》，《文物》1993年第6期
9	河北定县南关唐墓（唐初）	人面鱼身，墨绘鱼鳞，弯曲呈倒"S"形，置于座上。长20.5厘米、高8.8厘米。出土于棺床西侧。		信立祥：《定县南关唐墓发掘简报》，《文物资料丛刊》第6辑，文物出版社，1982年
10	河北献县唐墓（中唐）	背有脊，身有鳞，人面朝左，尾向右摆，呈倒"S"形，置于长方形座上。高9.5厘米。扰乱。		王敏之等：《河北献县唐墓清理简报》，《文物》1990年第5期

续 表

序号	墓葬及年代	仪鱼形制及出土时情况	墓主身份	资料来源
11	天津军粮城刘家台子唐墓	倒"S"形，面朝左，尾向右摆。背上有脊，两边各有两个鳍。出土位置不明。		天津市文化局考古队：《天津军粮城发现的唐代墓葬》，《考古》1963年第3期
12	太原南郊金胜村3号初唐墓	头上有角，面朝前，身体不弯曲，长17厘米，全身饰白粉。位于墓室中间，面对墓门。		山西省文管会：《太原南郊金胜村3号唐墓》，《考古》1960年第1期
13	山西襄垣唐墓M1(653)	人面朝前，人首尖耳上竖，影绘鱼鳞，鱼尾有彩绘，鱼身下有四肢，伏于长方形座上。长20厘米、宽5.5厘米、高9厘米。	曾任长安县低级官吏	山西省考古所等：《山西襄垣唐墓》，《文物》2004年第10期
14	山西长治范澄墓(660)	简报称为"人面兽"。周身涂红，面朝前，前有兽足，后有鸡爪，身有鳞、鱼尾。长17厘米、高8厘米。位于镇墓兽后、跪伏俑前。	处士	长治市博物馆：《长治市宋家庄唐代范澄夫妇墓》，《文物》1989年第6期
15	山西长治唐王惠墓(676)	人面朝前上仰，腹中空。高13厘米、长30厘米。从平面图序号推测在棺前西部镇墓兽东。	云骑尉	长治市博物馆：《山西长治市唐代王惠墓》，《文物》2003年第8期
16	山西长治唐王深墓(679)	人面鱼身，下有四足，脸饰白粉，身绘朱彩。摆放在墓门口。		山西省文管会：《山西长治唐墓清理简报》，《考古》1957年第5期
17	山西长治北石槽唐四号墓(684)	无器物图，从墓葬平面图观察，8号器物"陶鱼"应为仪鱼，面朝前。在棺床中间，周围有侍俑、骑俑、狗俑、马俑。	骁骑卫乐道仁	山西省文管会晋东南工作组《山西长治北石槽唐墓》，《考古》1965年第9期
18	山西长治北石槽唐六号墓(676)	第50号器物"鱼身兽"应是仪鱼。无器物图。墓室中部。	柱国府朝散大夫乐方	沈振中、李奉山：《山西长治北石槽唐墓》，《考古》1965年第9期
19	山西长治唐代崔拏墓(689)	脸朝前稍仰，背部有锯齿状脊，中空。长22厘米、高10厘米。棺床前东侧，牛、狗、鸡俑后。	朝散大夫	长治市博物馆：《山西长治市北郊唐崔拏墓》，《文物》1987年第8期
20	山西长治唐代冯廓墓(691)	人首鱼身，背部有锯齿状脊，身中空，座明显。长27厘米、高9厘米。扰乱。	处士	长治市博物馆：《山西长治市唐代冯廓墓》，《文物》1989年第6期

续 表

序号	墓葬及年代	仪鱼形制及出土时情况	墓主身份	资料来源
21	山西襄垣唐李石夫妇墓（700）	人面朝前稍仰，通体涂白彩，口涂朱。背较高，身左侧有一小鳍，右侧有脱落痕迹。墓扰乱。	骑都尉	山西大学文博学院、襄垣县文物博物馆：《山西襄垣唐代李石夫妇合葬墓》，《文物》2004年第10期
22	山西长治北石槽二号墓（704）	据徐苹芳《唐宋墓葬中的"明器神煞"与"墓仪"制度——读〈大汉原陵秘葬经〉札记》一文图10（2），为兽面鱼身，头稍前仰，背有锯齿状脊，两足。在墓室西北角。	云骑尉王义	山西省文管会等：《山西长治北石槽唐墓》，《考古》1962年第2期
23	长治北石槽三号墓（时代同二号墓）	人首鱼身，面朝前，红色，身上有鳞，下有长方形底座。是否有足不详。高11厘米。		山西省文管会等：《山西长治北石槽唐墓》，《考古》1962年第2期
24	江苏无锡唐皇甫云卿墓（867）	人面鱼身，为一片木头刻成。可能在壁龛中。	乌江、昆山县尉	无锡市博物馆：《江苏无锡发现唐墓》，《文物资料丛刊》第6辑，文物出版社，1982年
25	江苏扬州五代墓	木俑，人首朝前稍向下俯视，戴尖顶帽，背部有脊，前有鳍，无足，有长方形木板座。	可能为杨吴皇室	扬州博物馆：《江苏邗江蔡庄五代墓清理简报》，《文物》1980年第8期
26	南唐二陵	13件。李昇陵后室出土3件，1件完整，戴帽，头以下有鱼鳞纹，鱼身脊骨突出，两边各有两个鱼鳍，鱼翅不显著。李璟陵前室出土10件，不戴帽，鱼翅显著。	南唐国主	南京博物院：《南唐二陵发掘报告》，文物出版社，1957年
27	五代闽国刘华墓	头朝前，无座，四足趴地。墓扰乱。	闽王王延钧妻	福建省博物馆：《五代闽国刘华墓发掘报告》，《文物》1975年第1期
28	福建漳浦县唐墓（中唐至五代）	2件。头部稍残，双髻，脸稍向下，身体长条形，背有脊，左右有鳍，身涂白色再朱绘细部。长13厘米、高4.8厘米。		福建省文管会：《福建漳浦县刘坂乡唐墓清理简报》，《考古》1959年第11期

续 表

序号	墓葬及年代	仪鱼形制及出土时情况	墓主身份	资料来源
29	福建漳浦五代墓	形制不明。		王文径：《漳浦县湖西畲族乡五代墓》，《福建文博》1988年第1期
30	江西彭泽北宋刘宗墓（1047）	人首朝前，背脊突出，口部、脸部涂朱，自颈以下朱绘鱼鳞。壁龛中出。		江西省文管会：《江西彭泽宋墓》，《考古》1962年第10期
31	江西进贤北宋吴助墓（1117）	形制不明。		彭适凡、唐昌朴：《江西发现几座北宋纪年墓》，《文物》1980年第5期
32	江西景德镇宋墓	瓷质，长11.5厘米，鱼身弯曲卷尾，通身鱼鳞。		彭适凡：《景德镇市郊出土宋瓷俑》，《考古》1977年第2期
33	四川邛崃宋墓（1067）	脑后挽髻，仰首侧视，匍匐于地。长19厘米、高11厘米。	平民费得中	邛崃县文物保管所：《邛崃县发现一座北宋墓》，《成都文物》1987年第4期
34	湖北罗田南宋墓	头朝前，有座，长13厘米。		罗田县文管所：《罗田县汪家桥江宋墓发掘记》，《江汉考古》1985年第2期

说明：本表按年代和地区顺序排列，凡未注明数量者均为1件，墓主身份栏空白者为墓主不明。

就目前所知，出土仪鱼的墓葬有30多座，共出土仪鱼47件，一般为每墓1件，全部材料见表4-2。据现有资料可知，仪鱼从隋代开始出现于河北地区，唐代前期流行于河北地区和河东地区[①]，晚唐五代时期在北方不再出现，而在今江苏和福建地区即东南地区发现较多，宋代仅在今江西、湖北和四川地区有零星发现。

表中所列的仪鱼，除了序号22的山西长治北石槽二号墓所出的一件可能是兽首鱼身俑外，均为人首鱼身俑。北石槽二号墓的兽首鱼身俑，从简报所附线图看，身体部分与人首鱼身俑完全相同，仅面部接近兽面，很可能因

---

① 如前述，本书所指的河北地区主要是唐代河北道南部地区，包括今河南省北部的安阳地区、山东省西北部地区、河北省、北京市、天津市、辽宁省朝阳地区；河东地区指唐代河东道，主要是今山西省境内。

为陶俑制作不精,导致发掘者将人面判断为兽面,而且至今并未发现其他类似的兽首鱼身俑,所以本书视其为人首鱼身俑。仪鱼出土的地点,除了序号1的北京隋大业元年(605)的一件外,其余都出自墓葬。大业元年(605)仪鱼(图4-7,左),据简报描述,出土于基建工地距地面三米深的扰土中,其地点很可能原为一处墓葬,在施工中已经被破坏了。

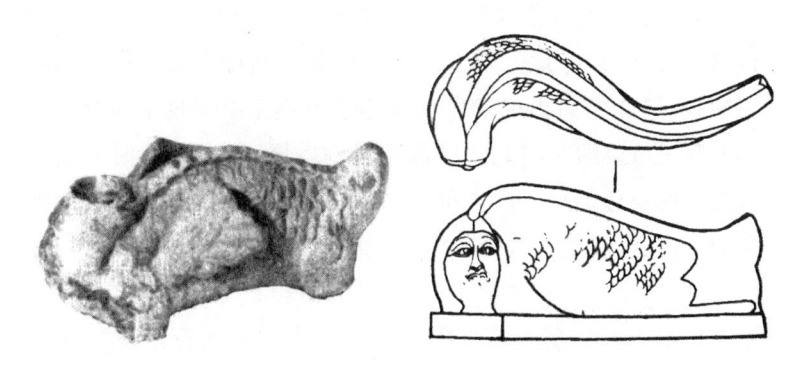

图4-7 北京出土隋大业三年仪鱼(A型,左)和
辽宁朝阳黄河路唐墓仪鱼(B型,右)

根据已知的仪鱼的形制特征,可将其分为两型:A型,面朝前,鱼身俯视呈直线形;B型,面朝左,尾向右摆,身体卷曲成倒"S"形。两型仪鱼除了在鱼身形状上的区别外,在附属的足或座上也有差别:A型仪鱼有的有足无座,有的有座无足,有的既有座又有足;B型仪鱼皆有座而无足。究其原因,可能因为A型仪鱼身呈直线型,较容易保持平衡,故足、座形式可以有多种选择;B型仪鱼呈倒"S"形,只有置于座上才能保持稳定。

出土B型仪鱼的墓葬有辽宁朝阳黄河路唐墓(图4-7,右),河南安阳唐杨偘墓,河北元氏县吕众墓、南和郭祥墓、南和东贾郭唐墓、定县南关唐墓、献县唐墓和天津军粮城刘家台子唐墓。此外,江西景德镇新平毛蓬店宋墓出土的仪鱼,简报文字描述为"鱼身弯曲",但没有附图片,难以确定是否属于B型。明确出土B型仪鱼的墓葬从最北的辽宁朝阳到最南的河南安阳,在唐代毫无例外都属于河北道,可见B型仪鱼主要分布在河北地区。其余的仪鱼,除了形制不明者外,均为A型。出土A型仪鱼的隋唐墓,除了已被破坏的北京隋墓、朝阳中山营子村唐墓、河北文安麻各庄唐墓三座时代较早的墓葬属河北地区外,其余均分布在河东地区,准确地说,是在今山西太原、长治地区,主要是长治地区。

齐东方先生认为:"依据目前的发现,朝阳和北方地区神煞更为流行,山西地区唐墓的神煞发现多不成套,出现的年代也比朝阳和河北地区略晚,可能来自东部朝阳和河北地区的影响。"①今山西长治地区(唐代潞州)与河北地区毗邻,两地可通过太行山井陉道往来,其丧葬习俗也不免相互影响,两地区均流行在墓葬中随葬神煞俑的做法,就证明了两地区之间存在着丧葬文化的交流。具体到仪鱼来看,仪鱼最早出现于河北地区,很可能河东地区使用仪鱼的葬俗是受到了河北地区的影响,齐东方先生的推断是正确的。

从形制来看,河北、河东两地区的仪鱼仍然存在明显的差别:河北地区主要流行 B 型仪鱼,河东地区则流行 A 型仪鱼。两种类型的仪鱼都曾经出现于河北地区,但 A 型只出现于隋代和唐初,B 型最终占据了河北地区仪鱼的主流。A 型仪鱼虽然在河北地区没有得到发展,却在传入河东地区后成为该地区唯一的仪鱼类型。由此可见,河东地区的仪鱼俑即使是受到河北地区的影响,也已经形成了自身的特征,显示了河东地区丧葬习俗的相对独立性。

江苏扬州蔡庄五代墓的墓主据考证为杨吴太祖杨行密之女寻阳长公主②,该墓出土的木仪鱼,人首朝前稍向下俯视,戴尖顶帽,背部有脊,前有鳍,无足,有长方形木板座(图 4-8,上)。江苏南京南唐二陵共出土了仪鱼13 件,其中李昪钦陵后室出土 3 件,1 件完整,戴帽,头以下有鱼鳞纹,鱼身

图 4-8 扬州蔡庄五代墓木仪鱼(A 型,上)和
南唐中主李璟墓仪鱼(A 型,下)

---

① 齐东方:《隋唐环岛文化的形成和发展——以朝阳隋唐墓研究为中心》,《盛唐时代与东北亚政局》,上海辞书出版社,2003 年,第 140 页。
② 扬州博物馆:《江苏邗江蔡庄五代墓清理简报》,《文物》1980 年第 8 期。

脊骨突出,两边各有两个鱼鳍,鱼翅不显著。李璟顺陵前室出土10件,不戴帽,鱼翅显著(图4-8,下)。寻阳长公主墓年代略早于南唐李昪钦陵,两座墓葬的仪鱼俑虽然材质不同,但都戴帽;而更晚的李璟顺陵中的仪鱼都不戴帽,这种变化可能反映了东南地区仪鱼形制的时代特征,对田野考古中出土仪鱼的无纪年墓葬的断代有一定的参考价值。

从附表及前文所述,可以总结出仪鱼形制和使用仪鱼葬俗传播的几条规律:第一,隋唐时期,仪鱼在河北地区最早出现,并随后流行于北方的河北、河东(主要是今长治)地区,南方地区则很少发现;唐末、五代至宋代,仪鱼多出现于南方地区,在北方反而消失了,反映了使用仪鱼的葬俗由北向南传播的趋势。第二,身体呈倒"S"形的B型仪鱼只流行于唐代河北地区,其他地区未见;身体呈直线形的A型仪鱼虽然隋代就出现于河北地区,但唐代在河东地区最为流行,并于五代时期传播到南方地区,显示了河东地区和南方地区可能存在着葬俗上的交流,南方更多地接受了河东地区葬俗的影响。第三,北方发现的仪鱼都是陶质的,南方墓葬中发现的仪鱼除了陶俑外,五代时期还使用木俑,宋代景德镇地区还出现了瓷俑,说明一种葬俗传播到当地后,随葬品的材质还受到当地工艺传统的影响。

从前文所述,可以看出仪鱼的分布有一定的规律:第一,隋唐时期,仪鱼在河北地区出现并流行于北方的河北、河东(主要在今长治)地区,南方地区基本没有发现(仅扬州唐墓一例);唐末、五代至北宋时期,多分布于南方地区,北方反而不见,反映了由北向南传播的可能性。第二,B型仪鱼只分布在河北地区,其他地区未见;五代至宋传播到南方地区的是A型仪鱼。第三,北方发现的仪鱼都是陶俑,南方墓葬中发现的仪鱼除了陶俑,五代时多使用木俑,宋代景德镇地区使用了瓷质俑。

二、仪鱼使用者的身份

出土仪鱼的墓葬,其墓主包括了从帝王到平民的各个阶层的人物。墓主身份最高为南唐李昪和李璟,属帝王级别。李昪以继承唐代正统自诩,埋葬时身份是南唐皇帝;李璟埋葬时已经向后周称臣,去帝号,称国主。身份略低的是闽主王延钧妻刘华和杨吴寻阳长公主,均为仅次于帝王的级别。刘华埋葬时王延钧尚未称帝,其身份是闽王夫人。

其次有唐代的崔挚和乐方,二人均为朝散大夫。唐代区分官品的依据有职、散、勋、爵,其中文武散官的品级标志着官员的社会地位,称为"本品"。朝散大夫属于从五品下阶的文散官。唐代的礼制存在着严格的等级差别,依官品共分三个大的等级:一品至三品为一个等级,四品、五品为一个等级,六品以下为一个等级。这种等级差别体现在包括丧葬在内的各个方面。《唐会要》卷三八《葬》载:"元和三年五月,京兆尹郑元修奏:'王公士庶丧葬节制,一品、二品、三品为一等,四品、五品为一等,六品至九品为一等。'"① 崔挚和乐方均为刚刚跨入官僚体系中层的官员。

再次有郭祥、董满、王惠等下级官吏或地方实力人物。郭祥为宾从县令。董满的官衔仅为荣誉性的版授藁城县令,并非实际担任过县令职务②。河北元氏县吕众,因其父曾任安、华、郦三州刺史,本人在北齐曾为魏州司功参军,应为当地有势力的大族。但北齐灭亡后吕众可能就赋闲在家,卒于隋大业十二年(616),唐垂拱四年(688)与夫人合葬。山西襄垣 2003M1 出土的砖志铭字迹漫漶,墓主姓名不得而知,仅知墓主人为低级官吏,祖上曾任襄垣中正,墓主于贞观年间(627～649)在长安县等地为官,可见也是当地有权势的大族。王惠为云骑尉,属正七品上阶的勋官。王惠墓志云:"曾祖珍,齐任幽州司户;祖端,随授朝散大夫。"可知王惠祖上也是中下层的官吏。王惠在"义宁之际,蒙授云骑尉,从班例也"。义宁之事,指的是隋恭帝义宁二年(618),李渊称帝,建立唐朝,王惠因为追随李渊有功,照例授官。

最下层的使用者为平民,其中有的是平民中具有一定地位的处士。冯廓,墓志称其为"(武)周故处士";范澄,墓志称其为"唐故处士范君"。入宋以后的墓葬,仅四川邛崃宋墓墓主可确知为平民费得中,其他墓葬推测也应是平民墓。

使用仪鱼的墓主身份有一个变化的过程。唐代墓葬中,使用仪鱼的墓主身份最高的只是中等官僚,而且所占比例很小,大多数使用者还是下级官吏和平民;到了五代时期,东南地区的帝王贵族墓葬开始使用仪鱼;而到了宋代,仪鱼的使用者又变为平民。

《秘葬经》之《盟器神煞篇》中记载公侯卿相墓中于棺东按"仪鱼",徐苹芳先生举出唐墓中随葬人首鱼身俑的情况来与之对应③。但唐墓中使用仪鱼的墓主等级最高者不过是中等官员,远未达到公侯卿相的级别。如果这种人首鱼身俑的确如徐苹芳先生所考证的那样,是《秘葬经》中记载的"仪鱼"的话,只有五代十国时期东南地区的十国墓葬才能与"公侯卿相"的等

---

① (宋)王溥:《唐会要》,上海古籍出版社,2006 年,第 812 页。
② 隋唐时期施行"版授高年"制度,对达到一定年龄的老人授予荣誉性的官职或爵位,以彰尊老的传统。版授官本身并无实际权力。参毛阳光:《唐墓志与唐代"版授高年"》,《文博》2002 年第 1 期;夏炎:《论唐代版授高年中的州级官员》,《史学集刊》2005 年第 4 期。
③ 徐苹芳:《唐宋墓葬中的"明器神煞"与"墓仪"制度——读〈大汉原陵秘葬经〉札记》,《考古》1963 年第 2 期。

级对应。那么《秘葬经》的产生是否可能与五代十国时期的东南地区有关呢?

三、仪鱼反映的葬俗

不同的摆放位置可能暗示了随葬品不同的功能,要了解仪鱼在墓葬中的性质和作用,有必要考察其在墓葬中的摆放位置。《秘葬经》之《盟器神煞篇》记载墓葬中仪鱼的位置是在"棺东",但实际上唐宋墓葬中的情况与此并不完全一致。《山西襄垣唐代李石夫妇合葬墓》发掘简报分析了长治地区唐墓中双人首蛇身俑和人首鱼身俑的位置,指出它们的位置较随意,与《秘葬经》所记载的墓龙和仪鱼的位置有差异,说明从唐代到宋元,随葬俑类的情况有了很大的变化[1]。除了长治地区墓葬外,其他地区出土仪鱼的墓葬也多被扰乱,出土位置多不明。仪鱼出土位置相对明确的有:河北南和郭祥墓仪鱼出土于棺床前,河北定县唐墓仪鱼出土于棺床西。唐墓中仪鱼出土位置并非都和《秘葬经》记载一致,《秘葬经》并不能确切反映唐墓神怪俑摆放的情况。

出土仪鱼的墓葬,往往也同时出土墓龙(单人首蛇身俑、双人首蛇身俑)、稽首俑(卧伏俑)、人首鸟身俑等其他神怪俑,而且它们的摆放位置较为接近,应该具有相同的性质。最明显的例子是河北南和唐代郭祥墓,几种神怪俑整齐地摆放在镇墓兽之后,可能和镇墓兽功能相同,具有镇墓驱邪等作用。宋代的道教经典把雷神之一描述成人首鱼身形象。元虚真人万宗师《雷法议玄篇》之"太极雷坛祭四维神法"条云:"静室设四位,血食供养,酌酒,召玉雷皓师等四神。"其四神为:"玉雷皓师君,乃东南之神,人首龟身。春","洞阳幽灵君,乃东北之神,人首蛇身。夏","虚皇太华君,乃西北之神,人首鱼身。冬","火光流精君,乃西南之神,人首龙身。秋"[2]。白冰先生据此认为人首鱼身俑即四种雷神之一虚皇太华君[3]。但《雷法议玄篇》产生于南宋,其中的虚皇太华君是否能对应隋唐墓葬中的仪鱼形象,仍存在疑问。潘雨廷先生即谓此四维神"是皆宋代之巧立名目之神,其象得之《山海经》云"[4]。

徐苹芳先生结合考古发现对《秘葬经》进行了研究后指出:"从考古发现方面看,《秘葬经》中所记载的许多葬俗,在山西、河北、陕西、河南、四川等

---

[1] 山西大学文博学院等:《山西襄垣唐代李石夫妇合葬墓》,《文物》2004年第10期。
[2] 《道藏》第32册,文物出版社、天津古籍出版社、上海书店,1988年,第428—429页。
[3] 白冰:《雷神俑考》,《四川文物》2006年第6期。
[4] 潘雨廷:《道藏书目提要》,上海古籍出版社,2003年,第150页。

地的唐至元代墓葬中还或多或少地保存着。"根据这种情况,他推测:
"(1)从《秘葬经》的流行地区和作者的师承来看,它可能是金元时期山西地区的地理葬书;(2)山西地区自唐代以来流行的地理风水之说,其渊源是来自唐代的西京(陕西)。以西京为中心,北至山西、河北,南至四川,东至河南,西至甘肃,都受到唐代西京的影响。随着时代的转移,这些地区的葬俗虽然各自起着变化,但仍应有许多共同之处。因此,《秘葬经》虽是山西的地理葬书,但有些习俗却也和陕西、四川、河南、河北等地的相同。至于江苏的南唐二陵,则因其陵寝之制多遵唐制,所以也能与《秘葬经》中的部分情况相合。"①

通过考察仪鱼的地区分布和时代特征,我们已经了解到仪鱼在唐代以后主要分布在南方,北方地区迄今尚未发现。西安地区唐代墓葬中发现的镇墓神煞俑主要是天王俑和镇墓兽,其次是十二生肖俑,偶尔有跪伏俑。据笔者统计,神怪俑中的跪伏俑、墓龙(人首蛇身俑)也和仪鱼一样,在唐代时主要分布在河北地区和河东地区,晚唐五代以后主要流行在南方地区。因此,可以说随葬仪鱼、墓龙,是唐代河北、河东地区的葬俗,而非来自于唐代西京地区。至于南唐二陵出土的仪鱼,均为 A 型,更多地继承了河东地区的仪鱼形制,反映了河东地区葬俗对南唐陵寝制度的影响,应该不属于继承唐代帝陵制度的内容。河东地区的葬俗,通过何种途径而影响东南地区墓葬,仍然是一个值得深入研究的问题。

四、仪鱼形象的渊源

被称为仪鱼的这种人首鱼身俑的渊源在哪里?目前比较一致的看法是源于中国固有的神话,凡是讨论仪鱼的文章和考古报告都引用《山海经》或《楚辞》等文献的记载,如《山海经·西山经》:"竹山……丹水出焉,东南流注于洛水,其中多水玉,多人鱼。"《山海经·北山经》:"龙侯之山,无草木,多金玉,决决之水出焉,而东流注于河,其中多人鱼,其状如䱱鱼,四足,其音如婴儿,食之无痴疾。"《山海经·海内东经》:"陵鱼人面,手足,鱼身,在海中。"《山海经·海内南经》:"氐人国在建木西,其为人人面而鱼身,无足。"②中国神话中一直有人面鱼身形象的传说,唐墓仪鱼俑形象源于这些神话传说。

---

① 徐苹芳:《唐宋墓葬中的"明器神煞"与"墓仪"制度——读〈大汉原陵秘葬经〉札记》,《考古》1963 年第 2 期。
② 袁珂:《山海经校释》,上海古籍出版社,1985 年,第 21、66、220、240 页。

目前尚未发现过隋代以前的人首鱼身俑,但发现过画像石、画像砖上有类似形象。敦煌佛爷庙湾西晋画像砖有"大鲵"一件(标本 M133∶8—4),其形象为婴儿首,鱼身,头部上扬①。"大鲵"与朱雀、凤等在一起,应属于汉代以来谶纬思想影响下象征祥瑞的动物。其形象和唐墓中的仪鱼比较相似,有可能是仪鱼的来源之一。

沈睿文根据汉代画像石《河伯出行图》指出,戴鱼冠骑乘鱼车的神祇和人头鱼身的神灵是海神或河伯的形象,有的画像石上河伯出行仅以四足的鱼来表示,还总结出一个包括四神、祥瑞、雷公、风伯、雨师、河伯(四足鱼)以及跪拜、仰望和迎谒者等汉画诸元素的构图模式。这套构图中的元素成为唐宋墓葬神煞俑的源头,其中祥瑞类图像逐渐演变为千秋、万岁俑,风伯、河伯分别演变为观风鸟、仪鱼,跪拜、仰望、迎谒者对应着俯听俑、仰观俑和迎谒俑或执笏俑②。这一研究将唐宋墓葬中的神煞俑作为一个系统,溯源到汉代画像传统表现的本土神灵信仰体系,对唐宋墓葬制度的研究有启发作用。墓葬制度的历史传承源源不断又根深蒂固,虽然不断受到外来因素的影响,但本土传统因素一直有强大的生命力。我们在思考唐宋时期墓葬制度诸因素时,仍不能不考虑汉代乃至更早时期的丧葬传统。

第三节 唐宋墓葬中的腰坑葬俗

一、汉代以前墓葬腰坑

腰坑是指墓葬的墓圹或墓室中有意设置的低于墓底平面的坑,一般是为殉葬人、动物或随葬器物设置的,因其位置正当墓主人尸体腰部之下,故称为腰坑。有的墓葬腰坑位于墓主腿部或头部,也有人称为腿坑或头坑,其性质都和腰坑相同。墓葬中使用腰坑的葬俗在新石器时代的西北地区就已经存在,商周时期的墓葬中普遍设有腰坑。1983 年秋在河南偃师商城发现的一座商代早期墓葬是距今较早的带腰坑的小型长方形墓。棺下的腰坑形状极不规则,其中的殉人人骨已朽,难以确定墓主人的身份。殷墟的大型墓葬中一般都设有腰坑,一般位于墓底中部,少数略偏,其大小基本与墓室的

---

① 甘肃省文物考古研究所:《敦煌佛爷庙湾西晋画像砖墓》,第 71 页(图版三一,2),文物出版社,1998 年。
② 沈睿文:《唐宋墓葬神煞考源》,《唐研究》第 18 卷,北京大学出版社,2012 年,第 201—213 页。

大小成正比,且形状多为长方形或方形,腰坑中多有殉人、殉狗或器物。迄今发现较早的、规模较大的一座完整的殷墟大墓——武丁时期的'妇好'墓最具代表性.其墓圹为长方竖井形,墓底偏南有一长方形腰坑,腰坑内埋有一个殉人,殉人下面还有殉狗。战国以后,大多数地区墓葬内已经很少有腰坑了,但是一些地区仍有一定数量的腰坑,在南方地区的某些墓地还比较常见。这时除了极少数墓葬有腰坑殉狗外,在腰坑内随葬器物完全取代了殉狗、殉人的习俗。墓葬腰坑比较集中的地区主要有四个:郑韩故城地区、楚国地区、川滇地区、两广地区①。

四川地区战国时期的墓葬受商周文化因素影响,仍保留着使用腰坑的习俗,直到西汉时期,还有少量墓葬中使用腰坑。如成都市青白江区跃进村西汉墓的5号墓和6号墓均为长方形竖穴土坑墓,在墓坑底各有一腰坑。以5号墓为例,墓坑口长6.1米,宽4.2米,木椁室长5.3米,宽3.3米。在墓坑底西部有一腰坑,长3米,宽1.5米,深0.72米,四壁及坑底均用木板镶、铺而成,形制规整。该墓早年被盗,椁室内仅放置陶井、陶罐、石镜和少量陶俑,其余大部分器物都放在腰坑内②。宋治民先生认为四川战国时期墓葬的腰坑应是源于中原地区(广义)的商周文化因素,但蜀文化墓葬的腰坑有自身的特征:首先,蜀文化墓葬之腰坑均为长方形,形状规整,且规模较大,而不像商代、西周墓葬之腰坑形状多样,规模相对较小;其次,四川发现的腰坑比较考究,腰坑底和四壁镶以木板,口部也以木板为盖;最后,商代墓葬腰坑内置殉狗或殉人,可视为替墓主守卫,而蜀文化墓葬腰坑是用来放置随葬器物,犹如后来的耳室或大型墓的外藏椁。跃进村西汉墓腰坑的设置和埋葬内容应是蜀文化因素的延续③。

二、唐五代和宋代墓葬腰坑

汉代以后直到唐代以前的汉人地区墓葬中基本未见有腰坑的设置,唐代腰坑又重新出现,并沿用到宋代乃至明代。1994年,在河南洛阳北郊邙山南麓龙泉东沟西侧的坡形阶地上,考古工作者发掘了两座唐代刀形单室土洞墓(编号M1038、M1047),相距仅14米,各出土了一件安魂石盒(简报称"墓志")。M1038由墓道、甬道和墓室三部分组成。墓室长2.4米,宽1.8

---

① 参王志友:《东周秦汉时期墓葬中的腰坑浅议》,《秦文化论丛》第十辑,2003年;彭文:《从蜀墓腰坑的设置看巴蜀文化与关中文化的交流》,《西北史地》1995年第2期。
② 成都市文物考古工作队等:《成都市青白江区跃进村汉墓发掘简报》,《文物》1999年第8期。
③ 宋治民:《成都市青白江跃进村西汉墓三题》,《四川文物》2002年第1期。

米,中部凿一边长0.28米,深0.1米的方坑,坑四角各放生肖俑一个,石盒置坑内。M1037石盒出土在靠近墓室东北角处。两墓所出石盒形制相同,分盖和座两部分,盖呈盝顶形,四杀分别刻四神图像。M1038石盒底座四壁线刻十二生肖图像,正面四边各刻两条直线围成框栏,栏内刻星、云纹饰,框栏内刻九宫方格,四隅方格内刻点、线纹饰,东、南、西、北、中五方格分别凿成长2.7米、深2厘米的坑槽,分别放置朱砂、云母、白色水晶、紫色晶体等矿物(图4-9)。盖顶刻楷书五行:"其灵冥冥,以此为极。阳覆阴施,大道之侧。五精变化,安魂之德。子孙获吉,诸殃永息。急急如律令!"①M1037石盒底座不存,仅余盖,盖顶铭文与M1038石盒相同。

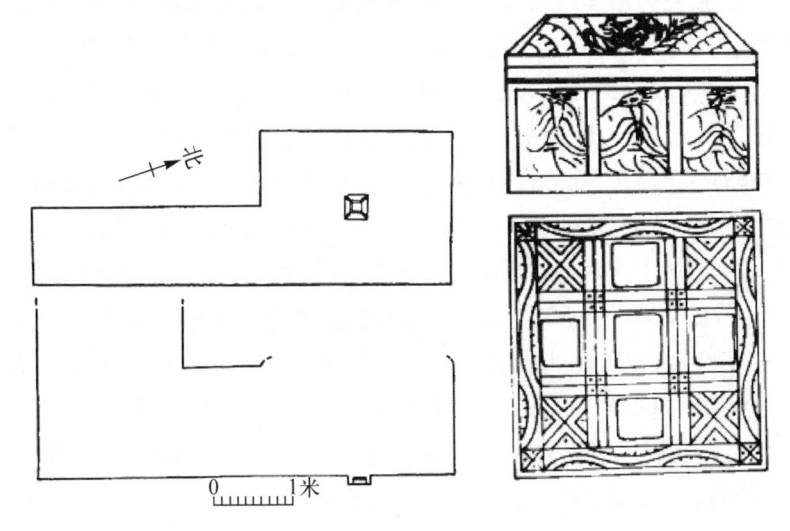

图4-9 洛阳北郊唐墓M1038平剖面图(左)及腰坑内出土石盒(右)

从所刻文字推断,石盒的作用在于安魂,并保佑墓主子孙获得吉祥,免除灾祸。简报推测这两座墓为唐代中期或稍晚的墓葬,张勋燎、白彬认为其时代应在盛唐玄宗年间。据张勋燎、白彬先生考证,此种石盒系道教葬仪用品,属于上清派的遗存。石盒上所凿五方坑槽象征五方之五行,坑中放置五种不同颜色的矿物药材,是五色之五行,五种药物也就是盒盖刻文所提到的"五精"②。

道教的"五精",又称"五精石"或"五石",是由五种矿物原料配成的药物,生人修道用于服食,随葬死人可以辟邪镇墓。腰坑放置的五精石具有解

---

① 洛阳市文物工作队:《洛阳市北郊唐代墓葬的发掘》,《华夏考古》1996年第1期。
② 张勋燎、白彬:《中国道教考古》卷十九《江苏、陕西、河南、川西南朝唐宋墓出土镇墓文石刻之研究》,第1492页。

注镇墓功能，腰坑四角放置的生肖俑也是有镇墓作用的神煞俑，由此可知唐代墓葬的腰坑有放置道教镇墓法物的作用，应是道教醮仪的遗存。和汉代以前四川以及商周时期中原地区墓葬的腰坑相比，唐墓腰坑形制变小，性质和作用已经发生变化，这中间有较长的中断期（或者其间仍存在腰坑葬俗但没有发现或报道），不能贸然认为唐墓腰坑直接继承了汉代以前墓葬腰坑。

唐史思明墓墓室西北部有一直径 1.5 米、深 1.75 米的井状坑，推测是墓葬金井的位置①。墓中出土的文物中，有一件铜牛和一件铜龙，可能与宗教信仰有关。铜牛，站立状，通高 20.5 厘米、长 29.5 厘米。晚唐时期墓中比较常见随葬铁牛、铁猪现象。开元年间集贤学士徐坚欲葬其妻，问兆域之制于宰相张说，张说引僧泓之言以对："墓欲深而狭。深者取其幽，狭者取其固。平地之下一丈二尺为土界，土龙六年而一暴，水龙十二年而一暴。当其隧者，神道不安，故深二丈四尺之下，可设窀穸。……铸铁为牛豕之状像，可以御二龙。"②可见唐人认为在墓葬中放置铁牛、铁猪，能够起到镇墓的作用。

史思明墓所出的铜龙，或可称为金龙，张口，头左斜，蹲坐状，前腿直立，后腿曲踞，尾上卷至腰部，躯干有鳞片，前肢五爪，后肢三爪，通高 16.4 厘米（图 4-10，上左）。类似的龙形器物在 2005 年发掘的洛阳关林唐潞州壶关县令墓（C7M1724）中也有发现。该墓出土通体鎏金铜龙一件，作行走状，头向右，张头吐舌，躯干和四肢有鳞片，三爪，躯干正中有龙鳍延至尾上部，尾尖向上卷起。通长 21.8 厘米、高 12.8 厘米（图 4-10，上右）③。洛阳关林唐墓墓主仅为县令，与曾僭位称帝的史思明身份不可同日而语，两墓都使用了铜龙，说明铜龙可能不是标志身份等级高低的随葬品。

1981 年湖北丹江口市武当山紫霄宫发现一处窨穴，出土了一些重要文物。其中有玉简一枚，长 29 厘米、宽 1.5 厘米；金龙一条，为纯赤足金铸造，蜿蜒三曲，昂首摇尾（图 4-10，下），长 11.5 厘米，重 15 克；另外还有一件玉璧同出。王育成先生考证其为一组较为完整的道教投龙活动的遗物。金龙在投龙活动中起到"金龙驿传"的作用，即充当通往上天的信使④。玉简所刻文字有："今谨有上清大洞玄都，三景弟子湘王……投简灵山……上清大洞经箓法师，臣周恩礼于武当山福地告闻。"可知此金龙玉简与前揭洛阳唐墓所出石盒相同，都属于道教上清派遗物。

---

① 北京市文物研究所：《北京丰台唐史思明墓》，《文物》1991 年第 9 期。
② 《大唐新语》，卷一三《纪异》，中华书局，1984 年，第 195 页。
③ 洛阳市文物工作队：《洛阳关林大道唐墓（C7M1724）发掘简报》，《文物》2007 年第 4 期。
④ 丁安民：《武当山出土文物简介》，《江汉考古》1988 年第 4 期；王育成：《明武当山金龙玉简与道教投龙》，《社会科学战线》1994 年第 3 期。

图4-10 唐史思明墓出土铜龙(上左)、洛阳关林唐墓出土铜龙(上右)和湖北武当山发现的金龙(下)

两座唐代墓葬出土的铜或铜鎏金龙,性质应该也是"金龙"。墓葬中虽然不会举行投龙活动,但可能使用龙充当墓主升天的信使或坐骑。葛洪《抱朴子·内篇》云:"若能乘蹻者,可以周流天下,不拘山河。凡乘蹻道有三法:一曰龙蹻,二曰虎蹻,三曰鹿卢蹻。……思五龙蹻行最远,其余者不过千里也。"[1]又《太上登真三矫灵应经》:"三矫经者,上则龙矫,中则虎矫,下则鹿矫。……大凡学仙之道,用龙矫者,龙能上天入地,穿云入水,不出此术,鬼神莫能测,能助奉道之士,混合杳冥通大道也。……龙矫者,奉道之士,欲游洞天福地,一切邪魔精怪恶物不敢近,每去山川江洞州府,到处自有神祇来朝见。"[2]龙是有助于升仙的神物,墓葬中置金龙也应当有帮助墓主升仙的目的。

史思明墓出土与道教信仰有关的铜龙和铜牛,其"金井"又大概在棺下位置,正是所谓腰坑的位置,推测也是和道教仪式有关的腰坑。或许负责主持仪式的也是上清派道士。

长江三峡的峡江地区发现过一些唐宋墓葬,其中也有带腰坑的墓葬,如奉节宝塔坪墓地发现的2000M1020、2000M1062等几座土坑竖穴墓,墓底有

---

[1] 王明:《抱朴子内篇校释》卷一五《杂应》,中华书局,1985年,第275页。
[2] 《正统道藏》第8册,台湾艺文印书馆影印本,第6018页。

腰坑。还有几座有腰坑的土洞墓①。据推测,峡江地区的唐宋时期的土洞墓是安史之乱以后大量南迁至此的北方移民的墓葬②。如果这一推论成立,那么峡江地区唐墓的腰坑葬俗也有可能是来自中原地区,甚至峡江地区就是腰坑从中原传往四川的中转站。

五代十国时期带腰坑的墓葬有所增加。河北曲阳五代王处直墓后室有砖砌凹字形棺床,高0.3米,棺床中部用土填实夯打,床面用方形石和长方形砖平铺。棺床中央有一腰坑,近方形,边长1～1.1米、深0.3米,腰坑深与棺床高相等③。根据腰坑在棺床中央推测,原来棺椁应该置于腰坑上。腰坑中未见有器物,可能被盗。王处直墓志说他"公乃归私第而习南华,爇奇香而醮北极",显示他晚年信奉道教,其棺床上的腰坑应当也与道教有关。

山西太原晋祠后晋天福二年王氏小娘子墓棺床北侧木棺痕下有一个边长0.4米的正方形腰坑,坑内嵌方形青石墓志一合,表面与棺床铺砖平齐。墓志分上下两石,上石盝顶、方形,四刹刻缠枝牡丹,四周刻缠枝菊花,顶刻志文9行128字。志文首句为《玄堂经·生冢术》:"其灵幽冥,以此为极;阳覆阴施,大道之则;五精变化,□魂之德。子孙兴盛,诸灾永息。"下石正面中心和四边挖5个边长7～9厘米的方格,分别放置无色水晶、紫水晶、(雌)雄黄矿石、朱砂。可知此墓志也是道教五精镇墓法术的遗物④。山西太原北汉太惠妃墓前室石砌棺床中部也有一个腰坑⑤。

东南地区五代十国墓葬带腰坑的较多。扬州邗江县蔡庄杨吴寻阳公主墓前室底铺一层4厘米厚的木板,下垫木楞,近西南角木楞间有砖砌方形小坑,深24厘米,约36厘米见方,内置青釉瓷碗一件。后室后部中间置木棺。后室底用10厘米厚的青石板夹缝横平铺九排,在第六排两块青石板间留有一个金井,长40厘米、宽20厘米、深10厘米,内放木制跪俑一件⑥(图4-11)。1999年在南京南郊铁心桥镇发

图4-11 蔡庄五代墓后室腰坑出土木俑

---

① 王晶:《奉节宝塔坪墓地唐宋墓葬研究》,吉林大学硕士学位论文,第29—33页。
② 王晶:《奉节宝塔坪墓地唐宋墓葬研究》,吉林大学硕士学位论文,第45页。
③ 河北省文物研究所、保定市文管处:《五代王处直墓》,文物出版社,1998年,第13页。
④ 太原市文物考古研究所:《山西太原晋祠后晋墓发掘简报》,《文物》2018年第2期。
⑤ 太原市文物考古研究所:《山西太原青阳河北汉太惠妃墓发掘简报》,《考古与文物》2018年第6期。
⑥ 扬州市博物馆:《江苏邗江蔡庄五代墓清理简报》,《文物》1980年第8期。吴炜、徐心然、汤杰:《新发现之杨吴寻阳长公主墓考辨》,《东南文化》1989年第4—5期。

现的杨吴宣懿皇后墓墓室近中部也发现一个腰坑,长30厘米、宽14厘米、高8厘米,坑内满贮水银,水银上浮有一具木俑,木俑脸朝下作俯伏状①。

南京市尧化门五代墓有前后两个墓室,后室中央有砖棺床,棺床中部有一方形"金井",长0.50米、宽0.40米,其上覆砖一层,已碎裂,其下露出长0.37米、宽0.20米的空穴,底不铺砖。"金井"内发现一些水银,应该是棺内用于防腐的水银流入的遗存,因墓葬已被盗,不知原来放置何种器物②。

南唐先主李昪钦陵后室棺床由六块方形大青石板合成,全长3.80、宽2、厚0.5米,后壁嵌入北壁龛内。床的正中有一长方形小井,从棺床剖面图上看,深度大概为床厚度的三分之一,下不及室底。中主李璟顺陵后室一棺床为四块长方形大青石板合成,中间略靠后也有一长方形小井,深度也不及底③。

吴越国也发现几座有腰坑设置的墓葬。吴越国水邱氏墓后室中部设有砖砌棺床,南宽北窄,长3.58米,宽1.12~1.46米,高出墓底0.14米。棺床用方砖铺面,下层铺长方砖,棺床南端中部设有头坑,上盖方砖一块,盖砖中心凿有一个直径6厘米的半圆小孔④。杭州三台山五代墓(杭M32)后室中部设棺床,高5厘米。棺床下有一长24厘米、宽12厘米、深5厘米的小坑⑤。临安太庙山五代墓(临M22)后室中部设棺床,棺床上也有方形腰坑⑥。

闽国墓葬也发现有腰坑遗迹。福州刘华墓后室用石板砌长方形棺床,棺床正中有一长方形腰坑,长60厘米、宽50厘米、深45厘米,底及周壁用石板铺砌。福建永春五代墓为一座长方形单室券顶砖室墓,墓室正中高出一层砖作为棺床,长2.1米、宽1米,棺床中有腰坑三个,放置镇墓兽和跪拜俑⑦。

由以上介绍可以发现:首先,五代十国时期有腰坑的墓葬在东南地区发现较多,多为大中型墓葬,使用者也多是皇族王室等社会上层人物。其次,腰坑的分布与神怪俑的分布地区比较一致,东南地区的腰坑中也往往发

---

① 邵磊、贺云翱:《南京铁心桥杨吴宣懿皇后墓的考古发掘与初步认识》,《东南文化》2012年第6期。
② 南京市博物馆等:《南京尧化门五代墓清理简报》,载南京博物馆编《南京文物考古新发现》,江苏人民出版社,2006年。
③ 南京博物院:《南唐二陵发掘报告》,文物出版社,1957年,第31、32、36页。
④ 明堂山考古队:《临安县唐水邱氏墓发掘报告》,《浙江省文物考古所学刊》,文物出版社,1981年。
⑤ 浙江省文物考古研究所:《杭州三台山五代墓》,《考古》1984年第11期。
⑥ 浙江省文物管理委员会:《杭州、临安五代墓中的天文图和秘色瓷》,《考古》1975年第3期。
⑦ 晋江地区文管会、永春县文化馆:《福建永春发现五代墓葬》,《文物》1980年第8期。

现神怪俑。

杨华在论及长江三峡地区腰坑葬俗时说："唐宋时期墓葬腰坑都不大,腰坑内多放置陶罐,或者是一件瓷罐,这种情况与三峡西北地区的成都发现的一些宋代腰坑墓资料(腰坑内多放置一件陶罐、瓷罐)情况一样。当时这类陶罐、瓷罐内可能多装有酒水之类,大概是当时人们在修筑墓葬时为祭祀而设置的奠基坑,也可能是祭祀土地神或是山神的。"①笔者也赞同这一观点。唐和五代时期的腰坑或金井位置一般在棺椁下(在棺床上凿坑者也可视为在棺下),其设置的时间应该是在放置棺椁之前。不难想象,在放置棺椁之前,丧家会请道士主持醮仪,以祈求墓穴和棺椁稳固安全,防止鬼怪袭扰墓主。而仪式之后,将有关的法物放入腰坑,这应该就是唐五代腰坑产生的原因和作用。四川彭山县发掘的南宋虞公著夫妇合葬墓,并列两墓室的腰坑内均放置有一个兽首衔环双耳铜瓶,坑的两侧岩石上用铜钱排列有"千秋万岁"的字样,表达了千年万岁墓室稳固的愿望②。腰坑中埋入的器物,有的是五精石,有的是神煞俑,有的是陶瓷容器等,可能与不同时代、不同地区流行的使用不同法器的不同道教派别有关。

中国古代祭祀仪式处理祭物的方法有燎、埋、沉等多种,其中瘞埋祭物产生的遗迹叫"坎",今人则视为"祭祀坑"或者窖藏。祭坎多发现于山中和野外,远离人群聚居区的地方③。唐五代墓葬中的这类腰坑,从举行道教仪式后将器物放置其中的做法来看,似乎也可以视为祭坎的一种,或者说是受到祭坎影响而产生的与道教有关的丧葬设施。

五代以后,使用腰坑的墓葬在四川、湖北等地都有发现。宋代四川地区的砖室墓在墓室的中部底下常常设有腰坑,有的是用素砖砌建,有的是直接挖成的"泥坑"。在腰坑中放置的随葬明器最常见的是双耳或四耳陶罐1至2个,小陶杯4至5个,对称地放置在罐的周围。在小陶杯内有用泥捏成的佛手形或兽形的器物。有的墓葬腰坑中也放置其他器物④。如四川广元发现的一座券顶双室砖墓中,两室的后壁前正中,都各有一个腰坑,呈长方形,可以分为上下两部,坑内各置有朱书地券一方。在地券的四周,散置铜钱多枚,西室的地券上还用铜钱排列成一幅"八卦图"。在坑的下部,各置有金耳

---

① 杨华:《长江三峡地区古代腰坑葬俗的考古研究》,三峡大学学报(人文社会科学版)2005年第1期。
② 四川省文管会、彭山县文化馆:《南宋虞公著夫妇合葬墓》,《考古学报》1985年第3期。
③ 参李零:《入山与出塞》—《写在前面的话·说"祭坛"与"祭祀坑"》,文物出版社,2004年,第17—38页。
④ 参霍巍、黄伟:《四川丧葬文化》,四川人民出版社,1992年,第230—233页。

环一对,装在一个黑釉的双耳陶罐里,罐口用小方石板覆盖起来。腰坑的空隙处,用泥土填实,与墓底相齐平①。武昌卓刀泉第二号宋墓的底部也留有20厘米见方的腰坑②。

四川官渠垵发现的宋代砖室墓中,第10号墓葬的腰坑上放置着两方"压胜石",长宽各37厘米、厚3.5厘米。上面的一方刻有文字"华盖神宫,统摄无穷。五星璇玑,九曜皆同。气禀黔大,风虎云龙。朱雀翱翔,玄武垂从。各降真祥,保佑昌隆。永镇岗穴,南山之松。紫茜远塚,气象昇□。福荫后裔,禄□□□。"文字四周用甲子围成一圈。下面一方石上文字为:"赵公明,字都□,□□□□之中,镇压寿堂之内,□禁□,无土之精。转货为福,改灾为祥。伏乞□祐男生胡□寿堂遐龄,兼附亡室杜氏道喜娘子幽室一所,各引旺气入穴,一枕来岗,永远千福,□外邦于他方,纳吉祥□□□。"文字四周用八卦围绕③。

针对这两方压胜石,霍巍先生等在前揭其著作中认为:"这表明这里所谓的腰坑实际上就是阴阳地理风水师们选定的墓葬'穴位',这反映出当时人们把'墓穴'的取择得当与否是与祖辈儿孙的昌隆兴盛联系在一起考虑的。这种习俗在蜀地的流行,可能与宋代四川道教的兴盛有关。"笔者以为,这种习俗与道教有关是毫无疑问的。但此处的"永镇岗穴"和"各引旺气入穴"之"穴",也可以理解为墓室,即"寿堂""幽室"。因此风水师选定的墓葬"穴位"是腰坑还是墓圹位置还不能肯定。

白沙宋墓一号墓后室棺床中部,留有一个长约10厘米、宽6厘米的扁方形小孔,下通生土。宿白先生曾根据《地理新书》等文献指出:"后室第二层砖床中部所砌方孔,下通生土,疑即'地理家'所谓'穴'之所在。"又指出:"四川华阳所发现北宋墓中之腰坑、河北房山坟庄金墓中之八角井,大约皆是穴之所在。河北易县清西陵诸陵寝地宫金券之内的宝床正中亦有小孔,北京图书馆藏清样式房雷氏旧藏《诸陵图》记其名曰'金井'。"④金井原意指墓圹,唐宋时期一直到明代都是如此,可能直到清代才有了指棺床上孔穴的意思。作为棺床上孔穴的金井,其用意在于接地气,使墓室保持"直通地中,以交流生气"⑤。金井中一般要填入土,以便实现与地气相接。如刘敦桢先生在《易县清西陵》中据各陵工册云:"金券之内设宝床,安置金棺,宝

---

① 四川省博物馆:《四川广元石刻宋墓清理简报》,《文物》1982年第6期。
② 湖北省文管会:《武汉卓刀泉两座南宋墓葬的清理》,《考古》1964年第5期。
③ 四川省文管会:《四川官渠垵唐、宋、明墓清理简报》,《考古通讯》1956年第5期。
④ 宿白:《白沙宋墓》,文物出版社,2002年第二版,第33页,注33。
⑤ 参夏寒:《明代江南地区墓葬研究》,2006年南京大学博士毕业论文,第26—28页。

床中央有金井一处,大葬时,将初掘之土,填入井内。"①

虽然唐五代时期墓葬中的腰坑在形制上有类似后来金井之处,但笔者以为,二者仍是不同性质的设施。首先,在形制上,腰坑一般较大,里面可以放置特定的器物;而金井一般尺寸不大,如白沙宋墓一号墓棺床上的方孔长16厘米、宽6厘米,基本上无法容纳器物。其次,在深度上,腰坑未必都达到生土,如南唐二陵棺床上的腰坑深度都小于棺床厚度,下不及墓底;而金井为了下接地气,要求深达墓底。最后,从数量和位置上看,腰坑并非都在棺床上,不是一座墓中只有一个,如杨吴寻阳公主墓除了后室的腰坑外,前室近西南角还有一个砖砌方形小坑,而福建永春五代墓棺床上则有腰坑三个;而金井则应在棺床上,且只有一个。实际上,腰坑和金井后来可能是两种并行不悖的墓葬设施,明代墓葬中有接引地气的金井,放置道教物品的腰坑仍然没有消失。三峡地区明代墓葬的腰坑中多放置契砖,腰坑一般是根据契砖的大小而定,仅能容下契砖。契砖上绘有"八卦图案"和"亡人安□(息)"等文字。另据对庙坪墓地同时发掘出的20座墓葬中出土18方契砖的文字分析,其内容多为与道教有关的八卦图、道符及亡灵与山神的合同等,目的是企盼死者安乐富贵。另外也可能有在墓葬的腰坑内放置陶罐或瓷罐的现象②。

第四节　后周太祖陵墓制度与政治宣传

五代十国帝王陵墓,处于唐宋陵寝制度变革的过渡期,对研究唐宋陵寝制度的演变有重要意义。作为礼制的一部分,陵寝制度的变化反映了特定的政治需要。后周太祖郭威临终前曾亲自设计自己的陵寝制度,并屡次嘱托晋王柴荣据以修建陵墓,不得违背。一国之君临终前所托,必然是极端重要之事。周太祖郭威对其陵墓的安排,应有深刻的原因。联系郭威本人的经历和后周王朝面临的政治形势,仔细分析郭威遗言的内容,我们认为,他对陵寝制度的设计除了贯彻其薄葬思想,纪念其丰功伟绩的目的之外,更与后周王朝的政治宣传有密切关系。本节将从分析嵩陵陵寝制度的渊源出发,逐渐揭示其背后的政治内涵。

---

① 刘敦桢:《易县清西陵》,《中国营造学社汇刊》5卷3期,转引自宿白:《白沙宋墓》,第18页。
② 杨华:《长江三峡地区古代腰坑葬俗的考古研究》,三峡大学学报(人文社会科学版)2005年第1期。

一、嵩陵立"石记子"渊源及薄葬原因

关于后周太祖嵩陵陵寝制度的记载,主要见于《旧五代史》卷一一三《周太祖本纪》:

> 帝自郊禋后,其疾乍瘳乍剧,晋王省侍,不离左右。累谕晋王曰:"我若不起此疾,汝即速治山陵,不得久留殿内。陵所务从俭素,应缘山陵役力人匠,并须和雇,不计近远,不得差配百姓。陵寝不须用石柱,费人工,只以砖代之。用瓦棺纸衣。临入陵之时,召近税户三十家为陵户,下事前揭开瓦棺,遍视过陵内,切不得伤他人命。勿修下宫,不要守陵宫人,亦不得用石人石兽,只立一石记子,镌字云:'大周天子临晏驾,与嗣帝约,缘平生好俭素,只令着瓦棺纸衣葬。'若违此言,阴灵不相助。"又言:"朕攻收河府时,见李家十八帝陵园,广费钱物人力,并遭开发。汝不闻汉文帝俭素,葬在霸陵原,至今见在。如每年寒食无事时,即仰量事差人洒扫,如无人去,只遥祭。兼仰于河府、魏府各葬一副剑甲,澶州葬通天冠、绛纱袍,东京葬一副平天冠、衮龙服。千万千万,莫忘朕言。"①

该条内容亦略见于《资治通鉴》卷二九一《后周纪二》:

> 帝屡戒晋王曰:"昔吾西征,见唐十八陵无不发掘者,此无他,惟多藏金玉故也。我死,当衣以纸衣,敛以瓦棺;速营葬,勿久留宫中;圹中无用石,以甓代之;工人役徒皆和雇,勿以烦民;葬毕,募近陵民三十户,蠲其杂徭,使之守视;勿修下宫,勿置守陵宫人,勿作石羊、虎、人、马,惟刻石置陵前云:'周天子平生好俭约,遗令用纸衣、瓦棺,嗣天子不敢违也'。汝或吾违,吾不福汝。"又曰:"李洪义当与节钺,魏仁浦勿使离枢密院。"②

郭威死后,于显德元年(954)四月乙巳葬于嵩陵,按其遗令,嵩陵的地下玄宫以砖室代替石室,地上不修下宫③、不设石像生,惟在陵前立一"石记

---

① 《旧五代史》卷一一三《周书四·太祖纪四》,中华书局,1976年,第1503—1504页。
② 《资治通鉴》卷二九一,中华书局,1956年,第9500页。
③ "下宫",亦称"寝宫",是供守陵官员和日常侍奉人员居住的地方。唐代帝陵从昭陵以后,下宫一般建在陵园内城外的西南。参秦浩《隋唐考古》;南京大学出版社,1992年,第88页。

子"。"石记子",即刻文记事的石刻,应是对石碑的俗称。中古以前的器物名词,一般用单字,如"箸""案""几"等,而唐宋以后器物名词多有带一个词尾"子"字者,如"桌子""照子"①,"石记子"也属此类。然而此"石记子"与刻写记载墓主生平经历和歌功颂德文字的普通墓碑不同,仅镌字云:"大周天子临晏驾,与嗣帝约,缘平生好俭素,只令著瓦棺纸衣葬。"两种史料所载虽略有差异,但基本内容都是说明周天子与嗣帝约定,只以瓦棺纸衣葬入陵内。这种不刻墓主生平,却记墓内物品的石碑,并非孤例,唐太宗为长孙皇后所制《唐昭陵刻石文》碑就是一例。

贞观八年(634),长孙皇后从幸九成宫,染病不愈,将大渐,与太宗辞决,言:"……妾生既无益于时,今死不可厚费。且葬者藏也,欲人之不见。自古圣贤,皆崇俭薄,惟无道之世,大起山陵,劳费天下,为有识者笑。但请因山而葬,不须起坟,无用棺椁,所须器服,皆以木瓦,俭薄送终,则是不忘妾也。"②贞观十年(636)六月己卯,长孙皇后崩于立政殿,十一月庚寅,葬于昭陵。

长孙皇后葬后,唐太宗写了一篇纪念文字,令欧阳询书丹,刻为石碑,一般称为《唐昭陵刻石文》碑(或称《长孙皇后碑》《文德皇后碑》)③。此碑文原载于《太宗实录》,《太宗实录》已佚,碑文佚文又载《资治通鉴》及后世金石著作中。《资治通鉴》卷一九四《唐纪十》"太宗贞观十年"载:

> 冬,十一月,庚午④,葬文德皇后于昭陵。……帝复为文刻之石⑤,称"皇后节俭,遗言薄葬,以为'盗贼之心,止求珍货,既无珍货,复何所求。'朕之本志,亦复如此。王者以天下为家,何必物在陵中,乃为己有。今因九嵕山为陵,凿石之工才百余人,数十日而毕。不藏金玉、人马、器皿,皆用土木,形具而已。庶几奸盗息心,存没无累。当使百世子孙奉以为法。"⑥

《唐昭陵刻石文》又载于宋赵明诚《金石录》卷二三:

---

① 参孔德玉:《词尾"子"的产生、发展与成熟》,《语文学刊》2009年第3期。
② 《旧唐书》卷五一《后妃上》,中华书局,1975年标点本,第2166页。
③ 《新唐书》卷七六《后妃上》载,葬文德皇后于昭陵后,"帝自著表序始末,揭陵左"。(北京,中华书局,1975年标点本,第3472页)此陵左之"表"当即是《昭陵刻石文》。
④ "庚午",《旧唐书》卷三《太宗纪下》(第46页)、卷五一《后妃传上》(第2166页)及《新唐书》卷二《太宗纪》(第36页),皆作"庚寅"。当以"庚寅"为是。
⑤ 太宗所"为"者,是"文",非"石",此句当断作"帝复为文,刻之石"。唐太宗喜亲为祭文,如《新唐书》卷九五《高俭传》载:"方寒食,敕尚宫以食四舆往祭,帝亲为文。"(第3841页)
⑥ 《资治通鉴》卷一九四,第6122—6123页。

右《唐昭陵刻石文》。太宗为文德皇后立,欧阳询书。其文具载于《太宗实录》。今石刻已摩灭,故时颇罕传,其略可见者,有云:"无金玉之宝,玩用之物,木马寓人,有形而已。欲使盗贼息心,存亡无异。"又云:"俯视汉家诸陵,犹如蚁垤,皆被穿窬。今营此陵,制度卑狭,用功省少,望与天地相毕,永无后患。"其言非不丁宁切至也,然竟不能免温韬之祸。太宗英武聪明,过人甚远,而于此眷眷不忘,何哉?以此知死生之际能超然无累者,贤哲之所难也。又云:"国家府藏,皆在目前,与在陵内何异。"其词尤陋,得无为后世达士所笑乎!①

赵明诚亲见《唐昭陵刻石文》残石,《金石录》所载内容与《资治通鉴》所载也大致相同,可知《资治通鉴》所载这段史料的确是源自《太宗实录》收录的《唐昭陵刻石文》。《唐昭陵刻石文》碑长期以来被认为已经不存于世,而在2002年,考古工作者发现昭陵北司马门明代祭陵碑的碑榫刻有"率更令臣欧阳询奉"八字,认为此碑由《唐昭陵刻石文》碑改制而成②。如果属实,则说明《唐昭陵刻石文》碑是立于昭陵北司马门内的。

《唐昭陵刻石文》不叙述皇后家世,不宣扬皇后淑德,而是叙述昭陵营建始末,强调皇后遗言薄葬,陵内不藏金玉,随葬品都是徒具其形的土木器物,希望奸盗息心,陵墓安全。从形式上看和后周太祖郭威嵩陵前所立石记子刻文相似。前者说长孙皇后遗言薄葬,只随葬土木的人马、器皿;后者言周天子有约,仅用瓦棺纸衣随葬。嵩陵立"石记子"的做法应该是效仿了昭陵立《唐昭陵刻石文》碑之举。

《唐昭陵刻石文》碑在有唐一代自然会得到较好的保护,五代时唐陵多被温韬盗掘③,但盗墓者的目标是金银珠玉,没必要故意损毁地面石刻,后唐还以继承唐代正统自居,对唐陵加以保护④,因此五代时此碑应仍在陵前。郭威言"朕攻收河府时,见李家十八帝陵园,广费钱物人力,并遭开发",似乎暗示他曾经亲见关中唐陵,那么是否他曾见过《唐昭陵刻石文》碑呢?

---

① (宋)赵明诚撰,金文明校证:《金石录校证》,上海书画出版社,1985年,第423—424页。
② 李昊阳主编,胡元超编著:《昭陵文史宝典》,三秦出版社,2006年,第10页。
③ 《新五代史》卷四〇《温韬传》(中华书局1974年标点本,第441页)载,后梁时温韬任静胜军节度使,"韬在镇七年,唐诸陵在其境内者,悉发掘之,取其所藏金宝,而昭陵最固,韬从埏埏道下,见宫室制度闳丽,不异人间,中为正寝,东西厢列石床,床上石函中为铁匣,悉藏前世图书,钟、王笔迹,纸墨如新,韬悉取之,遂传人间,惟乾陵风雨不可发"。
④ 《旧五代史》卷三二《唐书十五·庄宗纪六》(第449页):"(六月)丙戌,诏曰:'关内诸陵,顷因丧乱,例遭穿穴,多未掩修。其下宫殿宇法物等,各令奉陵州府据所管陵园制制,仍四时各依旧例荐飨。每陵仰差近陵百姓二十户充陵户,以备洒扫。其寿陵等一十陵,亦一例修掩,量置陵户。'"

后汉隐帝乾祐元年(948),河中、永兴、凤翔三镇相继叛乱。其年三月,护国军节度使李守贞反,陷潼关;四月壬午,永兴军将赵思绾叛附于李守贞;七月乙亥,凤翔巡检使王景崇叛附于李守贞。郭威于当年八月出征,乾祐二年七月甲子,克河中,平定叛乱。考郭威行程,乾祐元年八月壬午受命出征,自陕州,会同白文珂、常思三道攻河中。郭威担心李守贞突围,故一直亲自在河中指挥。十二月,后蜀出兵救凤翔,后汉将领赵晖告急,郭威亲往援助,西行至华州,闻蜀兵食尽引去,立即返回河中。乾祐二年正月己酉,至河中。此后郭威就一直在河中前线,直至七月攻克河中,八月返回东京①。

如果郭威在"攻收河府时"曾亲见唐陵,最近的路线应是从华州返回河中的途中向北绕道同州。同州奉先县自西而东有唐睿宗桥陵、宪宗景陵、穆宗光陵、玄宗泰陵。但戎马倥偬之际,郭威心系河中战事,不可能向北绕道同州,更不可能向西到乾州的昭陵。如果郭威曾经亲访唐陵,这种大事,史书应当不会漏载,因此他可能根本没有去过唐陵。温韬盗掘唐陵之事,在五代广为人知。郭威应是在关中行军时听到唐陵被盗及唐太宗立《唐昭陵刻石文》碑的掌故,深有感触,因此后来在临终之际,遗令薄葬,仅在陵前立"石记子"。

从郭威对柴荣的嘱托中不难看出他对自己陵墓安全的担忧。他认为"唐十八陵无不发掘者,此无他,惟多藏金玉故也",也就是说《唐昭陵刻石文》碑所宣称的"薄葬""不藏金玉"都是虚言。可能因为昭陵北司马门外尚有昭陵六骏、蕃酋像、门阙等诸多宏伟壮丽的石刻和建筑,才导致盗墓者根本不相信碑文所言。郭威吸取了教训,不但在石记子上明言"遗令用纸衣、瓦棺",而且要求"勿修下宫,不要守陵宫人,亦不得用石人石兽",真正做出薄葬的样子,以防后人为求财而盗掘。根据考古调查资料,嵩陵前的确没有发现"石人石兽"②。

唐十八陵遍遭发掘的刺激,可能是郭威遗令薄葬的主要原因,而当时的军事形势对他的决定也产生了影响。郭威去世前后,后周在北方仍然面临契丹和北汉的威胁,要防止契丹和北汉乘国丧之机入侵,只能速治山陵。《资治通鉴》卷二九一《后周纪二》,"太祖显德元年"(954)载:"北汉主闻太祖晏驾,甚喜,谋大举入寇,遣使请兵于契丹。"同年四月"乙卯,葬圣神恭肃文武孝皇帝于嵩陵。"胡注:"三月乙酉,梓宫赴山陵,四月乙卯方葬,与北汉

---

① 《新五代史》卷一〇《汉本纪》,中华书局,1974年标点本,第103—105页。
② 新郑县文化馆:《新郑县后周皇陵》,《河南文博通讯》1979年第4期。

交兵,葬备多阙,故缓。"①在如此紧张的局势下,自然不可能厚葬。

郭威遗令薄葬,除了有陵墓安全和军事形势方面的考虑外,也体现了他爱惜民力,以天下为家的胸襟。他效仿以简素闻名的汉文帝,遗令"陵所务从俭素,应缘山陵役力人匠,并须和雇,不计近远,不得差配百姓"。在战事频仍、民力凋敝之时,这一措施有宣扬仁政、收揽民心的作用。

二、民间葬俗对嵩陵的影响

郭威遗令:"兼仰于河府、魏府各葬一副剑甲,澶州葬通天冠、绛纱袍,东京葬一副平天冠、衮龙服。"即除了位于今河南省新郑市的嵩陵外,又令在四处分别葬剑甲、冠服。以死者的冠服代替尸体的墓葬,称为"衣冠冢",此四处分别埋葬剑甲、衣冠之所,我们权且称为"剑甲衣冠冢"。周太祖设置衣冠陵是别出心裁,欧阳修也说"莫能原其旨也"②。

关于这几处剑甲衣冠冢,宋人程大昌《考古编》卷九"周太祖葬剑甲衮冕"条也有记载:

> 欧阳公《五代史》论郭周太祖遗命葬剑、甲各一于河中、大名,葬衮、冕各一于河东、澶州,以为不知其指。予读《世宗实录》,具载太祖遗语。盖尝曰:"按行爽垲,深坎于下,各封土为陵,量立城阙。"既曰各矣,则不止一处,意在设疑以周盗耳。盗见其封土立阙,则必穿发,若一处无得,则他处不更觊望。此太祖意,而史或不察也。以是知史文盖不厌于详也。然周祖此智,竟可疑人乎? 汉诸陵皆发,惟霸陵生以德,葬以俭,初独得免,久亦不能全也。张释之所谓使其中无可欲,虽无石椁,又何戚焉者,确论也。③

郭威死时,河东尚属北汉,程大昌所谓"葬衮、冕各一于河东、澶州"之"河东"当为"东京"之误。《世宗实录》已佚,其部分内容保存于《旧五代史》,但今本《旧五代史》中不见程大昌所引的内容。程氏既曰曾读《世宗实录》,其所述太祖遗语当可信。所谓"按行爽垲,深坎于下,各封土为陵,量立城阙",是要求将剑甲衣冠分别深埋于高爽干燥之地,并于其上夯筑封土,在周围修建墙垣门阙。这实际上是修建了四处陵园。对于郭威葬剑甲衮冕之

---

① 《资治通鉴》卷二九一,第9501、9509页。
② (宋)欧阳修:《新五代史》卷四〇,中华书局,1974年,第442页。
③ (宋)程大昌:《考古编》卷九,影印文渊阁四库全书本,台湾商务印书馆,第852册,第54页。

举，相去未远的欧阳修已经不明其意。至于程氏提出的剑甲衣冠冢是为防盗所设的疑冢之说，不过是世俗臆测，不值得取信。

衣冠冢的产生，和招魂葬俗有关。招魂葬，谓人死而不得其尸，招其魂而葬。顾炎武《日知录》卷一五"墓祭"条曰："招魂之葬，于古未闻。《三辅黄图》言：'汉太上皇陵在栎阳北原，在东者太上皇，在西者昭灵后。'则疑其始于此矣。"①《后汉书·虞延传》"高帝母昭灵后园陵在焉"下李贤等注引《陈留风俗传》载："沛公起兵野战，丧皇妣于黄乡。天下平，乃使使者梓宫招魂幽野，有丹蛇在水，自洗濯，入于梓宫，其浴处仍有遗发，故谥曰昭灵夫人。因作园陵、寝殿、司马门、钟簴、卫守。"②汉昭灵后陵是已知最早的招魂葬例。

东汉至五代时期，招魂葬一直存在。《后汉书》卷一五《邓晨传》载："二十五年卒，诏遣中谒者备公主官属礼仪，招迎新野主魂，与晨合葬于北邙。"③《晋书》卷八三《袁瓌传》："时东海王越尸既为石勒所焚，妃裴氏求招魂葬越，朝廷疑之。瓌与博士傅纯议，以为招魂葬是谓埋神，不可从也。帝然之，虽许裴氏招魂葬越，遂下诏禁之。"④东晋时招魂葬虽然因不合礼法而被禁止，但民间的招魂葬行为未必能够完全杜绝。唐代的招魂葬非常流行，其原因有"归葬习俗""战乱""异地任官制度"等⑤。五代后晋魏博镇将王清战死后，其子于"本邑义化别业，招魂以葬之也"⑥。

古人认为死者的魂会附在其衣服上，因此通常以死者生前所穿的衣服招魂。凶礼中有"复"的仪式，即是招魂。《通典》卷一三八《凶礼五》"三品以上丧"载："复于正寝。复者三人，皆常服，以死者之上服左荷之，升自前雷，当屋履危，北面西上。左执领，右执腰，招以左。每招，长声呼'某复'。三呼而止，以衣投前，承之以篚，升自阼阶，入以覆尸。"⑦这是将招到魂的衣服覆盖在死者身体上，冀其魂返回身体。

招魂葬一般用死者的衣物招魂。如唐中宗和思皇后赵氏，在中宗为英王时被纳为妃，后因罪幽死于内侍省。神龙元年，赠谥为恭皇后。及中宗

---

① （清）顾炎武撰，黄汝成集释，栾保群、吕宗力校点：《日知录集释》，上海古籍出版社，2006年，第874页。
② 《后汉书》卷三三《虞延传》，中华书局，1965年，第1152页。
③ 《后汉书》，第584页。
④ 《晋书》，中华书局，1974年，第2166页。
⑤ 朱松林：《试述中古时期的招魂葬俗》，《上海师范大学学报》（哲学社会科学版），2002年第3期。
⑥ 《旧五代史》卷九五《王清传》，第1262页。
⑦ 《通典》，中华书局，1988年，第3508页。

崩,将葬于定陵,议者以韦后得罪,不宜祔葬,于是追谥赵后为和思,莫知瘗所,行招魂祔葬之礼。太常博士彭景直上言:"古无招魂葬之礼,不可备棺椁,置辒辌。宜据《汉书·郊祀志》葬黄帝衣冠于桥山故事,以皇后袆衣于陵所寝宫招魂,置衣于魂舆,以太牢告祭,迁衣于寝宫,舒于御榻之右,覆以夷衾而祔葬焉。"①郭威葬衣冠的做法,可能受到了这种招魂葬俗的影响。至于葬剑甲,应该与葬衣冠有相同的原理和作用。郭威葬剑甲衣冠又与招魂葬不尽相同:招魂葬是在没有死者尸骨的情况下的无奈之举;而郭威尸身完好地葬于嵩陵,却又同时在四处分葬剑甲衣冠。

天子礼仪本来最能代表一朝礼制,其制定、执行,都出自当朝最精通礼学的学者,然而五代时期礼仪制度崩坏,即使天子礼仪也显得粗鄙不堪,并且由于统治者族属的关系(后唐、后晋、后汉建立者皆为沙陀人),使用了不少夷礼,遭到后世的鄙夷。《新五代史》卷九《晋本纪》载:"(天福)七年六月乙丑,高祖崩,皇帝即位于柩前。庚午,使右骁卫将军石德超以御马二,扑祭于相州之西山。(徐无党注:夷狄礼也。)""(天福八年春二月)庚午,寒食,望祭显陵于南庄,焚御衣、纸钱。(徐无党注:焚衣野祭之类,皆闾巷人之事也,用之天子,见礼乐甚坏。)"②欧阳修评论道:"五代,干戈贼乱之世也,礼乐崩坏,三纲五常之道绝,而先王之制度文章扫地而尽于是矣!如寒食野祭而焚纸钱,天子而为闾阎鄙俚之事者多矣!"③欧阳修此论虽是因后晋礼制而发,但郭威也曾遗令"如每年寒食无事时,即仰量事差人洒扫",因此这一批评显然也适用于后周。

五代天子均出自沙陀或汉族军人,其丧礼容易受到夷礼和民间葬俗的影响。郭威本是邢州尧山(今河北隆尧)人,三岁时随父母徙居太原,不久父母双亡,为姨母韩氏收养。后梁龙德二年(922),潞州留后李继韬叛晋降梁,散财招兵,郭威应募,选为牙兵,开始军旅生涯。郭威受到招魂葬俗的影响,营造四处剑甲衣冠冢,也与其本人出身民间有关。

三、剑甲衣冠冢与后周的政治宣传

郭威遗言先说"如每年寒食无事时,即仰量事差人洒扫,如无人去,只遥祭",又说"兼仰于河府、魏府各葬一副剑甲,澶州葬通天冠、绛纱袍,东京葬一副平天冠、衮龙服"。显然,寒食洒扫或遥祭的对象只是嵩陵,并不包括四

---

① 《旧唐书》卷五一《后妃上》,第2171页。
② 《新五代史》卷九,第89—91页。
③ 《新五代史》卷一七《晋家人传》,第188页。

处剑甲衣冠冢,也就是说,剑甲衣冠冢并没有起到备神魂依止的作用。《史记·孝武本纪》曰:"黄帝以仙上天,群臣葬其衣冠。"①从黄帝升天的传说来看,衣冠冢很大程度上具有纪念意义,郭威的四处剑甲衣冠冢,也有类似的纪念性质。郭威选择剑甲衣冠冢的地点和各地所葬之物的不同,都值得注意。他选择的四处地方,不但战略地位重要,而且在他一生中也有纪念意义。

河府,即河中府,治今山西省永济县,隔黄河与关中相望,处于关中、河东、河南三地之间。后汉时河中府是护国军节度使治所。汉隐帝乾祐元年三月,护国军节度使李守贞反,永兴、凤翔二镇也相继叛乱。隐帝拜郭威同中书门下平章事,使西督诸将平叛。叛乱平定后,郭威加检校太师兼侍中。《旧五代史·周太祖纪》引《五代史补》曰:"及河中、凤翔、永兴等处反,诏命高祖征之,一举而三镇瓦解。自是权倾天下。"②平叛河中,可以说是郭威一生功业重要的转折点。

《资治通鉴》卷二八六《后汉纪一》"高祖天福十二年(947)"载:"契丹主闻帝(刘知远)即位,以通事耿崇美为昭义节度使,高唐英为彰德节度使,崔廷勋为河阳节度使,以控扼要害。"胡注曰:"昭义军,潞州;彰德军,相州;河阳军,孟州。帝自太原西南出兵,潞州,兵冲也;自潞州东下壶关,则至相州;南下太行,则至孟州;故皆命将控扼。"③后周时,太原尚有北汉刘崇。郭威最担心的敌人,仍然是契丹和北汉。后周防北汉南下,与占领东京的契丹主耶律德光防刘知远南下的形势一样,其防备的诸要害在于从晋阳南下,至潞州、泽州、孟州、渡河至洛阳,东向大梁一线,或自壶关东出相州再南下至大梁一线。河中府就防备北汉而言,不及以上诸城重要。因此,郭威对河中的重视,主要不是因为其战略地位,而是因为自己曾因河中平叛之役获得了崇高的权力和威望。

魏府,即大名府。《新五代史·职方考》云:"魏州,唐故曰大名府,置天雄军,五代皆因之。后唐建邺都,晋、汉因之,至周罢。大名府,后唐曰兴唐,晋曰广晋,汉、周复曰大名。"④《新五代史·周太祖本纪》:"(乾祐三年,950)四月,拜威邺都留守、天雄军节度使,仍以枢密使之镇……诏河北诸州皆听威节度。"⑤由此,郭威以魏府为基地,掌握了河北诸州的军政大权。郭

---

① 《史记》卷一二《孝武本纪》,北京,中华书局,1959年标点本,第473页。
② 《旧五代史》卷一一三《周太祖纪》,第1504页。
③ 《资治通鉴》卷二八六,第9342页。
④ 《新五代史》卷六〇《职方考》,第738页。
⑤ 《新五代史》卷一一,第111页。

威倒汉之役,也是从魏府发动的。《新五代史·周太祖本纪》载:

> 隐帝与李业等谋,已杀史弘肇等,诏镇宁军节度使李弘义杀侍卫步军指挥使王殷于澶州,又诏侍卫马军指挥使郭崇杀威及宣徽使王峻于魏。诏书先至澶州,弘义恐事不果,反以诏书示殷,殷与弘义遣人告威。已而诏杀威、峻使者亦驰骑至,威匿诏书,召枢密使院吏魏仁浦谋于卧内。仁浦劝威反,教威倒用留守印,更为诏书,诏威诛诸将校以激怒之,将校皆愤然效用。①

《旧五代史》卷一一三《周太祖本纪》曰:

> 史臣曰:"周太祖昔在初潜,未闻多誉,洎西平蒲阪,北镇邺台,有统御之劳,显英伟之量。旋属汉道斯季,天命有归。总虎旅以荡神京,不无惭愧;揽龙图而登帝位,遂阐皇风。期月而弊政皆除,逾岁而群情大服,何迁善之如是,盖应变以无穷者也。"

西平蒲阪(河府)、北镇邺都(魏府),是奠定郭威地位的关键两步,也是他帝业的开端。以自身建立的功业证明政权的合法性,是秦汉以来开国君主的一贯做法。郭威功业的起点是平河中等三镇叛乱,郭威镇邺,分后汉半壁江山,又为其建立霸业的标志。河府和魏府都是用兵之地,郭威在这两地增强了军事力量,打下了取代后汉的基础。剑甲,是兵权和武力的象征,郭威令在两地各葬一副剑甲,当有纪念武功,宣示政权合法性之意。

澶州,故属天雄军,后晋天福九年(944)置镇宁军。澶州在河北,本就归郭威节度。前揭汉隐帝诏李弘义杀王殷于澶州,二人反而向郭威告密,也说明郭威对澶州有强大的影响力。澶州不仅在军事地理上扼黄河津渡,在郭威建立帝业的过程中也起到了举足轻重作用。乾祐三年十一月,郭威举兵渡河,打败后汉军队,进入京师。此前,汉隐帝已经被郭允明所弑。郭威朝见太后,请立武宁军节度使刘赟为嗣君。十二月,郭威以北伐契丹为名率军离京,至澶州黄袍加身后,回师京城夺取政权,广顺元年(951)正月即帝位。《旧五代史》卷一一〇《周太祖纪》详载澶州之事:

> 十六日,至澶州。是日旭旦,日边有紫气来,当帝之马首。十九日,

---

① 《新五代史》卷一一,第111页。

下令诸军进发。二十日,诸军将士大噪趋驿,如墙而进,帝闭门拒之。军士登墙越屋而入,请帝为天子。乱军山积,登阶匝陛,扶抱拥迫,或有裂黄旗以被帝体,以代赭袍,山呼震地……二十五日,帝至七里店,群臣谒见,遂营于皋门村。

……广顺元年春正月丁卯……帝自皋门入大内,御崇元殿,即皇帝位①。

郭威遗令在澶州葬通天冠、绛纱袍,在东京葬平天冠、衮龙服,所葬冠服不同,寓意也不同。"通天冠"是皇帝戴的一种冠。《续汉书·舆服志下》:"通天冠,高九寸,正竖,顶少邪却,乃直下为铁卷梁,前有山、展筩为述,乘舆所常服。"②"绛纱袍"是深红色纱袍,常与通天冠相配,作为皇帝朝服。《隋书·礼仪志六》:"又有通天冠,高九寸,前加金博山、述,黑介帻,绛纱袍,皁缘中衣,黑舄,是为朝服。元正贺毕,还储更衣,出所服也。"③《资治通鉴》卷二八六《后汉纪一》"高祖天福十二年"载:"二月,丁巳朔,契丹主服通天冠、绛纱袍,登正殿,设乐悬,仪卫于庭。百官朝贺,华人皆法服,胡人仍胡服,立于文武班中间。"④契丹主耶律德光入大梁,欲为华人之主,故也着通天冠、绛纱袍相配的皇帝朝服。

"平天冠"是对天子之"冕"的俗称。《续汉书·舆服志下》:"冕皆广七寸,长尺二寸,前圆后方,朱绿里,玄上,前垂四寸,后垂三寸,系白玉珠为十二旒,以其绶采色为组缨。三公诸侯七旒,青玉为珠;卿大夫五旒,黑玉为珠。皆有前无后,各以其绶采色为组缨,旁垂黈纩。郊天地,宗祀,明堂,则冠之。"刘昭注引蔡邕曰:"鄙人不识,谓之平天冠。"⑤宋人洪迈《容斋三笔》卷二"平天冠"条也说:"祭服之冕,自天子至于下士执事者皆服之,特以梁数及旒之多少为别。俗呼为平天冠,盖指言至尊乃得用。"⑥

平天冠与衮龙袍相配,称为衮冕,为祭祀时的吉服。《周礼·春官·司服》:"王之吉服,祀昊天上帝,则服大裘而冕,祀五帝亦如之,享先王则衮冕。"⑦《国语·周语中》:"弃衮冕而南冠以出,不亦简彝乎。"韦昭注:"衮,

---

① 《旧五代史》卷一一〇《周太祖纪一》,第1455—1457页。
② 《续汉书·舆服志下》,中华书局,1965年标点本,第3665页。
③ 《隋书》卷一一《礼仪志六》,中华书局,1973年标点本,第215页。
④ 《资治通鉴》,第9338页。
⑤ 《续汉书·舆服志下》,第3663—3664页。
⑥ (宋)洪迈撰,孔凡礼点校:《容斋三笔》,中华书局,2005年,第443页。
⑦ 《周礼注疏》卷二一,中华书局1980年影印阮元校刻十三经注疏本,第781页,中栏。

衮龙之衣也。冕，大冠也。公之盛服也。"①

通天冠配绛纱袍是天子朝服，平天冠配衮龙服是天子祭服，分别与澶州和东京的地位相对应。郭威在澶州受军队拥戴，"或有裂黄旗以被帝体，以代赭袍"。赭色为黄中带红的赤褐色，黄旗代替的是皇帝所服的象征皇权的赭袍，黄袍加身标志着郭威明确开始争夺国家政权。天子朝服是国家权力的象征，郭威遗令在澶州葬一副朝服，正是为了纪念他建立后周的功绩，也表明了他取得政权是战士拥戴的结果，因而具有合法性。

东京开封，在除后唐之外的五代大部分时期，都是国家首都和朝廷所在地，但太庙和南郊祭祀设施却一直在洛阳，因此造成了首都"神圣"和"世俗"功能的分离状态。直到后周广顺三年(953)，郭威将太庙神主移至开封，并在开封修建包括圜丘和社稷坛在内的各种礼制建筑，才结束了这种分离状态②。《资治通鉴》卷二九一《后周纪二》："(广顺三年九月)帝自入秋得风痹疾，害于食饮及步趋，术者言宜散财以禳之。帝欲祀南郊，又以自梁以来，郊祀常在洛阳，疑之。执政曰：'天子所都则可以祀百神，何必洛阳！'于是，始筑圜丘、社稷坛，作太庙于大梁。癸亥，遣冯道迎太庙社稷神主于洛阳。"③将太庙、圜丘等祭祀设施从洛阳移至开封，直接原因是郭威因患风痹不能到洛阳祭祀，其结果则使开封成为合神圣性和世俗性功能为一的名副其实的首都，回归到了汉唐礼制的正途。

享太庙、祀圜丘，是宣示皇权来自于天、证明王朝合法性和正统性的重要仪式，郭威对此非常重视，虽然身染重病，仍坚持参与。《资治通鉴》卷二九一《后周纪二》："(广顺三年十二月)乙亥，帝朝享太庙，被衮冕，左右掖以登阶，才及一室，酌献，俛首不能拜而退，命晋王荣终礼。是夕，宿南郊，疾尤剧，几不救，夜分小愈。""显德元年，春，正月，丙子朔，帝祀圜丘，仅能瞻仰致敬而已，进爵奠币皆有司代之。"④郭威在祭祀仪式中所服衮冕，就是平天冠配衮龙服的天子祭服。国家政治中心和祭祀中心合并于东京，是后周乃至五代时期的一件大事，郭威在东京葬一副平天冠、衮龙服，既是对这一重要历史事件的纪念，也宣示了后周王朝的合法性和正统性。

巫鸿先生将中国古代宏伟的宫殿和陵墓建筑都视为礼制艺术的纪念碑。"在独立艺术家和私人艺术作品出现之前，中国艺术和建筑的三个传统——宗庙和礼器，都城和宫殿，墓葬和随葬品——均具有重要的宗教和政治内涵。

---

① 徐元诰撰，王树民、沈长云点校：《国语集解》，中华书局，2002年，第68页。
② 参久保田和男：《宋代开封研究》，上海古籍出版社，2010年，第23—26、41页。
③ 《资治通鉴》，第9496—9497页。
④ 《资治通鉴》，第9498—9499页。

它们告诉人们应该相信什么以及如何去相信和实践,而不是纯粹为了感官上的赏心悦目。这些建筑和艺术形式都有资格被称为纪念碑或者是纪念碑群体的组成部分。"①从这个角度进行思考,我们发现郭威遗令营建的四处剑甲衣冠冢,"按行爽垲,深坎于下,各封土为陵,量立城阙"②,具有相当的规模,又都位于他的事业发生重要转折的地方,对他和他建立的王朝有特殊的纪念意义,实际上是为他本人和他开创的后周王朝修筑的四座纪念碑。

　　后周政权的根本之地河北地区,风俗重视陵墓。唐穆宗长庆年间,张弘靖任幽州、卢龙等军节度使,"以禄山、思明之乱,始自幽州,欲于事初尽革其俗,乃发禄山墓,毁其棺柩,人尤失望"③。幽州民众视安禄山、史思明为"二圣",虽然安史已败,但对其坟墓依然尊崇,故张弘靖欲移风易俗而掘毁安禄山墓的行为引起民众的不满。郭威建立的剑甲衣冠冢,在某种程度上,也利用了这种民众心理。他建立的这四座陵墓形式的礼制建筑,是用以维系人心和宣扬其功业的纪念碑,也是国家政权在地方的象征。

　　郭威临终之时,后周的外部环境仍然不容乐观,北有契丹、北汉,南有后蜀、南唐诸国,对后周的安全构成威胁。最令郭威担忧的是,新皇帝能否掌控政权,避免发生动乱。前揭《资治通鉴》所载郭威遗言,除了对陵寝的安排之外,又有"李洪义当与节钺,魏仁浦勿使离枢密院"的人事安排。李洪义(即李弘义)、魏仁浦都是郭威举事时的功臣,需要安抚和重用,以保持政权平稳过渡。郭威将陵寝制度与人事安排并提,有相同的政治意图,即为了实现政权的平稳过渡,必须继续保持郭威对王朝的政治影响。因此,宣扬周太祖的功业,宣示后周王朝的合法性和正统性,增强国家内部的凝聚力和认同感,以抵抗外敌,就成为刻不容缓的政治任务。郭威遗言实行薄葬,有收揽民心的目的,而营建四处剑甲衣冠冢,更是一种政治宣传措施。郭威特意对柴荣强调"千万千万,莫忘朕言",充分表现了他对这一政治宣传的重视程度。

第五节　南唐二陵玄宫制度与国家正统性表达

　　南唐烈祖(先主)李昇钦陵及元宗(中主)李璟顺陵均在今南京市江宁区祖堂山南麓,坐北朝南,毗邻而立,东为钦陵,西为顺陵,相距50米。二陵

---

① (美)巫鸿著,李清泉、郑岩等译:《中国古代艺术与建筑中的纪念碑性》,上海人民出版社,2009年,第6页。
② (宋)程大昌:《考古编》卷九,第54页。
③ 《旧唐书》卷一二九《张延赏传附张弘靖传》,第3611页。

因山凿圹、封土为陵，平面布局大致相同。南唐二陵的发掘资料相当丰富而完整，但相关研究并没有充分展开，后续的研究成果不多。本节将对南唐二陵地下空间涉及的几种墓葬因素进行分析，并对其制度渊源和象征性内涵进行探讨。

一、南唐二陵的玄宫结构

钦陵墓门南向，外有八字形挡土墙，中为圆拱形门洞，左右两旁隐出砖砌矩形倚柱，上面砌柱、枋、阑额、斗栱等仿木建筑部件，表面彩绘。从墓口到墓室后壁全长21.48米，宽10.45米，分为前、中、后三主室。前室、中室用砖砌筑，后室用石块砌成。前室、中室的东西两侧各附有1个侧室，后室两侧各附有3个侧室，共13室，互有券门相通。

前室南北长4.50米，东西宽3.85米，高4.3米。室内四角各隐出八角形倚柱，券门左右各隐出矩形倚柱，将前室分隔成了面阔三间、进深三间的空间。倚柱和立枋的上端隐出阑额一层。倚柱上各施转角铺作或柱头铺作。东西两壁当心间阑额上正中处各施补间铺作一朵，铺作上承柱头枋一层。所有倚柱、斗栱、立枋、阑额、柱头枋等建筑构件上均彩绘花卉纹样。四壁之上为穹隆顶，地面铺砖。

中室长4.56米，宽4.45米，高5.30米，东南角和西南角各隐出八角形转角倚柱一根，四角各有转角铺作。后室入口两侧的立壁用巨大的青石板砌成，各高浮雕一戴盔穿甲，手握长剑，足踩云朵，贴金涂朱的守门武士。武士像上为浮雕双龙戏珠图像的青石横额。

后室长6.03米，宽5.90米，高4.70米，青石砌成，东西两壁顶上各用石条向上叠涩，再加巨石条封顶。后室四角和中间侧室的两旁，各隐出八角形倚柱一根，东西两壁倚柱上端隐出阑额一层，四角转角倚柱上各施转角铺作一朵，东西两壁倚柱上各施柱头铺作一朵。北壁正中开一大型壁龛。四壁共有砖砌的长方形小壁龛12个，每壁3个。后室正中置一石棺床，北端伸入大壁龛内。室顶绘有天象图，青石板铺砌的地面上凿有江河之形，即所谓的"上具天文，下具地理"，以象征帝王拥有天下江山之意。

前、中两室所附的侧室用砖砌成，后室所附六间侧室为青石砌成，每间侧室内皆有用以陈设随葬品的砖台①。

中主李璟顺陵全长21.9米、宽10.12米，形制与钦陵大体相同，有前、中、后三主室，前室与中室东西两面各附有一侧室，后室东西两面各附有两

---

① 南京博物院：《南唐二陵发掘报告》，文物出版社，1957年，第7—22页。

侧室,总计11室。墓室全部用砖砌筑,室内布局与李昪钦陵大致相同,唯仿木构建筑细部略有差异,彩绘减少。后室有石棺床,后段嵌入北壁龛内。后室顶绘天象图,但地面没有凿刻江河图,中室后壁上也没有双龙戏珠和守门武士石刻①。

南唐二陵中发现的哀册证实了墓主人身份。李昪钦陵共出土哀册玉片23片,其中一块玉片上刻"维保大元年岁次癸卯十月嗣皇帝臣瑶"等字。李璟陵共出土哀册石片40片,每片刻字一行,没有填金②。

二、南唐二陵的制度渊源

(一) 石室玄宫制度

由于"因山为陵"式的唐代帝陵玄宫未经考古发掘,目前学界对于唐代帝陵玄宫形制的意见并不统一。多数学者认为应是前中后三室加若干侧室的形制,部分学者认为是双室制,还有学者认为不排除单室的可能③。杨晓春先生根据北朝至北宋玄宫发展的趋势,结合对文献的考证,提出了唐代帝陵为单一的石室玄宫的观点④。

唐代帝陵玄宫与普通墓葬墓室的最关键区别在于是否是石室,唐代帝陵的墓室为石室,而人臣墓葬则禁止用石室和石棺椁。五代中原王朝的帝陵,也继承了唐代玄宫制度,使用石室,一直到后周太祖郭威嵩陵变为使用砖室⑤。砖室玄宫的形制也影响到北宋初期帝后陵。秦大树先生将北宋帝陵地宫形制和结构的演变大致分为三个阶段:"第一阶段为砖砌单室墓,约包括永安、永昌、永熙三陵及祔葬于三陵的后陵;第二阶段仍为单室墓,但改为石构,包括永定、永昭二陵及祔葬后陵;第三阶段墓室分为上下层,即在砖砌墓室内又建造石椁,包括永厚、永裕、永泰三陵及祔葬诸后陵。"⑥

在南方十国地区,陵墓差别比较大,但普遍使用前中后三室的玄宫形制。李昪钦陵的后室,应该是继承了唐代帝陵的石室玄宫制度。杨晓春也指出:"所谓南唐二陵之继承唐制,在使用石墓室(包括侧室)、石棺床、玉册等方面仍是有所表现的;并且,南唐二陵很可能承袭的是盛

---

① 南京博物院:《南唐二陵发掘报告》,第31—37页。
② 南京博物院:《南唐二陵发掘报告》,第82—90页。
③ 学者的不同意见,参见沈睿文:《唐陵的布局:空间与秩序》,北京大学出版社,2009年,第297—302页。
④ 杨晓春:《再论南唐二陵对唐代陵寝制度的继承问题》,载纪念南唐二陵发掘60周年活动组委会编《纪念南唐二陵发掘60周年学术论文汇编》,2010年。
⑤ 崔世平:《从文献记载论五代帝陵玄宫问题》,《华夏考古》2011年第2期。
⑥ 秦大树:《宋元明考古》,文物出版社,2004年,第131页。

唐的制度。"①

（二）仿木构建筑装饰

南唐二陵墓门前使用八字墙挡土，从墓门到后室，均使用砖（石）砌柱、枋、阑额、斗栱等仿木建筑部件，将整个地下空间修建成三进多开间的砖雕仿木构建筑。这种仿木构建筑墓葬装饰形式，不是江南本地传统，也不是来自关中地区的传统，而是唐、五代河北地区流行的风格。

唐代河北地区的砖室墓，常在墓门两侧砌筑翼墙，在墓门上和墓室内使用仿木建筑装饰。辽宁朝阳唐贞观十七年（643）勾龙墓已经出现了仿木结构的斗栱、砖柱②，但唐代前期，墓内的仿木构装饰并不流行，直到天宝三载（744）朝阳韩贞墓③以后，尤其是晚唐时期，仿木构装饰才变得更加普遍起来。晚唐墓不但在墓门上部和两侧砌出门楼、斗栱和砖柱，在墓壁砌筑砖柱、门窗、斗栱等简单的仿木建筑，还砌出桌椅灯架等家具设施，并以影作的壁画相配合。

朝阳西大营子发现的唐代"朝散大夫"墓，是一座圆形砖室墓，墓室内用隔墙分成5个小室。墓门上正中砖砌斗栱一朵，两旁有砖砌方柱，柱下砖砌方形柱础④。北京海淀区八里庄唐大中二年（848）王公淑墓，墓门两翼有隔墙，西墙上残存一砖砌直棂窗和残斗栱。墓室东西壁正中各有一砖雕仿木构门，墓室四角均有砖砌的方柱和柱础，墓室壁面绘壁画⑤。河北文安县城关镇M1，墓门两侧有翼墙，墓室西壁砌一仿木直棂小窗⑥。河北阳原县金家庄唐墓，墓门上有额墙，砖墙为仿木结构建筑，先砌门两侧券脚和横额，上为两朵一斗三升的斗栱，再上承檐椽和滴水。墓室周壁用砖砌斗栱六朵，斗栱下各柱间有门窗和家具浮雕。墓室北壁正对墓门砌大门，大门两侧浮雕椅子、直棂窗、桌子、灯架、小门，门窗家具均涂朱⑦。

南唐二陵使用了大量的砖（石）雕仿木结构装饰，墓门前均使用了八字形挡土墙，也即是河北地区唐墓常用的"翼墙"，这些墓葬因素来自河北地区。五代时期，中原地区墓葬已经受到河北地区墓葬因素的影响，在洛阳地区发现

---

① 杨晓春：《再论南唐二陵对唐代陵寝制度的继承问题》，载纪念南唐二陵发掘60周年活动组委会编《纪念南唐二陵发掘60周年学术论文汇编》，2010年。
② 朝阳市博物馆：《朝阳市郊唐墓清理简报》，《辽海文物学刊》1987年第1期。
③ 朝阳地区博物馆：《辽宁朝阳唐韩贞墓》，《考古》1973年第6期。韩贞墓圆形主室墓壁砖砌蜀柱六根，东西侧砌直棂窗各一。
④ 金殿士：《辽宁朝阳西大营子唐墓》，《文物》1959年第5期。
⑤ 北京市海淀区文管所：《北京市海淀区八里庄唐墓》，《文物》1995年第11期。
⑥ 廊坊市文物管理所：《河北文安县西关唐墓清理简报》，《文物春秋》1997年第3期。
⑦ 张家口地区文管所：《河北阳原金家庄唐墓》，《考古》1992年第8期。

几座后晋时期的圆形砖雕壁画墓。南唐二陵的仿木构建筑装饰是直接来自河北,还是经由河南地区传入,还有待进一步研究。钦陵的山陵制度由韩熙载、江文蔚负责。韩熙载是潍州北海人,少隐嵩山,后唐同光中擢进士第。其父光嗣,平卢节度副使,因军乱坐死。韩熙载惧罪南奔①。韩熙载曾在洛阳地区生活多年,或许钦陵的仿木构建筑装饰是他参考了洛阳的墓葬装饰设计的。

(三) 天象图与江河图

李昪陵后室石砌叠涩顶上有一幅彩绘天象图,东面画朱红色旭日,西面画淡蓝色明月,此外满布各种星宿,室顶正中一片空白,可能象征着银河。每颗星都用朱红色线钩出轮廓,中填石青,呈淡蓝色。遥遥相对的北斗星座与南斗星座以及北斗星座旁的几个星座中的每颗星,都用朱红色线勾连。后室棺床周边有浅浮雕缠枝海石榴花纹饰,前、左、右三个侧面浮雕八条龙,前侧两条,左右两侧各三条。后室地面从棺床地下起,向东西两侧凿刻出两道分歧的、曲折的沟槽,宽5～7厘米、深3厘米,象征着有许多分支的河流,蜿蜒向前(南)流去②(图4-12)。

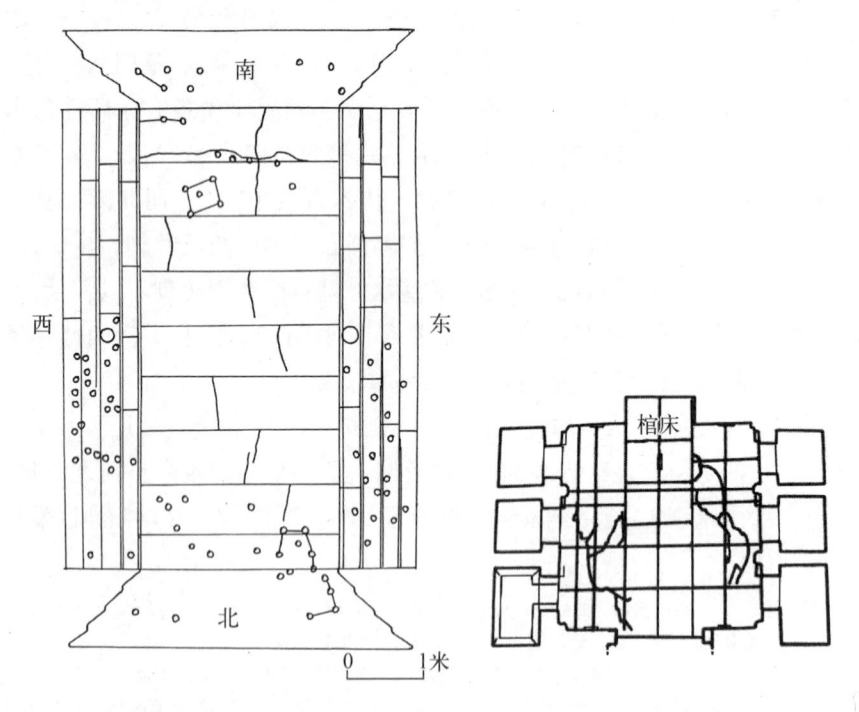

图4-12 李昪钦陵后室天象图(左)和江河图(右)示意图

---

① (清)吴任臣撰,徐敏霞、周莹点校:《十国春秋》卷二八《南唐十四·韩熙载传》,中华书局,1983年,第397页。
② 南京博物院:《南唐二陵发掘报告》,第29—30页。

我国古代陵墓中以象征性的天象和江河相配合始于秦始皇陵。《史记》卷六《秦始皇本纪》载，始皇陵中，"以水银为百川江河大海，机相灌输，上具天文，下具地理"①。秦始皇陵为土坑木椁墓，所谓"上具天文"，应是在椁室顶部绘日、月、星象等图形；"下具地理"，则是用水银灌注，模拟江河大海之形。这种兼有天文地理之象的设施，是在墓葬中建立的宇宙模型，也是秦始皇吞并六合，统一天下功业的象征。北朝隋唐时期，天象图成为大型墓葬中装饰室顶的主要题材，这种天象图并非严格按照日月星宿的位置绘制，而是象征性的宇宙模型。据李星明研究："关中京畿地区唐代壁画墓中的宇宙图像只画日月、星辰、银河，不再像北朝那样，于穹隆顶下部或四壁上部画四神，墓室穹隆顶上的天象图是一种近似视觉印象的星空图，成为唐代壁画墓宇宙图像的主流式样。"②虽然标志"上具天文"的天象图一直沿用不辍，但标志"下具地理"的百川江河图形从秦始皇陵以后便未再出现于陵墓之中。直到南唐，江河图才以石刻形式又一次出现于钦陵玄宫中。

北朝隋唐的大型墓葬多有在墓顶绘制天象图的情况，说明天象图不是仅限于帝陵使用的装饰，而是一种具有普遍意义的宇宙模型。与天象图配合的，还有象征方位的四神、象征十二时的十二生肖。五代时期，除了南唐二陵，仍有不少大型墓葬中绘制或者雕刻天象图，但这些墓葬均没有江河图。如果举出两条能够象征中国疆域的河流，那无疑就是黄河和长江。李昇钦陵石刻江河图，从其流向和形状上看，不能与黄河、长江严格对应，应不是某条具体的河流，而仅仅是国家疆域的象征。但两条河流分别从棺床的东西两侧伸出，却耐人寻味。棺床是放置梓宫的设施，仿佛是李昇生前的宝座，江河从棺床下流出，象征着"普天之下，莫非王土"，也就是考古报告所说的"帝王拥有天下江山"之意。李昇钦陵出现的天象图和江河图，不仅是一般意义的宇宙模型，更是模仿秦始皇陵"上具天文、下具地理"、象征天下统一的墓葬设施。

三、南唐二陵与国家正统性表达

唐朝灭亡后，继起的五代十国诸王朝多以继承唐朝正统自居，以维持统治者的权威。在南唐之前，杨吴就号称继承了唐朝正统。《资治通鉴》卷二七〇《后梁纪五》"均王贞明五年（919）"载："吴徐温帅将吏藩镇请吴王称帝，吴王不许。夏，四月，戊戌朔，即吴国王位。大赦，改元武义；建宗庙社

---

① （汉）司马迁：《史记》，中华书局点校本，1959年，第265页。
② 李星明：《北朝唐代壁画墓与墓志的形制和宇宙图像之比较》，《美术观察》2003年第6期。

稷，置百官，宫殿文物皆用天子礼。以金继土，腊用丑。"胡注曰："唐，土行也。吴欲继唐，故言以金德王。"①而徐知诰（李昪）篡吴后，即改国号为唐，不久又改姓李氏。《资治通鉴》卷二八一《后晋纪二》"高祖天福二年（937）"载："（九月）丙寅，吴主命江夏王璘奉玺绶于齐。冬，十月，甲申，齐王诰即皇帝位于金陵，大赦，改元昇元，国号唐。"胡注曰："徐诰自以本李氏之子，既举大号，欲篡唐绪，故改国号为唐。为复李姓张本。"②《资治通鉴》卷二八二《后晋纪三》："天福四年，春，正月……唐群臣江王知证等累表请唐主复姓李，立唐宗庙，乙丑，唐主许之。"为了安抚徐氏旧臣，李昪还将李唐祖先和被尊为义祖的徐温合享，创造出一套不伦不类的宗庙祭祀礼仪。"诏百官议二祚合享礼。辛卯，宋齐丘等议以义祖居七室之东。唐主命居高祖于西室，太宗次之，义祖又次之，皆为不祧之主。"③

关于李昪的出身，史籍记载互异，或云其是唐朝皇族后裔，或云其祖先是平民。而唐皇族后裔之说，各书记载其所出支系也不相同，如《旧五代史》载李昪为唐玄宗第六子永王璘之苗裔，《资治通鉴》载李昪选择以唐太宗第三子吴王恪为祖先。邹劲风在《南唐国史》中对诸说进行了详细的梳理④。

李昪附会祖宗的过程，说明他在有意为南唐政权寻找正统性的来源。昇元六年（942）李昪诏曰："……今唐祚中兴，与汉颇同。"⑤李昪视南唐的建立为唐祚中兴，犹如两汉之关系，虽然最初是受禅于杨吴，后来却跳过了杨吴，把国家的正统性直接建立在继承唐祚之上。这样，即使面对中原王朝，南唐在正统性的较量上也能保持自信。

李昪复姓李氏，还可能是有意应合"东海鲤鱼飞上天"的谶语。《资治通鉴考异》引《吴越备史》云："昪本潘氏，湖州安吉人，父为安吉砦将。吴将李神福攻衣锦军，过湖州，掳昪归，为仆隶。徐温尝过神福，爱其谨厚，求为养子。以谶云'东海鲤鱼飞上天'，昪始事神福，后归温，故冒李氏以应谶。"⑥《吴越备史》所述李昪出身未必属实，但李昪受谶语影响还是有可能的。多数史书以李昪为徐州人，而《旧五代史》《册府元龟》以李昪为海州（海州治东海县）人。也许李昪因养父徐温为东海人，故自认东海人以应谶。

---

① （宋）司马光：《资治通鉴》，中华书局点校本，1956年，第8843页。
② （宋）司马光：《资治通鉴》，第9182页。
③ （宋）司马光：《资治通鉴》，第9198页。
④ 邹劲风：《南唐国史》，南京大学出版社，2000年，第57—59页。
⑤ （宋）马令：《南唐书》卷一《先主传》丛书集成初编本，商务印书馆，1935年，第7页。
⑥ （宋）司马光：《资治通鉴》卷二八二《后晋纪三》，第9199页。

"鲤"谐音"李","飞上天"寓意为天子。复姓李氏以应谶语,便给自己的政权蒙上了顺应天命的神秘色彩,再将血缘追溯到唐朝皇族,从天命论和正统性两方面加强了南唐政权的权威性。

李昇编造唐皇族后裔身份,宣扬唐祚中兴,因而取得了政权的合法性,也掩盖了他篡夺杨氏之国的尴尬。与这种宣传相配合,南唐在制度建设上也模仿唐制。如对李昇以其子景遂为侍中、东都留守、江都尹,帅留司百官赴东都之事,胡三省曰:"南唐仿盛唐两都之制建东、西都,置留台百司于江都。"①具体到陵寝制度上,李昇钦陵玄宫后室使用了石室,东西设侧室,侧室内砌石床,即相当于文献记载的"中为正寝,东西厢列石床"的昭陵玄宫制度,实际上是继承了唐代陵寝制度。

李昇在位时,南唐经济繁荣、国力强盛,不少士人盼望他能开疆拓土,从而依托他建功立业。韩熙载投奔杨吴前曾向李谷言:"吴若用吾为相,当长驱以定中原。"②李昇代吴,韩熙载必然将希望寄托于李昇。然而李昇仅将自己定位为一个偏霸小国之君,奉行保境安民,与邻邦修好的政策③。"昇客冯延巳好论兵、大言,尝诮昇曰:'田舍翁安能成大事!'而昇志在守吴旧地而已,无复经营之略也,然吴人亦赖以休息。"④

昇元七年(943)二月,李昇去世,李璟继位。李璟执政前期,南唐疆域"东暨衢、婺,南及五岭,西至湖湘,北据长淮,凡三十余州,广袤数千里,尽为其所有,近代僭窃之地,最为强盛"⑤。"元宗之初,尚守圣训,改元保大,盖有止戈之旨,三四年间,皆以为守文之良主。会元老去位,新进后生用事,争以事业自许,以为荡定天下,可以指日而就。"⑥在群臣的蛊惑下,李璟的对外政策也由保境安民变为扩张疆土。马令《南唐书·魏岑传》载:"元宗即位,锐意天下,有克复中原之志。岑请亲祀南郊,元宗曰:'俟天下为一,然后告谢天地。'及下南闽,意以为诸国可指麾而定。岑因侍宴,自言:'臣少游元城,好其风物,陛下平中原日,臣独乞任魏州。'元宗许之。"⑦李璟君臣扩张疆土的热情,导致了对闽、楚和中原的几场战争。

---

① (宋)司马光:《资治通鉴》卷二八一《后晋纪二》,第9184页。
② (宋)司马光:《资治通鉴》卷二七五《后晋纪四》,第8992页。
③ 参邹劲风:《南唐国史》,南京大学出版社,2000年,第75—76页。
④ (宋)欧阳修:《新五代史》卷六二《南唐世家第二》,中华书局点校本,1974年,第768页。
⑤ (宋)薛居正:《旧五代史》卷一三四,《僭伪列传·李景传》,中华书局点校本,1976年,第1787页。
⑥ (宋)史温:《钓矶立谈》,《五代史书汇编》,丙编,杭州出版社,2004年,第5007页。
⑦ (宋)马令:《南唐书》卷二一《魏岑传》,丛书集成初编本,商务印书馆,1935年,第142页。

钦陵山陵制度的主要设计者是韩熙载、江文蔚。马令《南唐书》卷一三《韩熙载传》载:"烈祖山陵,元宗以熙载知礼,遂兼太常博士。时江文蔚判寺,所议虽同,而谥法庙号,皆成于熙载之手。"同卷《江文蔚传》载:"烈祖殂,元宗以文蔚知礼,宜董治山陵事,除文蔚工部员外郎,判太常寺,以议葬礼。于是烈祖山陵制度,皆文蔚等裁定。"①钦陵后室所刻的"江河图"表现出了对疆土的渴求和天下一统的意愿,不可能是甘为小国之君的李昪的遗愿,而应反映了李璟君臣的理想和诉求。

李璟君臣急于扩张疆土、建功立业的心态在现实政治中促成了对外战争,在陵寝建造中影响了钦陵制度。钦陵主室使用石室玄宫,继承了唐代帝陵制度,这种继承和其他方面的制度建设一样,是对其政权正统性的一种表达方式。棺床前部石板地面上凿刻的江河图形,则是效仿秦始皇陵,模拟江河之状,象征天下疆域,代表了南唐君臣统一天下,恢复盛唐疆域的愿望。保大三年(945)南唐灭闽国,同年十月,李昪皇后宋氏去世。次年,宋氏祔葬于钦陵。李璟初继位时尚能遵循李昪的政策,但一年即灭闽国,迁王延政于金陵,无疑增强了他对外扩张的信心。或许江河图并非建陵之初所刻,而是重开钦陵祔葬宋氏时才补刻的。

李璟统治后期,南唐在对闽、楚的战争中耗尽积蓄,国势衰落,而后周国势却蒸蒸日上。显德二年(955),后周攻南唐的寿州,次年又攻占滁、扬、泰、和、光等州。"交泰元年(958)……世宗幸迎銮以临大江,景知不能支,而耻自屈身去其名号,乃遣陈觉奉表,请传国与其世子而听命。……是时扬、泰、滁、和、寿、濠、泗、楚、光、海等州,已为周得,景遂献庐、舒、蕲、黄,画江以为界。五月,景下令去帝号,称国主,奉周正朔,时显德五年也。"②

宋建隆二年(961)六月,李璟卒于洪州,李煜嗣位,"遣使入朝,愿复景帝号,太祖皇帝许之,乃谥曰明道崇德文宣孝皇帝,庙号元宗,陵曰顺陵"③。虽然北宋同意恢复李璟帝号,葬以帝礼,但顺陵的规格比之钦陵,显然有所降低,其原因除了国家财力衰竭外,还与南唐在制度上的损降有直接关系。"(建隆)五年,煜下令贬损制度。下书称教,改中书、门下省为左、右内史府,尚书省为司会府,御史台为司宪府,翰林为文馆,枢密院为光政院,诸王皆为国公,以尊朝廷。"④在文物制度的使用上,李煜非常谨慎,"殿庭始去鸱

---

① (宋)马令:《南唐书》,丛书集成初编本,商务印书馆,1935年,第90、92页。
② (宋)欧阳修:《新五代史》卷六二《南唐世家》,第775—776页。
③ (宋)欧阳修:《新五代史》卷六二《南唐世家》,第777页。
④ (宋)欧阳修:《新五代史》卷六二《南唐世家》,第779页。

吻。每遇皇朝使至,国主衣紫袍,备藩臣礼,使退,服御如初"①。李璟陵墓的营建虽然早于此时,但肯定也不敢太过张扬。李璟谥为皇帝,坟墓称陵,都需要经过宋太祖允许,李璟的葬礼也应受到宋朝的监督。此时连中原王朝帝陵使用的都是砖室玄宫,顺陵自然没有资格使用石室,更不敢凿刻象征着中兴唐祚的江河图了。

---

① (宋)马令:《南唐书》卷五《后主书》,丛书集成初编本,商务印书馆,1935年,第31页。

第五章　河北因素与唐宋墓葬制度的变革

唐宋时期的墓葬，可以笼统地分为以黄河流域为中心的中原北方地区墓葬和以长江流域为中心的南方地区墓葬①。南北地区的墓葬形制虽然存在着相互影响和交流，但总体来看，属于两个传统。相比之下，北方墓葬变化较快，尤其是在政治、经济、文化中心地区及其周围，墓葬因素的传播交流非常迅速。隋唐至北宋王朝的政治、经济、文化中心都在北方，北方墓葬承载着王朝丧葬礼制传统，所以探讨唐宋墓葬制度的变化，以北方地区墓葬为研究对象最合适。

北方地区宋墓上承晚唐五代墓葬风格，又有一些新的发展，与初、盛唐墓葬比较起来，差别很大，甚至可以视为发生了制度性的变化。本章主要从唐代河北因素的传承、传播角度入手，对唐宋墓葬制度的演进过程进行探讨。所谓"河北因素"，是指最能代表河北地区墓葬特点、使河北地区墓葬区别于其他地区墓葬的墓葬特征，这些墓葬特征的传播和影响，代表着河北地区文化和势力向外扩展的趋势。

第一节　河北地区唐墓的特征及"河北因素"

一、墓葬形制的特征

唐代墓葬总体上继承北朝和隋代传统，以单室墓为主，以葬具质地和随

---

① 秦浩先生认为"所发现的唐墓，大致可以长江为界分为南北两大区"。中原地区主要指北方地区中的长安、洛阳两京地区和太原地区。而辽宁西部、内蒙古南部和河北北部，墓葬形制与中原地区不同，不包括在中原地区内（参秦浩《隋唐考古》第六章《中原地区唐墓》，南京大学出版社，1992年，第141页）。按秦大树先生对宋墓的分区，中原北方地区指宋朝版图内长江流域以北的地区，南界大体在淮河至汉中一线，北面与辽为界，西面与夏为邻。在时间上大部分地区自北宋建立起就在宋王朝的统治下，"靖康之变"后迅速沦为金的统治区（参秦大树《宋元明考古》，北京：文物出版社，2004年，第137—138页）。

葬品的种类、数量及尺寸大小表现等级差别,但各地区墓葬仍然有一些区域性特征,这些区域性特征的存在,也为各区域墓葬因素的相互交流和影响提供了可能。本节主要参考唐代两京地区墓葬特征,从墓葬形制、葬具位置和墓葬装饰几个方面,对唐代河北地区墓葬区域性特征进行分析。两京地区,通常也称为中原地区①。与前文同,本书所指的河北地区主要是唐代河北道南部地区,包括今河南省北部的安阳、濮阳新乡等地区、山东省西北部地区、河北省、北京市、天津市、辽宁朝阳地区,这些地区位于当时黄河以北,发现的唐墓大概有数百座。唐代河北地区的墓葬与以河南、关中地区为代表的中原地区墓葬在形制、葬具位置和墓葬装饰等方面都有差异。

目前已经有不少学者对河北地区唐墓进行过比较深入的研究②,给本书的研究提供了方便。张晓辉的硕士论文《北方地区隋唐墓葬的分区与分期》将北方地区分为朝阳地区、河北北部地区、河北南部地区三个区。其所指的"北方地区"相当于本书所指的唐代河北地区。根据张晓辉的统计(统计材料截至2003年底),朝阳地区隋唐墓葬包括砖室墓、石圹墓、土坑竖穴墓、瓦棺墓等,其中砖室墓占全部墓葬的86%,是主要的墓葬类型;砖室墓中圆形墓(指墓室平面为圆形或椭圆形的墓葬)又占了51%。河北北部地区隋唐墓有砖室墓、石室墓、土坑墓、土洞墓,其中砖室墓占88%;砖室墓中圆形墓和弧方形墓比例相当,圆形墓占全部砖室墓的38%;另外出现了六角形墓。河北南部地区发现的墓葬最少,有砖室墓、土坑墓、土洞墓、石室墓几类;砖室墓所占比重不如前两个地区,占全部墓葬的59%,土洞墓数量较多;砖室墓中,方形、弧方形最多,圆形墓仅有一座③。虽然其统计中包含了一

---

① 两京地区通称为中原地区,主要是就其墓葬特征的一致性来说的。宿白先生即认为,西安地区"所表现的规范,至少适用于黄河中下游,即一般所谓的中原地区"(宿白《西安地区的唐墓形制》,《文物》1995年第12期,第41页)。

② 张洪波:《试论朝阳唐墓形制及其相关问题》,《辽海文物学刊》1996年第1期,第98—103页;辛岩:《辽西朝阳唐墓的初步研究》,《辽海文物学刊》1994年第2期,第126—131页;齐东方:《隋唐环岛文化的形成和发展——以朝阳隋唐墓研究为中心》,《盛唐时代与东北亚政局》,上海辞书出版社,2003年,第133—160页;吕学明、吴炎亮:《辽宁朝阳隋唐时期砖构墓葬形制及演变》,《北方文物》2007年第4期,第32页;田立坤《朝阳的隋唐纪年墓葬》和郭明《朝阳地区隋唐墓葬的初步研究》,载辽宁省文物考古研究所编《朝阳隋唐墓葬发现与研究》,科学出版社,2012年,第115—156页;齐东方:《中国北方地区唐墓》,《七—八世纪东亚地区历史与考古国际学术讨论会论文集》,科学出版社,2001年;张晓辉:《北方地区隋唐墓葬的分区与分期》,吉林大学硕士学位论文,2004年;郭清章:《北方地区隋唐墓葬研究——以河北地区和辽宁朝阳地区墓葬为中心》,郑州大学硕士学位论文,2009年;刘耀辉:《试论北京地区唐墓》,《北京文博》1998年第4期,第32—39页;王乐:《试论京津唐地区隋唐墓葬》,《中原文物》2005年第6期,第69—75页。

③ 张晓辉:《北方地区隋唐墓葬的分区与分期》,第2、4、15、17、18、26页。

些隋墓,但因为隋代延续时间较短,隋墓所占比例很小,所以统计结果基本上反映了唐墓的情况。由此可见,唐代的河北地区墓葬形制虽然存在内部的地区差异,但总体上是以圆形、弧方形砖室墓为主的。就圆形墓的分布特征来说,越靠北,圆形墓所占比例越大;越靠南,圆形墓所占比例越小。多角形墓也首先出现在河北地区。

根据张晓辉的研究,北方地区唐墓的形制变化显示出一定的阶段性。今朝阳地区圆形墓出现和流行的时间最早,在各类墓葬中占据的比例最大;今河北北部地区的圆形墓出现和流行的时间均比朝阳地区延迟了一个时期,在各类墓葬中所占的比例也不如朝阳地区大;今河北南部地区圆形墓的出现比北部地区又延迟了一个时期,直到中晚唐才出现,而且在各类墓葬组成中也不占重要地位[1]。圆形墓的出现时间和在各类墓葬中所占的比例从北往南依次递减,可以据此推断,圆形墓在唐代是从北往南逐渐传播的,其影响力也是从北往南逐渐递减的。

圆形砖室墓墓室平面为圆形,少数为椭圆形,墓门一般朝南,墓门两侧多有翼墙,门上有额墙,有的墓门砌成门楼式。一些墓葬还在墓室中砌出仿木结构的柱、斗拱和直棂窗等。有的大型圆形墓还设有多少不等的圆形耳室,少数用隔墙将主室分隔成几部分。

今朝阳地区代表性的圆形砖室墓有贞观九年(635)张秀墓[2]、咸亨三年(672)勾龙墓[3]、咸亨四年(673)左才墓[4]、垂拱三年孙君墓、天宝三载(744)韩贞墓[5]、中山营子屯"朝散大夫"墓[6]、高宗上元三年张狼墓和长寿二年骆英墓[7]等。更多资料请参看田立坤《朝阳的隋唐纪年墓葬》一文所附《朝阳隋唐墓葬形制分类统计表》[8]。

张秀墓墓门南为斜坡式墓道。墓门为券拱式,两侧有翼墙,上有额墙。墓室直径3米,室底铺砖,墓室右侧顺放石棺一具。据墓志,墓主张秀,营州

---

[1] 张晓辉:《北方地区隋唐墓葬的分区与分期》,第32页。
[2] 辽宁省博物馆文物队:《辽宁朝阳隋唐墓发掘简报》,《文物资料丛刊》第6辑,文物出版社,1982年,第86页。
[3] 朝阳市博物馆:《朝阳市郊唐墓清理简报》,《辽海文物学刊》1987年第1期,第45页。
[4] 辽宁省博物馆文物队:《辽宁朝阳唐左才墓》,《文物资料丛刊》第6辑,文物出版社,1982年,第102页。
[5] 朝阳地区博物馆:《辽宁朝阳唐韩贞墓》,《考古》1973年第6期,第356页。
[6] 金殿士:《辽宁朝阳西大营子唐墓》,《文物》1959年第5期,第62页。
[7] 朝阳市博物馆:《朝阳唐张狼墓发掘简报》和朝阳市博物馆、朝阳市双塔区文物管理所:《朝阳唐骆英墓发掘简报》,分别载辽宁省文物考古研究所等编:《朝阳隋唐墓葬发现与研究》,科学出版社,2012年,第19、67页。
[8] 田立坤:《朝阳的隋唐纪年墓葬》,《朝阳隋唐墓葬发现与研究》,第138页。

柳城人(今朝阳市),唐校尉,卒于贞观九年。

韩贞墓是一座圆形多室墓,斜坡式墓道,墓门不存。中央为主室,东西各有一小室,与主室有甬道相通。主室直径4.8米,墓室顶已塌陷,残存墓壁最高1.74米。东西两侧仿作直棂窗各一。在主室后半部有半圆形砖筑棺台。墓中共发现尸骨四具。主室棺台上放置两具,一男一女,头西足东,葬具用木棺。棺台前西部发现盛放骨灰的瓷罐一个。西小室中部放置尸骨一具,头南足北。据墓志,墓主韩贞曾任"检校蛤蟆戍主"(图5-1,左)。

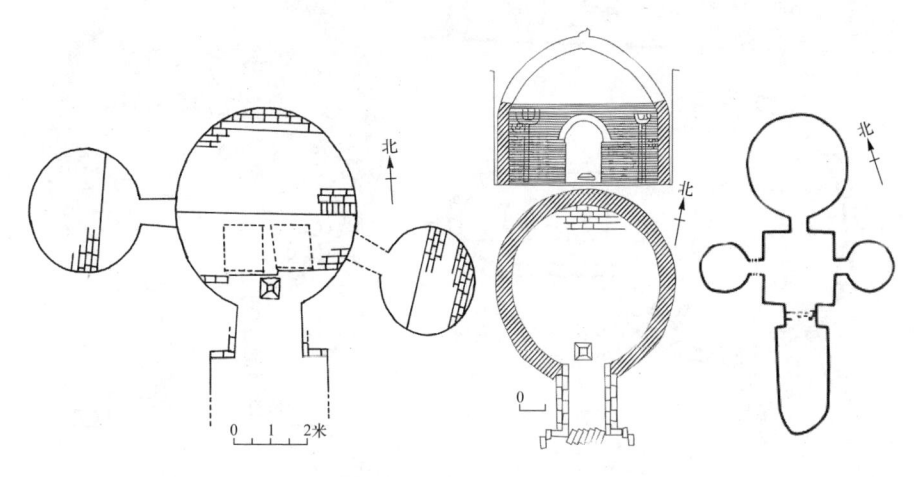

图5-1 朝阳地区圆形墓(左,韩贞墓;中,勾龙墓;右,高英淑墓)

高英淑墓为多室砖墓。斜坡墓道,墓门有额墙。前室方形,长宽高均为5.1米,两侧各有一圆形耳室。前室东西两壁前侧有直棂窗。后室圆形,直径7米,后部砖砌棺床①(图5-1,右)。

今河北地区的圆形墓有文安县董满墓②、大中元年(847)纪公夫妇墓③、大中十三年董庆长夫妇墓④、刘元政夫妇墓⑤、何弘敬墓⑥、文安县西关唐墓⑦等。

河北沧县刘元政夫妇墓是一座带耳室的圆形单室砖墓,由墓道、甬道、墓门、主室、耳室组成。主墓室平面为圆形,直径3米。耳室在主室正东侧,

---

① 张洪波:《试述朝阳唐墓形制及其相关问题》,《辽海文物学刊》1996年第1期,第98页。
② 廊坊市文物管理所等:《河北文安麻各庄唐墓》,《文物》1994年第1期,第84页。
③ 中国社科院考古所编:《中国考古学年鉴1986》,文物出版社,1988年,第83页。
④ 北京市文物研究所:《北京今年发现的几座唐墓》,《文物》1992年第9期,第71页。
⑤ 沧州市文物保护管理所等:《河北沧县前营村唐墓》,《考古》1991年第5期,第429页。
⑥ 邯郸市文管所:《河北大名县发现何弘敬墓志》,《考古》1984年第8期,第721页。
⑦ 廊坊市文物管理所:《河北文安县西关唐墓清理简报》,《文物春秋》1997年第3期,第37页。

其南、北壁为直壁,东壁为半圆形。耳室内紧靠北壁有棺床痕迹。该墓为唐义昌军后院军头□彭城刘元政及妻张氏、齐氏合葬墓(图5-2、左)。

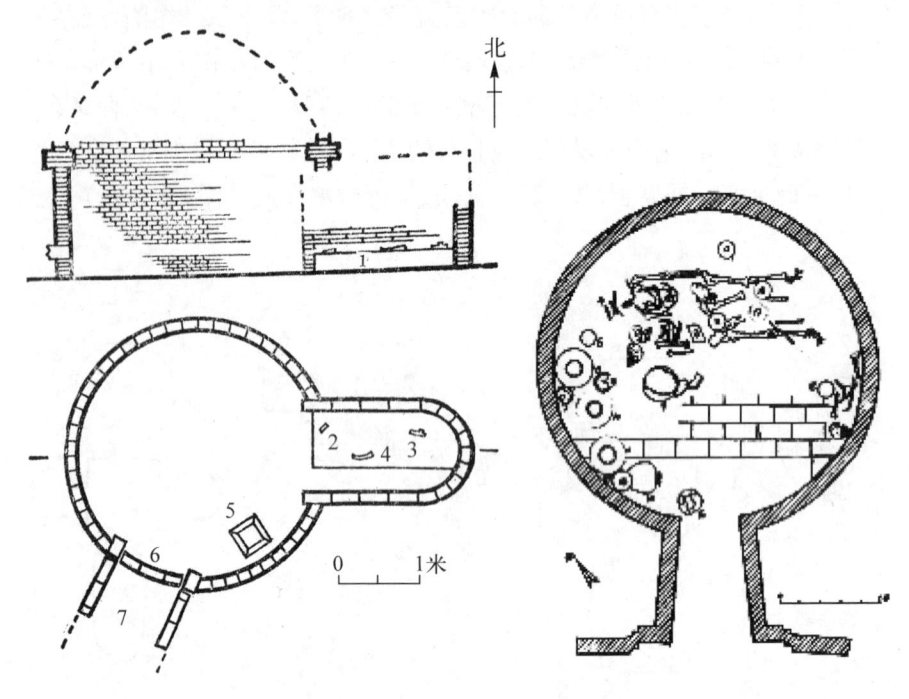

图5-2 刘元政夫妇墓平剖面图(左)和文安县唐墓M1平面图(右)

1989年河北文安县城关镇清理墓葬4座,除了M3外,其余三座均为圆形单室砖墓。M1墓顶被破坏,墓门开在南面,墓门两侧有长0.9米的翼墙。墓室东西径长3米、南北径长2.9米、墓壁残高1.33米。墓室西壁砌一仿木直棂小窗。墓室北部设砖砌棺床,高0.3米,上有三具人骨架,两具在中部稍偏北处,并排放置,头西足东仰身直肢葬,另一具近东壁,头朝西南(图5-2、右)。

河北大名县何弘敬墓,墓室已毁,平面为圆形,直径约6米,南部有门。墓底平铺一层厚约20厘米的石板,石板层下叠压了两层厚木板,木板下为砖砌的圆形基址。墓室南边残存甬道基址。据墓志,何弘敬卒于咸通六年(865)。

近年在河北曲阳县田庄发掘了一座大型唐代砖室墓。墓葬坐北朝南,地面上有封土和神道。地下结构由墓道、仪门、庭院、甬道、前室、后甬道、后室组成中轴,10个侧室及2个大型龛分列左右。由发表的照片来看,其后室形状应为圆形,墓壁有砖砌柱子和斗栱等仿木结构。田庄大墓的券门上方有仿木结构的雕砖门楼,耸立于地表,背靠墓葬封土。墓门附近的填土中出土了大量的砖雕构件,有筒瓦、板瓦、椽子、飞子、砖雕重唇板瓦、砖雕花头筒瓦、莲花纹脊饰等①。

多角形墓(或称多边形墓)是墓室平面为六角形或八角形的墓葬,有砖室墓,也有石室墓。研究宋辽墓葬的学者一般认为多角形墓的产生与佛教的影响有关,如韩国祥先生指出:"到辽代晚期,特别是清宁(1055)以后,始大量出现六角形、八角形等多角形墓,并成为辽代晚期盛行的墓葬形制。其中以八角形主室者居多。多角形墓室的广泛出现及以八角形主室为主要形式的演变过程,或与辽代中晚期佛教的兴盛有关。八角表示八个方位,即四方四隅,亦即《大日经》疏五记述之'八方天'。"②李清泉先生则认为,辽宋时期多角形墓葬的出现是受到了佛塔地宫建筑和墓前的塔形建筑物墓幢的影响③。但这类推断都是基于辽代和宋代晚期开始流行的多角形墓,而在此之前的唐代,河北地区已经出现了多角形的墓葬。齐东方先生在《隋唐考古》中称朝阳地区唐初已经出现了六边形墓葬④。如果说多角形墓葬是受佛教建筑的影响而出现的,那么更应关注唐代早期河北地区的佛教环境对墓葬的影响。

在河北省唐山市徒河水库修筑中清理了晚唐墓34座,可分为砖椁墓、石椁墓和土坑墓。砖椁墓26座,按平面有椭圆、六角、正方和长方四类。六角形墓数量不明,均有穹隆状墓顶,长洞式甬道,券门两侧有翼墙,墓门两侧上角有的雕出直棂窗。墓内一般砌有棺床,有的在床侧雕出束腰式壶门。有的在墓壁侧砌出假桌或壁龛,墓四角又雕出立柱(图5-3)。石椁墓7座,有椭圆、六角和正方三种,形式与砖墓略同,用不规则泥板岩砌筑,顶以大块板石平铺。其中六角形石椁墓的数量也未说明。简报所谓砖椁墓、石椁墓,实际上多是砖室墓、石室墓,简报推断这批墓葬的相对年代大约是由唐末到五代初⑤。

河北省张家口市宣化区近年发现了唐墓30余座,其中有三座为纪年墓,分别为乾符六年(879)唐幽州雄武军衙前亲事兵马使管桃林镇将杨钊墓、会昌四年(844)唐雄武军押衙苏子矜墓、乾符四年(877)雄武军马步都将衙前散兵马使张宗庆墓⑥。

---

① 河北省文物研究所、魏曙光:《河北曲阳田庄大墓取得重要新收获》,《中国文物报》2014年3月14日。
② 韩国祥:《辽阳西上台辽墓》,《文物》2000年第7期,第63页。
③ 李清泉:《宣化辽墓:墓葬艺术与辽代社会》,文物出版社,2008年,第315—316页。
④ 齐东方:《隋唐考古》,文物出版社,2002年,第90页。
⑤ 河北省文管会:《唐山市徒河水库汉、唐、金、元、明墓发掘简报》,《考古通讯》1958年第3期,第10页。
⑥ 张家口市宣化区文物保管所:《河北宣化纪年唐墓发掘简报》,《文物》2008年第7期,第23页。

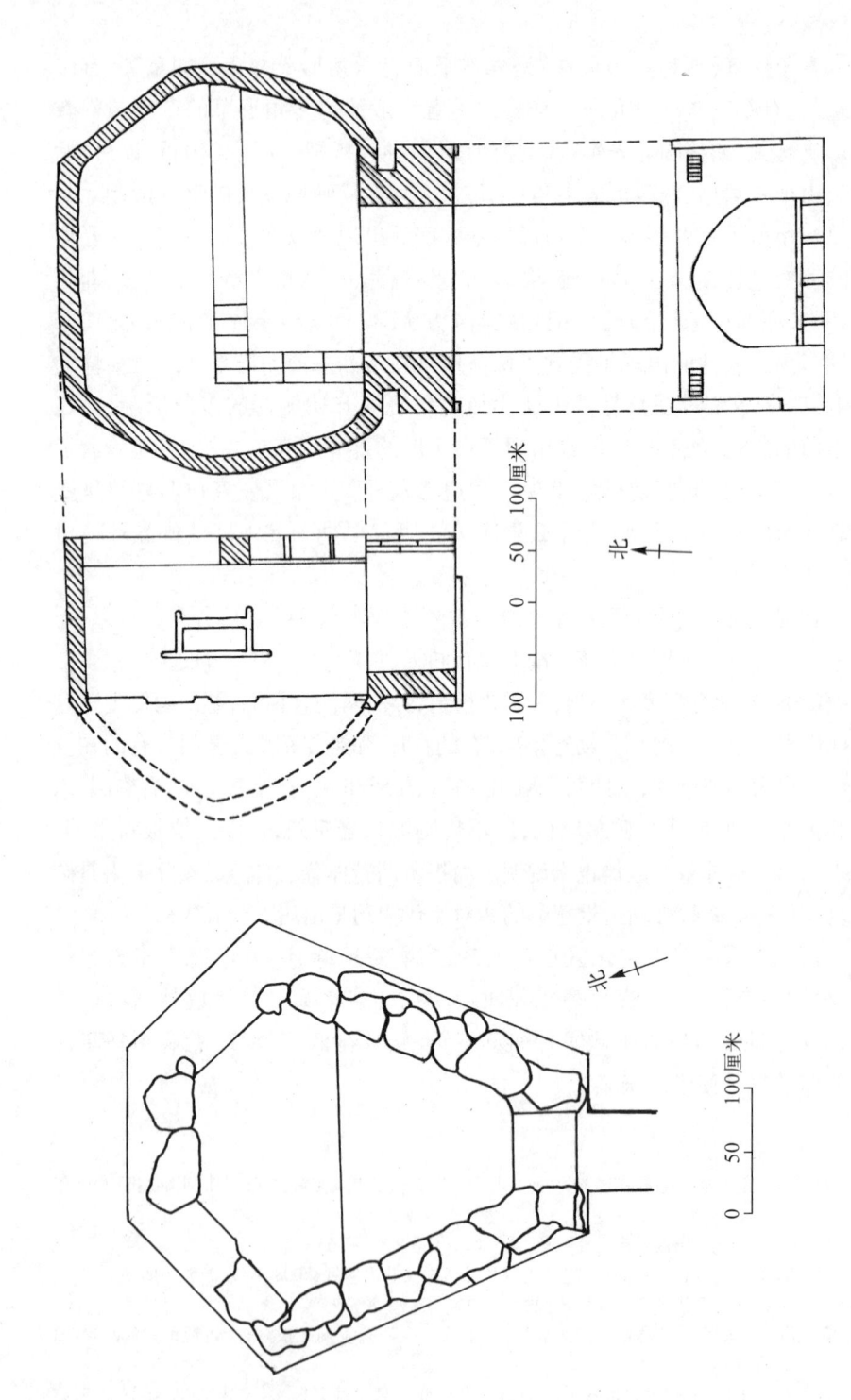

图 5-3 唐山徒河水库三号石室墓和七砖室墓

苏子矜墓为弧方形仿木构建筑砖雕墓,阶梯式墓道,墓门前有天井。墓门为砖雕仿木结构,拱门两侧砌柱子。墓室内四角设立柱,斗栱已残。四壁有仿木构门窗装饰。砖砌凹字形棺床。

杨钊墓为砖雕仿木结构砖室墓,墓道和墓门已毁,墓室平面呈六边形,南北残长3.36米、东西宽4.06米、残高1.9米。后部设凹字形棺床。墓室六角用3块砖凸出做抹角柱子,宽0.18米、高1.02米。柱下雕出柱础,柱上为坐斗枋,上托一斗三升式斗栱,斗栱以上残。六个壁面上雕出仿木结构的门窗、桌、灯等。北壁:中间设门,有门框、门楣、门板,两扇门合严,中间雕筒形锁。门左右雕出直棂窗。西北壁:右侧中间设直棂窗,左侧置门。东北壁:左侧设门,右侧设直棂窗。东南壁已经残损,左侧是直棂窗,右侧雕高檠灯。西南壁残存长条桌。南壁无存(图5-4)。

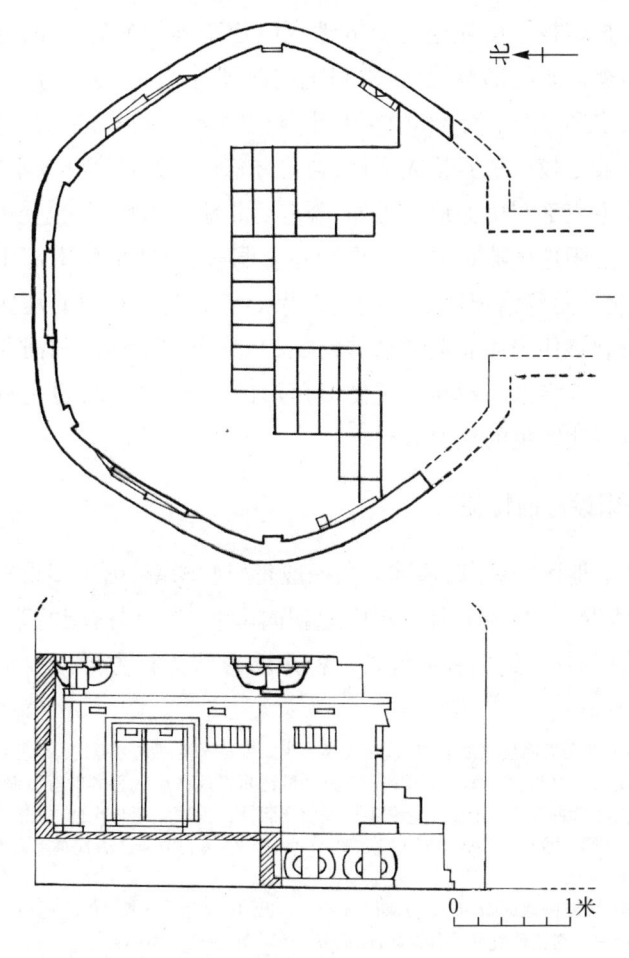

图5-4 宣化唐杨钊墓平剖面图

张庆宗墓为八边形砖雕仿木构建筑墓。南北长 4.4 米、东西宽 4.5 米。墓壁转角处砌抹角倚柱,柱上托一斗三升斗栱。斗栱以上残。东南壁:砖雕高檠灯、直棂窗、椅子和马球杆。东壁砖雕双扇门、直棂窗。东北壁里侧为棺台所占,外侧为直棂窗。西北壁残存半个直棂窗。墓室后部北壁下砖砌须弥座式长方形棺台。

关于两京地区的唐墓,学术界已经有大量的研究成果。宿白、孙秉根、齐东方等先生对西安地区的墓葬都进行过不同程度的综合性研究,程义的《关中地区唐代墓葬研究》则是对关中地区唐墓研究的最新总结[1]。徐殿奎先生对洛阳地区的唐墓做过综合性研究[2],《偃师杏园唐墓》发掘报告也是一部洛阳地区唐墓研究的专著[3]。唐代以两京地区为代表的中原地区的墓葬形制有双室砖墓、双室土洞墓、单室砖墓、单室土洞墓等不同类型,一般都是平面为方形或长方形的砖室墓或土洞墓。没有河北地区发现的圆形墓和多角形墓。根据权奎山先生对南方地区隋唐墓葬的研究[4],南方隋唐墓基本上延续六朝以来的形制,有砖构和土坑两种,按平面可以分为长方形、梯形、刀形、凸字形、双凸字形和中字形几类,也没有圆形和多角形墓。南方砖室墓墓顶一般是较低的券顶或平顶,与北方墓顶一般是穹隆顶不同。

唐河北道南部与中原地区毗邻,既有河北地区的特征,也受中原地区的影响。唐代洛阳地区流行的墓葬形制是土洞墓,河北地区南部土洞墓数量比北部多,就是受到洛阳地区影响的结果。土洞墓不是河北地区墓葬的主要特征。最能够代表河北地区墓葬特征的,是今朝阳地区和河北北部占主要地位的圆形砖室墓。而新出现的多角形砖室或石室墓,也是从河北地区萌生的具有河北特色的墓葬形制。

二、棺床设施的特征

中原两京地区的唐墓,墓葬方向一般是坐北朝南,棺床多设置在墓室西部,顺置于西壁下,墓主头向则相应地朝向南北。不用棺床的墓葬,也是将木棺顺置于墓室中,绝少有横置者。棺床的形状为长方形或前窄后宽的梯

---

[1] 孙秉根:《西安隋唐墓的形制》,《中国考古学研究——夏鼐先生考古五十年纪念论文集》,科学出版社,1986 年,第 151 页;齐东方:《试论西安地区唐代墓葬的等级制度》,载《纪念北京大学考古专业三十周年论文集》,文物出版社,1990 年,第 286 页;宿白:《西安地区的唐墓形制》,《文物》1995 年第 12 期,第 41 页;程义:《关中地区唐代墓葬研究》,文物出版社,2012 年。

[2] 徐殿魁:《洛阳地区隋唐墓的分期》,《考古学报》1989 年第 3 期,第 275 页。

[3] 中国社科院考古研究所:《偃师杏园唐墓》,科学出版社,2001 年。

[4] 权奎山:《中国南方隋唐墓的分区分期》,《考古学报》1992 年第 2 期,第 147 页。

形。由于棺床位于墓室西部，墓门位置移到南壁偏东，甚至与东壁相连，形成刀把形墓。这种墓葬形制，使墓室西部成为一个放置葬具的相对隐秘的空间，而墓室东部成为祭祀空间(图5-5)。

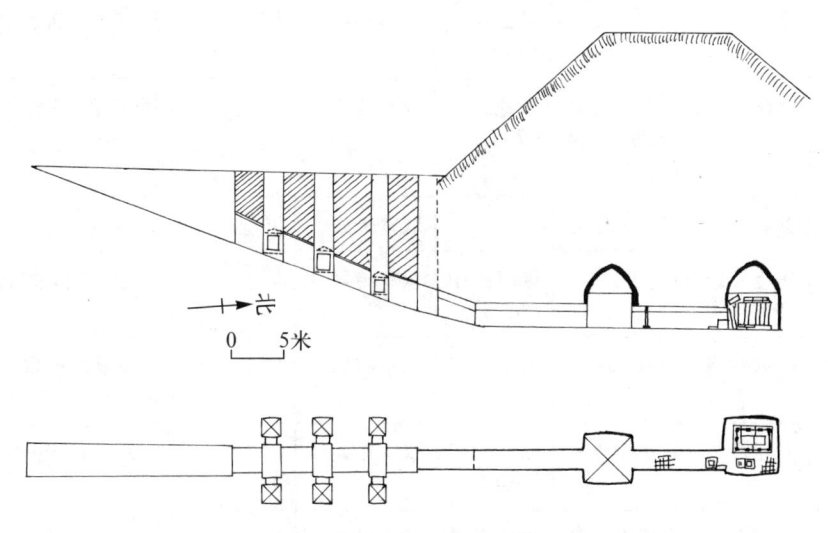

图5-5 西安地区盛唐双室砖墓（章怀太子墓）

笔者对唐代两京地区部分四、五品以上官员的墓葬做了统计，其中涉及双室砖墓、单室砖墓、双室土洞墓、单室土洞墓四种形制，结果显示，这些墓葬的石椁或棺床一般都是位于墓室西侧的，没有棺床的墓葬，其木棺也是顺置于墓室西部(图5-3)。唯一的例外是司马睿墓，其砖棺床置于墓室正中，但也是南北顺置的（见表5-1）。

表5-1 唐代西安地区墓葬葬具位置统计表

序号	墓主	身份	年代	墓室质料、形制	甬道位置	葬具位置
1	李贤	章怀太子（雍王）	神龙二年（706）	双室砖墓	前甬道居中，后甬道偏东	后室西部置石椁
2	李重润	懿德太子	神龙二年（706）	双室砖墓	同上	后室西部置石椁
3	李仙蕙	永泰公主	神龙二年（706）	双室砖墓	同上	后室西部置石椁
4	李重俊	节愍太子	景云元年（710）	双室砖墓	同上	后室西部置石椁、砖棺床

续表

序号	墓主	身份	年代	墓室质料、形制	甬道位置	葬具位置
5	李仁	成王	景云元年(710)	双室砖墓	同上	后室西顺置石棺床
6	韦泂	赠卫尉卿并州都督,淮阳王	景龙二年(708)	双室砖墓	同上	后室西部置石椁、砖棺床
7	苏君	推为苏定方		双室砖墓	同上	破坏、未见
8	房陵大长公主	大长公主	咸亨四年(673)	双室砖墓	同上	后室西部置石椁、石棺床
9	尉迟敬德	司徒、鄂国公	显庆三年(658)	双室砖墓	同上	后室靠北壁置石棺床
10	安元寿	右威卫将军	光宅元年(684)	双室砖墓	同上	室西顺置砖棺床
11	郑仁泰	右武卫大将军	麟德元年(664)	双室砖墓	同上	后室西部置石椁
12	李㧑	惠庄太子	开元十二年(724)	弧方形单砖	偏东	室西顺置石棺床
13	段简璧	邳国夫人	永徽二年(651)	弧方形单砖	偏东	室西顺置石棺床
14	李宇	新城长公主	龙朔三年(663)	弧方形单砖	偏东	后室西部置石椁、砖棺床
15	李宪	让皇帝	开元二十九年(741)	弧方形单砖	偏东	室西部置石椁
16	李勣	司空	总章三年(670)	弧方形单砖	偏东	室西顺置砖棺床
17	苏思勖	银青光禄大夫	天宝四载(745)	弧方形单砖	偏东	室西顺置砖棺床
18	杨思勖	骠骑大将军虢国公	开元二十八年(740)	弧方形单砖	偏东	墓室西部顺置石椁
19	高力士	开府仪同三司	宝应元年(762)	弧方形单砖	偏东	室西顺置石棺床
20	李爽	银青光禄大夫	总章元年(668)	弧方形单砖	偏东	墓室西部顺置砖棺床

续表

序号	墓主	身份	年代	墓室质料、形制、	甬道位置	葬具位置
21	华文弘	严州刺史	仪凤元年（676）	双室土洞	偏东	室西顺置砖棺床
22	唐安公主	公主	兴元元年（784）	弧方形单砖	偏东	室西顺置石棺床
23	薛莫夫妇	右骁卫大将军武昌郡夫人	开元十六年（728）	弧方形单砖	偏东	室西顺置石棺床
24	高克从	义昌军监军使正议大夫	大中二年（848）	弧方形单砖	东侧，梯形竖井墓道	墓室西部砖棺床
25	闫志诚	左神策护军副使朝散大夫	大中十一年（857）	弧方形近圆单砖室	偏东，梯形竖井墓道	墓室西部砖棺床
26	李贞	越王	开元六年（718）	折边方形单砖	偏东	室西顺置石棺床
27	张士贵	辅国大将军虢国公	永徽二年（651）	折边方形单砖	偏东	墓室西部石棺床
28	清源县主	寿王第六女	至德三载（758）	折边方形单砖	偏东	墓室西部砖棺床
29	阿史那忠	右骁卫大将军薛国公	上元二年（761）	折边方形单砖	偏东	墓室西部砖棺床
30	李凤	虢王赠司徒	上元二年（761）	折边方形单砖	偏东	墓室西部石棺床
31	独孤思敬	朝散大夫	景龙三年（709）	方形土洞单室	偏东	墓室西部砖棺床
32	独孤思贞	朝议大夫行乾陵令	神功元年（697）	方形土洞单室	偏东	墓室西部砖棺床
33	韦瑜	歙州刺史	垂拱元年（685）	长方形土洞单室	偏东	墓室西部砖棺床
34	董务忠	朝散大夫行遂州司马	天授二年（691）	长方形土洞单室	偏东	室西顺置砖棺床

续 表

序号	墓主	身份	年代	墓室质料、形制	甬道位置	葬具位置
35	姚无陂夫妇	平州司仓加朝散大夫	697	方形土洞单室	偏东	无棺床,室西顺置二棺
36	司马睿	太子左内率	贞观二十三年(649)	近方形土洞单室	偏东	墓室正中顺置砖棺床
37	温绰	左领军宣化府统军	670	长方形土洞单室	偏东	室西顺置砖棺床
38	颜氏	琅耶县君	神功元年(697)	长方形土洞单室	偏东	室西顺置砖棺床
39	李良	顺政郡王	贞元十七年(801)	长方形土洞单室	东侧,竖井墓道	室西有棺灰痕迹
40	韩氏	扬州大都督府司马吴赟妻	永泰元年(765)	梯形土洞单室	偏东,竖井墓道	室西顺置砖棺床
41	李承乾	恒山愍王	开元二十五年(737)	弧方形土洞	偏东	室西顺置砖棺床

徐殿魁先生总结了洛阳地区隋唐墓葬的形制演变规律:"隋至初唐期以'铲形墓'为主,棺床靠近北壁之下者居多,墓室近方形,四壁向外弧出。部分'靴形'墓室墓,流行于这一期前段。盛唐期以竖长方形墓室居多,四壁近直壁,墓道衔接在墓室南壁偏东处,棺床多靠近墓室西壁。刀形墓已经出现。中唐墓墓道缩短,出现竖井短斜坡墓道及台阶斜坡墓道。墓室竖长方形,出现十二生肖壁龛墓,'刀形'墓比较流行。棺床一般仍靠近墓室西壁。晚唐墓,墓道明显缩短,多成竖井斜坡状。'单梯形'及'双梯形'墓开始流行,十二生肖壁龛墓继续沿用。葬具多停放在墓室西部,但砖砌棺床趋向消失。"[①]

徐殿魁先生将今河南省北部的安阳地区也归入了洛阳地区,他所说的隋至唐初期的铲形墓和棺床靠近北壁下的情况,基本都是安阳地区的墓葬。实际上在唐代安阳地区位于黄河以北,属于河北道南部地区,其墓葬形制更多表现出受洛阳地区影响的河北地区墓葬的特征。排除这种情

---

① 徐殿魁:《洛阳地区隋唐墓的分期》,《考古学报》1989年第3期。

况之后,洛阳地区的墓葬,棺床基本上都顺置在墓室西部。洛阳偃师杏园唐墓发掘资料也显示,"凡能明确识别棺木尸骨者,均为头北足南,而头南足北者仅一二例"①。可见,洛阳地区的墓葬,无论是否使用棺床,大多是南北向顺置棺木。

而河北地区的隋唐墓葬与中原地区不同,棺床多横置于墓室后部,因此人骨头向也是东西向。这种棺床设置方式对于方形墓、圆形墓和多角形墓都适用。对于方形或弧方形墓,棺床一般是横置于墓室后部,呈长方形或"凹"字形。如河北鸡泽县发现的万岁登封元年(696)郭进与夫人张氏、继室高氏合葬墓,是一座弧方形单室砖墓,墓室内砌凹字形棺床,棺床上并列人骨三具②。对于圆形墓来说,棺床则是置于墓室后部,呈半圆形或"凹"字形。河北文安县西关唐墓 M1 和 M2 都是圆形墓室后置半圆形棺床③。河北定县南关唐墓是圆形单室砖墓,棺床作凹字形④。河北阳原县金家庄唐墓是圆形穹隆顶单室砖墓,墓室北部有凹字形棺床,南北长 2.06 米、东西宽 3.20 米、高 0.32 米,上有板灰痕迹,散置骨架两具⑤。棺床横置于墓室后部,依据墓室形制作长方形、半圆形或凹字形,也是河北地区唐墓的一个特征。

凹字形棺床在隋代墓葬中就出现了。河北平山县西岳村发现的崔仲方墓、崔仲方妻李丽仪墓和崔仲方子崔大善墓,属于博陵崔氏西迁一支的家族墓地⑥。其中 M3 为隋开皇十五年崔大善墓,是一座弧方形单室砖墓,墓室南为斜坡墓道和券顶甬道,甬道内有石门一道。墓室平面为弧边方形,东西长 3.2 米、南北宽 3.17 米、穹隆顶高 3.62 米。墓室底部铺砖一层,近甬道处有一凹坑,构成偏"凹字形棺床",棺床高 16 厘米。墓内人骨凌乱,大致可以看出是头东脚西(图 5-6)。据墓葬简报分析,李丽仪墓甬道位于墓室南侧正中,内有石封门及封门砖墙,墓室为弧边方形、穹隆顶,墓葬形制基本上沿袭了东魏、北齐的葬俗。"崔大善墓形制有所变化,出现甬道偏置东侧、墓室内设凹字形棺床的新因素"。唐代河北地区流行的墓室后部横置凹字形棺床,人骨头向东西方向,应该就是继承隋代而来的。这一墓葬特征可是说是河北地区"土生土长"的墓葬因素。

---

① 中国社科院考古研究所:《偃师杏园唐墓》,科学出版社,2001 年,第 372 页。
② 邯郸市文物保护研究所:《河北鸡泽县唐代墓葬发掘简报》,《文物春秋》2004 年第 6 期。
③ 廊坊市文物管理所:《河北文安县西关唐墓清理简报》,《文物春秋》1997 年第 3 期。
④ 信立祥:《定县南关唐墓发掘简报》,《文物资料丛刊》第 6 辑,文物出版社,1982 年。
⑤ 张家口地区文管所:《河北阳原金家庄唐墓》,《考古》1992 年第 8 期。
⑥ 河北省文物研究所等:《河北平山县西岳村隋唐崔氏墓》,《考古》2001 年第 2 期。

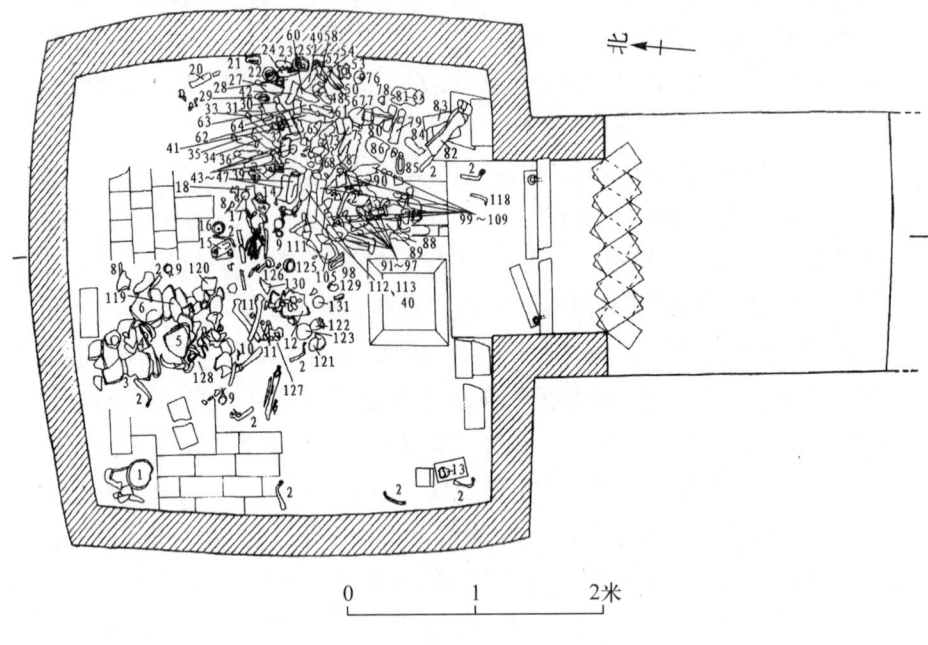

图 5-6　河北平山县崔氏墓 M3 平面图

三、墓葬装饰的特征

河北地区的砖室墓，常在墓门两侧砌筑翼墙（或称挡土墙），还常使用砖砌仿木结构装饰墓葬，如在墓门上部用砖砌筑门楼（或称为照壁），在墓内壁砖砌倚柱、斗栱、门窗、家具等。

河北地区唐墓使用的砖雕仿木结构，与宋代雕砖墓的繁缛装饰相比，还处于初期阶段，一般只是在墓门上部和两侧砌出斗栱和砖柱，在墓室侧壁砌出门、窗，或沿墓室壁砌角柱。如朝阳西大营子发现的唐代朝散大夫墓，是一座圆形砖室墓，墓室直径 12.88 米，墓室内用隔墙分成 5 个小室。墓门南向，墓门墙高 3.46 米、上宽 6.20 米、底宽 5.12 米，上承砖檐，圆拱形墓门在墙中间，起券三道。门上正中砖砌斗栱一朵，两旁有砖砌方柱，柱中间有斗栱两朵，柱下砖砌方形柱础（图 5-7，上）。

前揭河北文安县城关镇 M1，墓门两侧有翼墙，墓室西壁砌一仿木直棂小窗①。河北阳原县金家庄唐墓，墓门上有额墙，为仿木结构建筑，先砌门两侧券脚和横额，上为两朵一斗三升的斗栱，再上承檐椽和滴水。墓室周壁砖砌斗栱六朵，斗栱下各柱间有门窗和家具浮雕。正对墓门的砖砌大门两

---

① 廊坊市文物管理所：《河北文安县西关唐墓清理简报》，《文物春秋》1997 年第 3 期。

侧为对称的两把椅子,椅子左右砌对称的两个直棂窗。西窗左侧为桌子,桌子左侧为灯架;东窗右侧为小门。浮雕门窗家具均涂朱①(图5-7,下)。河北省唐山市徒河水库晚唐砖室墓,券门两侧平墙外列(即翼墙),墓门两侧上角有的雕出直棂窗,有的在壁侧砌出假桌或壁龛,四角又雕出立柱。其中的M7就是墓门两侧有直棂窗,墓室侧壁砌出方桌②。北京海淀区八里庄唐大中二年(848)王公淑墓,墓门两翼有隔墙,西墙上残存一砖砌直棂窗和残斗栱。墓室东西壁正中各有一砖雕仿木构门,涂朱。墓室四角均有砖砌方柱和柱础,墓室壁面绘壁画③。

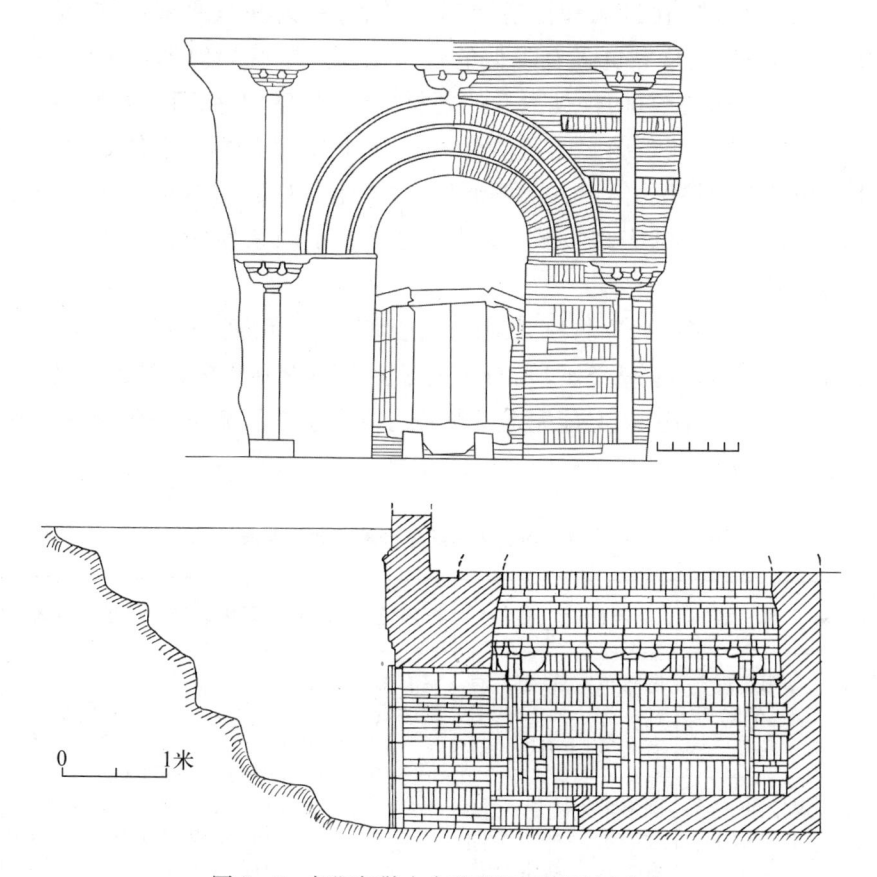

图5-7　朝阳朝散大夫墓墓门正视图(上)和
河北阳原金家庄唐墓纵剖面图(下)

---

① 张家口地区文管所:《河北阳原金家庄唐墓》,《考古》1992年第8期。
② 河北省文管会:《唐山市徒河水库汉、唐、金、元、名墓发掘简报》,《考古通讯》1958年第3期。
③ 北京市海淀区文管所:《北京市海淀区八里庄唐墓》,《文物》1995年第11期。

两京地区的唐墓很少使用砖砌仿木结构作为墓葬装饰,而多在墓壁上绘建筑壁画,作为墓室空间的分割标志和现实中建筑的象征。唐代两京地区尤其是西安地区"较大的墓葬一般都绘有壁画,三品官以上的大墓的壁画,内容更丰富,技艺水平更高"[1]。壁画内容以表现墓主人出行仪仗、游猎、宫廷生活、家居生活为主,也绘有寺观、阙、城墙、楼阁、斗栱、柱、枋、平棊等建筑图案作为人物活动的背景和空间。如贞观五年(631)李寿墓,在第一、二、三、四过洞南壁绘重楼建筑图,甬道东西壁分别绘寺观、道观,在墓室北壁绘庭院[2]。神龙二年(706)永泰公主李仙蕙墓,在墓道东壁绘阙楼、城墙,在过洞和甬道顶部绘平棊,在天井东西壁绘柱、枋、斗栱[3]。其他贵族墓葬也多有类似的建筑图案。中晚唐时期的墓葬盛行家居生活方面的题材,仪仗出行的题材削弱,墓室中盛行以六扇屏风作为装饰,取代了建筑图案的地位[4]。河北地区唐墓虽然也有使用影作仿木结构壁画的情况,但不占重要地位,基本上以砖砌仿木结构的形制为主。这种对建筑的表现方式的不同,也显示了两京地区和河北地区唐墓的差异。

本章选取了一些资料较详细的河北地区纪年唐墓,列出河北地区纪年唐墓墓葬形制表(表5-2),分别显示其墓葬形制和棺床设施的特征。虽然由于资料所限,未必能完全反映河北地区墓葬全貌,但应该能够窥豹一斑。

表5-2 河北地区纪年唐墓墓葬形制表

序号	墓葬	形制(墓室、墓门)	棺床位置、形制	墓内装饰	资料来源
1	朝阳贞观九年(635)张秀墓	圆形单室墓,墓室直径3米。墓门两侧有翼墙,上有额墙。	室右侧顺放石棺一具。		《文物资料丛刊》6辑
2	朝阳贞观十七年(643)勾龙墓	圆形单室砖墓,穹窿顶。拱形墓门两侧有翼墙。墓室直径4.8米,顶不存。	不详	内壁等距砌仿木构砖柱,柱上为一斗三升斗栱,上托枋。	《辽海文物学刊》1987年第1期

---

[1] 宿白:《西安地区唐墓壁画的布局和内容》,《考古学报》1982年第2期。
[2] 陕西省博物馆等:《唐李寿发掘简报》,《文物》1974年第9期。
[3] 陕西省文管会:《唐永泰公主墓发掘简报》,《文物》1964年第1期。
[4] 参王仁波等:《陕西唐墓壁画之研究》,《文博》1982年第1、2期。

续　表

序号	墓　葬	形制（墓室、墓门）	棺床位置、形制	墓内装饰	资料来源
3	朝阳咸亨四年（669）左才墓	椭圆形砖砌单室墓。南北长5.72米、东西宽3.92米。墓门外两侧有翼墙。	墓室西部有南北顺置木棺痕。		《文物资料丛刊》第6辑
4	朝阳垂拱三年（684）孙君墓	圆形单室砖墓，墓门外两侧有翼墙。	墓室后半部，半圆形。		《辽宁朝阳西大营子唐墓》，《文物》1959年第5期
5	河北元氏县垂拱四年（685）吕众墓	墓室遭到严重破坏，故随葬品位置、墓葬结构不详。			《文物春秋》1999年第2期
6	朝阳延载元年（694）高英淑墓	斜坡墓道。墓门有额墙。前室方形，长宽高均5.1米，四角攒尖顶。后室圆形，直径7米，穹隆顶。前室两侧各有一圆形耳室。	后室后部砖砌棺床。	前室东西两壁前侧有直棂窗。	《试述朝阳唐墓形制及其相关问题》，《辽海文物学刊》1996年第1期
7	河北鸡泽万岁登封元年（696）郭进墓	弧方形单室砖墓。竖井墓道。穹隆顶。	墓室后部设凹字形棺床。		《文物春秋》2004年第6期
8	石家庄刘开园墓（简报释读墓志为开元卅三年，误，开元共29年）	斜坡墓道，弧方形单室砖墓。	墓北半部砌砖棺床，高30～40厘米。		《河北石家庄市赵陵铺镇古墓清理简报》，《考古》1959年第7期
9	朝阳天宝三载（744）韩贞墓	圆形多室墓，圆形主室直径4.8米，两侧各有一圆形耳室。墓门不存，甬道塌落。	主室后半部半圆形砖棺床，高0.2米，最宽2.5米。	主室墓壁砖砌蜀柱六根。东西侧砌有仿木直棂窗各一。	《考古》1973年第6期

续 表

序号	墓 葬	形制（墓室、墓门）	棺床位置、形制	墓内装饰	资料来源
10	河北涞水会昌三年（843）张佑明墓	弧方形单室砖墓，甬道两壁正中设对称的圭形壁龛，墓门顶上及其左右用平砖砌成翼墙。	室北部砌"凸"形棺床，总长4.2米，床沿砌成须弥座状，凸面床沿束腰部位砌壶门8个。	墓室原有壁画，已全部脱落，具体内容不详。	《文物春秋》1997年第2期
11	北京大中元年（847）张氏墓	圆形单室砖墓，穹隆顶。墓室直径3.32米。	棺床设在墓室北部，长1.65、宽3.32米。	墓室内壁四周朱砂影作木结构，有斗栱、直棂门窗。	《文物》1990年第12期
12	北京海淀区八里庄唐大中二年（848）王公淑墓	弧方形单室砖墓，斜坡墓道北端有天井。墓门券顶，墓门两侧有翼墙，西墙上残存一砖砌直棂窗和斗栱。	靠北壁有长方形砖棺床，正面束腰式，两侧砌出壶门。	墓室东西壁正中各有一砖雕仿木构门，涂朱。墓室四角有砖砌方柱和柱础。壁面绘壁画。	《文物》1995年第11期
13	大中十三年（859）董庆长夫妇墓	甬道东西两壁砌拱券式壁龛，墓室近似圆形。	室内西侧砌棺床长，略呈刀把形。	四角砖砌仿木结构圆形角柱，东西壁砌直棂窗，涂红彩。	《文物》1992年第9期
14	沧县咸通九年（868）刘元政墓	圆形单室砖墓，带一东耳室。	墓室北部凹字形砖棺床。	墓室壁砌斗栱，桌椅灯架门窗。	《考古》1991年第5期
15	北京乾符五年（873）茹弘庆墓	圆形单室砖墓，残，直径3米，东西直径2.8米。	北部一半为夯土棺床，宽约1.5米，残高0.35米。	墓室东壁残留影作窗框一。	《文物》1990年第12期

由表5-2可知，朝阳贞观十七年（643）勾龙墓已经出现了仿木结构的斗栱、砖柱，朝阳延载元年（694）高英淑墓设置有直棂窗，但唐代前期，墓内

的仿木结构并不流行。直到朝阳天宝三载(744)韩贞墓以后,尤其是晚唐时期,仿木结构装饰的墓葬才变得更加普遍起来。晚唐墓不但在墓壁砌筑门窗、斗栱等简单的仿木建筑,还砌出桌椅灯架等家具设施,并以影作的壁画相配合,这已经是辽宋时期雕砖墓的雏形了。

综上所述,河北地区的唐墓,至少有如下几个特征:

1. 多使用圆形或弧方形砖室墓,圆形墓占主要地位,出现多角形墓,有少量石室墓。

2. 棺床多横置于墓室后部,依据墓室形制作长方形、半圆形或凹字形。

3. 砖室墓墓门多使用翼墙、门楼(照壁),墓内(有时在墓门旁)砌出砖柱、直棂窗、家具等简单的仿木构装饰。

河北地区唐墓的特征并非只有这三点,但这三个特征,是其区别于其他地区墓葬的最明显的标志。这些特征,可以作为本书所论"河北因素"的具体内容,称为唐代墓葬中的"河北因素"。

第二节 圆形墓和仿木构砖雕的渊源

一、圆形墓的渊源

唐代河北地区流行的圆形墓,是一种具有地方特色的墓葬形制,学界一般认为唐代河北地区圆形墓是继承了北朝时期山东地区的墓葬形制[1]。圆形墓出现于北朝后期,最集中的地点是临淄崔氏墓地。临淄崔氏墓地是北朝时期世家大族清河崔氏乌水房的家族墓地,始于北魏,延至北齐,经历了百余年的时间。1973年清理了14座墓,除了M5(崔德墓)平面呈正方形外,其余13座墓平面都呈圆形[2]。1983年又清理了5座墓葬,都是平面呈圆形或椭圆形的石室墓[3]。此外,山东和河北地区也发现了几座北朝时期

---

[1] 齐东方先生认为:圆形墓大约是继承了北朝的做法。山东临淄北朝崔氏墓地大都是圆形墓。临淄紧靠北方,东魏、北齐时是一个行政区域。其他北朝墓多弧方形,有的墓弧度也很大,接近圆形,还有椭圆形墓葬,唐墓应是直接继承了这一地方性特征(齐东方:《隋唐考古》,文物出版社,2002年,第90页)。后来他又从环渤海地区文化交流的角度重申了这一观点,认为"圆形墓的渊源又似乎与北朝时期的山东地区有关"。参齐东方:《隋唐环岛文化的形成和展开——以朝阳隋唐墓研究为中心》,收入王小甫主编:《盛唐时代与东北亚政局》,上海辞书出版社,2003年,第142页。

[2] 山东省文物考古研究所:《临淄北朝崔氏墓》,《考古学报》1984年第2期。

[3] 淄博市博物馆等:《临淄北朝崔氏墓地第二次清理简报》,《考古》1985年第3期。

的圆形墓。济南东魏邓恭伯妻崔令姿墓,为前后双室圆形石室墓①。河北平山县北齐祠部尚书、赵州刺史崔昂墓和北京王府仓北齐砖室墓,为圆形砖室墓②。

朝阳地区的圆形墓在隋代就已经出现。如于家窝铺 M2,为带斜坡墓道椭圆形砖砌单室墓。墓室南北长 3.8 米、东西宽 3.25 米。拱券式墓门高 1.8 米、宽 1.24 米、进深 0.6 米。门上额墙上部出檐口,有二层上下交错的菱角牙子。墓室后部横置木制尸床③。山东嘉祥隋代徐敏行墓、徐之范墓,也是椭圆形砖室墓④。山东半岛与辽东半岛虽然隔着渤海,但一直存在着海路的交流,朝阳地区的圆形墓很可能就是源自青齐地区。

渍州司马左才墓是一座椭圆形砖室墓。据墓志记载,左才是北海千乘(今山东淄博市附近)人,隋大业十二年(616)五月二日病死于私第,其夫人则先一日而死。唐咸亨四年(673)合葬于柳城东南八里之原,即今朝阳中山营子⑤。北海千乘人正是圆形墓流行的地区,左才使用椭圆形砖室墓可能与其故籍墓葬形制的影响有关。青齐地区的圆形墓因素被朝阳地区吸收后,很快普及起来,并向南扩展。唐代圆形墓主要分布在河北道地区,是因为中央王朝对河北的控制较弱,河北长时期保持了相对独立的地位,它继承的北朝因素较少受到关中地区新制度的冲击,得以保存发展。

2005 年,陕西省潼关县高桥乡税村发现一座隋代壁画墓,形制为长斜坡墓道多天井和壁龛的圆形单室砖墓。墓室北部正中置一具石棺。墓道壁画中绘列戟 18 杆。简报推测该墓为废太子杨勇之墓。关中地区高等级隋墓一般都使用土洞墓,税村隋墓为圆形砖室墓,与关中地区传统不同,是受到了山东地区墓葬的影响⑥。

沈睿文对北朝隋唐圆形墓的研究情况进行了梳理和评述,归纳了几种

---

① 济南市博物馆:《济南市东郊发现东魏墓》,《文物》1966 年第 4 期。
② 河北省博物馆等:《河北平山北齐崔昂墓调查报告》,《文物》1973 年第 11 期;北京市文物管理处《北京王府仓北齐墓》,《文物》1977 年第 11 期。
③ 辽宁省博物馆文物队:《辽宁朝阳隋唐墓发掘简报》,《文物资料丛刊 6》,文物出版社,1982 年,第 87 页。
④ 山东省博物馆:《山东嘉祥英山一号隋墓清理简报——隋代墓室壁画的首次发现》,《文物》1981 年第 4 期;嘉祥县文物管理所:《山的弄个嘉兴英山二号隋墓清理简报》,《文物》1987 年第 11 期。
⑤ 辽宁省博物馆文物队:《辽宁朝阳唐左才墓》,《文物资料丛刊》第 6 辑,文物出版社,1982 年。
⑥ 沈睿文:《废太子勇与圆形墓——如何理解考古学中的非地方性知识》,载包伟民、刘后滨主编:《唐宋历史评论》第一辑,社会科学文献出版社,2015 年。

代表性的观点①。第一种观点认为圆形墓是模仿了游牧民族的毡帐形制②，第二种和第三种观点均认为圆形墓是弧方形墓演进的结果。第四种观点认为圆形墓是青齐地区崔氏采用了长江下游东晋南朝高等级墓葬中的椭圆形平面墓葬③。第五种观点将圆形墓的出现与宗教影响联系起来④。笔者也曾讨论过北朝圆形墓出现的原因，认为北朝圆形墓与清河崔氏独特的"吉凶仪范"有关。画像石墓和石祠建筑是汉代儒学和孝道在丧葬建筑上的表现形式，以儒学著称的清河崔氏根据山东地区的画像石墓传统，创造出了圆形石室墓这一独特的墓葬形制，并成为山东、河北地区的墓葬传统⑤。

二、砖雕仿木构门楼建筑的渊源

墓葬是模拟生人居室而建的死者的居所，因此从事死如事生的观念出发，必然会尽量在细节上模仿地上建筑。汉代崖洞墓和画像石墓中就已经出现仿木构石雕斗栱建筑。墓门上砖砌门楼的做法，最早在东汉墓中出现。如甘肃酒泉县下河清汉墓 24 号墓，为前后双室砖墓，墓门三层拱券，上有"檐墙"设施，高 1.10 米、宽 2.05 米、厚 0.17 米，雕有斗栱，坐斗处浮雕马头。同一墓地的 17 号墓是一座前中后三室墓，墓门结构是在三层拱券上再砌一层陡砖，陡砖上又以砖的侧边雕成八角形平铺四层成檐状，显得非常精致⑥。在陕西潼关西的东汉弘农杨氏墓地中发掘的七座墓都有仿木结构的门楼。以墓 6 为例，门楼通高 4 米、宽 1.5 米，券门顶上有斗栱，通高 80 厘米，从壁面凸出约 2 厘米，最下为大斗，斗上置横栱，长 85 厘米，两端散斗之

---

① 沈睿文：《北朝隋唐圆形墓研究述评》，载社科院历史所马克思主义理论与史学史研究室：《理论与史学》第 2 辑，中国社会科学出版社，2016 年。
② 如张洪波认为"当时北方少数民族居住的圆形毡庐环车是其(圆形墓)模仿的主要对象"。张洪波：《试述朝阳唐墓形制及其相关问题》，《辽海文物学刊》1996 年第 1 期。所谓"毡庐环车"，是其对《新唐书·北狄传》所载奚人"与突厥同俗，逐水草畜牧，居毡庐，环车为营"一句的误解。张勋燎、黄伟认为圆形墓出现之初只是简单地模仿穹庐毡帐，唐代中晚期以后加强了对汉族居室建筑的模仿。参张勋燎、黄伟：《论后蜀和陵的特征及其相关问题》，《成都文物》1993 年第 3 期。
③ 李梅田：《论南北朝交接地区的墓葬——以陕南、豫南鄂北、山东地区为中心》，《东南文化》2004 年第 1 期。
④ 如倪润安认为清河崔氏乌水房的崔光将云冈石窟寺的形制移植到家族墓葬的设计上，创立了圆形石室墓。见倪润安：《试论北朝圆形石质墓的渊源与形成》，《北京大学学报》(哲社版) 2010 年第 3 期。
⑤ 崔世平：《临淄北朝崔氏墓与清河崔氏乌水房》，原载《蒋赞初先生八秩华诞颂寿纪念论文集》，学苑出版社，2009 年，后收入崔世平：《中古丧葬艺术、礼俗与历史研究》，中国社会科学出版社，2018 年。
⑥ 甘肃省文管会：《甘肃酒泉县下河清汉墓清理简报》，《文物》1960 年第 2 期。

上又各置横栱,东边栱已残,表面涂朱。斗栱上部砖壁面刻出圆形和菱形图案各三层,再上斜伸出一层屋檐;屋檐上有砖砌双阙,高60厘米①(图5-8,左)。宁夏彭阳县新集乡北魏M1在土圹前端和后端,均有一座土筑房屋模型②。长安县韦曲北朝墓M1,在过洞顶部用土刻四阿顶房屋模型,过洞南壁剖面土刻多重楼阁式建筑模型③。

　　魏晋南北朝墓葬中仍然继承了使用砖雕或砖砌仿木建筑的做法,但并不普遍。北魏时期华阴杨舒墓为一座单室砖墓,有高大的仿木构砖砌门楼,室内四角砖砌角柱,继承了弘农杨氏的墓葬传统④(图5-8,中)。山西祁县北齐韩裔墓,由墓道、甬道、墓室组成,甬道最南端有仿木构砖雕门楼建筑。两边一横一纵平铺造砖砌立柱,立柱承托法券,券上平铺六层砌砖,其上又有三个斗栱,中间为一斗三升,两侧是人字栱,栱上承接椽子和飞子,再上有

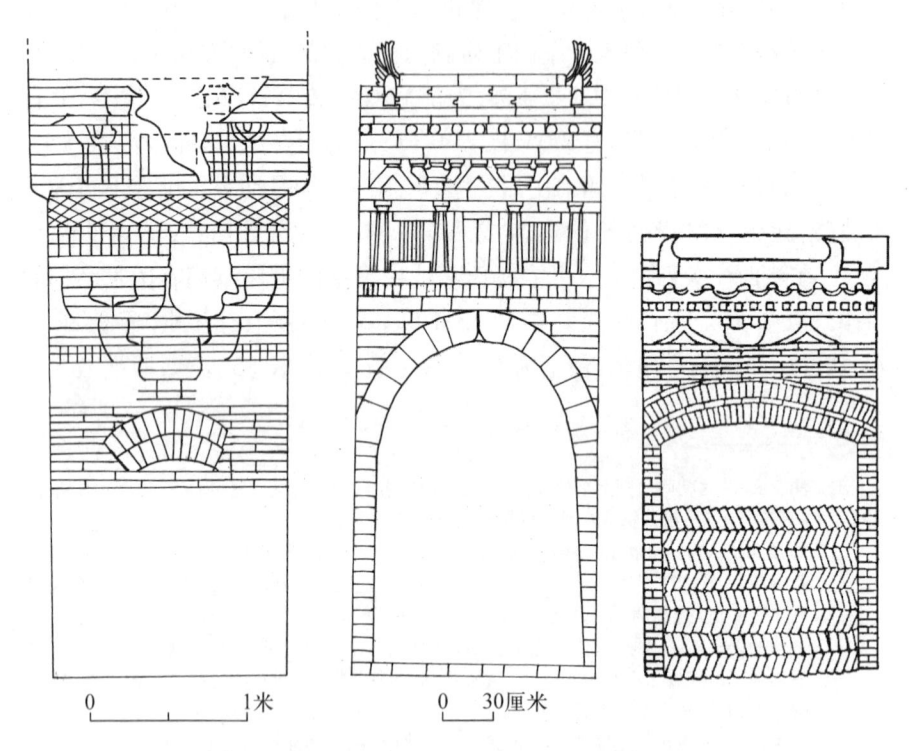

图5-8　华阴县弘农杨氏墓M6(左)、华阴北魏杨舒墓(中)、
　　　　祁县北齐韩裔墓(右)门楼立面示意图

①　陕西省文管会:《潼关吊桥汉代杨氏墓群发掘简记》,《文物》1961年第1期。
②　宁夏固原博物馆:《彭阳新集北魏墓》,《文物》1988年第9期。
③　陕西省考古研究所:《长安县北朝墓葬清理简报》,《考古与文物》1990年第5期。
④　崔汉林等:《陕西华阴北魏杨舒墓发掘简报》,《文博》1985年第2期。

勾头、滴水,成对扣合在一起,共十一组,构成坡状屋顶,最上由鸱尾和屋脊结顶①(图5-8,右)。河北赞皇东魏李希宗墓甬道券顶以上据说原砌有矮墙和砖刻仿木结构②。

关中地区在北周时期墓葬壁画比较简单,没有东魏北齐壁画反映仪仗出行、墓主生活的庞大场面。最具特色的彩绘楼阁题材是关中东汉以来墓葬装饰的传统,不过此前的砖雕或土刻门楼变为彩绘门楼,这种彩绘门楼的做法为此后的关中唐墓继承③。墓门上砖砌门楼的传统在中原地区被彩绘门楼的传统代替后,在西北地区魏晋十六国墓仍然得到延续。齐东方先生认为北魏以后河北地区墓葬砖砌门楼所继承的就是西北地区的传统④。

东汉墓葬中出现的仿木构建筑门楼,自从北周变成彩绘门楼并为隋唐墓葬继承,便成为两京地区高等级壁画墓中唯一的表现方式。而河北地区由于受关中地区墓葬因素影响较小,仍然保留了承自北朝的砖砌(雕)仿木构门楼的传统,影响及于晚唐五代,逐渐发展为复杂的门楼建筑,并成为后来宋金墓葬的主要门楼建筑装饰形式。

第三节 "河北因素"的继承
——河北地区五代辽宋墓葬

河北地区五代墓发现较少,辽宋时期的墓葬相对较多,大体上仍然继承了本地区唐代墓葬的特征,可以说是河北因素在本地的延续。

张家口市宣化区砖室墓⑤是一座砖砌仿木结构穹隆顶单室墓。墓室平面为圆六角形(简报原文如此,因无图,不得其详),直径3.58米。顶部自起券处塌毁,壁残高2.53米。拱形墓门在墓室南端,高1.2米,宽0.84米。正对墓门的北壁有砖砌窗户,高、宽皆1米。墓室周壁砌有斗栱六朵,斗栱下承六角形立柱,立柱高1.6米。墓室靠北壁处有砖砌棺台,长3.58米、进深

---

① 陶正刚:《山西祁县白圭北齐韩裔墓》,《文物》1975年第4期。
② 石家庄地区革委会文化局文物发掘组:《河北赞皇东魏李希宗墓》,《考古》1977年第6期。
③ 李梅田:《魏晋南北朝墓葬的考古学研究》,商务印书馆,2009年,第176页。
④ 齐东方先生认为朝阳地区隋唐墓带有西北十六国时期墓葬带照壁(即门楼)的传统,和北魏在此设营州,从西北地区迁来人口的历史背景有关。参齐东方:《隋唐环岛文化的形成和发展——以朝阳隋唐墓研究为中心》,《盛唐时代与东北亚政局》,上海辞书出版社,2003年。
⑤ 张家口市宣化区文保所:《张家口市宣化区发现一座五代墓葬》,《文物春秋》1989年第3期。

1.5米、高0.4米。该墓无纪年,但墓葬形制和随葬陶器器类与北京、河北、内蒙古等地发现的辽墓不大相同,故简报推测年代可早到五代时期。该墓墓室平面按简报为"圆六角形",笔者推则可能是圆形,因为沿墓壁有六根立柱,将墓壁分为六部分,导致简报描述语意模糊。无论是圆形还是六角形墓室,都是河北地区唐墓的特点;靠北壁设置棺床也符合"河北因素"的内容。

河北保定市发现的五代王处直墓,由斜坡墓道、墓门、甬道、前室、东西耳室和后室组成,全长12.5米。墓葬用青石砌筑而成。前室方形,拱顶,四壁分布壁龛14个。后室长方形,拱形顶有凹字形棺床,高0.3米,中部填夯土,床面用砖石平铺,中央有腰坑。王处直墓没有使用圆形墓室,但后室设置了凹字形棺床,属于"河北因素"的内容。使用石砌墓室,也是河北地区唐墓的一个特征。

河南省内黄县的一座后汉墓葬,据描述应为单室砖墓。墓室周围砖雕七幅生活图案,有灯台、门楼、书房、大门、生活住室、厨房、窗棂,其中一幅门楼是仿木砖雕斗栱[1]。内黄县属河南省安阳市,唐五代时期属于河北道南部地区。

辽代早期墓室按平面分有圆形和方形,一般有短小的耳室和甬道[2]。董新林先生《辽代墓葬形制与分期略论》一文将辽墓分为类屋式墓、类椁式墓、土洞墓和土坑竖穴墓四类,其中类屋式墓是主要的形制。在辽兴宗(1031～1055年在位)以前,类屋式墓的形制以圆形和方形主室为主;兴宗以后则常见多角形主室墓。从已知材料看,辽代契丹人和汉人的墓葬在形制上没有明显的差异[3]。

在北京南郊发现的辽赵德钧及其夫人种氏墓是一座大型多室砖墓,分前、中、后三室,每室又有左右两个耳室,共九室。九个墓室平面皆为圆形,壁有砖砌立柱、阑额、柱头枋、斗栱等[4]。赵德钧为辽卢龙军节度使、北平王。1956年曾在此墓南约10米处发现二人合葬墓志铭。赵德钧墓形制虽然复杂,但也是从唐代河北地区圆形多室墓发展而来的(图5-9)。

辽韩相墓位于河北迁安上芦村,为一座圆形仿木结构单室砖墓,坐西朝东。墓道及墓门未发掘。甬道券顶,宽0.89米、高1.5米。墓室圆形,直径2.94米,高3.15米,墓室后部砌半圆形棺床,高36厘米。墓室砖砌仿木结构,围绕墓壁砌出每边宽6厘米、高1.35米的八角形倚柱四根,柱头有斗栱。

---

[1] 张粉兰:《内黄发现五代十国墓葬》,《中国文物报》2000年9月20日。
[2] 刘鲲、刘谦:《辽墓分期试论》,《辽宁工程技术大学学报》(社科版)1999年第3期。
[3] 董新林:《辽代墓葬形制与分期略论》,《考古》2004年第8期。
[4] 北京市文物工作队:《北京南郊辽赵德钧墓》,《考古》1962年第5期。

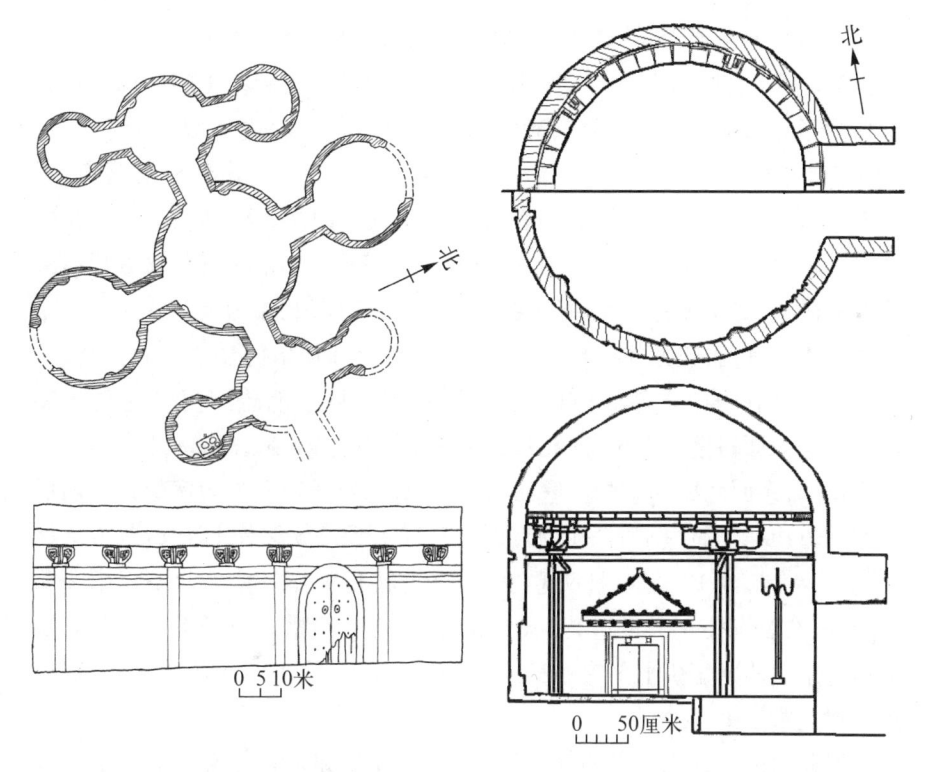

图 5-9　辽赵德均墓平面图及左后室壁展开示意图

图 5-10　辽韩相墓平剖面图

西壁正中砌假门，北壁砌门楼式建筑，南壁也砌出门楼。东壁接甬道处砌券门，门南侧砌长 60 厘米、宽 53 厘米的破子棂窗。北侧雕一山字形灯檠（图 5-10）。据墓志，墓主韩相是辽兴军衙内马步军都指挥使。其曾祖韩知古，《辽史》有传。韩相于辽开泰二年（1013）终于永安军私第，六年（1017）才归葬于辽城西安喜县砂沟乡福昌里①。韩相墓的圆形墓室，后置半圆形棺床，都是唐墓"河北因素"的继承。墓壁砖砌假门、门楼建筑、灯檠等仿木结构，比河北唐墓的仿木结构更复杂。

宣化辽代壁画墓群位于河北省张家口市宣化城西下八里村，1974 年至 1993 年发掘了 9 座古墓，分属于张氏和韩氏两个家族墓地。张氏墓地发掘了 8 座，即张世卿墓（M1）、张恭诱墓（M2）、张世本墓（M3）、张世古墓（M5）、M6、张文藻墓（M7）、M9 和张匡正墓（M10）。韩氏家族墓仅发现了韩师训墓（M4）。两处墓地都处在辽代晚期。最早为辽道宗大安九年（1093），最晚为辽天祚帝天庆七年（1117）。张世本之妻在金皇统四年（1144）亡故

---

① 河北省博物馆等：《河北迁安上芦村辽韩相墓》，《考古》1973 年第 5 期。

后启墓与其夫合葬,实际筑墓时间还是辽大安九年。

9座墓中有圆形单室砖墓1座(M3)、六边形单室砖墓1座(M2)、前方形后圆形双室砖墓3座(M7、M9、M10)、前方形后六边形双室砖墓3座(M4、M5、M6)、前长方形后方形双室砖墓1座(M1)。墓葬均由墓道、天井[①]、墓门、墓室几部分构成。墓门砌筑仿木建筑门楼,墓室内有砖雕的柱、斗栱、破子棂窗等设施。以大安九年张匡正为例,该墓是一座前长方形后圆形双室砖墓,封土无存。墓道斜坡形,有15层阶梯,北端为天井。天井北是仿木结构的墓门,正面作出拱券,券的左右和上部作出门额、立颊、横枋、斗栱等,一直到檐脊,全部砖雕而成,施以彩绘。从铺地砖到门脊通高3.65米。前室平面略呈正方形,南北长1.84米、东西宽1.8米,高2.8米。南北两壁为拱门,东西两壁为壁画。壁面从1.55米高处开始内收为穹隆顶。前后室有甬道相连。后室平面呈圆形,直径3.2米,顶高3.3米,四角砖筑方形抹角倚柱,涂朱,高1.12米,柱头卷杀,上有内转角铺作一朵。北壁正中砖雕一门楼,左右朱柱立于砖基上,承阑额,上托三朵斗栱。门楼下正中为方形假门。东西两壁正中上部有一破子棂窗。前后室除了砖砌仿木构建筑外,还绘建筑彩画[②]。

河北地区是辽宋交界地区,河北地区的辽墓和宋墓在文化面貌上并没有太大的差异,具有很多相同的特征。

河北曲阳南平罗北宋政和七年(1117)墓,是一座圆形砖雕仿木结构壁画墓。墓向185度,墓室为圆形,直径3.2米。墓室北部有凹字形棺床,南北长2.15米,高0.3米。棺床外边砌砖,内部填土。墓门在南,券顶。墓室内壁用彩绘和砖雕表现出仿木结构建筑。共有6根檐柱,每根檐柱上承托一组单抄四铺作斗栱,其中华栱和下昂用砖雕构成,其他部分用多种颜色彩绘而成。檐柱上有各种几何形图案。各檐柱间的壁上有砖雕和彩绘表现的仿木门窗和家具,除南面墓门外共有五组。从墓门西侧起为第一组,左侧为一砖雕灯台,灯台右侧为一砖雕彩绘版门。门右侧有竖行朱书"政和七年四月日"七字。第二组左侧竖行朱书"政和七年四月六日",右边长方形框内外绘熨斗、剪刀、柜橱。第三组正中为砖雕彩绘版门,两侧各设砖雕破子棂窗一个。第四组为砖雕灯台和砖雕彩绘版门。第五组中间为砖雕桌子,两侧各有一把

[①] 研究辽墓的学者一般把墓道北端和墓门门楼之间的一段长方形竖穴土圹称为"天井","天井"一般宽于墓道,而和门楼外缘等宽,底部平坦。天井的空间一般被认为象征门楼前的庭院,实际上应该是砌筑门楼时施工的空间。这种天井和唐墓中多天井、过洞长斜坡墓道上的天井不同。

[②] 河北省文物研究所:《宣化辽墓——1974～1993年考古发掘报告》,文物出版社,2001年。

砖雕靠背椅。阑额下面用灰彩绘幔帐。穹隆顶，棺床至墓顶高 2.94 米，墓顶用白色绘 98 颗星，东侧绘太阳，西侧绘月亮（图 5-11）①。

由以上墓例可知，河北地区五代辽宋墓葬中，圆形墓室和多角形墓室、砖雕仿木建筑、凹字形棺床等河北因素得到了继承和发展。在墓葬形制上，不但有圆形和多边形墓室，出现了前方形后圆形墓室和前方形后多边形墓室；在砖雕仿木建筑方面，这一时期的砖雕更趋复杂，墓室内也出现了砖雕门楼。不仅汉人墓葬中河北因素得到发展，契丹人也越来越多地使用具有河北因素的墓葬。这些现象表明，河北因素在河北地区已经牢牢扎根，成为辽宋墓葬的主流形式。

唐代属河北道北部的内蒙古地区，五代以后属辽，这一地区也

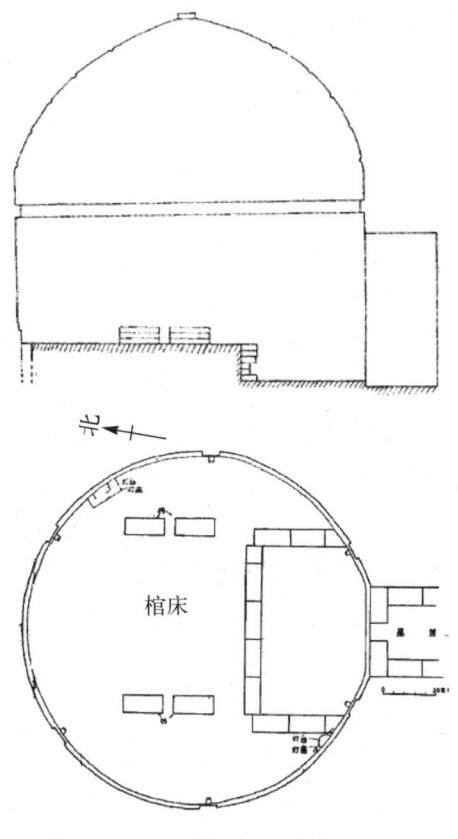

图 5-11　曲阳北宋政和七年墓

发现一些具有河北因素的墓葬。内蒙古呼和浩特市清水河县窑沟乡塔尔梁村东南坡地发现 2 座五代圆形仿木结构砖室壁画墓，均为单室墓。以 M1 为例，该墓由墓道、墓门、甬道和墓室组成，方向 165 度。墓室平面呈圆形，直径 2.92 米、高 2.34 米，穹隆顶。墓室内用方砖铺地，墓室大部砌成凹字形棺床，高于甬道底 0.28 米。墓壁被 6 根立柱分为 6 个壁面。南壁长约 1.5 米，其余壁面为 1.2～1.3 米。柱头铺作为一斗三升式，栌斗、昂皆为砖雕而成，凸出墓壁，用暗红色彩绘勾边，内填红彩。铺作上端普拍枋亦为红彩，其上为一层砖雕的圆形檐椽，凸出墓壁。砖雕的单层垄瓦均匀分布，垄瓦相交处有砖雕半圆形瓦当。

墓壁装饰由砖雕和壁画共同构成。南壁甬道口两侧有对称的方形砖雕窗，东窗为菱格形，西窗为网格形，甬道口上方绘朱雀。朱雀右下方为侍宴图。

---

① 保定地区文管所等：《河北曲阳南平罗北宋政和七年墓清理简报》，《文物》1988 年第 11 期。

两侧砖雕窗户上方各绘有一横向的人物造型,左侧为郯子取鹿乳奉亲的故事。砖雕窗户下方分别为守门人画像。

西南壁有砖雕灯檠和菱格窗。壁面顶部拱间绘三人,穿不同颜色的圆领长袍,双手持笏,身下有祥云,简报命名为"道教打坐图",可能是人形十二生肖图像。其下壁画分三层,第一层为丧葬礼仪画面,第二层左侧为耕作图,右侧为刑罚图。第三层以灯檠分为两部分,左侧为狩猎图,右侧为商旅图。西北壁左侧有砖雕门,右上角为砖雕菱格窗户。壁面顶部拱间亦为打坐图,其下壁画有云龙图、打马球休憩图、男子抚琴图、灵兽图、钓鱼图、宴饮图等。

北壁有砖雕门和窗。壁面顶部拱间为玄武,壁面正上方为老莱子娱亲孝行图,孝行图右侧为卧冰求鲤的孝子图。东北壁壁面左侧下方砖雕斗、熨斗和剪刀等一组工具,其上为菱格形砖雕窗户,右侧为砖雕门。壁面顶部拱间有打坐图。其下壁画大体分为三层。上层左侧为伏羲女娲图,绘制粗糙,中层为一只公鸡,下层为休憩图。东南壁拱间为打坐图。其下壁面分左右两部分,右侧壁面表现娱乐工具与武器。左侧壁面上层由两幅出行图组成,下层为一组商旅图。

M2 形制与 M1 的墓葬形制和墓葬装饰题材均相似,只是周壁分为 4 个壁面[①]。两座墓葬没有纪年,发掘简报根据墓葬形制和出土器物推测为唐末五代时期的墓葬。两座墓的圆形砖室、凹字形棺床、仿木构砖雕柱子、斗栱、门窗和家具等特征,反映了河北墓葬因素的影响。墓葬壁画内容丰富而有特色,值得进一步研究。

内蒙古赤峰市巴林左旗哈拉哈达镇小西沟自然村的盘羊沟发现一座墓葬,地面原来残留石人和石羊各一。该墓为多室砖墓,由墓道、墓门、甬道、主室、耳室组成,全长 23.7 米,方向 160 度。砖砌拱形墓门,门上部砌成仿木结构的屋檐建筑,通高 4.28 米。屋檐正面采用砖雕及影作手法构筑。墓门两侧砖砌立颊,门额上方用雕砖砌出亚腰形门簪二个。门额上方影作阑额、普拍枋,其上置斗栱三朵。斗栱上托撩檐,其上为檐橼,椽上铺板瓦十五垄,板瓦上覆十六垄筒瓦,筒瓦之上是正脊。墓门后砖砌券顶甬道,甬道后为砖砌主室。主室平面呈圆形,直径 5.6 米,顶部已坍塌,应是穹隆顶。周壁用砌出倚柱 9 根,倚柱上承斗栱,倚柱之间有砖砌阑额。斗栱均为单抄四铺作,在柱头上置栌斗,栌斗左右置泥道栱,再上为散斗、替木等。栌斗正面置

---

① 内蒙古师范大学科学技术史研究院、内蒙古文物考古研究所:《内蒙古清水河塔尔梁五代壁画墓发掘简报》,《文物》2014 年第 4 期。

华栱,其上置交互斗。斗栱上承砖砌柱头枋。壁面绘壁画,仅存东耳室门南侧两汉装男侍。主室地面铺方砖,中部偏北有一砖砌小帐基座,小帐仅存西、北、东三面木枋的残段。

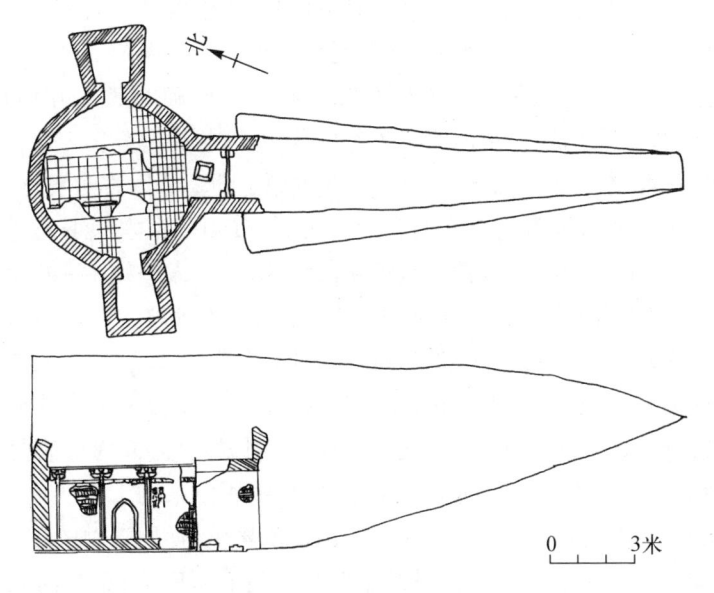

图 5-12 德妃墓平、剖面图

主室东、西两侧各有 1 个平面梯形耳室。耳室四角和东、南、北三面中部绘赭红色立柱七根,柱上绘黑色斗栱,甬道上方绘补间铺作一朵,立柱之间、斗栱之上绘赭红彩阑额和枋①。

据出土墓志记载,墓主为后唐庄宗德妃伊氏。同光四年(926)明宗兵变,德妃被遣归太原。清泰三年(936),辽太宗耶律德光助石敬瑭夺取政权,退兵时将德妃掠走。德妃卒于辽太宗会同五年(942),辽太宗"旻颁诏命,俾创松楸,内密典丧大臣,藏事依中朝之轨式,表上国之哀荣"。

"中朝"一词有朝廷、中原、中原王朝等涵义,与"边地"对举时,往往指中原或中原王朝。"藏事依中朝之轨式,表上国之哀荣",即按照中原王朝的丧葬礼仪规范安葬德妃,以示契丹对她的尊崇。直接体现"中朝轨式"的,除了丧葬礼仪外,还应包括墓葬形制和随葬品组合。德妃墓为圆形仿木构砖雕壁画墓,墓门上部砖砌仿木结构屋檐建筑,主室用雕砖砌出倚柱、斗栱、阑额,都是河北因素的影响,应是"中朝轨式"的体现。

德妃墓作为入辽汉人贵族的墓葬,没有出土鸡冠壶、提梁壶、瓜棱壶、鸡

---

① 赤峰市博物馆等:《内蒙古巴林左旗盘羊沟辽代墓葬》,《考古》2016 年第 3 期。

腿坛、马具等契丹特色器物，更多地表现出河北地区墓葬因素的影响，但同时也受到契丹葬俗的影响，使用了契丹贵族常用的葬具木制小帐，体现了"上国哀荣"的一面。

圆形仿木构建筑砖雕壁画墓在契丹被作为"中朝轨式"，其使用者由汉人扩展到契丹人，逐渐成为一种典型的契丹墓葬形制。如内蒙古自治区哲里木盟(今通辽市)发现的辽陈国公主和驸马合葬墓，为砖砌单室墓，由阶梯墓道、天井、甬道和墓室组成，甬道两侧有两个圆形侧室①。德妃墓作为这种墓葬形制的早期渊源之一，显示了晚唐五代时期中原王朝墓葬因素对契丹的影响。契丹接受中原葬俗也跟辽太宗的态度有关。《辽史·太宗纪下》：(会同三年十二月)"丙辰，诏契丹人授汉官者从汉仪，听与汉人婚姻。"②两年后德妃去世，辽太宗下诏使用中原王朝丧葬礼仪，也就不难理解了。

安史之乱后，河北地区长期处于藩镇割据状态，五代后梁也只能使河北部分地区名义上服从，无法彻底收服河北藩镇。然而经过后唐的征服与统治，尤其是明宗的经营，河北地区逐渐消除了割据色彩，成为后唐的核心区之一，河北的士人也开始认同中央政权，这是中唐以来的重要变化③。德妃墓使用的"中朝轨式"，体现了河北墓葬因素的影响，而冠以"中朝"之名，却在某种程度上反映了河北墓葬因素在中原王朝的制度化，也是河北地区的政治文化转型在物质文化上的体现。

第四节 "河北因素"的传播

如果将晚唐、五代以至于辽宋金的墓葬做广泛的比较，我们可以发现"河北因素"在宋辽金元墓葬史中占有非常重要的地位。首先，"河北因素"不但对中原地区墓葬产生了巨大的影响，还影响到南方地区的墓葬；其次，"河北因素"对五代以后的近世墓葬有深远的影响。

一、对河东地区的影响

河东地区主要是今山西省境内，唐代河东地区的墓葬形制和西安、洛阳

---

① 内蒙古自治区文物考古研究所、哲里木盟博物馆编：《辽陈国公主墓》，文物出版社，1993年。
② 《辽史》卷四《太宗本纪下》，第49页。
③ 关于后唐时期朝廷对河北藩镇的经营及河北人士融入中原王朝的情况，可参吴丽娱：《从敦煌〈新集杂别纸〉看后唐明宗时代河北州镇的地缘关系与领地拓展——〈新集杂别纸〉研究之一》，《唐研究》第19卷，北京大学出版社，2013年。

两京地区相似，一般也归入中原地区墓葬①。有关河东地区唐代墓葬的研究有郭怡《山西长治地区唐墓初探》②，华阳《山西地区唐墓初探》③，杨丽萍、郎保利《太原与长治唐墓的比较研究》④等。本节对河东地区和中原地区分别考察。

河东地区发现的唐代墓葬根据建筑材料不同，可以分为砖室墓和土洞墓两大类。砖室墓大多集中在太原与长治两个地区，多为单室墓、穹隆顶。墓室的平面为圆角方形、方形或长方形。墓室的四壁向外砌出一定的弧度，墓门开在墓室的南壁，墓向为南北向。有的砖室墓带有天井、小龛或耳室。太原地区墓葬棺床一般是长方形砖砌棺床，多位于墓室北壁下，少数位于墓室西壁下或东西两壁下。长治地区墓葬棺床多位于西壁或北壁下，一般为长方形，也有少数凹字形的棺床。壁画墓基本集中于太原地区，一般是在墓室的四壁绘制仿木构的斗拱及补间铺作，然后利用立柱将四壁分成仿屏风的多扇形式，每一个屏风内都是一独立的画面。画面的内容以树下老人为主，还有侍女图、文吏图、侍卫图。墓顶绘有星象图和四神图。

河东地区发现的五代墓葬不多。位于山西代县的后唐太祖李克用建极陵，墓室用石块砌成，直径9.7米，穹隆顶高5.56米。墓壁砌10根方柱，柱顶雕有斗拱，柱头上立一尊面目狰狞的石雕怪兽。墓室东、西、北三面均浮雕有直棂窗、门户，以及守门男女侍从像。在墓室四周还间隔放有11尊石雕官服人像⑤。圆角方形墓室是河东地区唐代砖室墓形制的特征。墓室砌筑石柱，浮雕直棂窗、门户，是"河北因素"之一，只是把常用的砖砌改成了石雕。

1987年，山西大同发现过唐末天佑年间的大型圆形砖雕墓，证明大同地区唐末五代已经出现了圆形砖雕墓⑥。自石敬瑭将燕云十六州献给辽国后，大同地区就成为辽国的辖地，但在文化上仍然以原来汉文化传统为主，墓葬也继承了唐末形制。1984年在大同西南郊发现的辽代景宗乾亨四年(982)许从赟夫妇墓就是一座圆形砖雕壁画墓，是晋北地区一座辽代早期

---

① 秦浩：《隋唐考古》，南京大学出版社，1992年，第141页。
② 郭怡：《山西长治地区唐墓初探》，南京大学历史学系2000级考古专业本科生毕业论文。
③ 华阳：《山西地区唐墓初探》，吉林大学硕士毕业论文2004年。
④ 山西省考古学会、山西省考古所编：《山西省考古学论文集（四）》，山西人民出版社，2005年。
⑤ 杨继东：《极建陵》，《文物世界》2002年第5期。
⑥ 资料尚未发表，见王银田等：《山西大同市辽代军节度使许从赟夫妇壁画墓》，《考古》2005年第8期。

纪年墓①。该墓由墓道、墓门、甬道和墓室组成,方向188度。墓门圆拱形,宽1.57米、高2.1米,上砌门楼,通高4.55米。门楼正面筑仿木结构的砖雕斗栱及其他建筑构件,外表涂红色与黑色,部分构件墨绘。墓室平面圆形,底径4.92米,穹隆顶,高5.2米。墓室内有砖雕立柱6根,将壁面分为6部分,每部分正中设假门、直棂窗或衣架,两侧站立人物,南侧一部分正中为墓门。在墓室后部原东西向放置一件木棺罩,在木棺罩内中央铺地砖下面有石棺一个,放在一个长方形土坑内,四周平砌砖9层,上盖石板,表面铺地砖,棺内盛有大量骨灰(图5-13)。

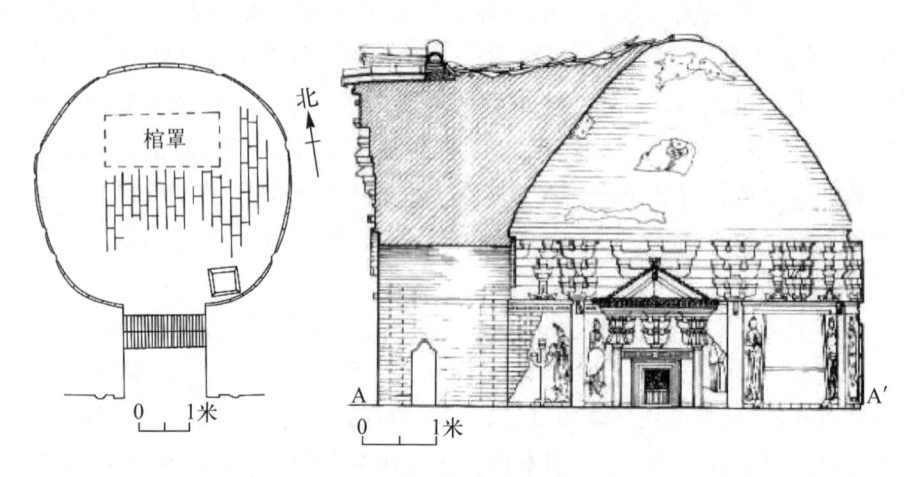

图5-13 大同辽许从赟墓平面、侧剖面图

山西太原晋祠后晋王氏小娘子墓墓室平面椭圆形,以仿木结构砖雕彩绘装饰,周壁砌6根柱子,涂红色,柱顶两侧绘黑彩阑额,上接一斗三升柱头铺作,再承平槫。立柱将墓壁分为6个壁面,除南壁外的5壁有门窗,3个较大壁面设置仿木格子门,2个较小壁面砌出破子棂窗。墓室内砖砌凹字形棺床②。太原市晋祠镇青阳河村北汉太惠妃王氏墓,是由墓道、甬道、前室、过道、后室组成圆形石室墓。前室呈圆形,北侧有石棺床,北壁有一过道通往后室,后室是深入山体的不规则石洞③。大同和太原发现的圆形砖室墓和石室墓、仿木构砖雕装饰、凹字形棺床,说明五代时期受到了河北墓葬因素的影响。

---

① 资料尚未发表,见王银田等:《山西大同市辽代军节度使许从赟夫妇壁画墓》,《考古》2005年第8期。
② 太原市文物考古研究所:《山西太原晋祠后晋墓发掘简报》,《文物》2018年第2期。
③ 太原市文物考古研究所:《山西太原青阳河北汉太惠妃墓发掘简报》,《考古与文物》2018年第6期。

五代以后,晋中、晋南地区受到河北因素的持续影响,该地区发现的宋金时期的墓葬在形制和墓葬装饰上具有强烈的河北因素特征。

　　山西忻县北宋田茂墓,是一座八角形的单室砖墓,墓室南北长3.5米、东西宽3.4米,墓顶八角叠涩。斜坡墓道在南端,长7.7米,宽1.3米。墓室南壁有砖券墓门。墓室内靠后半部有六角形棺床,高0.35米。墓主田茂,生于宋仁宗嘉祐四年,由武状元积职至武功大夫,河东路第六将,于宋徽宗政和四年死于驻扎地隆德府(今长治市)①。

　　太原市东南郊南坪头砖厂一个家族墓地共发现十座墓,按平面形制分八角形墓和六角形墓两种。均为单室砖墓、圆锥形墓顶,墓道均向南成斜坡形。各墓有砖砌斗栱,并做成檐椽及瓦垄状。各墓埋葬两人或三人。砖棺床均横直在墓室后部。根据出土器物、钱币可知是北宋末年的墓葬②。

　　山西长子县石哲金代壁画墓,为方形单室雕砖墓,方向183度。墓室平面方形。室内后部有砖砌凹字形棺床。墓室四隅用砖砌仿木立柱,下有础,上承斗栱,四壁各施补间斗栱一朵,共有斗栱八朵,斗栱上雕刻飞檐板瓦。墓室北壁用砖雕和绘画分为三间。明间两侧各设一根红色明柱,柱上设栌斗,承托普柏枋和插板。明间中画墓主人生活图。两次间各设一门,门内砖砌一壁龛,内存尸骨。墓室东西两壁均在中间设红色双扇半启门,门两侧设直棂窗,门窗两侧与上面画壁画。东壁北侧窗上有"正隆三年二月十六日了,壁画匠崔琼、程经"墨书题记③。

　　今大同、代县都属晋北地区,五代时期晋北与河北北部幽州等地合称幽蓟十六州地区,这一地区在文化面貌上与晋中、晋南地区差别较大,自成体系。与太原、长治地区墓葬受中原影响较多不同,晋北地区在墓葬形制上更多接受了河北地区的影响。唐末五代时期,这里就出现了圆形墓。宋金时期,圆形墓和多角形墓增多,反映了河北地区的墓葬因素影响的增加。而晋南地区的墓葬形制,一直都以方形、长方形墓为主,圆形墓较少,但方形、长方形的仿木建筑砖雕墓,仍是对唐墓河北因素的继承。

二、对关中地区的影响

　　关中地区发现的五代墓很少,目前发表的主要有宝鸡李茂贞夫妇墓和彬县冯晖墓。

---

① 冯文海:《山西忻县北宋墓清理简报》,《文物参考资料》1958年第5期。
② 太原市文管会:《太原市南坪头宋墓清理简报》,《文物参考资料》1956年第3期。
③ 山西省考古研究所晋东南工作站:《山西长子县石哲金代壁画墓》,《文物》1985年第6期。

李茂贞夫人秦国夫人刘氏墓是砖室混筑的双室墓,甬道和前室部分用石块砌筑,端门、庭院、后室部分以青砖砌筑。斜坡墓道底端为砖砌仿木结构的端门,门洞两侧有砖砌倚柱。端门上部为三层仿木砖砌建筑,使用了柱头铺作、补间铺作、窈曲栏板、屋檐等建筑构件。最高层建筑高1.5米,正面以高浮雕的砖雕和砖砌的立柱、柱头铺作,共同构成四柱三开间的建筑格局。居中为大门,两侧各有一落地式破子棂窗。在东西两斜面的墙壁上,有东西厢建筑,皆呈三柱两开间,各有一门一窗,整体突出于墙面。门额上有门簪,半启的门扉间有妇人启门砖雕。西厢屋顶上方砖墙镶嵌一组"乘凤驾鹤西游图"砖雕。端门之后的庭院由院门、院庭、东耳室和西耳室组成,东壁有二人抬轿图砖雕,西壁有八人抬轿图砖雕,两壁上部有多幅鸳鸯牡丹图砖雕。东耳室南、北壁镶嵌"汉人牵马图"砖雕,西耳室南、北壁镶嵌"胡人牵驼图"砖雕。前室为条石砌筑。后甬道南端为石券,北部为砖券,砖构部分东西两壁分别建两个小龛,两龛之间镶嵌高浮雕重彩伎乐砖雕。后室为砖砌八角形,有东、西、北三个耳室,耳室内又有数量不等的小龛[①]。彬县冯晖墓是方形单室砖墓,主室附带三个耳室,耳室内又有若干小龛,和李茂贞夫妇形制相似[②],其墓门上有砖雕门楼建筑(参见图2-1)。秦国夫人墓的砖雕仿木构建筑门楼、砖雕壁画和八角形的后室,以及冯晖墓墓门砖雕门楼,都表现出河北因素的影响。

三、对河南地区的影响

1952年在河南禹县(今禹州市)白沙水库区发掘了初唐至晚唐砖室墓17座,均为单室墓,大多数平面为方形、长方形,仅1座为椭圆形。第170号墓平面椭圆形,长2米、宽1.7米,残高0.6米,墓门在南面中间,甬道长0.4米,长方形棺床横置于墓室后部。171号墓四壁外弧,墓室长4.10米、宽3.60米、高3.8米。墓室内砌凹字形棺床,东壁有小土洞耳室。墓室四角高1米处均有一斗三升式的斗拱。东西两壁上各有用砖雕窗棂一个,高0.5米、宽0.37米。北壁上有凳形砖雕两个,高0.36米、宽0.34米,两凳中间砖雕镰形一个。该墓出土了"会昌开元"铜钱,又使用了砖雕装饰,简报推断为晚唐墓。第172号墓呈折角方形,长方形砖棺床横置于墓室后部[③]。白沙唐墓的椭圆形砖室、墓室后部横置棺床、凹字形棺床、简单的砖雕斗拱等,都不

---

① 宝鸡市考古研究所:《五代李茂贞夫妇墓》,科学出版社,2008年。
② 咸阳市文物考古研究所:《五代冯晖墓》,重庆出版社,2001年。
③ 陈公柔:《白沙唐墓简报》,《考古通讯》1955年创刊号。

是河南唐墓的本地特征,而是河北因素。

洛阳伊川县窑底乡后晋开运三年李俊墓,是一座圆形墓(简报作十二角形),壁面折角处有柱,柱头有斗栱、瓦檐,两柱间每隔一壁饰以竖砖窗棂,两窗之间砌为方龛或桌椅①。洛阳伊川后晋孙璠墓为砖砌圆形单室墓,墓壁为砖砌仿木结构,八根方形抹角倚柱,上承铺作,柱间为阑额②。近年在洛阳地区发现洛阳龙盛小学壁画墓③、洛阳邙山镇营庄村壁画墓④、洛阳道北五路壁画墓⑤、孟津新庄壁画墓⑥等多座圆形砖雕壁画墓,都应是受到河北因素影响的后晋墓葬。

濮阳市发现的后周显德二年圆形砖室墓,墓壁从左至右有剪刀、熨斗、砖门、酒壶、桌椅等砖雕,并施有不规则的红白彩绘⑦。新郑市北郭店乡陵上村后周恭帝顺陵,墓室平面呈圆形,直径约6.2米,高约7米,在墓室及甬道的砖砌壁面绘彩色的仿木建筑构件和人物图像,墓室顶部绘星象图⑧。顺陵的圆形形制为河北因素,而彩绘仿木建筑是洛阳地区唐墓的传统。

今河南省发现大量宋代墓葬,中部、北部、西部、南部都有较多分布,可分为砖室墓、石室墓和土坑墓三类。砖室墓以仿木结构单室为主要特征,墓室平面有圆形、方形、多角形(六角形、八角形等)以及方形和多角形结合等多种形制⑨。圆形墓和多角形墓,其渊源显然来自河北地区。

北宋太宗元德李后陵墓室平面近圆形,直径7.95米。墓周壁砌抹角倚柱10根。柱高2.65米、宽0.19米、隐出壁面0.05～0.07米。柱间连以栏额、柱头砌仿木建筑的单昂四铺作斗栱。环绕墓壁的砖砌立柱之间有11个壁面。壁面上砖雕有桌椅灯檠衣架门窗等,墓室中北部置石棺床⑩。魏王赵頵夫妻合葬墓墓葬形制与元德李后墓相似,墓门为仿木构建筑,用青砖券筑,门额由两块石板接合,额上斗栱三组,为一斗三升,上承替木。斗栱涂红

---

① 侯鸿钧:《伊川县窑底乡发现后晋墓一座》,《文物参考资料》1958年第2期。
② 四川大学历史文化学院考古系、洛阳市第二文物工作队:《洛阳伊川后晋孙璠墓发掘简报》,《文物》2007年第6期。
③ 洛阳市文物考古研究院:《洛阳龙盛小学五代壁画墓发掘简报》,《洛阳考古》2013年第1期。
④ 洛阳市文物考古研究院:《洛阳芒山镇营庄村北五代壁画墓》,《洛阳考古》2013年第1期。
⑤ 侯秀敏、胡小宝:《洛阳道北五路出土的五代壁画墓》,《文物世界》2013年第1期。
⑥ 洛阳市文物考古研究院:《洛阳孟津新庄五代壁画墓发掘简报》,《洛阳考古》2013年第1期。
⑦ 张相梅:《河南濮阳发掘五代墓》,《中国文物报》2000年12月10日。
⑧ 李书楷:《五代周恭帝顺陵出土壁画》,《中国文物报》1992年4月5日。
⑨ 孙广清:《河南宋墓综述》,《中原文物》1990年第4期。
⑩ 河南省文物研究所、巩县文物保管所:《宋太宗元德李后陵发掘报告》,《华夏考古》1988年第3期。

色。墓底圆形,径6.54米①。

河南地区宋金时期的墓葬除了继承以前的方形、弧方形墓外,出现了更多的圆形、多角形砖室墓,其中很多使用阶梯墓道,墓室后半部横置棺床或砌成凹字形棺床。收录于郑州考古所编《郑州宋金壁画墓》中的有:

郑州二里岗宋墓,弧方形单室砖墓,墓室后部横置须弥座棺床。郑州南关外北宋砖室墓,阶梯墓道弧方形单室砖墓,有凹字形棺床。荥阳司村宋代壁画墓②,六角形单室砖墓,有凹字形棺床。荥阳孤柏嘴宋代墓③,六角形单室砖墓。新密下庄河宋代壁画墓和新密平陌宋代壁画墓,均为八角形单室砖墓,有凹字形棺床。登封宋代壁画墓,斜坡墓道,六角形单室砖墓。登封高村宋代壁画墓,阶梯墓道,八角形单室砖墓。登封黑山沟宋代壁画墓,阶梯墓道八角形单室砖墓,凹字形棺床。登封城南庄宋代壁画墓,斜坡墓道八角形单室砖墓,凹字形棺床。登封箭沟宋代壁画墓,斜坡墓道,八角形单室砖墓。巩义市涉村宋代壁画墓,圆形单室砖墓。登封王上金代壁画墓,阶梯墓道,八角形单室砖墓,墓室后半部横置须弥座棺床。荥阳杜常村金代砖雕墓,八角形单室砖墓。这些墓葬中最早的二里岗宋墓在北宋初年,最晚的王上壁画墓和杜常村砖雕墓时代在金代中晚期。北宋早中期的两座均为弧方形墓,以后的墓葬均为多角形或圆形墓。

由以上墓例可见,五代以后,以至宋金时期,唐代流行于河北地区的"河北因素"已经成为河南地区墓葬普遍的特征。"河北因素"的影响所及,不分社会阶层高下,上至皇室,下至平民。

四、对青齐地区的影响

今山东境内的黄河以南地区,唐代也属于河南道,但这一地区文化面貌有自身的特征,和以今洛阳、郑州为中心的中原地区并不完全一致。

1997年在山东省临沂市药材站发现了一座带简单砖雕装饰的圆形砖室墓(图5-14)。该墓坐北朝南,墓门砌为仿木结构的门楼,高1.96米、上宽2.04米、底宽0.84米。拱形门洞两侧各有一支柱和斗栱仿木建筑。墓室圆形,直径2.28米,残高1.32米,北部铺砖。北壁有用砖砌成的高38厘米、宽52厘米的仿门结构,东西两半圆壁上对称砌有四个高1米的斗栱。东壁两斗栱之间有一高62厘米、宽76厘米的仿木直棂小窗。窗南为一壁龛。墓内出土

---

① 周到:《宋魏王赵颢夫妻合葬墓》,《考古》1964年第7期。
② 原发表于《中原文物》1982年第4期,收入时有改动。
③ 原发表于《中原文物》1998年第4期。

瓷碗、瓷灯、陶砚、铜镜各1件。简报根据墓葬形制和器物，推断该墓年代大致为唐代晚期①。但从该墓出土的瓷灯形制看，与北京发现的辽重熙十四年至二十二年(1045~1053)王泽夫妇墓出土的白瓷灯相似，只是稍宽、矮②，推测其年代也可能晚至北宋初。

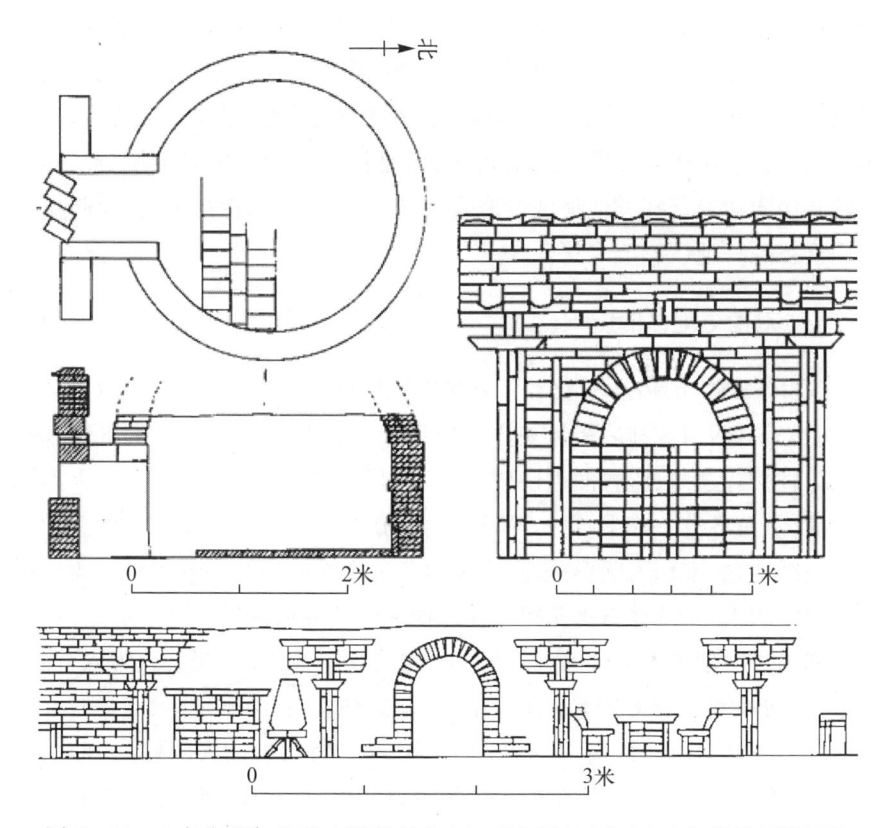

图 5-14　山东临沂唐墓 M1 平剖面(上左)、墓门结构(上右)及墓壁展开图(下)

根据陈刚的研究，今山东地区北宋时期开始出现砖雕仿木建筑墓，已发表的资料有济南治平年间(1064~1067)墓、济南熙宁八年(1075)墓、济南洪家楼雕砖壁画墓等。这些墓葬基本上都是圆形墓。金代的砖雕仿木建筑墓情况和北宋相似，已知的材料有济南市区金墓 M1(1192)、高唐虞寅墓(1197)、济南郑家庄砖雕墓等，基本上都是圆形墓，偶有六边形墓。进入元代后，其他地区的砖雕仿木建筑墓迅速衰退，而山东地区恰恰相反，在经历了宋金时期的缓慢发展后在元代进入了顶峰。目前在山东地区已发现了大

---

① 邱播、苏建军：《山东临沂市药材站发现两座唐墓》，《考古》2003 年第 9 期。
② 北京市文管处：《近年来北京发现的几座辽墓》，《考古》1972 年第 3 期。

量的元代砖雕壁画墓,这些墓葬除了个别为方形墓外,均为圆形墓①。

青齐地区目前发现的唐墓很少,这是一个奇怪的现象②。1965年在济南市东发现的东魏崔令姿墓,有前后两个圆形石室,平面呈"8"字形,前室直径3.1米,后室直径4.5米,穹隆顶③。山东临淄发现的始于北魏、沿用至北齐的清河崔氏家族墓地,第一次发掘共清理了14座墓,都是石室墓,其中13座平面呈圆形;第二次发掘清理了5座墓葬,都是平面呈圆形或椭圆形的石室墓④。在中断了几百年后,圆形墓在青齐地区重新出现并长期流行,应该不是上承北朝崔氏家族圆形墓的传统,而是接受了河北因素的影响。尤其是砖雕仿木建筑墓在其他地区衰退后,在这一地区依然保持流行,反映了河北因素在这一地区影响之深。

五、对南方地区的影响

"河北因素"的传播不限于北方和中原地区,还影响到南方地区。就墓葬形制来说,四川成都后蜀孟知祥和陵是最典型的"河北因素"墓葬。和陵墓门为牌楼式建筑,屋脊两端鸱吻,上刻龙凤,龙首吻脊,彩枋四柱,上刻青龙白虎,左右各有一武士石像。墓室青石砌成,为1个主室附2个侧室的并列三室结构,三室均为圆形平面,穹隆顶。主室横陈须弥座式棺台。孟知祥是邢州龙冈人,其墓葬直接照搬了河北地区的墓葬形制。

四川广汉烟堆子遗址M3为五代时期的双室券顶砖室墓,分为东、西两个墓室,两墓室北端头龛均为仿木结构,有瓦、檐、枋、斗拱、柱、廊、台阶。其中西墓室头龛为重檐结构,东墓室头龛为单檐结构,有四根门柱⑤。将头龛砌为仿木结构,应该是墓室仿木结构的缩微化,也应与河北因素的影响有关。

据韩小囡研究,包括今天四川东北部的青川、广元、广安、绵阳,东南部的乐山、资中、内江、泸县宜宾、重庆西部的重庆、大足等地,以及贵州北部的桐梓、遵义、湄潭等地的川渝贵地区,已经发现了大量宋代砖石雕壁画墓,是宋代一个墓葬装饰的发达地区。该区仿木建筑装饰墓葬以石室墓为主,装

---

① 陈刚:《宋元仿木建筑墓研究》,南京大学2006年硕士毕业论文,第25页。
② 齐东方先生曾提出山东半岛没有唐墓报道与其实际的行政建制、人口规模、社会背景相矛盾的现象,参见《隋唐环岛文化的形成和展开——以朝阳隋唐墓研究为中心》,载王小甫主编:《盛唐时代与东北亚政局》,上海辞书出版社,2003年。
③ 济南市博物馆:《济南市东郊发现东魏墓》,《文物》1966年第4期。
④ 山东省文物考古研究所:《临淄北朝崔氏墓》,《考古学报》1984年第2期;淄博市博物馆等:《临淄北朝崔氏墓地第二次清理简报》,《考古》1985年第3期。
⑤ 四川省文物考古研究院等:《2004年广汉烟堆子遗址晚唐、五代墓地发掘简报》,《四川文物》2005年第3期。

饰内容多数为仿木门窗或仿木结构壁龛的形式,像北方地区那样整个墓葬框架都用仿木建筑装饰的墓葬较少①。这种装饰特征应该是与广汉烟堆子五代墓 M3 一脉相承的。

连云港市砖厂发现 4 座五代到北宋的墓葬,其中 2 号墓为前后双室砖墓,前室平面近椭圆形,东侧有一个小耳室,后室为长方形。4 号墓为带短甬道的前后双室砖墓,前室近圆形,后室为长方形②。

简报据出土器物推测 2 号墓时代在北宋初年真宗时,4 号墓的时代在五代至宋初。两座砖砌双室墓,前室圆形,后室长方形,应该是受到北方的影响。M2 无墓门,属于椁形墓而非屋形墓,墓内又有排水沟和阴井,是南方墓葬的特征。今连云港市海州一带自唐至宋皆属海州朐山县,是海陆及运盐河的交通口岸和以盐业为中心的贸易集散地,是当时一个经济、交通与商业贸易中心,人口也相当稠密。古海州城南门外,历年发现了若干座五代北宋墓,都是中小型平民墓。具有"河北因素"特征的墓葬的出现,可能和北方人口向南流动有关。

江苏邗江蔡庄五代墓是前后双室砖墓,前后室各带两个侧室。前室底铺 4 厘米厚的木板,木板上有一座砖砌的"凹"形台③。所谓凹形台,正是河北地区墓葬因素凹字形棺床的形制,只不过这里用在了前室,也不是起棺床的作用,可能是舍弃了功能性的纯粹形制的模仿,也反映了河北因素的影响。墓室底部铺设木板的做法,也见于晚唐时期河北地区的魏博节度使何弘敬墓④。何弘敬墓墓室平面为圆形,室底铺一层厚石板,石板下叠压了两层厚木板,木板下是砖砌的圆形基址。南方五代墓葬使用仿木建筑装饰,最典型的例子是南唐二陵。南唐二陵普遍使用了倚柱、斗栱等仿木砖雕,已见前文。

北宋时期长江流域的仿木建筑砖室墓也增多了。据黄义军研究⑤,今湖北地区的宋代仿木建筑墓按平面形制可以分为三型:A 型,方形或长方形单室,偶见船底形或等腰形墓室,是长方形的变化形式,多为穹窿顶,次为券顶,个别为叠涩顶。墓壁装饰以砖雕为主,有涂彩痕迹,一般是在两侧壁砌出两椅一桌或熨斗、剪刀、尺子等简单用具。后壁专用于表现门窗,个别砌出凉亭类建筑。砖雕中不见人物题材。B 型,多边形单室,如襄樊市磨基

---

① 韩小囡:《宋代墓葬装饰研究》,山东大学 2006 年博士学位论文,第 78 页。
② 南京博物院、连云港市博物馆:《江苏连云港市清理四座五代、北宋墓葬》,《考古》1987 年第 1 期。
③ 扬州市博物馆:《江苏邗江蔡庄五代墓清理简报》,《文物》1980 年第 8 期。
④ 邯郸市文管所:《河北大名县发现何弘敬墓志》,《考古》1984 年第 8 期。
⑤ 黄义军:《湖北宋墓分期》,《江汉考古》1999 年第 2 期。

山宋墓,墓室为八边形,墓门为仿木结构,墓壁有砖雕和彩绘图案①;随县唐镇宋代壁画墓,为六边形墓室,附一小龛,墨绘仿木建筑构件及花草②,不见板门、格子门砖雕和人物动物题材。C型,双室墓,如荆门赵王墓一例③,石墓门,前室正方形,后室八角形,有一斗二升交互斗栱,甬道内绘武士、桌椅、门窗等。A型仿木建筑砖室墓在北宋第一期(太祖、太宗、真宗时期)开始出现,第二期(仁宗、神宗、英宗时期)大量流行,第三期(哲宗至钦宗时期)A型仿木建筑墓出现比较复杂的斗栱和格子门,B型和C型墓开始出现。

1993年在湖北省老河口市发掘了12座北宋时期的砖室墓,均为简单的仿木建筑单室墓,平面有长方形、方形、圆形三种,一般由墓门、甬道、墓室组成。M8、M9为圆形墓。M2、M10砌有仿木结构的门楼。M5、M2、M7、M8、M9五座墓在墓室北部设有砖棺床。M2、M6、M10三座墓砌有假门和桌椅④(图5-15)。

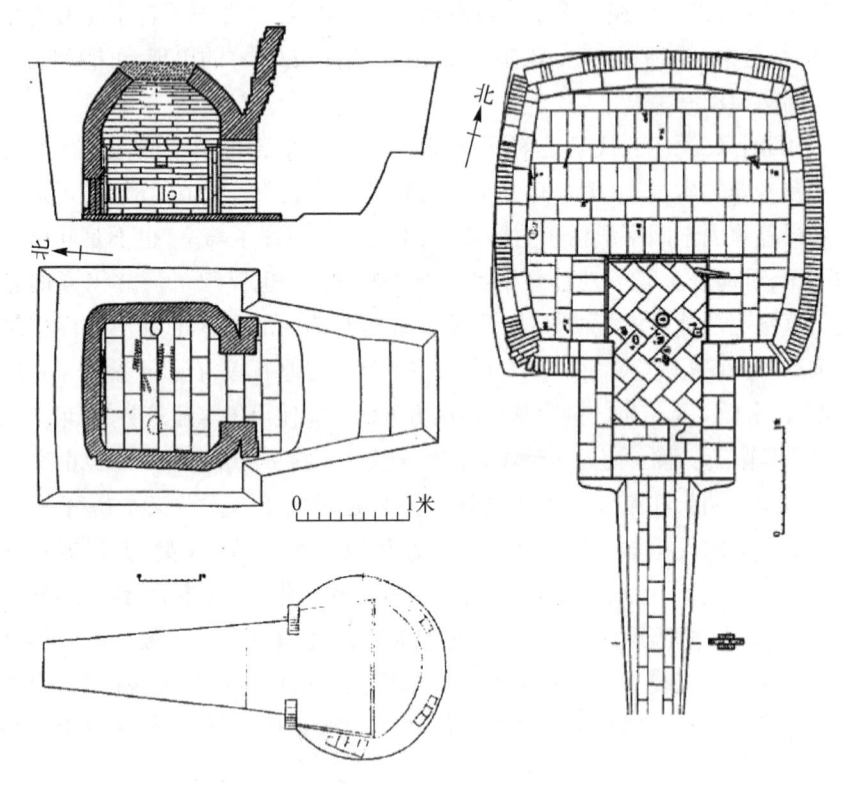

图5-15 湖北老河口市M10平剖面图(上左)、
　　　　M7平面图(上右)和M8平面图(下)

① 襄樊市博物馆:《襄樊磨基山宋墓发掘简报》,《江汉考古》1985年第3期。
② 《随县唐镇发现带壁画宋墓及东汉石室墓》,《文物》1960年第1期。
③ 《湖北荆门赵王墓的调查》,《文物参考资料》1954年第9期。
④ 老河口市博物馆:《湖北老河口市王冲宋墓清理简报》,《江汉考古》1995年第3期。

北宋时期，河北因素已经成为中原地区的主要墓葬因素，鄂西北地区的宋墓承接了中原北方尤其是河南地区的文化传统，因此具有河北因素的墓葬在这一地区大量出现。

1953年在安徽六安县九墩塘发现的1号、2号和11号墓都是仿木构建筑装饰宋墓。其中1号墓为单室砖墓，墓室内四角砌砖柱，柱头铺作为一斗三升。后壁有两根较短的砖柱，下有方形柱础，柱间两以砖枋补间铺作一斗三升。北壁镶嵌桌椅，南壁镶嵌灯台。墓门正面有八字形护墙，左右墙中间各镶嵌一个砖柱，柱头五铺作①（图5-16）。

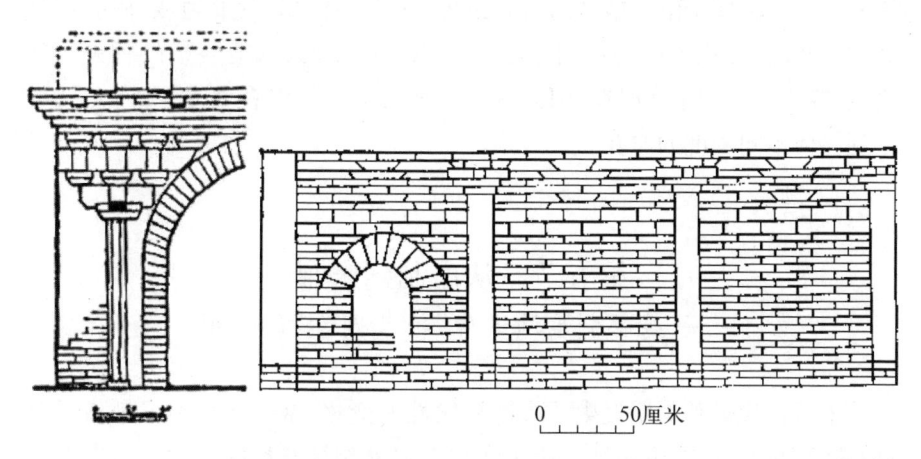

图5-16 六安九墩塘1号宋墓残墓门（上）和顺昌九龙山1号宋墓墓壁（下）

今福建省中部的三明、尤溪、顺昌等地区，宋代属福建路，目前已经发现宋代砖雕壁画墓10余座，多为北宋墓，以砖室墓为主。一般仅在墓壁有装饰，少数在墓壁和墓顶有装饰。仿木建筑装饰仅有少数墓例，不是流行题材。家具陈设仅限于表现内寝的帷帐、床榻、被褥，未见北方流行的家具组合②。如福建顺昌九龙山宋墓1号墓，是一座券顶单室砖墓，平面长方形，长4米、宽1.60米，方向225度。墓室两侧壁各有砖柱三根，高1.20米、宽0.14米，柱上砌仿木建筑的砖雕斗栱。2号墓，券顶单室石室墓，平面长方形，全长5米、宽1.43米、高1.52米。方向205度。墓壁用石板铺砌，左右两壁各用长条石三根作柱子。据出土的元符通宝铜钱及其他遗物，两座墓均为北宋墓③。

通过对河北、河东、关中、河南、青齐和南方地区的五代以后墓葬的观

---

① 王步艺、殷涤非：《安徽六安城外残墓清理记略》，《文物参考资料》1954年第6期。
② 参韩小囡：《宋代墓葬装饰研究》，山东大学2006年博士学位论文，第78页。
③ 福建省博物馆：《福建顺昌宋墓》，《考古》1979年第6期。

察，可以看出，墓葬中的"河北因素"在这些地区都不同程度地得到继承或产生影响。河北地区是河北因素一直存在的地区。五代至宋金时期，河北因素在河南地区得到了充分的发展，成为具有河北因素的墓葬最集中的地区。五代时期，河东地区具有河北因素的墓葬主要分布在晋北，而在晋中、晋南地区到了宋金时期才大量出现。具有河北因素的墓葬在关中地区发现不多。青齐地区出现河北因素相对较晚，但延续时间较长，在其他地区的河北因素逐渐消退后，青齐地区具有河北因素的墓葬仍然流行了很长时间。南方的长江流域和福建地区，具有河北因素的墓葬除了几座五代墓外，主要是宋墓。宋代出现于南方地区的河北因素，不是直接来自河北地区，而应是受到作为政治、文化中心的河南地区的影响而产生的，可能与移民有关。总之，从晚唐五代到宋元时期，河北因素的核心地区始终在北方，而南方只是受到一些不同程度的波及。

第五节　从唐制到宋制
——墓葬制度演进中"河北因素"的作用

　　中国古代墓葬制度发生了多次阶段性的变化，这些变化不仅是墓葬形制和随葬品的变化，也是社会历史变化在丧葬领域的反映。俞伟超先生首先提出了埋葬习俗从"周制"到"汉制"再到"晋制"的变化："商周秦汉的埋葬习俗，可以汉武帝前后为界限，分为两大阶段。前一阶段的成熟形态即通常所谓的'周制'，'汉制'是后一阶段的典型形态。'晋制'的出现，又标志着另一种新形态的最终形成。"俞伟超先生所提出的"周制""汉制""晋制"三阶段，指的是一整套的埋葬习俗的演变过程，而墓葬形制的演变，是这套埋葬习俗的一个方面。他对"周制"、"汉制"到"晋制"演变的探讨，是从墓葬形制演变的角度切入的："分析汉代诸侯王与列侯墓葬形制的渊源和演化过程，则是探索'周制''汉制''晋制'这三阶段性的一个很有意义的方面。"

　　俞伟超先生重点说明了"周制"到"汉制"的变化，对"晋制"仅做了简要的提示："约从三国两晋时期开始，除河西等较为边远的地区仍大体沿用东汉后期的旧制外，许多身份极高的贵族之墓，往往变成单室砖墓。墓葬形制从此又进入一个新阶段：'汉制'已被赶出历史舞台，'晋制'出现了。从整个两汉材料看，这种新制西汉末开始孕育，东汉后期眉目已见，三国以后瓜熟蒂落。可以认为，'汉制'是'周制'的继续而发生了相当的变化，它同'晋制'明显地应分属两大阶段。"①

晋制实际上是薄葬的结果。魏晋时期由于经济凋敝,社会动荡,不得不实行薄葬,使用单室墓。但传统一旦形成,就具有了一定的延续性,南北朝隋唐的墓葬制度就是沿着晋制的方向继续发展的。

隋唐墓葬,主要继承了北魏至北齐墓葬系统的传统,同时受到北周墓葬的影响,这与陈寅恪先生所论隋唐制度的渊源基本一致。从北魏到隋唐,都是以单室墓为主流墓葬形制,贵族官僚随葬成套陶俑作为身份的标志。虽然仍然有一些前后双室墓,但双室墓已经不是主流了。倪润安先生也认为,魏晋十六国时期的双室墓是东汉晚期多室墓简化后的遗孑。从北朝到隋唐,双室墓都不是普遍存在,往往是伴随着特殊的政治现象,在一段时期内出现。北魏孝文帝时期,出现以司马金龙夫妇墓、方山永固陵、孝文帝虚宫"万年堂"等为代表的前、后双室砖墓,但这种墓葬形制的出现是与当时冯太后、孝文帝"二圣"并尊的政治局面相对应的。这种形制到宣武帝时期基本消失。北周最具特色的前室近方形、后室窄长的双室墓是武帝推行新礼制的体现②。

北朝帝王陵墓也多是单室砖墓,只不过规模比普通墓葬大。如北魏宣武帝景陵,是一座坐北面南的单室砖墓,由墓道、前甬道、后甬道、墓室四部分组成,平面略呈"甲"字形,全长54.8米。磁县湾漳北齐壁画墓,据推测是文宣帝高洋武宁陵③,地下部分自南而北由墓道、甬道、墓室三部分组成,平面略呈甲字形,总长52米。墓室为弧方形砖室,四角攒尖墓顶,墓室西侧顺置须弥座石棺床④。北周武帝与武德皇后阿史那氏合葬的孝陵,由斜坡墓道、5个天井、5个过洞、4个壁龛及甬道、土洞式单墓室组成⑤。

隋代三品以上高官墓,墓葬形制基本上都是平面方形、长方形土洞墓,以墓室尺寸,有无石棺床、石棺椁、石门等设施表示等级高低⑥。只有推测为杨勇墓的潼关县高桥乡税村隋代壁画墓,为长斜坡墓道多天井和壁龛的圆形单室砖墓⑦。

---

① 俞伟超:《汉代诸侯王与列侯墓葬的形制分析——兼论"周制"、"汉制"与"晋制"的三阶段性》,载所撰《先秦两汉考古学论集》,文物出版社,1985年,第117—124页。
② 倪润安:《北周墓葬的地下空间与设施》,《故宫博物院院刊》2008年第1期,第65页。
③ 马忠理:《磁县北朝墓群——东魏、北齐陵墓兆域考》,《文物》1994年第11期,第56页。
④ 中国社科院考古研究所等:《磁县湾漳北朝壁画墓》,科学出版社,2003年,第5页。
⑤ 陕西省考古研究所、咸阳市考古研究所:《北周武帝孝陵发掘简报》,《考古与文物》1997年第2期,第8页。
⑥ 参齐东方:《隋唐考古》,文物出版社,2004年,第64页。
⑦ 陕西省考古研究院:《陕西潼关税村隋代壁画墓发掘简报》,《文物》2008年第5期,第4页。

西安地区隋墓继承了北周制度，无论墓主身份多高，一般都使用土洞墓。而安阳地区的隋墓，继承了东魏北齐的制度，虽然墓主地位稍低，但也使用砖室墓。砖室墓和土洞墓的区别更多的是地域传统的差异，而不具有等级上的意义。税村隋墓使用圆形单室砖墓，是受到了山东地区原北齐墓葬传统的影响。唐代以后，西安地区的大型墓葬逐渐采用砖室墓的传统，土洞墓被等级稍低的官员和平民使用。

唐僖宗李儇靖陵是目前发掘的唯一一座唐代帝陵。靖陵玄宫由墓道、甬道、墓室三部分组成，墓室为土洞，穹隆顶，底部东西5.8米，南北4.5米，东西壁各对称开有三个壁龛，南壁东西两侧各开一个壁龛，龛内绘兽首人身双手执笏的生肖图案。在墓室东南角壁龛外沿发现"天子御"三个刻划字样。墓内出土了玉哀册残片。从靖陵的玄宫形制看，和一般的大型土洞单室墓没有什么区别①。如果说唐僖宗靖陵建于唐朝风雨飘摇之际，故而因陋就简的话，让皇帝李宪惠陵也是长斜坡墓道单室砖墓，则说明盛唐时期帝陵之外的最高等级墓葬也使用单室形制②。

从北朝晚期到隋唐的帝陵玄宫，除了因山为陵的唐陵形制不明外，基本上都是单室砖墓或土洞墓。唐代大部分太子、亲王、公主、高官墓葬，也都是单室砖墓或土洞墓。西安地区唐代前期的大型前后双室砖墓，只是特定时期的情况，不是唐代墓葬制度的主流③。唐代盛行厚葬，朝廷多次发布禁止厚葬的诏令，主要在于禁止送葬仪式上的逾制和铺张，禁止使用石葬具和随葬品逾制等，而没有关于墓室多少的条文，也说明单室墓已经是普遍认同的墓葬形制。

从随葬品方面看，晋制以镇墓兽、仪仗俑等一套陶俑代表墓主的等级，直到中唐以前，这一传统一直得到继承。中晚唐后，随葬陶俑的风气渐衰。五代北宋时期，墓葬中除了随葬日常使用的陶瓷器、铜钱外，很少随葬俑类。唐代墓葬虽然表现出了厚葬的趋势，但从墓葬形制和随葬品的传统看，仍然继承了晋制。魏晋南北朝隋唐时期，属于中国古代的中古时期，士族在社会上占有统治地位。无论士族内部的秩序如何调整，唐代中期以前，等级制度是严格存在的，在墓葬形制、随葬品和墓葬装饰等方面，都体现了等级差别。唐代墓葬制度对晋制传统的继承，反映了中古时期葬制的一致性。

唐代两京地区墓葬代表了中央王朝礼制下的墓葬制度：以单室墓为主

---

① 刘向阳：《唐代地王陵墓》，三秦出版社，2006年，第337—341页。
② 陕西省考古研究所：《唐李宪墓发掘报告》，科学出版社，2005年，第10页。
③ 参齐东方《略论西安地区唐代的双室砖墓》，《考古》1990年第9期，第858页。

要的墓葬形制,以一套镇墓俑、仪仗俑和侍仆俑作为主要随葬明器。其具体的墓葬因素,主要源于西魏、北周和东魏、北齐两个墓葬系统。其中砖室墓、精致的陶俑、长斜坡墓道的仪仗出行壁画等因素源自山东地区的东魏、北齐墓葬;长斜坡墓道开天井和壁龛、彩绘门楼等墓葬因素来自关中地区的西魏、北周墓葬。

两京地区唐墓在继承北朝墓葬形制的基础上,也发生了一些变化。例如,东魏北齐墓葬形制,以带斜坡墓道、甬道的弧方形单室墓为主流,墓室形制规整、对称,呈正南北方向,从墓道经甬道、石门直至墓室北壁贯通一条从南到北的中轴线,两边建筑面东西对称①。关中地区北周墓葬的甬道位置一般也是位于墓室南壁正中。而两京地区的唐墓,凡是形制较规整的,基本上棺床或葬具都位于墓室西部,甬道位于墓室南壁偏东处。唐代两京地区新出现的这种墓道偏东的作法,可以作为唐代中央王朝丧葬礼制的一个方面的表现。

如果说两京地区的墓葬代表了中央王朝的礼制,那么中央王朝礼制影响较薄弱的河北地区,其墓葬就显示了与两京地区不同的风貌。河北地区除了有传统的方形、弧方形墓葬外,还使用圆形砖室墓葬。棺床和葬具多置于墓室后壁,有长方形、半圆形和凹字形棺床。在墓葬装饰方面,河北地区与两京地区盛行彩绘壁画不同,采用砖雕仿木构建筑和家具装饰墓葬。这些墓葬特征显示了河北地区唐墓与两京地区唐墓的差异,形成了唐代墓葬的"河北因素"。从唐初就开始出现于朝阳地区的圆形砖室墓和砖雕装饰等墓葬因素,逐渐向南发展,影响及于整个唐代河北道南部地区。

唐代河北地区方形平面的墓葬,棺床位于后壁者,其甬道开在南壁中间,这种做法仍是继承北齐墓葬的传统。唐代两京地区作为中央王朝的政治中心地区,对礼制的变革最敏感。吸收前代旧制,创立新的墓葬制度,最能在两京地区的墓葬上体现出来。而河北地区曾是北齐京畿地区,也是世家大族集中的地区,容易长期保留北齐旧制。唐朝在统一全国的进程中,就曾在河北地区遇到强大的阻力;安史之乱以后,河北地区又为藩镇割据之地,名义上是唐王朝的藩镇,实质上是半独立的王国。河北地区在墓葬面貌上表现出来的与两京地区的差异,也正是这种独立性的表现。

唐代两京地区的墓葬形制,到中唐时期开始发生变化,初唐和盛唐的那种典型墓葬制度衰落了。长斜坡多天井的墓道变为竖井墓道,原来使用砖室墓的品官也多使用土洞墓。墓葬中很少再随葬大量的仪仗、侍仆

---

① 杨效俊:《东魏北齐墓葬的考古学研究》,《考古与文物》2000年第5期,第78页。

俑，标志墓主身份的墓道壁画也消失了。在文化交流中，一般是强势的一方影响弱势的一方。盛唐时期，中央力量强大，中央王朝的礼制也保持着较强的辐射力，河北地区的墓葬文化没有影响到中原。晚唐五代时期，随着中央权威的衰落，中原地区墓葬也开始受到河北墓葬因素的影响。进入北宋，河北墓葬因素的影响范围进一步扩大。宋墓的形制和装饰与盛唐墓葬相比，已经有了明显的差异，而和辽金元墓葬相比，却有很多相似之处。

宋代墓葬的整体面貌表现出多样化、平民化和世俗化的特征。墓葬形制上，以单室墓为主，包括方形、圆形、六角形、八角形等多种形制。除了单室墓，也有前后双室墓。无论何种墓葬形制，都不代表身份等级，只代表墓主生前拥有的财富和经济地位。在墓葬装饰上，有不做装饰的墓葬，也有装饰繁缛的墓葬。墓葬装饰流行砖雕壁画装饰，装饰内容以家居生活题材为主，没有标志等级制度的出行仪仗等内容。乡间和市井的富民阶层，可以建造精致的砖雕壁画墓，这在北朝隋唐时期是不可能的。在随葬品方面，一般只随葬少数几件生活用品，基本没有代表身份等级的仪仗类俑。随葬俑类者多为镇墓类俑，代表的不是等级制度，而是宗教信仰。宋代墓葬的这些特征体现出来的墓葬制度，可以仿照"周制""汉制""晋制"，称之为"宋制"。"宋制"肇始于唐初的河北地区，经过晚唐五代至宋初的发展和传播，到北宋晚期和金代在中原北方地区达到全盛，其影响北及于辽金的北部地区，南达长江流域乃至福建地区，西部可到甘肃地区。元代是宋制墓葬衰落的时期。

从汉制到晋制的变化，是墓葬中等级制度表现方式的变化。而在宋制中，单从墓葬本身已经很难看出等级制度了。从多个方面来看，宋制的根本特征是贵族制度的衰落和平民化、世俗化倾向的增长，这也是唐宋社会变革的一个重要特征。墓葬制度从"唐制"到"宋制"的演进过程，正是"河北因素"发展、传播的过程，也是河北政治、军事势力壮大、扩张的过程。在唐宋墓葬制度演进的过程中，"河北因素"起到了决定性的作用。

齐东方先生认为："八世纪中期唐代墓葬的变革，甚至可以扩展为中国古代墓葬演变上的大转折。"[1]秦大树先生也认为："宋代在政治制度、经济体制、思想意识和文化表征上无不发生了重要的变革。这些变化大多肇始于唐代后期，而完成于北宋时期。尽管其发展有较长的过程，但其变化是巨大的和带有本质性的。因此墓葬的方方面面也或多或少地体现出了

---

[1] 齐东方：《唐代的丧葬观念习俗与礼仪制度》，《考古学报》2006年第1期，第78页。

这些变化。"①从墓葬制度的变化来探讨唐宋变革,也必将为"唐宋变革论"这一历久弥新的课题增添新的内容和讨论空间。

第六节 "河北因素"扩展原因探析
——隋唐五代核心集团与核心区的变化

唐代两京地区流行的墓葬制度,何以到五代以后发生变化,宋代以后变为另一种局面了?墓葬是人建造的,墓葬制度的变化反映了墓主人和建造者身份的变化,换句话说,墓葬制度的变化反映出墓主人或建造者属于不同的政治、文化或地域集团。要探求河北因素如何影响和改变中原墓葬制度的答案,也应从政治、文化和地域集团的变化中去寻找。毛汉光先生将陈寅恪先生"关陇集团"理论中的"核心区"与"核心集团"的观念提炼出来,作为政治社会的一项重要元素,研究这个元素在历史上各重要时期的真正内容及其转变轨迹,撰写了一系列论文,其中关于唐、五代时期的研究对本书启发甚大②。本节拟从核心集团与核心区的角度来探讨"河北因素"扩展的原因。

一、核心区与核心集团观念的提出

"核心区"与"核心集团"是毛汉光先生从陈寅恪先生"关陇集团"理论中发展出来的两个重要概念。西晋永嘉之乱后,中国北方地区陷入混乱之中,一百余年间出现了近二十个政权,但都旋起旋灭。最终,鲜卑拓跋氏在混战中脱颖而出,统一北方,建立了一个稳定的北魏帝国。鲜卑拓跋氏的成功,与其形成了自己的核心集团和核心区有极大关系。"在许多民族聚散无常的状态之下,拓跋氏将一丛一丛的部落建立在一圈一圈的同心圆体系上,同心圆的最内圈是帝族七族十姓,是为狭义国人;其次是功勋、国戚之族,是为广义国人,这是拓跋政权的核心集团。统治集团之建立,将多变性的草原部落由亲而疏地置于一个网中,又将核心集团置于核心基地之中,这种核心集团之孕育与核心区之建立,至北魏道武帝拓跋珪时大致完成。"在平城时代,云代及并州北部是国人主力所在,成为北魏的核心区。这个核心区是农牧兼宜的

---

① 秦大树:《宋代丧葬习俗的变革及其体现的社会意义》,载荣新江主编《唐研究》第十一卷,北京大学出版社,2005年,第313页。
② 毛汉光:《中国中古政治史论》,上海书店出版社,2002年。

复式地带,又有军事形势上的优点,成为北魏核心集团的根本之地①。

　　北魏分裂后,高欢控制的东魏拥有原北魏的大部分领土和军队,"承袭了北魏以来的核心集团,并拥有核心区"。"拓跋氏所凝结的核心集团及其建立的核心区,历经北魏东魏北齐,主宰北中国及草原一带约二百年。"宇文氏控制的西魏、北周为了与高氏控制的东魏、北齐抗衡,实行"关中本位"政策,建立了关陇集团。"北齐覆亡,核心区转为'关中本位'取而代之;核心集团则又衍生出'关陇集团',成为隋唐统治阶层之主干。"②西魏、北周、隋、唐王朝都是由关陇集团建立的国家,其统治集团直至唐初都是以关中人物为先。因此北周至唐初都以关陇集团为核心集团,以关中地区为核心区。武则天执政后,逐渐破坏关陇集团,又淡化长安的政治地位,将政治中心向洛阳转移。但武则天之后,这一趋势又陷入停滞,直至中唐以前,关中地区作为唐王朝核心区的地位并未动摇。

　　唐代关中地区的核心区地位自安史之乱以后渐渐发生变化。安史之乱以后,唐朝在全国各地普遍设立藩镇。张国刚先生根据藩镇与唐王朝的关系,将其分为河朔割据型、中原防遏型、西北御边型和东南财源型四类。其中割据型藩镇主要集中在河朔,多是安史旧部,其代表则是魏、镇、幽三镇。这里的藩帅不由中央任命而由本镇拥立,赋税不上供中央而由将士瓜分。朝廷兴师讨伐,也多以屈辱容忍告终③。河北藩镇基本上处于独立状态,一直到五代时期依然如此。毛汉光先生指出:"安史乱后,唐长安中央政府结合东南财赋,尚不能彻底击溃河北藩镇,已显示出关中作为国家重心的形势已经改变,黄巢之起,进一步破坏中央与东南的联系,自此以往,在自然平衡的状态下,关东成为中国的重心。""关中本位已不再出现,以汴梁为核心的局势从紊乱的晚唐五代中渐渐凝成。"④

　　长安、洛阳两京地区作为政治中心,是执行唐代礼仪制度最严格的地区。两京地区的典型墓葬形制,是带长斜坡墓道的方形、长方形砖室墓或土洞墓。墓主按照品级,使用不同等级的墓葬和随葬品,大体分为三品以上、四五品、六品以下和庶民几个等级。这种严格的墓葬制度,是与两京地区的政治地位相对应的。

---

① 毛汉光:《中国中古政治史论》,第一篇《绪论:中古核心区核心集团之转移——陈寅恪先生"关陇"理论之拓展》,上海书店出版社,2002年,第4页。
② 毛汉光:《北魏东魏北齐之核心集团与核心区》,收入其《中国中古政治史论》,第103—104页。
③ 张国刚:《唐代藩镇研究》,湖南教育出版社,1987年,第23页。
④ 毛汉光:《魏博二百年史论》,收入其《中国中古政治史论》,第416—417页。

二、河北地区政局的变化与"河北核心区"的形成

唐初实行关中本位政策,对东北地区采取消极防御政策,引起了东北地区政治、军事和社会的变化。陈寅恪先生指出:"李唐承袭宇文泰关中本位政策,全国重心本在西北一隅,而吐蕃盛强延及二百年之久。故当唐代中国极盛之时,已不能不于东北方面采维持现状之消极政略,而竭全国之武力财力积极进取,以开拓西方边境,统治中央亚细亚,籍保关陇之安全为国策也。……此东北消极政策不独有关李唐一代之大局,即五代、赵宋数朝之国势亦因以构成。"[1]陈寅恪先生以敏锐的眼光,揭示了唐朝乃至五代以后政局变化的根源。王小甫先生进一步指出:"除了当地民族自身的发展之外,影响东北地区政治形势和社会变化方向的不只是唐朝的东北消极政策,还有周边民族与国家的盛衰离合。"[2]

唐代中国东北地区的非汉民族主要有契丹、奚、室韦、黑水靺鞨、渤海等,这些民族在《新唐书》中被列入《北狄传》。王小甫先生注意到,此北狄诸族,"正好就是唐以后历代入主中原的北方民族的先民:契丹(辽朝)、室韦—蒙古(元朝)、黑水靺鞨—女真(金朝)、满族(清朝)。换言之,唐代东北地区政治格局与社会的变化,影响了唐以后千余年中国历史的发展"[3]。因此,要了解晚唐、五代的历史发展脉络,首先要了解唐代河北地区政局和社会变化。

唐朝的东北消极政策和东北各族的力量变化,造成了河北地区的严重边患。最初的边患来自突厥和高句丽。为了消除高句丽对东北地区的威胁,隋唐两朝都曾发动东征,隋朝还因此亡国。唐朝联合新罗平灭高句丽以后,曾于平壤设安东都护府实行羁縻。后来由于统一后的新罗实行扩张政策,积极支持高句丽遗民的反抗运动,唐朝将安东府撤回到辽东。

唐贞观四年消灭北突厥后将其降部安置在幽州(今北京)至灵州(今宁夏灵武)沿边地带,史称东突厥。当唐朝与西北的吐蕃激战时,东突厥乘机屡屡叛乱,最终在永淳元年(682)建立了东突厥汗国(682~745)。东突厥控制了北狄诸族,常常南下剽掠,侵袭唐境,使唐朝不得不进一步收缩边防,营州(治今辽宁朝阳市)因此成为东北边防的前沿阵地。

万岁通天元年(696),营州契丹松漠都督李尽忠、归诚州刺史孙万荣举

---

[1] 陈寅恪:《唐代政治史述论稿》,上海古籍出版社,1982年,第133页。
[2] 王小甫:《隋唐五代东北亚政治关系大势》,收入王小甫主编:《盛唐时代与东北亚政局》,上海辞书出版社,2003年。
[3] 同上。

兵反,攻陷营州,迫使唐朝东北边防重心退到了幽州一线。玄宗时期,幽州成了东北防御体系中至关重要的一环。据前揭王小甫文分析:"河北道唐初以幽州、营州、安东三府防边,由于契丹之乱使边防后撤,东北防务只好完全依仗幽州,这应当是盛唐时期幽州实力加强,地位提高并率先设立节度使的重要原因。"

为应对东北边患,唐朝除了收缩防线外,还利用胡人蕃将防边。严重的边患迫使唐朝加强河北地区的军事地位,但外重内轻的军事政策又使河北势力坐大到足以藐视中央政权,终于酿成安史之乱。唐朝政府和安史叛军势均力敌,都无力消灭对方,最后只能达成妥协,结束战争。安史旧部的力量仍然得以保留,并割据河朔,保持着对中央政府的半独立状态。安史之乱成为河北地区独立于中央政权的开端,也是河北地区逐渐成为核心区的契机[1]。

中晚唐的历史,就是中央王朝和藩镇斗争与妥协的历史,而对政局影响最大的就是河北藩镇。河北地区的政治体制,是一种与王朝体制不同的藩镇体制。藩镇名义上的首领是节度使,但实际控制藩镇的是当地的职业军人集团,这些职业军人的动向,不但影响藩帅的废置,也是影响政局的重要社会力量。受河北藩镇体制的影响,其他藩镇虽然没有河北藩镇那样独立,但对于唐王朝的离心力也都在逐渐增强。正如毛汉光先生所说:"无论如何,田承嗣、李怀仙、张忠志、薛嵩等四人分帅河北,其中尤其田承嗣节度魏博地区,直接影响公元八世纪半至十世纪半这二百年中国之政局。"[2]

五代时期河北地区的地位更加重要。五代王朝本来都是从藩镇起家,是河北藩镇体制的放大,这一时期实际上延续了唐朝后期的割据局面。晚唐至五代初期,曾作为隋唐王朝核心区的关中已失去了原有的重要性,关东地区形成了几个地域性的军事、政治集团。河南集团建立的后梁建都汴梁,以河南地区为根据地;河东集团建立的后唐以河东为基地;河北地区的主要军事集团有幽州地区的卢龙镇和河北南部的魏博镇,依然保持着独立的地位。河南、河东两大集团为夺取中央政权而争战,河北藩镇则成为两大集团争取的对象,河北的向背影响到整个北方政局。

晋王李存勖于天祐十年(913)十二月破幽州,执燕王刘仁恭父子。镇州

---

[1] 关于安史之乱前的河北局势,参李松涛:《论契丹李尽忠、孙万荣之乱》及《试论安史乱前幽州防御形势的改变》,收入王小甫主编:《盛唐时代与东北亚政局》,上海辞书出版社,2003年。

[2] 毛汉光:《魏博二百年史论》,收入其《中国中古政治史论》。

王镕、定州王处直请降。李存勖"择日受册,开霸府建行台,如武德故事"①,但此时河北地区最重要的藩镇魏博镇仍掌握在后梁杨师厚的手中。贞明元年(即天祐十二年,915)三月,杨师厚卒,后梁君臣计划乘机分魏博为相、魏两镇,激起魏博军人叛乱,转投后唐。从此后唐尽有契丹以南的河北地区,与后梁的实力对比开始占优势。李存勖长驻魏州,主持对梁战事,并于天祐二十年(923)四月,即皇帝位于魏州,改天祐二十年为同光元年,升魏州为东京兴唐府。此时河北地区实际上成为后唐的核心地区。

唐代河北势力的崛起因边患而引发,是唐王朝和周边民族势力互动的产物。中晚唐直至五代时期,河北藩镇客观上承担了为中原阻挡外族入侵、充当安全屏障的任务。后晋石敬瑭割燕云十六州给契丹后,契丹军队动辄纵横河北剽掠,甚至一度占领汴京,俘虏后晋少帝君臣,河北地区的军事地位更显重要。中原王朝常常以最亲信的将领驻守邺都,以为屏障。后唐以后的三个朝代都定都汴梁,毛汉光先生认为晚唐五代渐渐形成了以汴梁为核心的局势。但河北地区由于军事战略地位十分重要,经济实力也很强,仍是中原王朝的核心地区。河北地区的动向,直接决定着中原王朝的政局和命运,其地位之重要甚至超过汴梁。

三、河北集团成为五代时期的核心集团

隋唐王朝的统治集团"关陇集团",自武则天时期后逐渐瓦解②,晚唐五代时期,活跃在历史舞台上的是另一些军事、政治集团。邓小南先生指出:"公元9世纪末黄巢起义以后的晚唐历史,大体上是以朱温(朱全忠)、李克用两大势力集团为中心而展开的。五代王朝中,除朱梁外,其余四朝均出于沙陀部李克用系统,赵宋王朝就其统治者的'底盘'而言,亦与之有着一脉相承的关系。"③朱温、李克用两个藩镇集团的对抗,实际上就是河南、河东两个军事政治集团的对抗。河东集团后来又吸收了河北集团,形成河东、河北集团。至后唐立国,河南集团瓦解,河东、河北集团凝结成熟。后唐至后周帝王的出身,皆与此集团有关。

河北势力的壮大与李克用河东集团的扩大有很大的关系。李克用集团初期阵营中绝大部分出身于云代之间,为了在与河南集团的对抗中取得优势,他不得不扩大集团成员的地域范围,吸收河北人加入。北宋太祖赵匡胤

---

① 薛居正:《旧五代史》卷二八《唐书四·庄宗纪二》,天祐十一年,中华书局点校本,1975年。
② 关于关陇集团瓦解的时间,史学界尚存在争议,本书取传统观点。
③ 邓小南:《祖宗之法——北宋前期政治述略》,三联书店,2006年,第80页。

是涿郡人，其父赵弘殷曾"事赵王王镕，为镕将五百骑，援唐庄宗于河上，有功。庄宗爱其勇，留典禁军"①。这也就是邓小南先生所指的赵宋王朝与李克用系统一脉相承的"底盘"。后梁末帝欲分魏博镇而激起兵变，魏博倒向后唐，迅速改变了梁、唐力量对比，也使得河北集团融入核心集团。

五代时期的五个中原王朝，一方面有着明显的继承性与共同特点；另一方面，也包含着不断的变化和演进，其中统治者身份的变化尤其值得注意。毛汉光先生在《五代之政治延续与政权转移》一文中对五代政治和政权构成情况及其变化进行了细致的研究后指出："后梁乃河南政权，河南文臣占百分之二十四强，不足为怪，河北关中皆在百分之二十上下；河东虽偏低，亦有百分之十六点七。大体而言，各地区尚称均衡，这可能是朱梁继承了许多大唐中央政府文士的结果。然后唐发迹于河东，河东文官反而降为百分之十二点七，关中降至百分之十六点八，河南骤降至百分之十四点二，独河北文官升至百分之三十三点五，呈一枝独秀现象，颇值得注意。这是'关中本位'瓦解以后，河北优势的滥觞。"②

除梁以外，唐、晋、汉、周、北宋诸朝的更迭乃是河东、河北集团内部的竞争。随着王朝的不断更替，河北优势逐渐形成。河北地区文职官吏在梁时居于平均线上，自后唐开始历晋、汉、周各朝，河北籍文臣皆一倍于其他地区。唐、晋、汉、周四朝河东、河北之武职约占四分之三上下，其中河北比重也渐渐上升，且超越河东。根据毛汉光先生的统计，河东、河北集团武职官吏占武职官吏总数的比例从梁的28.2%，升至后唐的71.6%，而后汉则更升至81.9%。河东与河北的比例，从唐至汉，河东高于河北；后周时河北超过了河东③。总之，从后唐以后，河北集团就成为统治中原王朝的核心集团了。

综上可知，五代时期，中原王朝的核心区是河北地区，核心集团除了后梁属河南集团外，都是河东、河北集团。河北人因出仕或其他原因来到中原乃至南方地区的同时，把河北地区的墓葬特征也移植到了当地，这就是墓葬制度中河北因素传播的原因。又因为以赵匡胤为首的河北集团建立了北宋，使得河北因素的影响能够延续下去。

河北因素的影响不仅及于汉族地区，也影响到契丹统治的北方草原地区。契丹境内存在大量的汉人，这些汉人仍然使用着河北地区原有的墓葬

---

① 脱脱：《宋史》卷一《太祖本纪一》，中华书局点校本，1977年。
② 毛汉光：《五代之政治延续与政权转移》，收入其《中国中古政治史论》，上海书店出版社，2002年，第432页。
③ 同上，第463页。

形制。由于契丹积极吸收汉文化,乃至丧葬习俗受到汉族地区影响,契丹人也开始使用具有河北因素的墓葬。

四、"河北核心"与唐宋社会变革

五代后唐以后,河北集团成为中原王朝的统治者,河北地区也成为王朝的核心区,这两大特征可以统称为"河北核心",可以说,"河北核心"是五代时期乃至北宋初历史的主要特征之一。这一时期,正是中国历史上唐宋变革的关键时期,"河北核心"与唐宋变革的关系也值得探讨。

日本史学家内藤湖南在20世纪初提出了唐宋时代观,通常被称为"唐宋变革说"。他举出了唐代和宋代的显著差异,强调发生在这一时期的政治制度、社会结构、经济发展、学术文艺等各个方面的变革体现了中国历史上的关键性转变,而唐宋之际正是这一转变的契机。内藤湖南认为"唐代是中世的结束,而宋代则是近世的开始,其间包含了唐末至五代一段过渡期"。中世和近世的文化状态的不同,"从政治上来说,在于贵族政治的式微和君主独裁的出现。六朝至唐中叶,是贵族政治最盛的时代"[1]。唐代抑制旧士族,扶植新士族,而越来越多的新士族脱离乡里社会,最终削弱了六朝以来的贵族制的基础,造成了贵族制的日渐式微,平民力量更加壮大。经过五代的过渡期后,中国社会遂进入宋代的平民社会[2]。

唐宋之间存在一系列变革的观点,已经得到大多数学者的认可,围绕唐宋变革的研究,也有很多成果。但多数学者都是围绕发生变革的各项内容本身展开研究,而对变革是如何发生的探讨不多。妹尾达彦认为:"在中国大陆从唐王朝的后半期到宋王朝,近代化过程逐步启动。这一近代化包括政治、经济、文化、社会各个方面的时间差和地区差,以及阶层之间的差异,在宋代全面展开,其后也未中断。……大概这一变化在地域上是始于唐代的都城,在时间上是从艺术领域最先发生变化,经过经济活动上的变化,最终发生为政治制度的变革,它应该是有阶段性地过渡发展的。"[3]

妹尾达彦把"近代化"("近代"即"近世",指宋代及以后的朝代)过程的开始系于唐王朝的后半期,并指出这一过程包括政治、经济、文化、社会各方面的时间、地区和阶级之间的差异,无疑是有见地的看法。但他认为变化

---

[1] 内藤湖南著,黄约瑟译:《概括的唐宋时代观》,《日本学者研究中国史论著选译》第一卷,中华书局,1992年。
[2] "贵族"一词是日本学者的习惯用法,大约相当于中国学者所说的"士族"。
[3] 妹尾达彦:《9世纪的转型——以白居易为例》,《唐研究》第十一卷,2005年。

的发生始于都城,并从艺术领域最先发生变化,却忽略了边疆地区的影响。据前文所述,北方边患的严重,导致河北势力的崛起和安史之乱,进而导致河北藩镇体制的确立。促成唐代中晚期社会发生巨大变化的一个主要原因正是河北藩镇体制及其对其他地区产生的影响,唐朝在多个领域里的一系列变化都是因此而引发,从中世向近世演进的契机也肇始于此。

唐宋变革的一个重要指标是由贵族社会变为平民社会,这种变化最早发生于河北地区。魏晋南北朝时期,中国的地方社会处于士族势力的主导下。河北地区是世家大族众多的地区,除了清河崔氏、博陵崔氏、范阳卢氏、赵郡李氏等天下知名的一流士族,还有次一等的地方大族。这些世家大族凭借九品中正制世代把持地方权力,维护家族地位,形成了牢固的地方势力。这种情况因为选举制的变化和士族的中央化而发生改变。"隋氏罢中正,选举不本乡曲,故里闾无豪族,井邑无衣冠,人不土著,萃处京畿。"[1]唐承隋制,以科举取士,士人的出仕越来越依靠科举考试。科举使城市的重要性增强,乡里社会的重要性削弱,地方士族纷纷由乡里向城市迁徙,逐渐脱离了乡里社会,死后也不再归葬原籍。士族政治的基础本在于乡里社会,失去了乡里社会的支持,士族也就变成了单纯的"寄生官僚",士族政治形态也逐渐瓦解了[2]。士族淡出后的地方社会,平民阶层的力量逐渐壮大。

在河北地区的藩镇体制下,藩镇的主要构成力量是职业军人和农民。毛汉光先生考察了河北魏博镇藩帅兴亡事迹后指出:"魏博职业军人已实际控制魏博节度使内的军政,藩帅之拥立,藩帅之保位等,都要与职业军校相处和谐,藩帅似乎仅是他们的代理人而已,如若与职业军校的利益有违,藩帅便不能随心所欲。田氏是主帅魏博最长久的家族,承袭之间并不顺利,而皆与职业军校拥戴有密切关联,这个家族自田承嗣至田兴凡五十八年。自史宪诚以降,何氏次长,凡统治四十一年;韩氏十五年;罗氏讫唐末有十九年。似乎愈发展到唐末,职业军校权力愈大……"[3]这些藩帅,也多是出身于职业军校,被拥立为藩帅后,仍要代表当地职业军人的利益。职业军人属于社会的下层,却成为藩镇的统治力量,这与中古时期由世家大族主导的地方社会明显不同。魏博镇的情况就是河北地区藩镇的缩影。唐代中后期,由于士族势力渐渐淡出了地方社会,以职业军人为主的底层势力取代士族

---

[1] 杜佑:《通典》卷一七《选举》五,中华书局点校本,1988 年。
[2] 参毛汉光:《从士族籍贯迁移看唐代士族之中央化》,载其《中国中古社会史论》,上海书店出版社,2002 年;韩昇:《南北朝隋唐士族向城市的迁徙和社会变迁》,《历史研究》1999 年第 4 期。
[3] 毛汉光:《魏博二百年史论》,收入《中国中古政治史论》,第 370 页。

成为掌控社会的力量。五代时期的帝王和藩帅无不出身于社会下层,这正符合贵族制社会向平民社会转变的方向,也是唐宋变革的重要标志。从这个意义上来说,唐宋变革是从河北地区发起的,河北地区开了中国近世社会的先风,河北核心区和河北集团的形成客观上起到了促进唐宋变革的作用。

　　唐末五代的河北体制由社会下层的职业军人集团掌控,它的一个特征是崇武抑文,不受儒家传统伦理道德束缚,藩镇的职业军人视军旅为寄身之处,发财之所,缺乏国家、民族和君臣、忠义等观念,动辄废立藩帅,反抗中央。五代军人将唐代废置主帅的风气升级为拥立君主,除了曾拥立后唐明宗李嗣源外,还先后拥立后周太祖郭威和宋太祖赵匡胤。整个社会的氛围也大致如此,与中古时期士族主导的注重道德礼仪和文化的社会风气有明显的不同,这一状况直到北宋初大力推行道德观、价值观的重建后才得到改变[①]。从文化和道德意义上看,唐代的贵族体制变为五代的河北藩镇体制,是一种倒退。但社会的发展不能仅仅以道德为评判准则,河北藩镇体制摧毁了贵族社会,最终过渡到近世的平民社会。近世社会经济繁荣,文化昌盛,社会进步的成果普及到更多普通民众的生活中。从顺应历史发展规律的角度看,河北体制具有积极意义。

[①] 徐红:《从宋初的社会背景看价值观的重建》,《船山学刊》2005年第3期。

结语：继承、交流与创新的五代十国墓葬

五代十国时期，全国性中央政权的崩溃，使历史显得杂乱无序，但四分五裂的局面也使各地区的特点得到充分发展，历史因而精彩纷呈。将五代十国墓葬和丧葬礼俗置于唐宋变革的社会背景下，进行横向和纵向的比较分析，有助于我们深入认识唐宋墓葬和丧葬礼俗的发展演变规律，也有助于我们理解五代十国时期在唐宋变革这一宏大历史背景中的意义。通观这一时期的墓葬，无论是帝王陵墓，还是普通墓葬，既体现了对传统的继承，又表现出各地区之间的相互交流、相互影响。在这种继承和交流的合力作用下，墓葬制度持续创新，从唐制向宋制发展。唐宋墓葬制度的演进中，"河北因素"，即在唐代逐渐形成的包括墓葬形制、墓葬装饰、随葬品等一套具有河北墓葬特色的墓葬因素，发挥了最重要的作用。而南方地区的一些墓葬因素，也汇入宋代墓葬制度的洪流。

中原地区的五代王朝帝陵继承了唐代"封土为陵"的形式，地面有神墙围成的方形陵园，陵园有门阙、角阙设施，陵园内有覆斗形封土陵台、献殿等。一些陵园外有下宫、守陵寺院等。五代帝陵神道石刻出现了唐代大臣墓前使用的石虎、石羊，这一做法为北宋所继承。五代帝陵的地下部分使用单室石室或砖室玄宫，推测后梁帝陵可能继承了洛阳地区墓葬传统，其玄宫当为方形石室；后唐至后汉帝陵继承河北墓葬传统，玄宫为圆形石室；后周帝陵因周太祖的薄葬遗令，改用圆形砖室玄宫，并影响到宋代帝陵玄宫形制。

南方十国地区陵寝各有地方特色，反映了五代十国时期缺乏统一权威和制度的时代特征。南方诸国根据自身需要，分别在不同程度上继承和融合了唐代陵寝制度、五代中原王朝陵寝制度和本地区传统墓葬因素，进行改造和创新，形成自身的陵寝制度，并不同程度地影响了后世。

在陵台形制上，南方帝王陵多在陵台下砌石或包砖。前、后蜀帝陵、南唐二陵、南汉康陵均为圆形封土，闽国王陵为尾部呈圆弧状的覆斗形封土。

这种做法可能受南方多雨的环境影响,进而影响到宋代以后的帝陵封土形制,成为明清帝陵"宝顶"的来源。在玄宫形制上,前蜀王建永陵、南唐二陵、吴越国王陵、南汉帝陵等南方帝王陵墓多使用三室玄宫,具有一定的等级意义。而后蜀孟知祥和陵仍继承了河北地区传统的圆形石室玄宫。

在帝后合葬方式上,前蜀王建与周皇后为帝后同茔异陵合葬,继承了西汉制度;后蜀孟知祥和陵与南唐二陵为帝后同陵合葬,继承了唐代制度;闽国王审知夫妇墓、王延钧与刘华墓为同坟异穴合葬,夫妻并穴,继承了六朝隋唐时期南方地区民间的夫妻并穴合葬传统。南汉帝陵最具有地方特色,使用了长方形的陵园,陵园四周有子母角阙,陵台为模仿佛塔的圆形夯土包砖形制,陵台南壁设"神龛",陵台之南有"祭台",陵门有建筑遗址,哀册为碑形,这些均为其独有的特征。这些南方陵寝可能对北宋帝陵的帝后异陵合葬、粉饰封土、水银殓葬等制度产生过影响。

北方地区的五代墓葬,主要受唐代河北地区和两京地区两种墓葬传统的影响,其中圆形和多边形砖室墓为河北地区传统,方形土洞墓为两京地区传统,石室墓主要源于唐代帝陵制度。南方地区的十国墓葬既有地方特色,也在不同程度上相互影响。长江上游地区墓葬继承了本地区唐墓的特征,使用较低矮窄小的券拱砖椁墓,墓壁多砌有肋拱,甬道底低于墓室底。六朝隋唐时期在长江中下游地区流行的夫妻并穴合葬墓,晚唐五代时期传播到长江上游地区,也成为该地区墓葬的特征之一,乃至影响到宋代墓葬,成为可以体现孝道理念的墓葬形制。长江中游地区墓葬以竖穴土坑墓为主,有台阶、头龛等设施。长江下游地区墓葬形制最为丰富,有石椁墓、砖室墓和土坑墓。杨吴和吴越国流行的船形平面的砖室墓也是本地区具有地方特色的传统墓葬形制。

受唐代帝陵石室玄宫制度的影响,在五代十国的陵墓制度中,石室墓或石椁墓始终是最高等级的墓葬,使用者或是帝王,或是僭越等级的节度使,因此石室也具有了政治上的象征意义。规模宏伟的石室、砖石混筑的墓室、砖室墓中的石葬具,一定程度上都体现了墓主人的身份等级。

五代十国时期的墓葬装饰,有乐舞、侍奉、山水、建筑和家具、器物、天象、四神十二生肖、花卉等题材,其中乐舞、侍奉、建筑和家具、天象等主要继承了唐代墓葬壁画的同类题材,而财富图、大幅的花卉背景等是新出现的题材,也是辽宋时期同类壁画题材的先声,体现了墓葬壁画世俗化的发展趋势。五代十国墓葬除了使用彩绘壁画装饰外,还使用画像砖、石等浮雕装饰,使墓葬装饰显现出立体化的特征。这种将平面壁画立体化的倾向,可能受到了南方六朝隋唐时期以画像砖装饰墓室的传统的影响,这一变化可能是唐代"南朝化"趋势在墓葬中的表现。

通常称为"仪鱼"的人首鱼身俑是一种有镇墓作用的神怪俑,最早出现于河北地区隋代墓葬,在唐代遍及河北地区,并传播到河东地区,多发现于社会中下阶层的墓葬中。晚唐五代北宋时期,仪鱼在北方逐渐消失,而多见于南方地区,上至皇室,下至平民的墓葬中都曾发现。仪鱼和其他神怪俑的传播路径相似,可能反映了晚唐以后人口的流动和北方葬俗的南传。唐、五代时期墓葬中出现的"腰坑",以及腰坑内放置的神怪俑、五精石、容器等物,可能是与道教葬仪有关的遗存。墓葬中出现神怪俑、腰坑等遗物、遗迹,反映了道教对丧葬礼仪的渗透和影响。

五代帝王多出自社会底层,后周太祖遗言在几处分别葬剑甲衣冠,可能是受到民间招魂葬或衣冠冢葬俗的影响,同时也有在王朝重要地区建立纪功碑,确立合法性以稳定政局的深层考虑。南唐烈祖钦陵使用石室玄宫,建立"上有天文,下有地理"的宇宙和疆域模型,是中主李璟以正统自居,扩张疆域政策的反映。而李璟顺陵使用砖石混筑玄宫,取消江河图,周后懿陵使用单室砖墓和石棺座,则是南唐后主时期向中原王朝割地称臣、减损礼制的具体表现。陵墓制度的选择与王朝政治之间有着复杂微妙的关系。

隋唐王朝在政治上实现了统一,各地区墓葬文化因素有了较多的交流,但各地仍然保持了自身的墓葬传统。两京地区唐墓吸收了西魏、北周和东魏、北齐的墓葬传统,创造出可以代表中央王朝礼制的长斜坡墓道带天井、壁龛的方形、弧方形单室砖墓和土洞墓,墓门开在南壁偏东;棺床呈长方形或梯形,置于墓室西部;使用彩绘壁画和影作仿木构建筑壁画装饰墓葬。河北地区在北朝时期先后处于北魏、东魏、北齐境内,继承了更多的北朝墓葬因素。河北地区唐墓较多地使用源自北朝青齐地区的圆形墓,又新产生了多角形墓;墓门开在南壁中间;棺床多置于墓室北部,呈长方形、半圆形或凹字形;除了壁画之外,多用砖雕仿木构建筑和砖雕家具装饰墓葬。这些特征使河北地区唐墓与两京及其他地区唐墓迥然有别,本书将其称为"河北因素"。

"河北因素"总体上自北向南传播,在五代时期影响到中原和南方地区,在北宋时期成为宋代墓葬制度的主要特征,并影响到后来的金墓和元墓。河北因素从唐初开始形成,到元代衰落,影响了北方地区和南方部分地区墓葬数百年,在中国墓葬史上是一种值得注意的现象。

唐代墓葬制度继承晋制,以单室墓为主要墓葬形制,不以墓室多少,而以墓室材料、面积和随葬陶俑的数量、尺寸以及出行仪仗、列戟图等壁画代表墓主的身份等级。宋代墓葬有方形、圆形、六角形、八角形等多种形制,有单室墓也有多室墓,有普通墓葬也有砖雕壁画墓,这些墓葬形式都没有等级意义,只说明墓主的财力大小。宋墓不再随葬象征身份等级的陶俑,随葬品只有少量日常用品。与唐代壁画墓的使用者多为皇亲国戚和五品以上官员不同,宋代砖雕壁画墓的使用者多为城市或乡村的富裕平民,壁画内容反映了富民阶层的宗教信仰和理想生活,其中的孝子图、女性题材的壁画渗透着儒家思想的影响。这些特征构成了宋代的墓葬制度——"宋制"。"宋制"的本质在于贵族制的衰落和世俗化、平民化的倾向。

墓葬制度的变化与社会的变化息息相关。唐代河北地区由于远离两京地区,受到中央王朝礼制的束缚较小,又继承了北朝的墓葬因素,形成了独特的墓葬传统。河北墓葬因素向中原和南方地区的传播则是得益于河北政治军事势力的崛起。随着五代时期河北集团入主中原和建立北宋王朝,河北墓葬因素也影响到中原,成为宋代墓葬制度的主要因素。

参 考 文 献

一、古代文献：

（汉）郑玄注，（唐）贾公彦疏：《周礼注疏》，中华书局 1980 年影印阮元校刻十三经注疏本。

袁珂校释：《山海经校释》，上海古籍出版社，1985 年。

（唐）房玄龄等：《晋书》，中华书局标点本，1974 年。

（宋）范晔：《后汉书》，中华书局标点本，1965 年。

（晋）陈寿：《三国志》，中华书局点校本，1962 年。

（晋）葛洪撰，王明校释：《抱朴子内篇校释》，中华书局，1985 年。

（梁）释慧皎撰、汤用彤校注：《高僧传》，中华书局，1992 年。

（北齐）魏收：《魏书》，中华书局点校本，1974 年。

（唐）杜佑：《通典》，中华书局点校本，1988 年。

（唐）封演撰、赵贞信校注：《封氏闻见记校注》，中华书局，2005 年。

（唐）欧阳询：《艺文类聚》，上海古籍出版社，1999 年。

（唐）刘肃：《大唐新语》，中华书局，1984 年。

（宋）王溥：《唐会要》，上海古籍出版社，1991 年。

（宋）薛居正等：《旧五代史》，中华书局点校本，1976 年。

（宋）欧阳修：《新五代史》，中华书局点校本，1974 年。

（清）徐松：《宋会要辑稿》，中华书局影印本，1957 年。

（宋）司马光编著，（元）胡三省音注：《资治通鉴》，中华书局点校本，1956 年。

（宋）黄休复：《益州名画录》，人民美术出版社，1964 年。

（宋）苏轼：《东坡志林》，《景印文渊阁四库全书》，863 册，台湾商务印书馆，1986 年。

（宋）赵明诚撰，金文明校证：《金石录校证》，上海书画出版社，1985 年。

（宋）陆游著，钱仲联校注：《剑南诗稿校注》，上海古籍出版社，2005 年。

（宋）马令：《南唐书》丛书集成初编本，商务印书馆，1935 年。

（宋）洪迈撰,孔凡礼点校：《容斋三笔》,中华书局,2005年。
（宋）佚名：《钓矶立谈》,文津阁四库全书,商务印书馆,2008年。
（宋）程大昌：《考古编》,影印文渊阁四库全书本,台湾商务印书馆,2008年。
（元）脱脱：《宋史》,中华书局点校本,1977年。
（元）脱脱：《辽史》,中华书局点校本,1974年。
（清）顾炎武撰,黄汝成集释,栾保群、吕宗力校点：《日知录集释》,上海古籍出版社,2006年。

二、考古报告和简报：

隋代以前：

罗宗真：《江苏宜兴晋墓发掘报告——兼论出土的青瓷器》,《考古学报》1957年第4期。
考古研究所洛阳发掘队：《洛阳西郊一号战国墓发掘记》,《考古》1959年第12期。
甘肃省文管会：《甘肃酒泉县下河清汉墓清理简报》,《文物》1960年第2期。
甘肃省文管会：《甘肃酒泉县下河清汉墓清理简报》,《文物》1960年第2期。
陕西省文管会：《潼关吊桥汉代杨氏墓群发掘简记》,《文物》1961年第1期。
陕西省文管会：《潼关吊桥汉代杨氏墓群发掘简记》,《文物》1961年第1期。
河北省文化局文物工作队：《河北定县北庄汉墓发掘报告》,《考古学报》1964年第2期。
河南省文化局文物工作队：《洛阳北魏长陵遗址调查》,《考古》1966年第3期。
济南市博物馆：《济南市东郊发现东魏墓》,《文物》1966年第4期。
陶正刚：《山西祁县白圭北齐韩裔墓》,《文物》1975年第4期。
南京博物院：《江苏宜兴晋墓的第二次发掘》,《考古》1977年第2期。
大同市博物馆、山西省文物工作委员会：《大同方山北魏永固陵》,《文物》1978年第7期。
扶风县图博馆、罗西章：《陕西扶风杨家堡西周墓清理简报》,《考古与文物》1980年第2期。
黄展岳：《中国西安、洛阳汉唐陵墓的调查与发掘》,《考古》1981年第6期。

山东省文物考古研究所:《临淄北朝崔氏墓》,《考古学报》1984 年第 2 期。
中国社科院考古研究所杜陵工作队:《1982—1983 年西汉杜陵的考古工作收获》,《考古》1984 年第 10 期。
淄博市博物馆等:《临淄北朝崔氏墓地第二次清理简报》,《考古》1985 年第 3 期。
中国社科院考古所:《中国考古学年鉴》(1986 年),文物出版社,1988 年。
崔汉林等:《陕西华阴北魏杨舒墓发掘简报》,《文博》1985 年第 2 期。
宁夏固原博物馆:《彭阳新集北魏墓》,《文物》1988 年第 9 期。
陕西省考古研究所:《长安县北朝墓葬清理简报》,《考古与文物》1990 年第 5 期。
中国社科院考古所洛阳汉魏城队:《北魏宣武帝景陵发掘报告》,《考古》1994 年第 9 期。
马忠理:《磁县北朝墓群——东魏、北齐陵墓兆域考》,《文物》1994 年第 11 期。
鄂州市博物馆:《鄂州市观音垱南朝墓发掘简报》,《江汉考古》1995 年第 4 期。
陕西省考古研究所、咸阳市考古研究所:《北周武帝孝陵发掘简报》,《考古与文物》1997 年第 2 期。
甘肃省文物考古研究所:《敦煌佛爷庙湾西晋画像砖墓》,文物出版社,1998 年。
成都市文物考古工作队等:《成都市青白江区跃进村汉墓发掘简报》,《文物》1999 年第 8 期。
中国社科院考古研究所等:《磁县湾漳北朝壁画墓》,科学出版社,2003 年。
洛阳市第二文物工作队:《北魏孝文帝长陵的调查和钻探》,《文物》2005 年第 7 期。
浙江省文物考古研究所:《浙江省文物考古研究所学刊》第七辑,杭州出版社,2005 年。
广东省文物考古研究所:《乳源泽桥山六朝隋唐墓》,文物出版社,2006 年。
河南省文物考古研究所、安阳县文化局:《河南安阳市西高穴曹操高陵》,《考古》2010 年第 8 期。

隋唐时期:
陈公柔:《白沙唐墓简报》,《考古通讯》1955 年创刊号。
俞伟超:《西安白鹿原墓葬发掘报告》李良墓部分,《考古学报》1956 年第 3 期。

陕西省文物管理委员会：《西安东郊唐墓清理记》，《考古通讯》1956 年第 6 期。

张正岭：《西安韩森寨唐墓清理记》，《考古通讯》1957 年第 5 期。

湖北省文管会：《武汉市郊周家大湾 241 号隋墓清理简报》，《考古通讯》1957 年第 6 期。

河北省文管会：《唐山市徒河水库汉、唐、金、元、名墓发掘简报》，《考古通讯》1958 年第 3 期。

陕西省文管会：《西安南郊庞留村的唐墓》，《文物》1958 年第 10 期。

陕西省文管会：《长安县南里王村唐韦洞墓发掘记》，《文物》1959 年第 1 期。

陕西省文管会：《西安羊头镇唐李爽墓的发掘》，《文物》1959 年第 3 期。

金殿士：《辽宁朝阳西大营子唐墓》，《文物》1959 年第 5 期。

河北省文管会：《河北石家庄市赵陵铺镇古墓清理简报》，《考古》1959 年第 7 期。

陕西考古所唐墓工作组：《西安东郊唐苏思勖墓清理简报》，《考古》1960 年第 1 期。

陕西社科院考古研究所：《陕西咸阳唐苏君墓发掘》，《考古》1963 年第 9 期。

陕西省文管会：《唐永泰公主墓发掘简报》，《文物》1964 年第 1 期。

中科院考古研究所：《西安郊区隋唐墓》，科学出版社，1966 年。

陕西省博物馆等：《唐懿德太子墓发掘简报》，《文物》1972 年第 7 期。

陕西省博物馆等：《唐章怀太子墓发掘简报》，《文物》1972 年第 7 期。

陕西省博物馆等：《唐郑仁泰墓发掘简报》，《文物》1972 年第 7 期。

朝阳地区博物馆：《辽宁朝阳唐韩贞墓》，《考古》1973 年第 6 期。

陕西省博物馆等：《唐李寿墓发掘简报》，《文物》1974 年第 9 期。

陕西省文管会、礼泉县昭陵文管所：《唐阿史那忠墓发掘简报》，《考古》1977 年第 2 期。

富平县文化馆、陕西省博物馆、文管会：《唐李凤墓发掘简报》，《考古》1977 年第 5 期。

昭陵文管所：《唐越王李贞墓发掘简报》，《文物》1977 年第 10 期。

陕西省文管会等：《陕西礼泉唐张士贵墓》，《考古》1978 年第 3 期。

昭陵文管所：《唐尉迟敬德墓发掘简报》，《文物》1978 年第 5 期。

中国社科院考古所编：《唐长安城郊隋唐墓》独孤思敬、独孤思贞墓部分，文物出版社，1980 年。

辽宁省博物馆文物队:《辽宁朝阳隋唐墓发掘简报》,《文物资料丛刊》第6辑,文物出版社,1982年。

辽宁省博物馆文物队:《辽宁朝阳唐左才墓》,《文物资料丛刊》第6辑,文物出版社,1982年。

信立祥:《定县南关唐墓发掘简报》,《文物资料丛刊》第6辑,文物出版社,1982年。

武汉市文管处:《武汉市东湖岳家嘴隋墓发掘简报》,《考古》1983年第9期。

邯郸市文管所:《河北大名县发现何弘敬墓志》,《考古》1984年第8期。

贠安志、王学理:《唐司马睿墓清理简报》,《考古与文物》1985年第1期。

镇江博物馆:《江苏镇江唐墓》,《考古》1985年第2期。

石家庄地区文物研究所:《河北晋县唐墓》,《考古》1985年第2期。

孙秉根:《西安隋唐墓葬的形制》,《中国考古学研究》二,科学出版社,1986年。

朝阳市博物馆:《朝阳市郊唐墓清理简报》,《辽海文物学刊》1987年第1期。

昭陵博物馆:《唐安元寿夫妇墓发掘简报》,《文物》1988年第12期。

昭陵博物馆:《唐李承乾墓发掘简报》,《文博》1989年第3期。

昭陵博物馆:《唐昭陵段简璧墓清理简报》,《文博》1989年第6期。

万欣:《朝阳市衬布总厂唐墓》,《中国考古学年鉴》1990年。

辛岩等:《重庆市重型厂唐墓》,《中国考古学年鉴》1990年。

安峥地:《唐房陵大长公主墓清理简报》,《文博》1990年第1期。

洪欣:《北京近年来发现的几座唐墓》,《文物》1990年第12期。

沧州市文物保护管理所等:《河北沧县前营村唐墓》,《考古》1991年第5期。

北京市文物研究所:《北京丰台唐史思明墓》,《文物》1991年第9期。

陈安利、马咏钟:《西安王家坟唐代唐安公主墓》,《文物》1991年第9期。

张家口地区文管所:《河北阳原金家庄唐墓》,《考古》1992年第8期。

北京市文物研究所:《北京今年发现的几座唐墓》,《文物》1992年第9期。

廊坊市文物管理所等:《河北文安麻各庄唐墓》,《文物》1994年第1期。

北京市海淀区文管所:《北京市海淀区八里庄唐墓》,《文物》1995年第11期。

洛阳市文物工作队《洛阳市北郊唐代墓葬的发掘》,《华夏考古》1996年第1期。

张洪波:《试述朝阳唐墓形制及其相关问题》,《辽海文物学刊》1996年第

1期。

程学华、程蕊萍:《唐遂州司马董务忠墓发掘简报》,《文博》1996年第2期。

朱学武:《河北涞水唐墓清理简报》,《文物春秋》1997年第2期。

廊坊市文物管理所:《河北文安县西关唐墓清理简报》,《文物春秋》1997年第3期。

张韵:《西安郊区凤栖原部分中、小型隋唐墓葬的形制与分期》,《远望集——陕西省考古研究所华诞四十周年纪念文集》,陕西人民美术出版社,1998年。

刘超英、冀艳坤:《元氏县大孔村唐吕众墓》,《文物春秋》1999年第2期。

昭陵博物馆:《唐昭陵李勣(徐懋功)墓清理简报》,《考古与文物》2000年第3期。

河北省文物研究所等:《河北平山县西岳村隋唐崔氏墓》,《考古》2001年第2期。

宁波市文物考古研究所:《浙江宁波市祖关山冢地的考古调查和发掘》,《考古》2001年第7期。

辽宁省文物考古研究所等:《辽宁朝阳市黄河路唐墓的清理》,《考古》2001年第8期。

河北省文物研究所:《宣化辽墓——1974～1993年考古发掘报告》,文物出版社,2001年。

中国社科院考古研究所:《偃师杏园唐墓》,科学出版社,2001年。

陕西省考古研究所:《唐高力士墓发掘简报》,《考古与文物》2002年第6期。

西安市文物保护考古所:《西安东郊唐温绰、温思暕墓发掘简报》,《文物》2002年第12期。

西安市文物保护考古所:《唐姚无陂墓发掘简报》,《文物》2002年第12期。

徐州博物馆、南京大学历史学系考古专业:《徐州北洞山西汉楚王墓》,文物出版社,2003年。

张全民:《唐严州刺史华文弘夫妇合葬墓》,《文博》2003年第6期。

陕西省考古所:《唐节愍太子墓发掘报告》,科学出版社,2004年。

陕西省考古研究所:《唐惠庄太子李㧑墓发掘报告》,科学出版社,2004年。

陕西省考古研究所等:《唐新城长公主墓发掘报告》,科学出版社,2004年。

邯郸市文物保护研究所:《河北鸡泽县唐代墓葬发掘简报》,《文物春秋》2004年第6期。

山西大学文博学院等:《山西襄垣唐代李石夫妇合葬墓》,《文物》2004年第

10 期。

李浪涛：《唐昭陵陪葬蒋王妃元氏墓发现题记石柱》，《文物》2004 年第 12 期。

陕西省考古研究所：《唐李宪墓发掘报告》，科学出版社，2005 年。

陕西省考古研究所：《西安南郊唐史君夫人颜氏墓发掘简报》，《考古与文物》2007 年第 1 期。

洛阳市文物工作队：《洛阳关林大道唐墓（C7M1724）发掘简报》，《文物》2007 年第 4 期。

陕西省考古研究院：《陕西潼关税村隋代壁画墓发掘简报》，《文物》2008 年第 5 期。

张家口市宣化区文物保管所：《河北宣化纪年唐墓发掘简报》，《文物》2008 年第 7 期。

魏曙光：《河北曲阳田庄大墓取得重要新收获》，《中国文物报》2014 年 3 月 14 日。

五代北方地区：

高祥发：《洛阳清理后晋墓一座》，《文物参考资料》1957 年第 11 期。

侯鸿钧：《伊川县窑底乡发现后晋墓一座》，《文物参考资料》1958 年第 2 期。

河北省文化局文物工作队：《河北曲阳涧磁村发掘的唐宋墓葬》，《考古》1965 年第 10 期。

新郑县文化馆：《新郑县后周皇陵》，《河南文博通讯》1979 年第 4 期。

《西安发现罕见后晋墓葬》，《中国文物报》1987 年 4 月 3 日。

赵晓华：《辽庆陵哀册》，《文物天地》1988 年第 2 期。

张家口市宣化区文保所：《张家口市宣化区发现一座五代墓葬》，《文物春秋》1989 年第 3 期。

李军辉：《西安东郊黄河机器制造厂汉唐、五代墓发掘简报》，《考古与文物》1991 年第 6 期。

李书楷：《五代周恭帝顺陵出土壁画》，《中国文物报》1992 年 4 月 5 日。

周建山、高礼祥：《周口清理五代十国墓》，《中国文物报》1993 年 7 月 4 日。

洛阳市文物工作队：《洛阳后梁高继蟾墓发掘简报》，《文物》1995 年第 8 期。

洛阳市文物工作队：《洛阳发现一座后周墓》，《文物》1995 年第 8 期。

河南省文物考古研究所等：《巩义市北窑湾汉晋唐五代墓葬》，《考古学报》1996 年第 3 期。

河北省文物研究所、保定市文物管理处：《五代王处直墓》,文物出版社,
　　1998年。
张粉兰：《内黄发现五代十国墓葬》,《中国文物报》2000年9月20日。
张相梅：《河南濮阳发掘五代墓》,《中国文物报》2000年12月10日。
晋华：《五代王建立石棺与秦国太夫人墓志考》,《山西省考古学会论文集
　　（三）》,山西古籍出版社,2000年。
咸阳市文物考古研究所：《五代冯晖墓》,重庆出版社,2001年。
邢心田：《河南孟县出土后周太原夫人王氏墓志》,《文物世界》2002年第
　　5期。
杨继东：《建极陵》,《文物世界》2002年第5期。
廊坊市文物管理处：《廊坊固安县公主府砖厂五代墓》,载《河北省考古文集
　　（三）》,科学出版社,2007年。
渠传福：《太原五代墓志考释》,载《山西省考古学会论文集（四）》,山西人
　　民出版社,2006年。
四川大学历史文化学院考古系、洛阳市第二文物工作队：《洛阳伊川后晋孙
　　璠墓发掘简报》,《文物》2007年第6期。
宝鸡市考古研究所：《五代李茂贞夫妇墓》,科学出版社,2008年。
侯秀敏、胡小宝：《洛阳道北五路出土的五代壁画墓》,《文物世界》2013年
　　第1期。
洛阳市文物考古研究院：《洛阳龙盛小学五代壁画墓发掘简报》,《洛阳考
　　古》2013年第1期。
洛阳市文物考古研究院：《洛阳孟津新庄五代壁画墓发掘简报》,《洛阳考
　　古》2013年第1期。
洛阳市文物考古研究院：《洛阳芒山镇营庄村北五代壁画墓》,《洛阳考古》
　　2013年第1期。
洛阳市文物考古研究院：《洛阳龙盛小区两座小型五代墓葬的清理》,《洛阳
　　考古》2013年第2期。
洛阳市文物考古研究院：《河南洛阳市苗北村五代、宋金墓葬发掘简报》,
　　《考古》2013年第4期。
魏曙光：《河北曲阳田庄大墓取得重要新收获》,《中国文物报》2014年3月
　　14日第8版。
大同市考古研究所：《山西大同西北郊五代墓发掘简报》,《文物》2016年第
　　4期。
太原市文物考古研究所：《山西太原晋祠后晋墓发掘简报》,《文物》2018年

第 2 期。

太原市文物考古研究所：《山西太原青阳河北汉太惠妃墓发掘简报》，《考古与文物》2018 年第 6 期。

五代长江上游地区：

徐鹏章等：《成都北郊站东乡高晖墓清理简报》，《考古通讯》1955 年第 6 期。

任锡光：《四川华阳县发现五代后蜀墓》，《考古通讯》1957 年第 4 期。

四川省博物馆文物工作队：《四川彭山后蜀宋琳墓清理简报》，《考古通讯》1958 年第 5 期。

四川省文物管理委员会：《后蜀孟知祥墓与福庆长公主墓志铭》，《文物》1982 年第 3 期。

成都市文物管理处：《成都市东郊后蜀张虔钊墓》，《文物》1982 年第 3 期。

四川省文管会：《前蜀晋晖墓清理简报》，《考古》1983 年第 10 期。

龙腾、李平：《蒲江发现后蜀李才和北宋魏训买地券》，《四川文物》1990 年第 2 期。

年公、黎明：《五代徐铎墓清理记》，《成都文物》1990 年第 2 期。

成都市博物馆：《成都无缝钢管厂发现五代后蜀墓》，《四川文物》1991 年第 3 期。

成都市博物馆：《五代后蜀孙汉韶墓》，《文物》1991 年第 5 期。

成都市文物考古工作队：《成都市五代墓出土尊胜陀罗尼石刻》，《四川文物》1999 年第 3 期。

成都市文物考古工作队：《成都梁家巷唐宋墓葬发掘简报》，《四川文物》1999 年第 3 期。

薛登：《五代前蜀魏王墓》，《成都文物》2000 年第 2 期。

薛登：《五代前蜀魏王墓（下篇）》，《成都文物》2000 年第 3 期。

冯汉骥：《前蜀王建墓发掘报告》，文物出版社，2002 年。

成都市文物考古研究所：《成都西郊西窑村唐宋墓葬发掘简报》，《东南文化》2003 年第 7 期。

成都市文物考古研究所：《2001 成都考古发现》，科学出版社，2003 年。

四川省文物考古研究院等：《2004 年广汉烟堆子遗址晚唐、五代墓地发掘简报》，《四川文物》2005 年第 3 期。

成都文物考古研究所：《成都考古发现（2003）》，科学出版社，2005 年。

成都文物考古研究所：《成都考古发现（2004）》，科学出版社，2006 年。

成都文物考古研究所：《成都考古发现（2005）》，科学出版社，2007 年。

成都文物考古研究所：《成都考古发现（2007）》，科学出版社，2009 年。

王毅、谢涛、龚扬民：《四川后蜀宋王赵廷隐墓发掘记》，《中国社会科学报》2011 年 6 月 29 日。

成都市文物考古研究所、龙泉驿区文物保护管理所：《成都市龙泉驿五代前蜀王宗侃夫妇墓》，《考古》2011 年第 6 期。

王毅、谢涛、龚扬民：《成都市龙泉驿区后蜀宋王赵廷隐墓》，《中国考古学年鉴》，文物出版社，2012 年。

成都文物考古研究所：《成都考古发现（2010）》，科学出版社，2012 年。

成都文物考古研究院：《四川成都海滨村五代后蜀墓发掘简报》，《文物》2019 年第 7 期。

长江中游地区：

高至喜：《长沙烈士公园清理一座五代墓》，《文物参考资料》1957 年第 6 期。

周世荣：《湖南长沙黄土岭的五代墓》，《考古通讯》1958 年第 1 期。

周世荣：《长沙容园两汉、六朝、隋、唐、宋墓清理》，《考古》1958 年第 5 期。

湖南省博物馆：《长沙市东北郊古墓葬发掘简报》，《考古》1959 年第 12 期。

湖南省博物馆：《湖南长沙市郊五代墓清理简报》，《考古》1966 年第 3 期。

湖南省博物馆：《湖南资兴隋唐五代宋墓》，《考古》1990 年第 3 期。

柴焕波：《湖南安仁发现一座五代墓》，《考古》1992 年第 10 期。

湖北省文物考古研究所、武汉市博物馆：《湖北剧场扩建工程中的墓葬和遗迹清理简报》，《江汉考古》2000 年第 4 期。

湖南省文物考古研究所编、周世荣著：《湖南古墓与古窑址》，岳麓书社，2004 年。

长江下游地区：

蒋赞初、曾昭燏：《南唐二陵发掘报告》，文物出版社，1957 年。

江苏省文管会：《五代—吴大和五年墓清理记》，《文物参考资料》1957 年第 3 期。

石谷风、马人权：《合肥西郊南唐墓清理简报》，《文物参考资料》1958 年第 3 期。

葛介屏：《安徽合肥发现南唐墓》，《考古通讯》1958 年第 7 期。

浙江省文物管理委员会、杭州师范学院历史系考古组：《杭州郊区施家山古墓发掘报告》，《杭州师范学院学报》1961 年第 1 期。

江苏省文管会、南京博物院：《江苏扬州五台山唐、五代、宋墓发掘简报》，《考古》1964 年第 10 期。

黎忠义：《江苏宝应县泾河出土南唐木屋》，《文物》1965 年第 8 期。

浙江省文物管理委员会：《杭州、临安五代墓中的天文图和秘色瓷》，《考古》1975 年第 3 期。

浙江省文物管理委员会：《浙江临安板桥的五代墓》，《文物》1975 年第 8 期。

浙江省博物馆、杭州市文管会：《浙江临安晚唐钱宽墓出土天文图及"官"字款白瓷》，《文物》1979 年第 12 期。

扬州市博物馆：《江苏邗江蔡庄五代墓清理简报》，《文物》1980 年第 8 期。

明堂山考古队：《临安县唐水邱氏墓发掘报告》，《浙江省文物考古所学刊》，文物出版社，1981 年。

苏州市文管会、吴县文管会：《苏州七子山五代墓发掘简报》，《文物》1981 年第 2 期。

李久海、王勤金、徐良玉：《扬州东风砖瓦厂发现九座南唐小墓》，《文博通讯》1982 年第 3 期。

浙江省文物考古研究所：《杭州三台山五代墓》，《考古》1984 年第 11 期。

南京博物院、南京市博物馆：《江苏连云港市清理四座五代、北宋墓葬》，《考古》1987 年第 1 期。

会昌县博物馆：《会昌县西江发现一座五代墓》，《南方文物》1987 年第 2 期。

刘晓祥：《九江县五代南唐周一娘墓》，《江西文物》1991 年第 3 期。

温州市文物处《浙江乐清县发现五代土坑墓》，《考古》1992 年第 8 期。

常州市博物馆：《江苏常州半月岛五代墓》，《考古》1993 年第 9 期。

青阳县文物管理所《青阳县南唐砖室墓清理简报》，《文物研究》第 9 辑，黄山书社，1994 年。

李则斌：《扬州城东路出土五代金佛像》，《文物》1999 年第 2 期。

俞洪顺、梁建民、井永禧：《江苏盐城市城区唐宋时期的墓葬》，《考古》1999 年第 4 期。

杭州市文物考古研究所等：《浙江临安五代吴越王国康陵发掘简报》，《文物》2000 年第 2 期。

池小琴：《江西会昌发现晚唐至五代墓葬》，《南方文物》2001 年第 3 期。

浙江省文物考古研究所：《沪杭甬高速公路考古报告》，文物出版社，2002 年。

《合肥南郊王小郢五代墓清理简报》，《文物研究》，第十四辑，黄山书社，2005 年。

南京市博物馆编：《南京文物考古新发现》，江苏人民出版社，2006 年。

王志高、夏仁琴、许志强：《南京祖堂山南唐 3 号墓考古发掘的主要收获及认识》，《东南文化》2012 年第 1 期。

邵磊、贺云翱：《南京铁心桥杨吴宣懿皇后墓的考古发掘与初步认识》，《东南文化》2012 年第 6 期。

浙江省文物考古研究所等：《晚唐钱宽夫妇墓》，文物出版社，2012 年。

杭州市文物考古研究所、临安市文物馆：《五代吴越国康陵》，文物出版社，2014 年。

刘刚、薛炳宏：《江苏扬州出土钱匡道墓志考释》，《东南文化》2014 年第 6 期。

南京师范大学文物与博物馆系等：《南京祖堂山南唐陵园考古勘探与试掘简报》，《文物》2015 年第 3 期。

王志高：《试论南京祖堂山南唐陵园布局及相关问题》，《文物》2015 年第 3 期。

刘刚、池军、薛炳宏：《江苏扬州杨吴李娀墓的考古发掘及出土墓志研究——兼及徐铉撰〈唐故泰州刺史陶公墓志铭〉》，《东南文化》2016 年第 3 期。

倪亚清、张惠敏：《浙江临安余村五代墓发掘报告》，《东南文化》2016 年第 4 期。

南京大学历史学院文物考古系等：《江苏扬州市秋实路五代至宋代墓葬的发掘》，《文物》2017 年第 4 期。

扬州市文物考古研究所：《江苏扬州南唐田氏纪年墓发掘简报》，《文物》2019 年第 5 期。

福建、广东地区：

《泉州发现的五代砖墓》，《考古通讯》1958 年第 1 期。

福建省文管会：《福建漳浦县刘坂乡唐墓清理简报》，《考古》1959 年第 11 期。

商承祚：《广州石马村南汉墓清理简报》，《考古》1964 年第 6 期。

福建省博物馆：《五代闽国刘华墓发掘报告》，《文物》1975 年第 1 期。

晋江地区文管会、永春县文化馆：《福建永春发现五代墓葬》，《文物》1980 年第 8 期。

王文径：《漳浦县湖西畲族乡五代墓》，《福建文博》1988 年第 1 期。

福建省博物馆、福州市文管会：《唐末五代闽王王知审夫妇墓清理简报》，《文物》1991 年第 5 期。

曾凡：《福州洪塘金鸡山古墓群》，《考古》1992 年第 10 期。

福建省博物馆:《福州马坑山五代吴越国墓葬清理简报》,《福建文博》1999
　　年第 2 期。
漳浦县博物馆:《漳浦唐五代墓》,《福建文博》2001 年第 1 期。
泉州市文保中心:《泉州北峰五代王福墓》,《福建文博》2005 年第 3 期。
林桂枝:《福建福州外兰尾山五代墓志简报》,《南方文物》2010 年第 3 期。
广州市文物考古研究:《广州南汉德陵、康陵发掘简报》,《文物》2006 年第
　　7 期。
马建国、易西兵:《广州市太和岗春秋汉唐五代墓葬》,《中国考古学年鉴·
　　2010》,文物出版社,2011 年。
易西兵:《广东广州机务段生活小区建设工地汉至五代墓葬》,《中国考古新
　　发现年度记录·2010》,中国文物报社,2011 年。
广州市文物考古研究院:《广州富力唐宁花园五代南汉大宝三年墓》,《东南
　　文化》2016 年第 3 期。
广州市文物考古研究院:《广州市江燕路五代南汉乾亨九年墓》,《考古》
　　2018 年第 5 期。

辽宋及以后时期:

王步艺、殷涤非:《安徽六安城外残墓清理记略》,《文物参考资料》1954 年
　　第 6 期。
《湖北荆门赵王墓的调查》,《文物参考资料》1954 年第 9 期。
太原市文管会:《太原市南坪头宋墓清理简报》,《文物参考资料》1956 年第
　　3 期。
四川省文管会:《四川官渠埝唐、宋、明墓清理简报》,《考古通讯》1956 年第
　　5 期。
冯文海:《山西忻县北宋墓清理简报》,《文物参考资料》1958 年第 5 期。
李元魁:《随县唐镇发现带壁画宋墓及东汉石室墓》,《文物》1960 年第 1 期。
北京市文物工作队:《北京南郊辽赵德钧墓》,《考古》1962 年第 5 期。
湖北省文管会:《武汉卓刀泉两座南宋墓葬的清理》,《考古》1964 年第
　　5 期。
周到:《宋魏王赵颢夫妻合葬墓》,《考古》1964 年第 7 期。
北京市文管处:《近年来北京发现的几座辽墓》,《考古》1972 年第 3 期。
河北省博物馆等:《河北迁安上芦村辽韩相墓》,《考古》1973 年第 5 期。
福建省博物馆:《福建顺昌宋墓》,《考古》1979 年第 6 期。
四川省博物馆、广元县文管所:《四川广元石刻宋墓清理简报》,《文物》1982
　　年第 6 期。

四川省文管会、彭山县文化馆：《南宋虞公著夫妇合葬墓》，《考古学报》1985年第3期。

襄樊市博物馆：《襄樊磨基山宋墓发掘简报》，《江汉考古》1985年第3期。

山西省考古研究所晋东南工作站：《山西长子县石哲金代壁画墓》，《文物》1986年第6期。

河南省文物研究所、巩县文物保管所：《宋太宗元德李后陵发掘报告》，《华夏考古》1988年第3期。

丁安民：《武当山出土文物简介》，《江汉考古》1988年第4期。

保定地区文管所等：《河北曲阳南平罗北宋政和七年墓清理简报》，《文物》1988年第11期。

翁善良、罗伟先：《成都市东北郊张确夫妇墓》，《文物》1990年第3期。

内蒙古自治区文物考古研究所、哲里木盟博物馆编：《辽陈国公主墓》，文物出版社，1993年。

宁夏考古研究所等：《西夏陵》，东方出版社，1995年。

老河口市博物馆：《湖北老河口市王冲宋墓清理简报》，《江汉考古》1995年第3期。

临猗县博物馆：《山西临猗双塔寺北宋塔基地宫清理简报》，《文物》1997年第3期。

韩国祥：《辽阳西上台辽墓》，《文物》2000年第7期。

宿白：《白沙宋墓》，文物出版社，2002年第二版。

邱播、苏建军：《山东临沂市药材站发现两座唐墓》，《考古》2003年第9期。

北京市文物研究所：《北京大兴区青云店辽墓》，《考古》2004年第2期。

王银田、解廷琦、周雪松：《山西大同市辽代军节度使许从赟夫妇壁画墓》，《考古》2005年第8期。

刘善沂、王惠明：《济南市历城区宋元壁画墓》，《文物》2005年第11期。

王银田、解廷琦、周雪松：《山西大同市辽墓的发掘》，《考古》2007年第8期。

内蒙古师范大学科学技术史研究院、内蒙古文物考古研究所：《内蒙古清水河塔尔梁五代壁画墓发掘简报》，《文物》2014年第4期。

赤峰市博物馆等：《内蒙古巴林左旗盘羊沟辽代墓葬》，《考古》2016年第3期。

三、专著：

陈寅恪：《金明馆丛稿二编》，上海古籍出版社，1980年。

蒋赞初：《南京史话》，江苏人民出版社，1980年。
陈寅恪：《唐代政治史述论稿》，上海古籍出版社，1982年。
中国社会科学院考古研究所：《新中国的考古发现和研究》，文物出版社，1984年。
张国刚：《唐代藩镇研究》，湖南教育出版社，1987年。
惠安县文化局编：《惠安县文物志》，1990年。
国家文物局主编：《中国文物地图集·河南分册》，中国地图出版社，1991年。
秦浩：《隋唐考古》，南京大学出版社，1992年。
霍巍、黄伟：《四川丧葬文化》，四川人民出版社，1992年。
《中国考古学论丛》，科学出版社，1993年。
王国维：《古史新证——王国维最后的讲义》，清华大学出版社，1994年。
洛阳市地方史志编纂委员会：《洛阳市志·文物志》，中州古籍出版社，1995年。
杨宝成主编：《湖北考古发现与研究》，武汉大学出版社，1995年。
唐长孺：《魏晋南北朝隋唐史三论》，武汉大学出版社，1993年。
洛阳市地方史志编纂委员会：《洛阳市志·文物志》，中州古籍出版社，1995年。
俞伟超著，王然编：《考古学是什么》，中国社会科学出版社，1996年。
俞伟超：《先秦两汉考古学论集》，北京：文物出版社，1985年。
杨育彬、袁广阔主编：《20世纪河南考古发现与研究》，中州古籍出版社，1997年。
李伯谦：《中国青铜文化结构体系研究》，科学出版社，1998年。
蒋赞初：《长江中下游历史考古论文集》，科学出版社，2000年。
丁晓雷：《五代十国的墓葬》，北京大学2001年硕士毕业论文。
杨弘：《汉唐美术考古和佛教艺术》，科学出版社，2000年。
邹劲风：《南唐国史》，南京大学出版社，2000年。
俞伟超：《古史的考古学探索》，文物出版社，2002年。
毛汉光：《中国中古政治史论》，上海书店出版社，2002年。
毛汉光：《中国中古社会史论》，上海书店出版社，2002年。
郑岩：《魏晋南北朝壁画墓研究》，文物出版社，2002年。
周天游：《懿德太子墓壁画》，文物出版社，2002年。
福建省地方志编纂委员会：《福建省志·文物志》，方志出版社，2002年。
齐东方：《隋唐考古》，文物出版社，2002年。
杨宽：《中国古代陵寝制度史研究》，上海人民出版社，2003年。

饶宗颐：《饶宗颐二十世纪学术文集》，台北新文丰出版公司，2003年。
潘雨廷：《道藏书目提要》，上海古籍出版社，2003年。
王小甫主编：《盛唐时代与东北亚政局》，上海辞书出版社，2003年。
李零：《入山与出塞》，文物出版社，2004年。
秦大树：《宋元明考古》，文物出版社，2004年。
张晓辉：《北方地区隋唐墓葬的分区与分期》，吉林大学硕士学位论文，2004年。
华阳：《山西地区唐墓初探》，吉林大学硕士毕业论文，2004年。
李蜀蕾：《十国墓葬初步研究》，吉林大学硕士学位论文，2004年。
邓聪、陈星灿主编：《桃李成蹊集——庆祝安志敏先生八十寿辰论文集》，香港中文大学中国考古艺术研究中心，2004年。
巫鸿：《礼仪中的美术——巫鸿中国古代美术史文编》，三联书店，2005年。
董新林：《中国古代陵墓考古研究》，福建人民出版社，2005年。
邓小南：《祖宗之法——北宋前期政治述略》，三联书店，2006年。
张勋燎、白彬：《中国道教考古》，线装书局，2006年。
刘向阳：《唐代帝王陵墓》，三秦出版社，2006年。
郑以墨：《五代王处直墓壁画研究》，首都师范大学2006年硕士毕业论文。
陈刚：《宋元仿木建筑墓研究》，南京大学2006年硕士毕业论文。
韩小囡：《宋代墓葬装饰研究》，山东大学2006年博士学位论文。
夏寒：《明代江南地区墓葬研究》，2006年南京大学博士毕业论文。
刘毅：《中国古代陵寝制度研究讲义》，（韩）新星出版社，2006年。
李昊阳主编，胡元超编著：《昭陵文史宝典》，三秦出版社，2006年。
李清泉：《宣化辽墓：墓葬艺术与辽代社会》，文物出版社，2008年。
张学锋：《中国墓葬史》，广陵书社，2009年。
郑以墨：《五代墓葬美术研究》，中央美术学院2009年博士学位论文。
李梅田：《魏晋南北朝墓葬的考古学研究》，商务印书馆，2009年
沈睿文：《唐陵的布局：空间与秩序》，北京大学出版社，2009年。
李有成：《李有成考古论文集》，中国文史出版社，2009年。
刘毅：《中国古代陵墓》，南开大学出版社，2010年。
〔美〕巫鸿著，李清泉、郑岩等译：《中国古代艺术与建筑中的纪念碑性》，上海人民出版社，2009年。
久保田和男：《宋代开封研究》，上海古籍出版社，2010年。
徐凌：《中原地区五代墓葬的分期研究》，西北大学2011年硕士学位论文。
梁如龙：《六朝隋唐五代时期福州墓葬研究》，福建师范大学2011年硕士毕

业论文。

林文勋：《唐宋社会变革论纲》，人民出版社，2011年。

周阿根：《五代墓志汇考》，黄山书社，2012年。

程义：《关中地区唐代墓葬研究》，文物出版社，2012年。

辽宁省文物考古研究所编：《朝阳隋唐墓葬发现与研究》，科学出版社，2012年。

王欣：《辽墓与五代十国墓的布局、装饰、葬具的共性研究》，吉林大学2013年硕士学位论文。

黄剑波：《五代十国壁画研究——以墓室壁画为观察中心》，上海大学2015年博士学位论文。

吴桂兵：《两晋墓葬文化因素研究》，南京大学出版社，2017年。

崔世平：《中古丧葬艺术、礼俗与历史研究》，中国社会科学出版社，2018年。

魏睿林：《杨吴、南唐墓葬形制结构及相关问题研究》，南京师范大学2018年硕士学位论文。

四、论文：

冯汉骥：《论南唐二陵中玉册》，《考古》1958年第9期。

洪剑民：《略谈成都近郊五代至南宋的墓葬型制》，《考古》1959年第1期。

湖北省文管处：《湖北地区古墓葬的主要特点》，《考古》1959年第11期。

高至喜：《湖南古代墓葬概况》，《文物》1960年第3期。

周世荣：《略谈长沙的五代两宋墓》，《文物》1960年第3期。

徐苹芳：《唐宋墓葬中的"明器神煞"与"墓仪"制度——读〈大汉原陵秘葬经〉札记》，《考古》1963年第2期。

麦英豪：《关于广州石马村南汉墓的年代与墓主问题》，《考古》1975年第1期。

洛阳博物馆、黄明兰：《洛阳北魏景陵位置的确定和静陵位置的推测》，《文物》1978年第7期。

宿白：《北魏洛阳城和北邙陵墓——鲜卑遗迹辑录之三》，《文物》1978年第7期。

伊世同：《临安晚唐钱宽墓天文图试析》，《文物》1979年第12期。

王仲舒：《秦汉墓葬》，载《中国大百科全书·考古学卷》，中国大百科全书出版社，1980年。

王仁波等：《陕西唐墓壁画之研究》，《文博》1982年第1、2期。

宿白：《西安地区唐墓壁画的布局和内容》，《考古学报》1982年第2期。

高至喜：《长沙出土唐五代白瓷器的研究》，《文物》1984年第1期。

刘庆柱：《关于西汉帝陵形制诸问题探讨》，《考古与文物》1985年第5期。

孙秉根：《西安隋唐墓的形制》，《中国考古学研究——夏鼐先生考古五十年纪念论文集》，科学出版社，1986年。

秦方瑜：《王建墓石刻伎乐与霓裳羽衣舞》，《四川文物》1986年第2期。

刘炜：《东汉帝王陵寝制度》，《文博》1986年第6期。

周世荣：《湖南出土盘口瓶、罐形瓶和牛角坛的研究》，《考古》1987年第7期。

（日）岸边成雄著，樊一译：《王建墓棺床石刻二十四乐伎》，《四川文物》1988年第4期。

徐殿魁：《洛阳地区隋唐墓的分期》，《考古学报》1989年第3期。

沈仲常：《王建、孟知祥墓的棺床为佛座说试证》，《成都文物》1989年第4期。

齐东方：《试论西安地区唐代墓葬的等级制度》，《纪念北京大学考古专业三十周年论文集》，文物出版社，1990年。

吴炜、徐心然、汤杰：《新发现之杨吴寻阳长公主墓考辨》，《东南文化》1989年第4—5期。

林忠干：《福建五代至宋代墓葬出土明器神煞考》，《福建文博》1990年第1期。

张肖马：《前后蜀墓葬制度浅论》，《成都文物》1990年第2期。

罗开玉：《成都地区历代古墓概况》，《四川文物》1990年第3期。

孙广清：《河南宋墓综述》，《中原文物》1990年第4期。

齐东方：《略论西安地区发现的双室砖墓》，《考古》1990年第8期。

何驽：《考古学文化因素分析法与文化因素传播模式论》，《考古与文物》1990年第6期。

成都市博物馆：《成都市1990年田野考古工作纪要》，《成都文物》1991年第1期。

樊一：《永庆院考》，《四川大学学报》（哲社版）1991年第2期。

内藤湖南著，黄约瑟译：《概括的唐宋时代观》，载《日本学者研究中国史论著选译》第一卷，中华书局，1992年。

权奎山：《中国南方隋唐墓的分区分期》，《考古学报》1992年第2期。

权奎山：《试析南方发现的唐代壁画墓》，《南方文物》1992年第4期。

周曰琏：《郭沫若与王晖石棺画像研究》，《四川文物》1993年第6期。

张勋燎、黄伟：《论后蜀和陵的特征及相关问题》，《成都文物》1993年第

3期。

辛岩：《辽西朝阳唐墓的初步研究》，《辽海文物学刊》1994年第2期。

王育成：《明武当山金龙玉简与道教投龙》，《社会科学战线》1994年第3期。

彭文：《从蜀墓腰坑的设置看巴蜀文化与关中文化的交流》，《西北史地》1995年第2期。

宿白：《西安地区的唐墓形制》，《文物》1995年第12期。

刘运田：《赵县城内发现唐代石棺》，《文物春秋》1996年第1期。

张洪波：《试论朝阳唐墓形制及其相关问题》，《辽海文物学刊》1996年第1期。

王育龙、程蕊萍：《唐代哀册发现述要》，《文博》1996年第6期。

牟发松：《略论唐代的南朝化倾向》，《中国史研究》1996年第2期。

罗世平：《略论曲阳五代墓山水壁画的美学价值》，《文物》1996年第9期。

俞伟超：《中国古墓壁画内容变化的阶段性——〈河北古代墓葬壁画精粹展〉座谈会上的发言提纲》，《文物》1996年第9期。

郝建文：《浅谈曲阳五代墓壁画》，《文物》1996年第9期。

迟乃鹏：《王建墓棺床石刻乐伎弄佛曲说探证》，《四川文物》1997年第3期。

刘耀辉：《试论北京地区唐墓》，《北京文博》1998年第4期。

李伯谦：《文化因素分析与晋文化研究——1985年在晋文化研究座谈会上的发言》，《中国青铜文化结构体系研究》，科学出版社，1998年。

黄义军：《湖北宋墓分期》，《江汉考古》1999年第2期。

蓝春秀：《浙江临安五代吴越国马王后墓天文图及其他四幅天文图》，《中国科技史料》第20卷，第1期。

刘鲡、刘谦：《辽墓分期试论》，《辽宁工程技术大学学报》（社科版）1999年第3期。

刘雨茂、朱章义：《四川地区唐代砖室墓分期研究初论》，《四川文物》1999年第3期。

陈云洪：《试论四川宋墓》，《四川文物》1999年第3期。

韩昇：《南北朝隋唐士族向城市的迁徙和社会变迁》，《历史研究》1999年第4期。

梅华全、林存琪：《福建晚唐五代考古与王审知治闽》，载《冶城历史与福州城市考古论文选》，海风出版社，1999年。

刘雨茂、刘平：《孙汉韶墓出土陶房考识》，《四川文物》2000年第3期。

徐苹芳：《中国历史考古学分区问题的思考》，《考古》2000年第7期。

张其凡：《关于"唐宋变革期"学说的介绍与思考》，《暨南学报》2001年第1期。

袁永明：《考古学文化因素分析法辨证》，《中国文物报》2001年9月14日第7版。

宋治民：《成都市青白江跃进村西汉墓三题》，《四川文物》2002年第1期。

毛阳光：《唐墓志与唐代"版授高年"》，《文博》2002年第1期。

王志友：《东周秦汉时期墓葬中的腰坑浅议》，《秦文化论丛》第十辑，2003年。

张亚平：《"前蜀后妃墓"应为前蜀周皇后墓》，《四川文物》2003年第1期。

董新林：《辽代墓葬形制与分期略论》，《考古》2004年第8期。

妹尾达彦：《9世纪的转型——以白居易为例》，《唐研究》第十一卷，北京大学出版社，2005年。

杨华：《长江三峡地区古代腰坑葬俗的考古研究》，三峡大学学报（人文社会科学版）2005年第1期。

张广达：《内藤湖南的唐宋变革说及其影响》，载《唐研究》第十一卷，北京大学出版社，2005年。

王素：《敦煌儒典与隋唐主流文化——兼谈隋唐主流文化的"南朝化"问题》，《故宫博物院院刊》2005年第1期。

傅亦民：《论长江下游地区船形砖室墓》，《南方文物》2005年第1期。

徐红：《从宋初的社会背景看价值观的重建》，《船山学刊》2005年第3期。

夏炎：《论唐代版授高年中的州级官员》，《史学集刊》2005年第4期。

王乐：《试论京津唐地区隋唐墓葬》，《中原文物》2005年第6期。

李梅田：《论南北朝交接地区的墓葬——以陕南、豫南鄂北、山东地区为中心》，《东南文化》2004年第1期。

冻国栋：《跋武昌阅马场五代吴墓所出之"买地券"》，《魏晋南北朝隋唐史资料》第二十一辑，武汉大学出版社，2004年。

张玉兰：《晚唐五代钱氏家族墓葬初步研究》，《东南文化》2005年第5期。

赵振华：《东都唐陵研究》，北京大学中国考古学研究中心等编：《古代文明》第4卷，文物出版社，2005年。

赵振华、王竹林：《东都唐恭陵》，《中国古都研究（第二十辑）》，山西人民出版社，2005年。

杨丽萍、郎保利：《太原与长治唐墓的比较研究》，载《山西省考古学会论文集（四）》，山西人民出版社，2006年。

冉万里:《帝陵建寺之制考略》,载《西部考古》第1辑,三秦出版社,2006年。
齐东方:《唐代的丧葬观念习俗与礼仪制度》,《考古学报》2006年第1期。
全洪:《南汉德陵考证》,《文物》2006年第9期。
张建林:《昭陵石室初探》,樊英峰主编《乾陵文化研究》(2),三秦出版社,2006年。
张国刚:《论"唐宋变革"的时代特征》,《江汉论坛》2006年第3期。
严耀中:《唐宋变革中的道德至上倾向》,《江汉论坛》2006年第3期。
李庆:《关于内藤湖南的"唐宋变革论"》,《学术月刊》2006年第10期。
韩国河:《东汉帝陵有关问题的探讨》,《考古与文物》2007年第5期。
吕学明、吴炎亮:《辽宁朝阳隋唐时期砖构墓葬形制及演变》,《北方文物》2007年第4期。
倪润安:《北周墓葬的地下空间与设施》,《故宫博物院院刊》2008年第1期。
种建荣:《关于考古学"文化因素分析法"的几点思考》,《唐都学刊》2008年第3期。
崔世平:《唐代帝陵玄宫形制探析》,《中国文物报》2008年7月18日。
王静:《唐墓石室规制及相关丧葬制度研究——复原唐〈丧葬令〉第25条令文释证》,《唐研究》第十四卷,北京大学出版社,2008年。
张强禄:《南汉康陵的陵寝制度》,《四川文物》2009年第2期。
倪润安:《试论北朝圆形石质墓的渊源与形成》《北京大学学报》(哲社版)2010年第3期。
杨晓春:《再论南唐二陵对唐代陵寝制度的继承问题》,载纪念南唐二陵发掘60周年活动组委会编《纪念南唐二陵发掘60周年学术论文汇编》,2010年。
郑以墨:《五代吴越国墓葬制度研究》,《东南文化》2010年第4期。
郑以墨:《五代王处直墓壁画形式、风格的来源分析》,《南京艺术学院学报(美术与设计版)》2010年第2期。
王化雨:《唐宋变革与政治制度史研究》,《中国史研究》2010年第1期。
张邦炜:《"唐宋变革论"的首倡者及其他》,《中国史研究》2010年第1期。
李华瑞:《"唐宋变革论"对国内宋史研究的影响》,《中国史研究》2010年第1期。
牟发松:《"唐宋变革说"三题——值此说创立一百周年而作》,《华东师范大学(哲学社会科学版)》2010年第1期。
王玲珍、李德方:《洛阳五代帝陵的调查与研究》,《黄河科技大学学报》2011年9月。

李蜀蕾：《前后蜀墓葬略论》，《东方博物》第四十四辑，浙江大学出版社，2012年。

李雨生：《山西隋唐五代墓葬析论》，《西部考古》（第六辑），三秦出版社，2012年。

汪勃：《再谈中国出土唐代中晚期至五代的西亚伊斯兰孔雀蓝釉陶器》，《考古》2012年第3期。

沈睿文：《唐宋墓葬神煞考源》，《唐研究》第18卷，北京大学出版社，2012年。

蔡喜鹏：《隋唐五代时期福建考古发现和研究综述》，《福建文博》2013年第4期。

王元林：《东亚地区墓葬壁画十二辰图像的起源与流变》，《考古学报》2013年第3期。

贺云翱：《具有解构思维特征的"文化因素分析法"——考古学者的"利器"之四》，《大众考古》2013年第5期。

吴丽娱：《从敦煌〈新集杂别纸〉看后唐明宗时代河北州镇的地缘关系与领地拓展——〈新集杂别纸〉研究之一》，《唐研究》第19卷，北京大学出版社，2013年。

陈元甫：《五代吴越王室贵族墓葬形制等级制度探析》，《东南文化》2013年第4期。

崔世平：《新出后晋张奉林墓志与后唐政治》，《苏州文博论丛》（第5辑），文物出版社，2014年。

李清泉：《墓主像与唐宋墓葬风气之变——以五代十国时期的考古发现为中心》，《美术学报》2014年第4期。

索德浩：《文化因素分析方法与历史时期考古学》，《华夏考古》2014年第1期。

沈睿文：《废太子勇与圆形墓——如何理解考古学中的非地方性知识》，载包伟民、刘后滨主编《唐宋历史评论》第1辑，社会科学文献出版社，2015年。

胥孝平：《五代李茂贞夫妇墓神道浅析》，《收藏》2015年第21期。

沈睿文：《北朝隋唐圆形墓研究述评》，载社科院历史所马克思主义理论与史学史研究室：《理论与史学》第2辑，中国社会科学出版社，2016年。

范犁、谢涛：《五代赵廷隐墓伎乐俑的艺术造型特征》，《书画艺术》2016年第6期。

秦颖：《试析五代十国时期的十二辰形象》，《苏州文博论丛》（第七辑），文物出版社,2016年。

恽丽梅:《明代皇帝谥册》,《明清论丛》(第十六辑),故宫出版社,2016年。

闫琰:《后蜀赵廷隐墓出土花冠舞俑与柘枝舞》,《江汉考古》2017年第4期。

妥建青:《"唐宋变革论"的历史视野、文化中心史观及其范式意义》,《西安交通大学学报(社会科学版)》2018年第1期。

李华瑞:《唐宋史研究应当翻过这一页——从多视角看"宋代近世说(唐宋变革论)"》,《古代文明》2018年第1期。

后　　记

我的博士论文终于出版了！从 2008 年博士毕业算起，至今已十四年，从 2016 年国家社科后期资助立项算起，至今也已六年了，拖延得实在太久了。

这本书是在我的博士论文《唐宋变革视野下的五代十国墓葬》的基础上修改而成的。论文的核心内容是以"河北因素"为切入点，探讨唐宋墓葬制度变革问题。唐宋变革的研究视野受到了我的导师张学锋老师的启发，"河北因素"的概念出于我自己的思考。论文的核心部分曾以《河北因素与唐宋墓葬制度变革初论》为题发表在《两个世界的徘徊：中古时期丧葬观念风俗与礼仪制度学术研讨会论文集》中。在北京大学举办的研讨会上，我所在组的荣新江老师和吴丽娱老师都肯定了我的报告，这增强了我的信心。虽然这些年出现了不少新材料，但我的核心认识依然如故。甚至，一些新材料的出现，佐证了我当初的推论。学术研究大多数时候是枯燥的，唯有此时令人愉悦。

2002 年，我从河南师范大学考研进入南京大学考古学及博物馆学专业，有幸成为张学锋老师的第一个研究生。张老师虽在考古专业任教，但此前主要的研究经历在中古史尤其是中古经济史领域，因此重视考古学与历史学结合，强调精读文献。我也自然而然地走了这条道路。我喜欢从字里行间探索隐藏的历史真相，也偶尔有过一些小小的收获。后来到武汉大学跟随朱雷先生学习，受朱先生影响，进一步强化了这一研究路径。作为一名考古研究者，我缺乏田野考古经验，属于所谓的"沙发考古学者"，我也常常以此自嘲。

来暨大工作后，王银田老师经常督促我转向岭南考古研究，但由于承担了较多的教学任务，又有发表论文的压力，转变谈何容易。以此书的出版为节点，我今后要更多地关注岭南考古了。

从毕业论文的完成到本书的出版，持续了很长时间，要感谢的人很多。首先感谢张学锋老师。现在每当看到一脸茫然的学生，我就告诉自己："别生气,你当初不也是这样?"其实我当初更加茫然无知,幸好我遇见了张老师。在课堂上,张老师带着我一字一句地读文献,教我如何使用史料;在田野中,张老师手把手地教我使用手铲刮面,辨别遗迹现象,测量,绘图;更多时候,是茶余酒后,我在与张老师的畅谈中学习做研究和做人的道理。在论文选题时,我陷入困境,张老师建议我从唐宋变革的角度研究五代十国墓葬,从而为我廓清了迷雾。张老师的指导总是立竿见影,以至于我参加工作之后,每当在研究中遇见困难,依然习惯向他求助。

感谢在南大学习期间的诸位老师,他们是张之恒先生、范毓周老师、贺云翱老师、水涛老师、黄建秋老师、刘兴林老师、胡阿祥老师、吴桂兵老师、周言老师,以及考古资料室的程立宪老师、李文老师。感谢田野实习中给我帮助的诸位老师,他们是南京博物院的张敏老师、李泽斌老师、田名利老师、周润垦老师,南京师大的王志高老师,南京市考古研究院的马涛老师、龚巨平老师。感谢在论文撰写过程中给我提供帮助的同学、师兄弟、师姐师妹,他们是孙彦、刘卫鹏、刘宝山、郭明、宋亦箫、王庆卫、陈刚、边昕、许志强、邓玮光等。

我的博士论文答辩委员有罗宗真先生、贺云翱老师、水涛老师、黄建秋老师、刘进宝老师,感谢他们为我提出的宝贵意见!

在我的领导张小贵老师的帮助下,我与上海古籍出版社合作申报了国家社科基金后期资助项目,出版社的吕瑞锋老师为我提供了很多帮助,匿名评审专家提出了很多建设性的意见,使我受益匪浅。感谢他们!最后,感谢本书的责任编辑盛洁老师。她为书稿的编辑付出了大量劳动,不厌其烦地解答我的问题。

我的母亲已经离开我一年多了,我想以此书纪念她。泉下有知,希望母亲能为我骄傲。

2022 年 11 月 3 日于番禺

图书在版编目(CIP)数据

唐宋之际：五代十国墓葬研究 / 崔世平著. —上海：上海古籍出版社，2022.11
ISBN 978-7-5732-0376-2

Ⅰ.①唐… Ⅱ.①崔… Ⅲ.①墓葬(考古)—研究—中国—五代十国 Ⅳ.①K878.84

中国版本图书馆 CIP 数据核字(2022)第 125345 号

国家社科基金后期资助项目
唐宋之际：五代十国墓葬研究
崔世平　著
上海古籍出版社出版发行
(上海市闵行区号景路 159 弄 1-5 号 A 座 5F　邮政编码 201101)
(1) 网址：www.guji.com.cn
(2) E-mail：guji1@guji.com.cn
(3) 易文网网址：www.ewen.co
商务印书馆上海印刷有限公司印刷
开本 700×1000　1/16　印张 20.75　插页 2　字数 362,000
2022 年 11 月第 1 版　2022 年 11 月第 1 次印刷
ISBN 978-7-5732-0376-2
K·3218　定价：98.00 元
如有质量问题，请与承印公司联系